阳线核心战法

麻道明◎编著

中国宇航出版社
·北京·

内 容 简 介

本书分析研究阳线的力度、不同位置的阳线和阳线突破，以及不同背景下的十字线、一字阳线和T字阳线等，使投资者掌握不同走势中的阳线技术分析方法，提高操盘能力，读懂盘面信息，洞悉市场规律，摸准庄家意图，进而选择精确的买卖点，树立以小博大、以弱取胜的炒股理念，最终从市场上获得丰厚的收益。

图书在版编目（CIP）数据

阳线核心战法 / 麻道明编著. -- 北京 : 中国宇航出版社，2019.9（2022.8重印）
ISBN 978-7-5159-1659-0

Ⅰ. ①阳… Ⅱ. ①麻… Ⅲ. ①股票投资－基本知识 Ⅳ. ①F830.91

中国版本图书馆CIP数据核字(2019)第151216号

策划编辑 田芳卿　**责任校对** 吴媛媛
责任编辑 许 可　**装帧设计** 宇星文化

出版发行 中国宇航出版社

社 址 北京市阜成路8号　**邮 编** 100830
(010)68768548
网 址 www.caphbook.com
经 销 新华书店
发行部 (010)68371900　(010)88530478(传真)
(010)68768541　(010)68767294(传真)
零售店 读者服务部
(010)68371105
承 印 三河市君旺印务有限公司

版 次 2019年9月第1版
2022年8月第2次印刷
规 格 787×1092
开 本 1/16
印 张 19.75
字 数 350千字
书 号 ISBN 978-7-5159-1659-0
定 价 59.00元

本书如有印装质量问题，可与发行部联系调换

前言

股市涨跌频繁，K 线阴阳交错。

K 线是常见的股市基本图表，也是基本且有效的技术分析工具。在股市技术分析中，任何技术分析方法都离不开阴阳 K 线，无论是技术指标还是趋势分析，抑或是技术形态和波浪图形，都要与阴阳 K 线结合起来分析。

K 线简单直观，易学易懂，又博大精深，内涵丰富。大家可以在较短的时间内弄懂 K 线的基本原理，但要精于 K 线语言，也许需要倾注大量的精力深入研究。

一叶知秋，这是 K 线图赋予投资者的思维方式。它明确提示投资者，无论多大规模的市场运动，都是从 K 线的蛛丝马迹中发展演变出来的。谁能够早一步准确地把握这些线索，谁就能避免过多的损失，获取更大的收益。

每根 K 线都向投资者发出了一些信息，告诉投资者市场正在发生的变化，以及将要发生的变化。作为投资者，唯有静下心来，仔细分析，才能读懂风云变幻的市场。世间万物的发展和成败看似漫无头绪，实际上无不受内在规律的支配，K 线当然也是如此。一个人一张脸，一只股一张图，这张图里浓缩了无数投资者的喜怒哀乐，也影响了无数投资者的交易与得失，所有投资者不得不相信它、读它、用它，甚至有人竭尽全力操纵它、改变它。

同样一幅 K 线图，有人判断未来市场会上涨，有人认为要下跌，市场分析因此变得复杂，于是K线分析技术受到越来越多投资者的重视。然而，上百种K线基本形态、反转形态和连续形态令人眼花缭乱。面对种类繁多、形态复杂的K线图，谁能够熟练掌握并在实盘操作中应用自如呢？谁能够真正依靠K线分析技术从市场中获取巨额财富呢？

为了帮助广大投资者更好地掌握K线分析的精髓，在实盘中灵活运用K线分析技术，笔者根据多年的市场运行规律和个人实盘操作经验，对K线分析化繁就简，优化精选，寻找那些标志性的K线形态，结合大量的经典实例深入研究，认真解读，提炼写成《阳线核心战法》和《阴线核心战法》两本书。

《阳线核心战法》分析研究大阳线的力度、不同位置的大阳线和大阳线突破，以及不同背景下的十字线、一字阳线和⊥字阳线等，帮助投资者掌握不同环境中的阳线技术分析方法，提高操盘能力，读懂盘面信息，洞悉市场规律，摸准庄家意图，进而精准选择买卖点，树立以小博大、以弱取胜的炒股理念，最终从市场上获得丰厚的收益。

本书以理论为基础，以事实为准绳，以实例为依据，图文并茂、言简意赅地讲解了各种背景下阳线的分析方法。对新老股民、中小散户投资者、职业操盘手和专业股评人来说，本书是一本具有重要意义的参考书。

麻道明

2019年4月于中国楠溪江畔

目 录

第一章 /
大阳线力度分析

一、大阳线的一般分析法则

1. 形态形成过程

大阳线具有强烈的底部单日反转或强势持续信号，但宜进一步确认形态的有效性。

长期低迷的市场往往积聚了一股难以阻挡的做多能量，这股能量一旦爆发，就会显现惊人的场面，大阳线就属于这种情况。大阳线的收盘价远远高于开盘价，具有强烈的看涨意义。

开盘后，股价没有下跌或小幅下跌，遇买盘支撑，股价在多空双方的争斗中不断向上攀升，甚至狂奔而上，临近收盘股价有所回落或没有回落，在最高价或次高价收盘。

根据当日开盘价、收盘价、最高价、最低价的不同，可能形成几种不同形态的大阳线：光头光脚大阳线、带上下影线大阳线、带下影线大阳线、带上影线大阳线、上影线长于下影线的大阳线、下影线长于上影线的大阳线以及影线长于实体的大阳线、实体长于影线的大阳线等。根据开盘位置的不同，可能出现高开的大阳线和低开的大阳线。每种大阳线都有不同的技术含义，但都具有看涨性质。

2. 辨认形态法则

（1）收盘价远高于开盘价，一般涨幅在 5% 以上。

（2）实体部分较长，股价实际涨幅较大。

（3）没有上下影线，或上下影线很短。

（4）一般会伴随着底部放量，放量越明显，信号越强烈。

技术意义：股价经过长期下跌或充分调整，多方累积了大量的做多能量，长长的阳线表明多方拥有强大的力量，以压倒性优势战胜空方，取得了决定性的胜利，上涨行情波澜壮阔，市场轰动效应明显，具有强烈的看涨意义。

3. 形态效力和操作要点

（1）大阳线出现在市场底部会产生强大的冲击力，突破某个长期压制股价上涨的阻力位（线），股价迅速脱离底部区域，此时应及时跟进，甚至追高买入。

（2）股价洗盘调整结束后产生的大阳线，可逢低跟进。横盘整理后出现大阳线突破，是很好的买点。突破后股价回抽整理箱体上边线时，是再次介入的机会。

（3）在低位，大阳线吞没的日 K 线数量越多，其上攻力量越大。

（4）股价大幅下跌后出现大阳线，如果对应的成交量较前期有所放大，意味着市场上涨能量巨大，看涨意义强烈。没有成交量配合的大阳线，应谨慎看多。

（5）大阳线后可能出现逼空行情，短期涨幅大，上涨速度快。通常股价后市上涨力度与阳线的长度成正比。

（6）大阳线同时上穿 5 日、10 日、30 日三条均线，使短期均线系统形成多头排列，后市股价看涨，股价小幅度回抽即可买入。

（7）光头光脚大阳线的分析意义更大。

（8）出现反弹高点的大阳线，应逢高及时离场。

（9）有过一段涨升后形成的大阳线，应谨防阶段性头部。

（10）在几波上涨后的高位出现大阳线，应及时了结。

需要说明的是，对于大阳线的长短，市场中没有统一的标准，通常大阳线的涨幅在 5% 以上，中阳线的涨幅在 3%~5% 之间，小阳线的涨幅在 3% 以下。如果市场中长期内其他阳线实体都比较短小，大阳线的标准也应适当降低。另外，判断大盘和个股的大阳线标准也有区别，如上证指数涨幅大多在 1% 左右，若涨幅超过 3%，则可看作大阳线。

二、大阳线实体力度分析

大阳线的实体大小代表内在动力的强弱。通常阳线实体越大，多头动力越强，上涨趋势越明显；反之，则表明趋势不强，做多意愿谨慎。

在实盘操作中，实体阳线的大小划分没有统一的标准，通常与市场气氛、盘子大小和长期股性有关。大盘和个股也有区别，划分时带有个人主观色彩，实盘操作中应灵活掌握。

一般来说，阳线的波动范围有以下六种。

（1）大阳线的实体范围在 5% 以上，表示市场多头形成一边倒之势，但要注意物极必反，特别是出现在大涨尾端时，要小心回落风险。

（2）中阳线的实体范围在 2%~5% 之间，表示趋势已经形成，宜顺势操作。

（3）小阳线的实体范围在 0.5%~2% 之间，出现在趋势开始或结束阶段，可积极关注。

（4）极阳线（小阳星）的波动范围在 0.5% 以下，表示多空双方力量均衡，趋势方向不明。

（5）阳线实体大小表明多方优势强弱。如果市场中长期以来收出的 K 线实体都比较短小，那么大阳线实体的标准可以适当降低。

（6）判断大盘和个股的大阳线标准也不一样，如果上证指数的涨跌幅大多在 ±1%，那么超过 2% 的涨幅就可以看作大阳线。

目前中国 A 股市场实行涨跌停板制度，个股单日大阳线实体最大可达到股价的 20%，即从跌停板开盘到涨停板收盘。由于 ST 类个股受日涨跌幅 5% 的限制，所以大盘不可能出现 20% 的实体大阳线。

三、单日大阳线力度分析

K 线是一种特殊的市场语言，不同的 K 线形态有不同的含义。K 线图简易直观、立体感强且信息量大，蕴涵丰富的东方哲学思想，能充分显示股价走势强弱、买卖双方力量的变化，用以预测后市走向较为准确，是极其重要的证券技术分析手段。单日 K 线的技术分析要点包括阴阳性质、实体大小、影线长短，如图 1–1 所示。

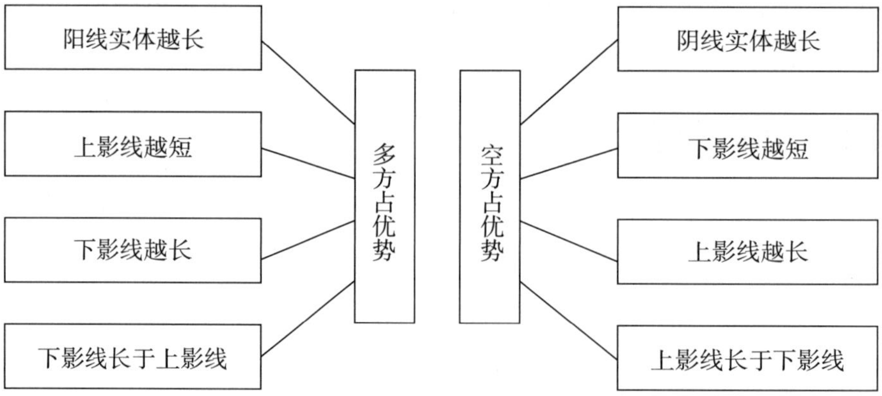

图 1–1

多空双方的博弈不仅表现在实体收阳收阴上，而且反映在上下影线长短上。K 线的影线代表转折信号，上影线长则表明市场抛压较大，下影线长则表明市场承接力强。一个方向的影线越长，越不利于股价向这个方向变动。也就是说，上影线越长，越不利于股价上涨；下影线越长，越不利于股价下跌。

注意上影线和下影线的以下三个特征和提示。

（1）在K线实体大小一样的情况下，下影线越长，表明下档支撑力越大；上影线越短，表明上档阻力越小。

（2）在K线实体大小一样的情况下，上影线越长，表明上档压力越大；下影线越短，表明下档支撑力越小。

（3）影线和实体的关系：实体越长，影线越短，越有利于股价向单边发展；实体越短，影线越长，越有利于股价朝实体方向运行。

四、双日大阳线力度分析

双日大阳线的力度分析是将两根K线组合在一起进行分析，通过两根K线的开盘价、收盘价、最高价和最低价，以及盘中的波动情况，判断股价上涨或下跌的力度。

在讲解这个问题之前，应先分解或解剖K线，常见的方法有三等分法和五等分法，如图1–2所示。

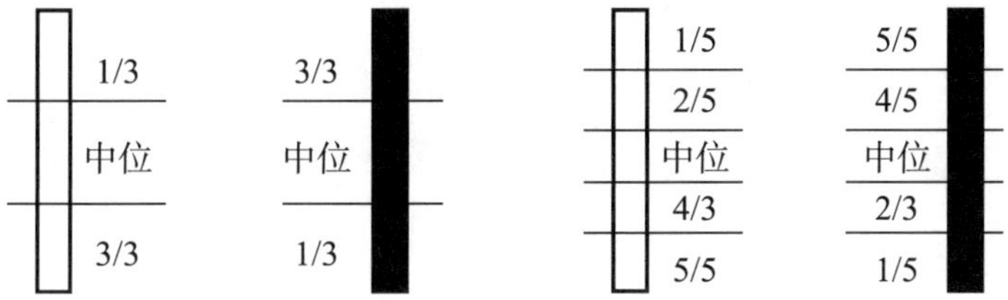

三等分法　　五等分法

图1–2

1. 三等分法

三等分法是将一根阳线或阴线平均分割为三等份，各等份占K线的1/3位置。

若股价在前一交易日阳线的中位以上位置，说明市场处在强势之中，后市仍以涨势为主；若股价在前一交易日阳线的中位区间，说明市场处在震荡之中，后市可能陷入整理走势；若股价在前一交易日阳线的中位以下位置（阴包容或接近阴包容），说明市场回归弱势，后市有下跌的要求。

同样，若股价在前一交易日阴线的中位以下位置，说明市场处在弱势之中，后市仍以跌势为主；若股价在前一交易日阴线的中位区间，说明市场有企稳要求，后市有回升可能；若股价在前一交易日阴线的中位以上位置（阳包容或接近阳包容），说明市场回归强势，后市有上涨的要求。

2. 五等分法

五等分法是将一根阳线或阴线平均分割为五等份，各等份占K线的1/5位置。

若股价在前一交易日阳线的1/5及以上位置，说明市场处于超强势之中，股价强势上涨；若股价在前一交易日阳线的2/5位置，说明市场处于强势之中，后市以涨势为主；若股价在前一交易日阳线的中位区间，说明市场处在震荡之中，后市可能陷入整理走势；若股价在前一交易日阳线的4/5位置，说明市场转为弱势，股价有下跌的可能；若股价在前一交易日阳线的5/5及以下位置（阴包容或接近阴包容），说明市场回归弱势，后市有下跌要求。

同样，若股价在前一交易日阴线的1/5及以下位置，说明市场处于超弱势之中，股价跌势未尽；若股价在前一交易日阴线的2/5位置，说明市场处于弱势之中，后市以弱势为主；若股价在前一交易日阴线的中位区间，说明市场有企稳可能，后市有回升希望；若股价在前一交易日阴线的4/5位置，说明市场转为强势，股价有上涨的可能；若股价在前一交易日阳线的5/5及以上位置（阳包容或接近阳包容），说明市场回归强势，后市有上涨要求。

阳线代表强升势，次日大多跳高开盘，回折幅度一般不超过阳线实体的1/3；阴线代表强跌势，次日大多低开盘，回折幅度一般不超过阴线实体的1/3。无论是阴线还是阳线，如果回折幅度超过1/3位置，那么原先的K线力度就会受到影响，K线力度大幅缩小。

在实盘操作中，由于五等分法过于细腻，可操作性不强，所以通常采用三等分法，其实用简便。

五、大阳线的区域力度分析

1. 区域力度大小比较

K线图和K线图形态是两个不同的概念，前者泛指单根K线的形状和意义，后者是指两根及两根以上K线组合形成的某种形态。该形态通过K线之间的对比，预示某种价格运动轨迹，因而提升到了技术分析层面。

以最简单的两根K线为例，在分析它们的力度大小时，首先要考虑两根K线的阴阳、高低、上下影线，其次把单根K线的意义与前一根K线的意义相比较，基本上就可以知道过去价格的由来，以及后一日价格大致的运动空间，从而确定K线的力度。

如图 1-3 所示，无论是两根 K 线还是三根 K 线，都是以两根 K 线的相对位置高低和阴阳推测行情。将前一交易日的 K 线按形态划分为 6 个区域，次日的 K 线只会开盘或收盘于前一日 K 线的 6 个区域内。简单地说，次日多空双方争斗的区域位置越高，越有利于上涨；位置越低，越有利于下降。也就是说，6 个区域从上到下是多方力量减弱、空方力量增强的过程。

图 1-3

2. K 线位置和力度对比

根据图 1-3 可以进一步推导出图 1-4 至图 1-7，这是一段连续上涨后的 K 线图，将倒数第二日的 K 线划分为 6 个区域，将后一日的 K 线按照 6 个区域依次放置，其 K 线力度强弱分明，盘面局势一目了然。

图 1-4 中最后一根 K 线尽管都是阳线，但形势越来越不容乐观，力度越来越小。

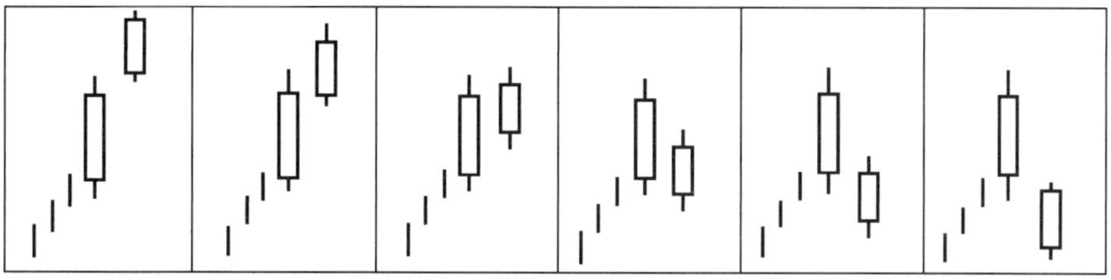

图 1-4

图 1-5 中最后一根 K 线都是阴线，本身 K 线形态就不妙，如果该阴线位置下降，后市形势愈加恶劣。

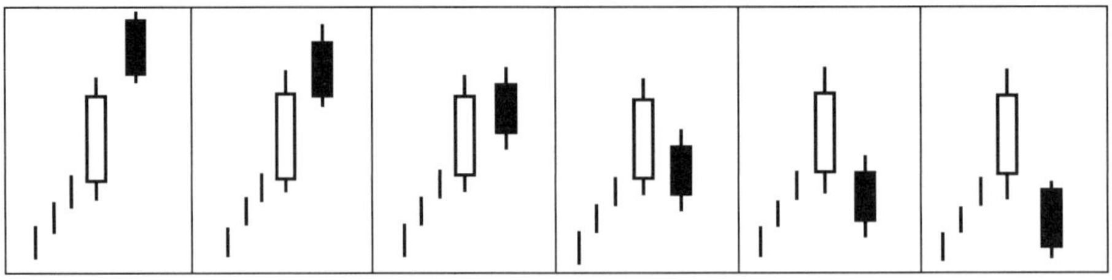

图 1-5

图 1-6 中最后一根 K 线都是小阳线，本身小阳线已显疲态，位置越向下，盘面形势越糟。

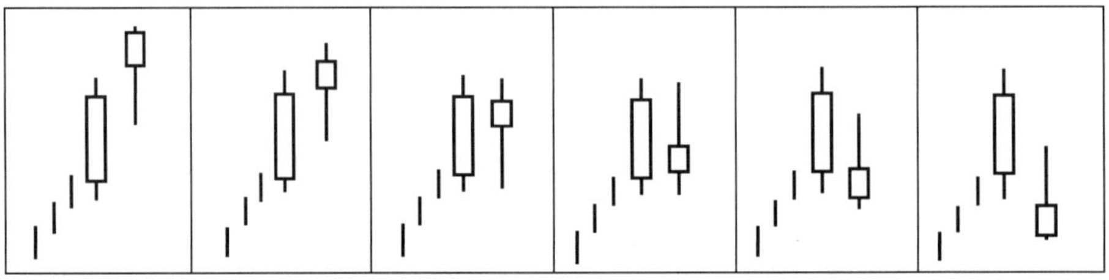

图 1-6

图 1-7 中最后一根 K 线都是十字星形态，十字星本身就说明多方进攻显得犹豫，十字星位置越向下，形势越不利于多方的发展。

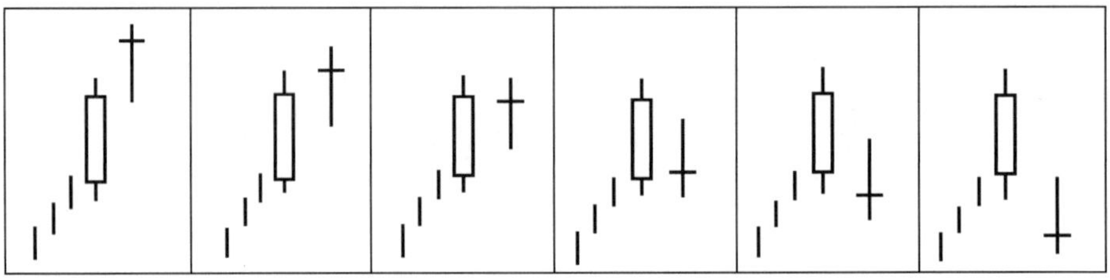

图 1-7

一般而言，出现带有影线的 K 线往往说明形势可能有变，需要用次日的走势来验证，即要看次日的 K 线在什么位置，是什么形状，是阴线还是阳线。可能的话，这根星线在高位会变成“黄昏之星”，在低位则会变成“早晨之星”，它们都预示着后市将反转。

对于两根及两根以上的 K 线，首先，最重要的是它们的相对位置，不同的位置意味着不同的价格区间；其次，它们分别是什么模样，即是带影线还是不带影线、影线多长或多短等；最后，它们分别是什么颜色，是阴线还是阳线。千万不要因为是大阴线或大阳就匆忙下结论。

3. 多日 K 线的简化过程

对于一些由两三根 K 线组成的 K 线图形，不妨做些简化或压缩，这样能更直观地了解价格运动的本质以及 K 线的力度大小，如图 1-8 所示。

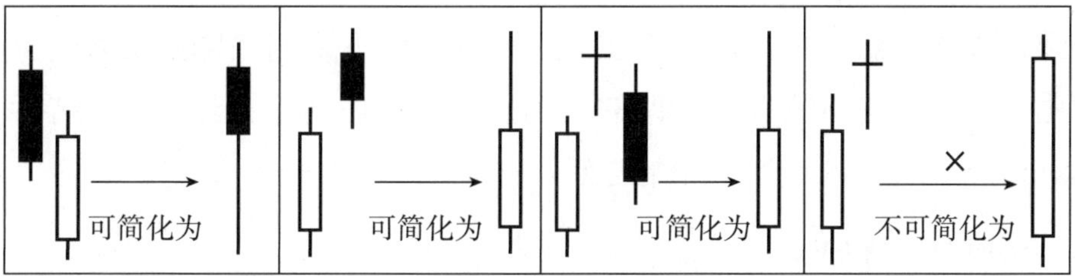

图 1-8

简化步骤如下：

（1）取整体形态中第一根 K 线的开盘价作为简化形态的开盘价；

（2）取整体形态中的最高价作为简化形态的最高价；

（3）取整体形态中的最低价作为简化形态的最低价；

（4）取整体形态中最后一根 K 线的收盘价作为简化形态的收盘价。

不是所有组合图形都能被简化，图 1-8 中最右边的形态就不能简化。简化只是提供一个直观的认识，以便更好地了解事物的本质。一旦明白原理，也就没有必要简化了。

六、大阳线的位置力度分析

大阳线的位置力度包括两个方面：一是股价开盘位置高低，高开还是低开；二是股票实际价位高低，高价位还是低价位。

1. 开盘位置高低

股价开盘位置高低实际上也是区域 K 线力度分析的重要内容。在看盘时，首先开盘时要看集合竞价的股价是高开还是低开。也就是说，和前一日的收盘价相比，股价是高了还是低了。高开还是低开反映股票市场的买卖意愿，期待当日股价是上涨还是下跌。开盘后半小时内看股价变动的方向。

一般来说，如果股价开得太高，半小时内股价可能回落；如果股价开得太低，半小时内股价可能回升。这时要看成交量的大小，如果高开又不回落，而且成交量放大，那么这只股票当日很可能上涨。看股价时不仅要看实时价格，而且要看前一日的收盘价、当日开盘价、当前最高价和最低价、涨跌幅度等，这样才能看出股价处在什么位置，是否有买入的价值。此外，还要看它是在上涨还是下跌之中。一般来说，下跌中的股票不要急于买入，要等股价止跌企稳后再买；上涨中的股票可以买入，但要小心追高被套。

一个交易日之内股价往往有几次升降波动，可以看关注的股票是否和大盘的走向一致，如果一致，那么最好盯住大盘，在大盘下降到底部时买入、上涨到顶点时卖出。这样做虽不能保证股票的买卖操作完全正确，但至少可以选中相对低价和相对高价，不会买一个最高价或卖一个最低价。

2. 实际价位高低

股票实际价位高低，可以从四个方面分析。

（1）区分股价高低。股价高低直接决定股票的涨跌潜力及其未来走势，目前一般把每股 10 元以下的股票归为低价股，把每股 10~30 元的股票归为中价股，把每股 30 元以上的股票归为高价股。当然，这只是粗略的界定，不能以此作为衡量股价高低的主要标准。

（2）区分价值高低。价值决定价格，而作为投机对象的股票，则是价格决定“价值”，股价低才具有投机“价值”，否则就是风险。

（3）区分价位高低。价位高低除了以涨幅确定外，还可以结合股价绝对值来定位，股价绝对值过高，即使没有被充分炒作，也可以判断为高位。

（4）区分股价所处阶段。结合股价运行趋势，观察其处于庄家建仓、回调整理阶段还是拉升、出货、下跌阶段，有助于了解股价的高低。

具体还可以从以下五个方面分析价位的高低。

（1）股价虽然不高，但上涨幅度已很大或定位太高，可能就是高位。

（2）股价虽然较高，但行业成长性较好，后市仍有上涨潜力，可以认为是低位。

（3）股价虽然较高，但有庄家特别“关照”，后市仍有上涨空间，也可以认为是低位。

（4）股价上涨幅度虽然较大，但基本面发生重大变化，目前仍然大大低于未来价格定位，股价经过充分整理，未来仍有较大的上涨空间。

（5）股价虽然跌幅不小，但基本面恶化，目前仍然高于未来价格定位，股价可能处于下跌途中，未来下跌空间可能还相当大。

七、大阳线的分时力度分析

分时走势是多空双方角逐的过程，也是 K 线力度大小的具体体现，观察分时走势，大阳线的力度强弱一目了然。有时同样大小的 K 线，因分时走势不同，其力度大小相差悬殊，因此要从确定 K 线形态的分时走势中获取真实的市场信息。

如图 1–9 所示，两只股票的开盘价与收盘价相同，大阳线的形态也相同，但盘中的变化截然不同，而 K 线走势图以同样的阳线来表示。

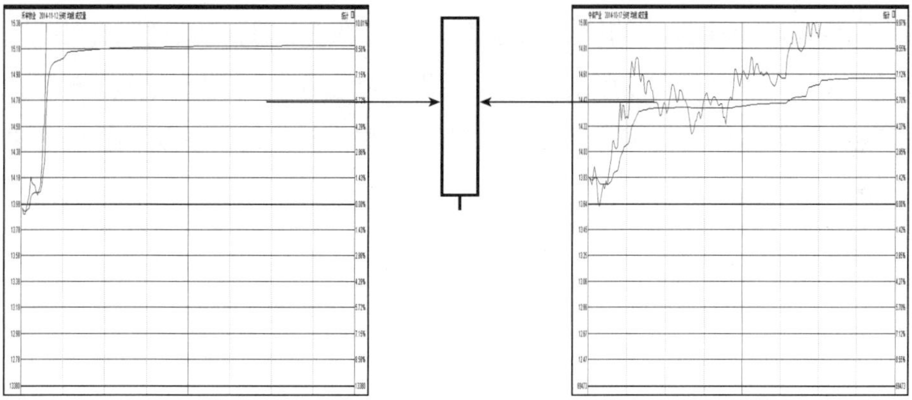

图 1–9

在左边的分时走势图中，股价开盘后直线拉升，直至收盘前轻微回落，属于利好消息引发的上涨，该 K 线对后市的发展极为有利。

在右边的分时走势图中，开盘价与左边走势图中的开盘价相同，但开盘后股价不是直线拉升，而是多波次拉升，之后回落调整，回落企稳后股价震荡走高，最后以相同的价格收盘。右图中这种分时走势显示在股价上涨过程中多方并不占绝对优势，多空双方争斗比较激烈。

K 线无法显示当日分时走势的变化过程，因此，单凭观察大阳线形态，投资者并不能洞悉 K 线的强弱及区间的支撑位和阻力位。

八、大阳线的量能力度分析

股市中有“价涨量增，量价配合”“股价上涨要有量，下跌无须看量”之说，成交量大小代表参与买卖炒作者的多寡，它往往对一个交易日内成交的活跃度有很大的影响，更重要的是能反映 K 线力度的强弱。

开盘后，要看成交量，如果股价高开后不回落，之后放量上涨，那么这只股票后期很可能还有上涨空间。

通过对比买卖股票手数，可以看出是买方的力量大，还是卖方的力量大。如果卖方力量远远大于买方，说明股价有回落的可能，此时尽量不要买入。

现手指刚刚成交的一笔交易的成交量，观察现手的数量变化，也能分析多空力度的强弱。如果连续出现大量，说明有多人在买卖该股，成交活跃，值得关注；如果长时间无成交，则说明该股交易清淡，不大可能成为热门股票。

现手累计数就是总手数，总手数也叫成交量，有时它是比股价更重要的指标。换手率指总手数与流通股数的比，换手率说明有多少比例的流通股在当日买入和卖出。换手率高，说明买卖该股的人多，股价容易上涨。如果不是刚上市的新股，却出现极高的换手率（超过50%），该股常常在下一个交易日下跌，最好不要买入。

第二章 / 大阳线实盘分析方法

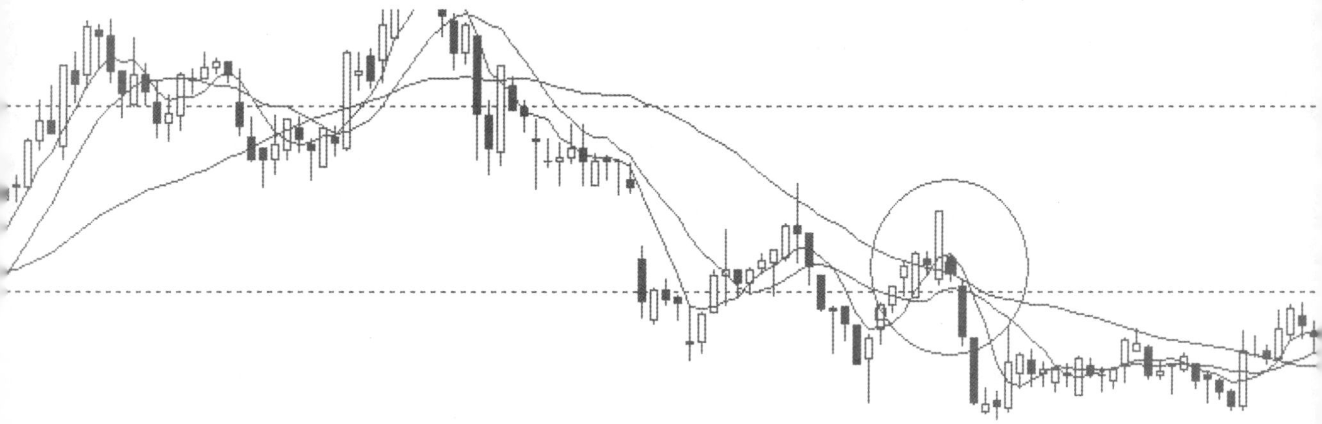

一、从前 K 线判断大阳线的力度

一般来说，大阳线的上涨力度大小与其实体长度成正比。也就是说，阳线实体越长，上涨力度越大，反之则力度越小。

重要的是，大阳线的上涨力度大小与前一交易日或前几个交易日的 K 线位置有很大的关系。当日大阳线是前几日 K 线走势的延续，因此要与前面的 K 线组合起来分析，这样得出的结论更可靠。

实盘操作中，要重点关注以下四种盘面现象。

1. 持续下跌中的大阳线

在持续下跌走势中，股价经常出现超卖现象，累计下跌幅度较大，这时容易出现报复性反弹。由于大阳线来得非常突然，股价并没有真正企稳，反弹结束后，股价仍将继续下跌或盘整。在这种情况下出现的大阳线，其上涨力度不会很大，也不会持续太长时间，投资者宜谨慎操作。

图 2–1 是弘信电子（300657）的日 K 线图。2018 年 1 月 9 日，该股收出一根大阳线。在此之前，股价经过一波快速下跌，形成缓慢的阴跌走势，均线系统呈空头排列形态。由于短期跌幅较大，调整时间较长，短期股价处于超卖状态，需要一次技术性修复走势，因此产生了这根大阳线。显然这根大阳线来得非常突然，盘面毫无企稳迹象，也无量能支持，后市股价谈不上上涨，即便有上涨，力度也非常小，因为上方受到均线系统和成交密集区域的压制。

看到持续下跌过程中出现的大阳线，不要盲目追涨，应耐心等待，持续跟踪。如果大阳线后买入，之后的 K 线走势不乐观，应及时出局。次日该股股价继续低开低走，盘面弱势未改，所以应及时止损。

图 2–2 是迪瑞医疗（300396）的日 K 线图。该股反弹结束后继续下跌，均线系统呈空头发散形态。2018 年 6 月 21 日出现大阳线之前，连续 2 个交易日收出下跌大阴线，股价下跌势头猛烈，盘面毫无止跌迹象。此时股价严重超卖，空方需要一次技术性修复走势，因此产生了这根大阳线。

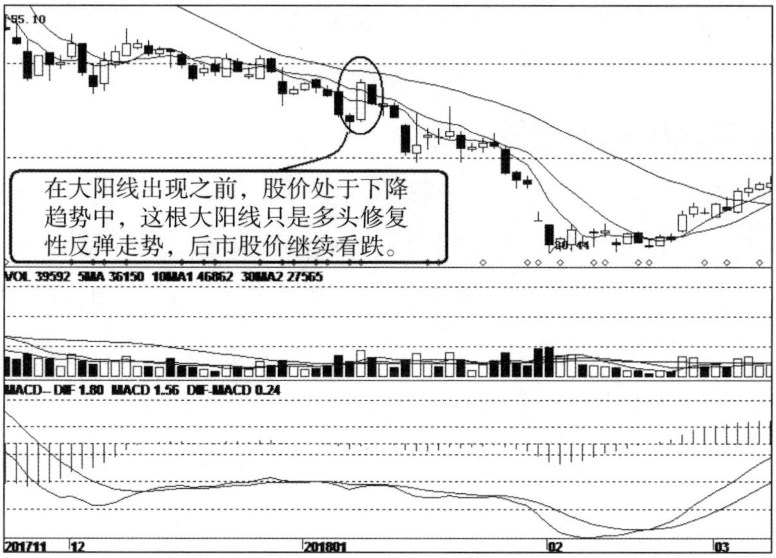

图 2–1

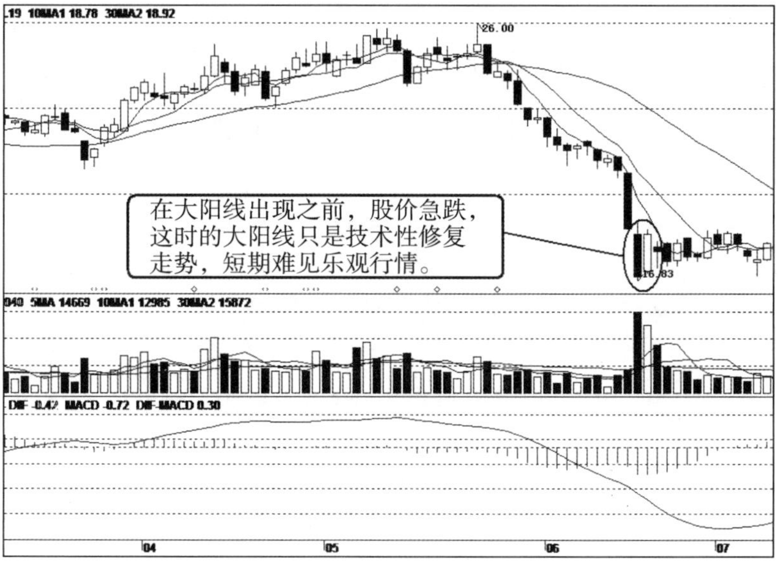

图 2–2

这根大阳线似乎是天外来物，因为当时盘面没有任何止跌迹象，所以它也不是一个止跌反转信号，其预示的上涨力度不会很大，随后股价横盘弱势震荡整理。投资者要小心看待下跌过程中突然出现的大阳线，因为这样的大阳线短期难以获利。

从上述两个实例中可以看出，实盘操作中，投资者要多观察、多辨认，不能单凭一两根大阳线就断定股价走势向好，要认真分析大阳线出现的原因，观察大阳线出现前一交易日或前几个交易日的股价走势情况，以及 K 线所处的位置，还要结合均线、趋势线、技术形态及其他技术指标综合分析，以提高操作的安全性。

2. 企稳震荡中的大阳线

经过一段时间的下跌调整，股价震荡幅度渐渐缩小，下跌速度放缓，盘面出现震荡企稳迹象，反映股价下跌空间有限，做空动能衰竭。在具体盘面中，底部收出一根小阳线或十字线后，如果这时收出一根大阳线，则会强化市场底部共识，后市股价很可能企稳筑底或走出上涨行情。这根大阳线的上涨力度比前面第一种情况的大阳线力度要大得多，此时投资者可以逢低布局做多。

图 2–3 是科斯伍德（300192）的日 K 线图。该股在一波急跌后出现明显的企稳调整迹象，股价小幅回升后再次回落到前期低点附近。2018 年 5 月 3 日，一根放量大阳线拔地而起，起到了巩固前期盘面企稳的作用，并成功穿越三条移动平均线，30 日均线缓缓上行，其看涨意义显现出来。

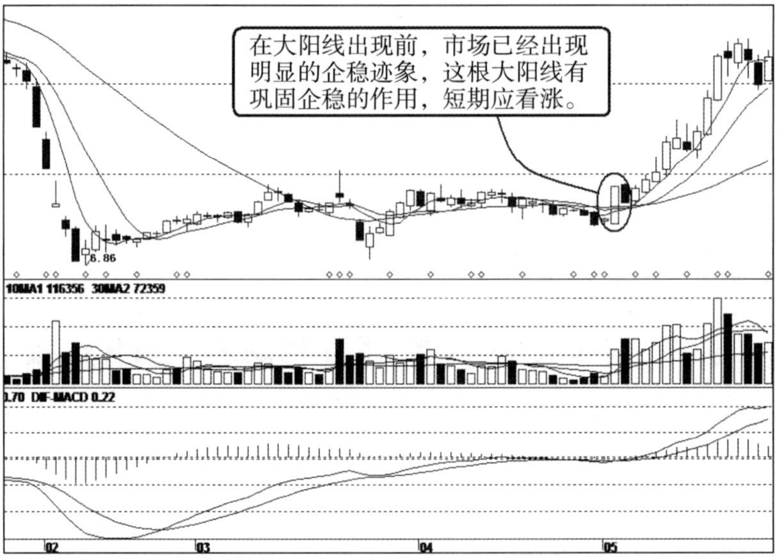

图 2–3

该股出现大阳线之前，已经产生一根止跌性小阳线，阳线实体虽小，但作用很大，催生次日的大阳线，在下跌趋势中起到中流砥柱的作用，也强化了后市企稳或上涨的力度。由此可以看出，在实盘中分析大阳线时，应观察前一交易日 K 线的位置和运行情况，进而判断当日大阳线的上涨力度。

图 2–4 是华通热力（002893）的日 K 线图。该股股价见顶后逐波下跌，股价调整时间长，累计下跌幅度大，然后在底部形成横盘震荡走势。2018 年 1 月 9 日，

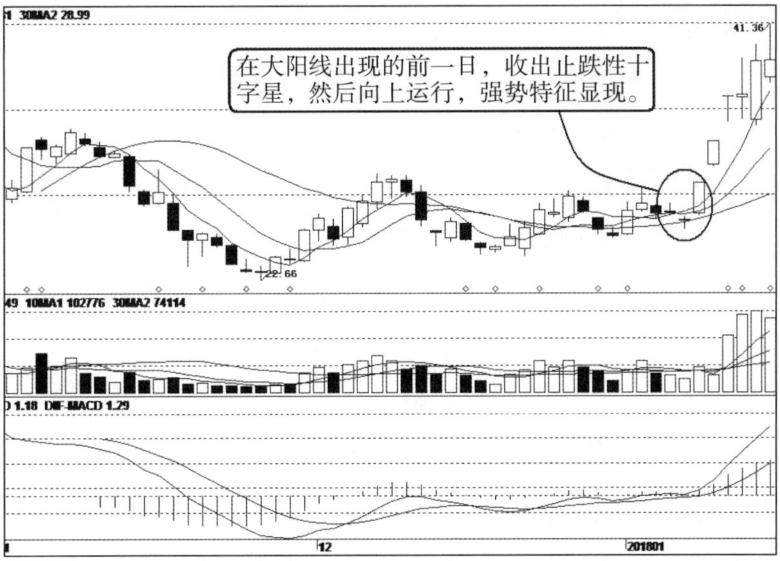

图 2-4

一根涨停大阳线向上拉起，吞没了前面数根小 K 线，市场有结束盘整之势。此后股价向上突破，短期涨幅可观。

该股出现大阳线之前收出了两根止跌性十字线，此前是一根下跌小阴线，这样就构成一个早晨之星形态。这种形态意味着下跌行情结束，市场将见底回升。前面的阴线是受到前期盘整走势的影响，因出现止损盘而形成了小阴线。

十字线则表明下跌动能已经衰竭，低位抛压减小，买盘渐渐加大。多空双方经过两天的争夺，最终都以十字线收盘。之后一根涨停大阳线拔地而起，巩固了十字线的争夺成果。大阳线收盘价突破了前期小盘区的高点，表明盘整状态将结束，股价有脱离盘整区域的迹象，市场发出看涨信号，此后股价快速上涨。

出现这种形态的前提是，发生在股价大幅下跌后的低位，前面一根 K 线有较长的下影线，并伴随较大的成交量，表明有买盘介入。在收出大阳线当日的上涨过程中要有成交量的配合，且当日收盘在前面的阴线 1/2 以上，如能全部吞没前面的阴线实体，则效果更佳。

同时，要将这种形态与支撑位结合起来分析。如果股价下跌遇到重要支撑位时出现这种形态，则看涨意义更大。投资者遇到这种形态时，不妨先把它视作超跌反弹行情，然后静观其变。如能继续走强，则可以确认为底部，这时可以加大仓位。

在实盘操作中，这种形态可以参照早晨之星形态进行研判，具体应掌握以下四个方面的市场因素。

（1）前面的十字线或小 K 线有一个小小的向下跳空缺口。当日的大阳线应小幅高开走高，这样会加强形态的效力。

（2）大阳线的收盘价深入前面大阴线的实体内，超过大阴线的 1/2，则有助于加强形态效力。通常插入越深，看涨意义越大。

（3）大阳线的成交量要明显放大，超过前面两根 K 线成交量的 30%，代表股价在反弹时买盘积极，有利于后市见底回升。

（4）这种形态出现在前期低点附近，其反转上涨的意义更大。出现在长期下跌的末期、暴跌之后、回调洗盘结束时，其准确率较高。

3. 止跌回升中的大阳线

股价经过持续的下跌调整，做空能量释放完毕，股价出现明显的企稳走势，市场重心渐渐上移，表现出强烈的上涨欲望。此时如果拉出一根大阳线，则表明市场底部确立，后市将强劲上涨。

在具体盘面中，底部经过一段时间的小阴小阳震荡整理，突然一根大阳线向上拉起，股价成功脱离底部区域，表明下跌趋势被彻底扭转。这根大阳线的上涨力度比前面第二种情况的大阳线力度大，此时投资者可以积极做多。

图 2–5 是海得控制（002184）的日 K 线图。该股股价经过长时间的大幅下跌调整，做空能量得以充分释放，出现震荡筑底走势。主力资金逢低悄然介入，股价重心开始上移。2018 年 3 月 1 日，一根涨停大阳线向上拉起，突破了 30 日均线的压制，股价成功脱离底部区域，随后股价快速上涨。

在大阳线出现之前的几个交易日，盘面呈现小阴小阳走势，说明股价的下跌力量已经衰竭。特别是大阳线出现前的几个交易日连续出现的小阳线，代表多头已经蠢蠢欲动，也反映市场已经形成止跌回升态势。这时一根大阳线拔地而起，进一步加强了市场的多头气势。在大阳线出现之前的一段时间里，成交极度低迷，说明市场抛压已经很小。出现大阳线时成交量温和放大，说明涨势得到了市场的积极响应。

图 2–6 是海思科（002653）的日 K 线图。该股股价经过充分调整，出现明显出现企稳迹象。2018 年 3 月 1 日，该股收出一根光头光脚的大阳线，巩固了前面小阳小阴线的盘整成果，并且大阳线突破了 30 日均线的压制，上涨势头明显。在这根大阳线的收盘价附近短期震荡后，股价稳步盘升。

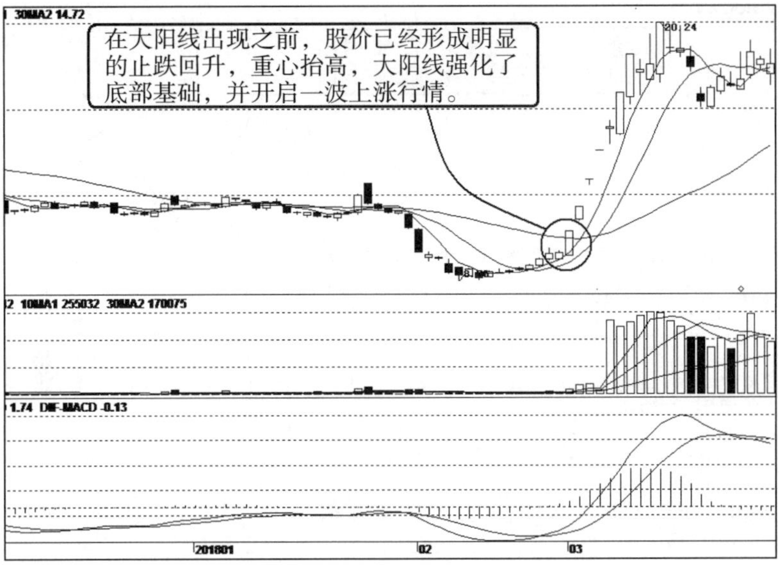

图 2-5

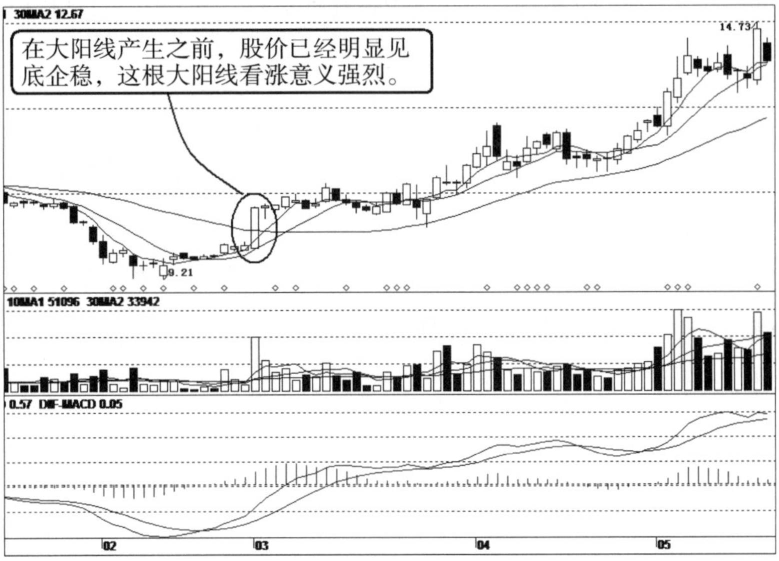

图 2-6

4. 持续推升中的大阳线

股价经过震荡筑底，形成明显的企稳回升态势，股价重心不断上移，但总体涨幅不大。此时如果拉出一根大阳线，不仅能巩固底部基础，还能提升股价的上涨速度。这种大阳线的上涨力度最大，与前面几种情况的大阳线相比，多头来势汹汹，此时投资者可以大胆做多。

图 2-7 是用友网络（600588）的日 K 线图。该股股价在底部长时间震荡，反弹结束后再次回落到前期低点附近，这时市场得到买盘支持，股价以小阴小阳

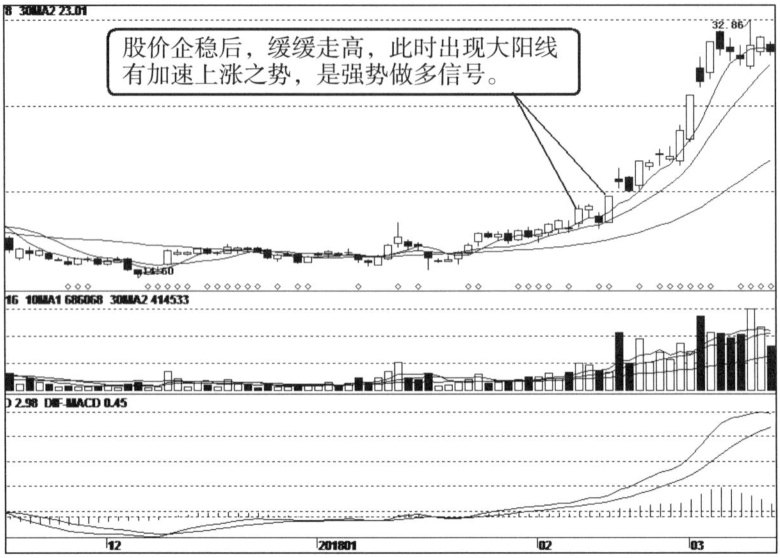

图 2-7

线的方式推升，并站在均线系统之上，市场重心上移。2018 年 2 月 7 日和 12 日，该股均收出放量大阳线，此后股价上涨步伐明显加快。

在 K 线分析过程中，一根 K 线就能表示明确信号的情况并不多，但是在特定情况下，一根 K 线往往预示着特定信号的出现，比如反转大阳线就是典型的底部起涨形态。反转大阳线指股价经过长时间的下跌，在前期低点附近或者在成交量萎缩到极点时，突然出现一根放量大阳线。此形态虽然只有一根 K 线，但大阳线的力度大、爆发力强、可信度高，值得关注。

这类 K 线有三个特点：一是收光头光脚的大阳线；二是成交量突然放大，至少是近 5 个交易日平均成交量的 5 倍；三是往往出现在前期低点附近，或者成交量极度萎缩的底部。

图 2-8 是方大炭素（600516）的日 K 线图。该股股价蓄势整理后渐渐走强，股价以小阴小阳线的方式缓缓上行，有效站于均线系统之上。30 日均线徐徐而上，支撑股价向上移动。2017 年 5 月 24 日，一根放量大阳线稳固了盘升通道。6 月 26 日，一根放量涨停大阳线形成加速上涨势头。从此进入牛市拉升阶段，股价累计涨幅较大。

从这两个例子可以看出，大阳线出现之前为市场潜伏期。经过这段时间的震荡盘升，消化了盘中的浮动筹码，市场底部更扎实，此前的走势是底部阶段。大阳线出现后，股价才真正开启上涨行情，投资者只要抓住中间上涨阶段这一截利润就能有所斩获。在实盘操作中，要加强对进入上涨阶段的标志性大阳线的分析研究。

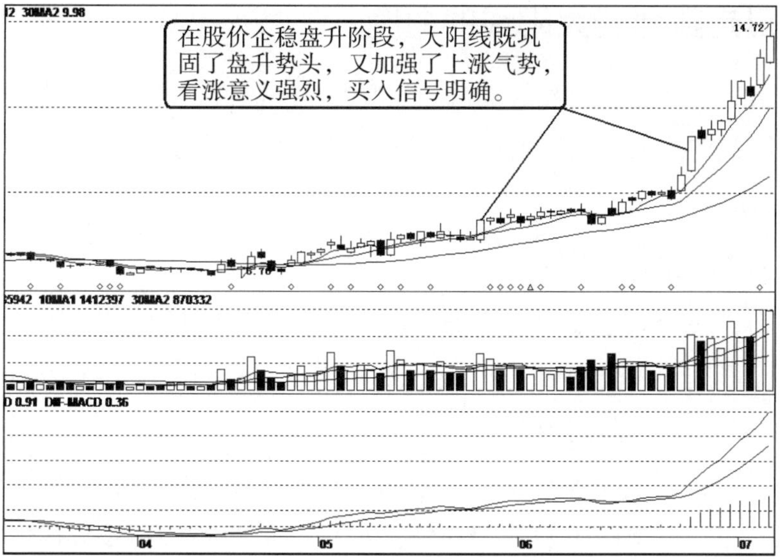

图 2-8

在分析股价运行趋势时，投资者往往通过对量、价、线的研判，辨别多空双方能量变化的规律。但是，随着坐庄手法的不断翻新，庄家往往会使用骗线手段，导致投资者在选择股票时迷惑不解，其中大阳线的识别最为复杂。

一般而言，若大阳线伴随着大成交量出现，往往是看好后市的信号。

（1）股价经过连续下跌，跌至前期低点或见历史新低后，突然拉出一根大阳线，同时成交量放出下跌以来的天量，表明股价即将见底回升，因而这根大阳线也称底部大阳线。

（2）股价成功筑底后，往往会展开横盘走势。若股价在突破近期阻力位时突然拉出一根大阳线，并伴随天量，则表明增量资金进场积极，股价将攻击上方均线阻力位，这根大阳线也称启动大阳线。

（3）股价一旦攻击阻力位成功，往往会依托这条均线再次展开横盘走势，以清除近期低位跟进的筹码。一旦浮筹清除完毕，股价将进入上升行情。股价涨升一段时间后，若再次出现一根大阳线并伴随天量，则表明庄家拉升心切，要加速推高股价，这根大阳线也称中继大阳线。

（4）股价经过较长时间的大幅上涨，在高价区域出现一根大阳线，同时伴有上升以来的天量，预示股价即将见顶回调。在高价区域出现大阳线，庄家会借势拉升股价并在高位派发筹码，因而将这根大阳线称为见顶大阳线。

综上所述，大阳线出现的位置不同，其技术意义也有差别。

二、从当日走势判断大阳线的力度

通过观察前一交易日的 K 线情况，分析当日开盘价、收盘价及集中成交区域，可以判断大阳线的上涨力度，作为交易的参考依据。在实盘操作中，应重点关注以下三种盘面走势。

1. 低开高走的大阳线

空方发力，股价大幅低开。多方不甘示弱，也发起反攻，将股价推高并坚持到收盘，从而形成一根低开高走的大阳线。这时应根据大阳线的收盘价位置，即对前一日 K 线的切入程度进行分析。

通常有三种盘面现象：一是如果大阳线在前一根阴线的收盘价附近收盘，则形成接吻线形态，后市股价发展仍有待验证；二是如果大阳线收盘价深入前一日阴线的 1/2 以上，则构成曙光初现形态，后市看涨意义较强；三是如果大阳线收盘于前一日阴线的开盘价上方，则构成阳包容形态，后市看涨意义最强。

图 2–9 是钧达股份（002865）的日 K 线图。该股股价大幅下跌后渐渐企稳，2018 年 3 月 23 日收出一根下跌大阴线。次日大幅跳空低开 8.27% 后，盘中多方快速拉起股价，股价收盘于当日最高价，前后两根 K 线在低位形成接吻线。

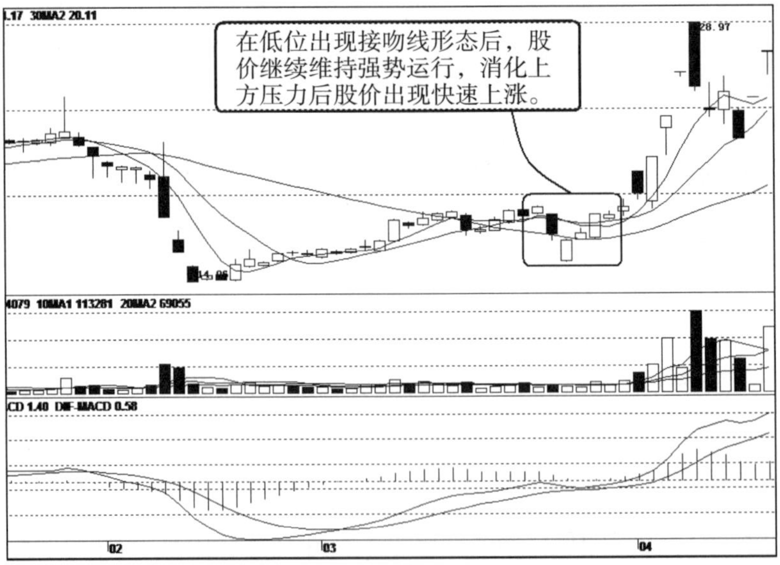

图 2–9

这个形态是不是一个确定的做多信号呢？这还要观察后面几个交易日的走势。另外，这个形态出现在震荡过程中，更需要其他验证信号，才能作为买卖信号。此后几个交易日股价温和上攻，收复了接吻线的第一根阴线，且股价站于均线系统之上。30 日均线由下行转为平走，可以排除股价继续下跌的可能，再综合其他技术因素，可以逢低积极介入做多。

实盘操作中，遇到这种 K 线形态，应掌握五个操作要点。

（1）两条 K 线开盘价之间的距离越远，收盘价越接近，技术分析意义越强，市场转势信号越可靠。在看涨接吻线中，次日向下大幅跳空开盘显示原先的趋势非常明确，但收盘时升回到前一日收盘价附近，预示后市有转强可能。

（2）在接吻线中，两根 K 线实体部分越长，转势效力越强。实盘操作中，第二根 K 线的实体比第一根长也可以接受。

（3）在看涨接吻线中，出现第二根大阳线时成交量倍增，能突显多头的购买力，利好效力更强。在跌势末端出现看涨接吻线时，要有成交量放大的积极配合，才能推动股价上涨。在盘整市道中，可以不考虑成交量的大小。

（4）接吻线是一个次要的反转形态或疑似转势信号，需要其他验证信号的支持，其技术含义弱于曙光初现形态。

（5）看涨接吻线出现在有一定涨幅的高位，可以择高离场观望。

图 2-10 是中海达（300177）的日 K 线图。该股股价经过一波快速下跌后，出现企稳迹象。2018 年 3 月 23 日收出跌停大阴线，疑似形成加速下跌之势。次日股价惯性跳空低开，但没有下跌多少，多方立即将股价快速拉起，当日收出一根上涨大阳线，股价收回了大阴线的大半失地，形成曙光初现形态。成交量同时温和放大，说明盘面处于强势之中。进一步消化上方的压力后，股价向上突破。

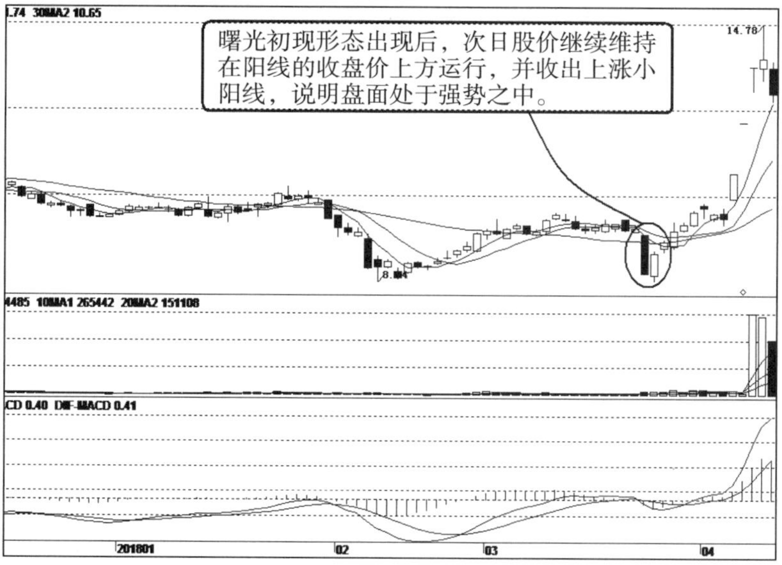

图 2-10

这类形态可参照曙光初现的形态法则研判，应掌握以下五点。

（1）大阳线深入前一日大阴线实体部分越深，见底回升的概率越大。若大阳线的收盘价高于大阴线实体，则演变成破脚穿头的阳包容形态，利多信号更加强烈。

（2）大阳线应得到成交量的积极配合，见底信号才可靠。成交量不是单日的脉冲式放量，而是持续多日放量，这样形态的看多信号才能巩固，否则其形态的可靠性不强，为疑似多头信号。

（3）出现大阳线的次日，股价继续上涨收出阳线，形态确认成功。若次日立即收出一根大阴线，收盘价低于大阳线的 1/3 位置，应否定形态见底的可能，预期后市继续下跌。

（4）分析当日分时走势。插入前一日阴线实体时间的早晚不同，也会有不同的分析意义和判断结果。通常插入时间越早，可靠性越强；插入时间越晚，可靠性越弱。特别是尾盘拉升，都是不正常的盘面表现，欺骗性强。开盘后股价很快被拉起，插入阴线实体内部，表明前一日的下跌为庄家刻意打压所为，下方有较强的承接盘，股价将出现一波升势行情。若在尾盘极短时间内迅速拉起，表明庄家在做“美人图”，有虚张声势之嫌，后市难以持续上涨。

（5）仅凭两根阴阳 K 线的涨跌判断行情的发展方向，难免有点儿武断。实战中还要结合其他技术特征综合分析研判，如技术指标、形态、趋势、波浪以及庄家意图、持仓成本、做仓手法等，有助于散户踏准市场节拍，摸准涨跌规律。

实盘操作中，如果在股价下跌过程中先出现一根实体相对较小的阴线，次日股价先下破前一交易日阴线实体的低位部分，后急促反弹，升破阴线实体的高位收市，形成一根大阳线，阳线实体两头都超过阴线实体，将前一日的阴线实体全面吞没，这样就形成破脚穿头的阳包容形态，后市股价上涨动能更大。

图 2-11 是亚联发展（002316）的日 K 线图。该股股价反弹结束后快速下跌，三根大阴线使人不寒而栗。可是次日股价低开后略下探，创出了市场新低后，在买盘的积极介入下，股价快速反弹，当日收于前一日阴线的开盘价之上，收复了前一日阴线实体的全部失地，形成阳包容形态，预示后市股价将止跌回升。在市场下跌趋势底部出现这种阳包容形态，说明市场很可能出现反转，因此是一个难得的买入信号。

如果这种包容线形态出现在股价的一轮下跌趋势之后，且股价已经反复震荡筑底，或者是市场下跌的速度已经有所减缓，那么此时出现阳包容形态就具有一

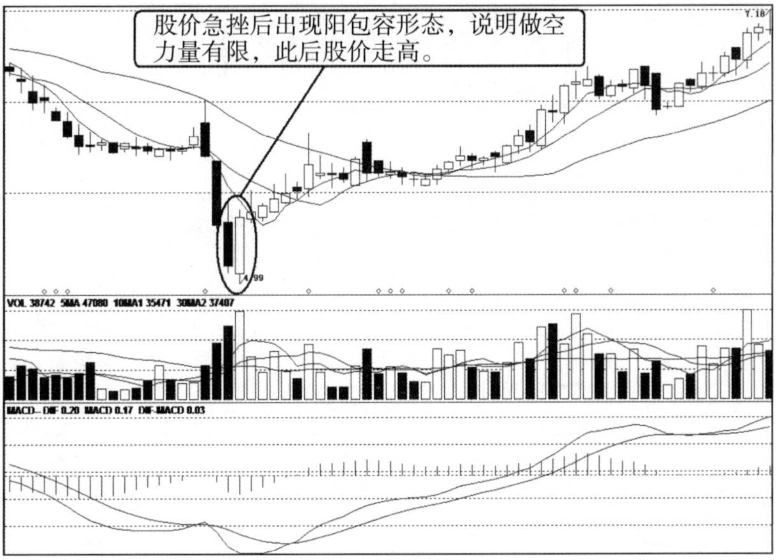

图 2–11

定的市场含义，预示股价即将反转上涨。在操作策略上，投资者应该选择时机进场操作。

如果次日股价开盘后能够继续走强，那么在当日的震荡中，投资者就可以在股价震荡回落时买入，此时是较佳的买入时机。如果次日走势不是那么强劲，股价很可能先震荡几日再反转。此时，投资者可以趁股价震荡时择低点逐步买入，或者等股价震荡结束后开始走强时买入。

图 2–12 是必创科技（300667）的日 K 线图。该股股价见底后步入盘升行情，庄家采用边拉升、边洗盘、边整理的方式不断推高股价。当股价回升到前期盘区附近时，庄家主动展开洗盘整理走势。

2018 年 3 月 23 日，一根接近跌停的大阴线向下击穿整理小平台。次日一根涨停大阳线向上拉起，收复了前一日阴线的全部失地，形成阳包容形态。成交量随后明显放大，说明洗盘整理结束，股价开始飙升。

其实，该股的阳包容形态中先出现的大阴线并不可怕：一是股价距离前低位置不远，杀跌空间不大；二是杀跌动能不足，没有恐慌盘涌出，这一点从较小的成交量上就能看出；三是 30 日均线有力支撑，支持股价走高，这一点非常关键。

投资者在分析这类大阳线时，应当把握五个技术要点。

（1）这种 K 线必须出现在下跌趋势末期，才可以确认为市场底部反转信号，而且必须得到成交量的积极配合，才能推动股价上涨。

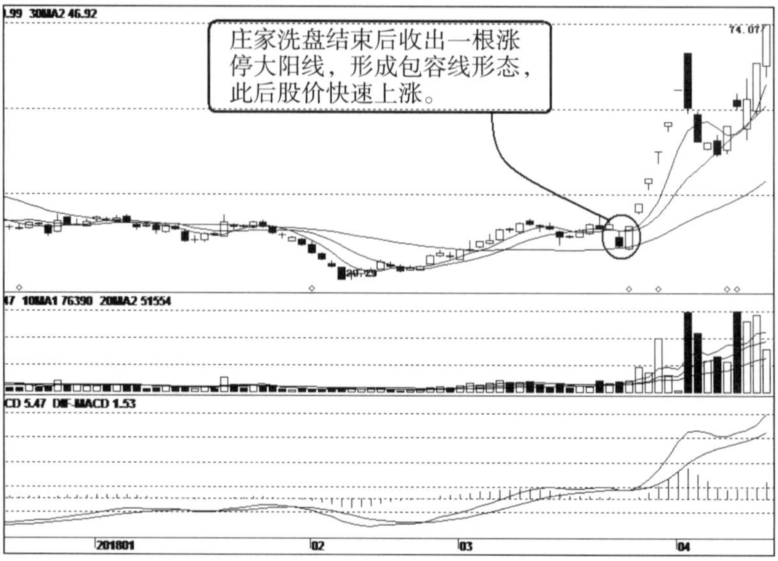

图 2-12

（2）前一日阴线实体的任何部分都不能超越当日的阳线实体。如果前一日阴线实体的长度只有或不足当日大阳线实体的 1/3，则此形态更为强劲有力。

（3）观察形态产生的时间早晚。若开盘后很快插入前一日阴线实体较深部分，表明前一日的下跌阴线为假摔；若在中盘时段插入，表明上方压力较大，后市可能演变为盘整走势；若在尾盘几分钟快速拉高，则有虚张声势之嫌，后市可能出现盘跌走势。

（4）一般情况下，收大阳线时，成交量应超过前一日成交量的 2/3 或 5 日均量的 1 倍以上，且不是单日的脉冲式放量，而是持续多日放量，否则其形态的可靠性不强，为疑似信号。

（5）分析当日走势。如果当日股价在前一日收盘价附近盘稳或继续向上运行，则看涨信号的可靠性强。如果当日股价返回大阴线以内较深位置，甚至重新包容前一日的大阴线，则构成新的阴包容形态，说明空方力量十分强大，后市走势不容乐观。

2. 平开高走的大阳线

在底部区域，股价在前一日 K 线的收盘价附近开盘，然后多方将股价快速推高并坚持到收盘，从而形成大阳线。如果前一日为一根下跌大阴线，则大阳线的收盘价必须在大阴线实体的 2/3 位置之上，该形态才具有看涨意义；如果前一日是小阴小阳 K 线，那么大阳线应封闭前面数根小 K 线，并且封闭前面的小 K 线越多，大阳线的上涨力度越大。

图 2–13 是通产丽星（002243）的日 K 线图。该股股价经过长时间的大幅调整，渐渐企稳，进入筑底阶段。庄家在建仓末期刻意打压股价，造成技术破位之势，引发散户恐慌性抛盘。

2018 年 7 月 12 日，市场没有形成继续下跌的走势，股价平开后向上拉起，收出一根放量涨停大阳线。这根大阳线吃掉了前面 12 根小阴小阳 K 线，攻击性极强。次日股价继续强势涨停，随后一轮波澜壮阔的主升浪行情爆发。

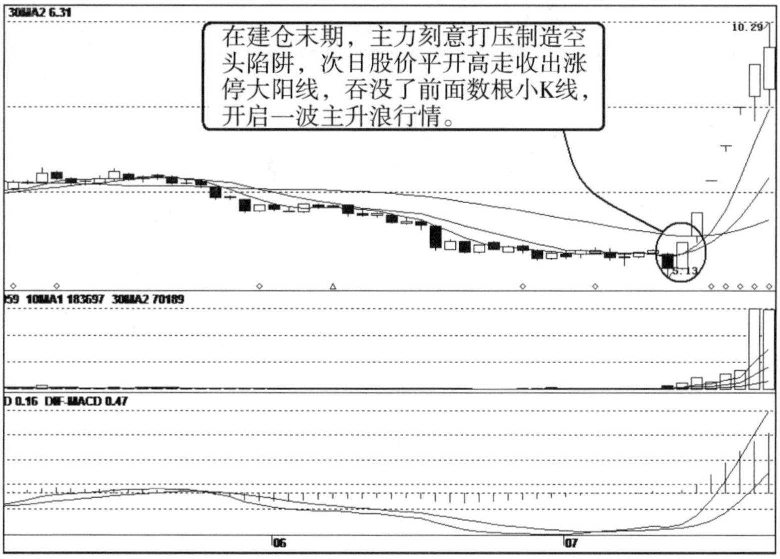

图 2–13

图 2–14 是仁和药业（000650）的日 K 线图。该股股价经过充分的下跌调整，企稳盘整，震荡幅度渐渐缩小，市场进入震荡筑底走势。2018 年 4 月 25 日，股价平开后，多方顽强拉升，突破了均线系统的压制，当日收出一根平开高走的大阳线。这根大阳线封闭了前面数根小阴小阳 K 线，并且创出盘区最高收盘价，成交量明显放大，说明有增量资金活跃在盘中，看涨意义极强。

次日，股价保持强势整理格局，继续上涨并收出阳线，进一步巩固了前一根大阳线的成果，突破了底部盘整区域，短期上涨趋势确立。

3. 高开高走的大阳线

股价在前一日 K 线的收盘价上方跳高开盘，多方发力将股价进一步推高，全天股价维持在高位震荡，从而形成大阳线形态。这种大阳线的收盘价位置大多在临近数根 K 线的收盘价上方，吞没临近的 K 线数量越多，大阳线的上涨力度越大，有时可能与前一日的 K 线形成一个当日没有回补的向上跳空缺口。这种大阳线的

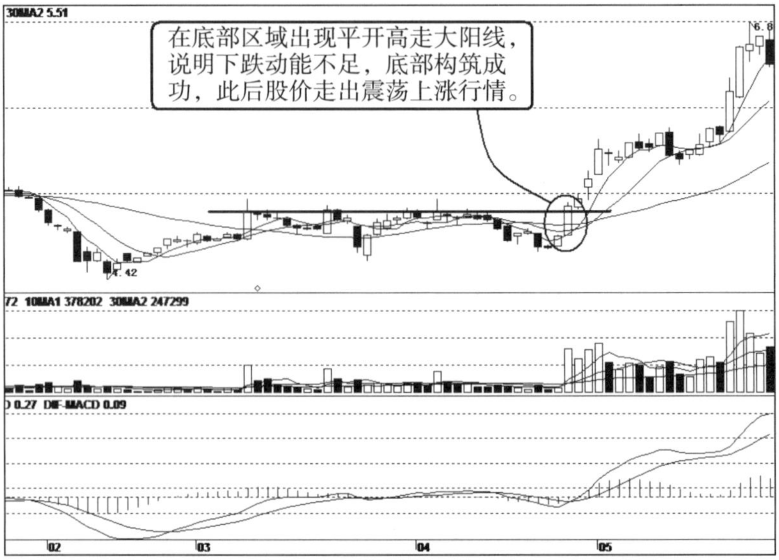

图 2–14

上涨力度比前面两种情况的大阳线都要大，也是见底概率最大的大阳线，投资者应密切关注这种大阳线。

图 2–15 是天华超净（300390）的日 K 线图。该股股价向下击穿平台整理区域后加速下跌，使盘中浮动筹码纷纷离场观望。此时庄家大量吸纳低价筹码，股价渐渐震荡企稳，底部不断抬高。

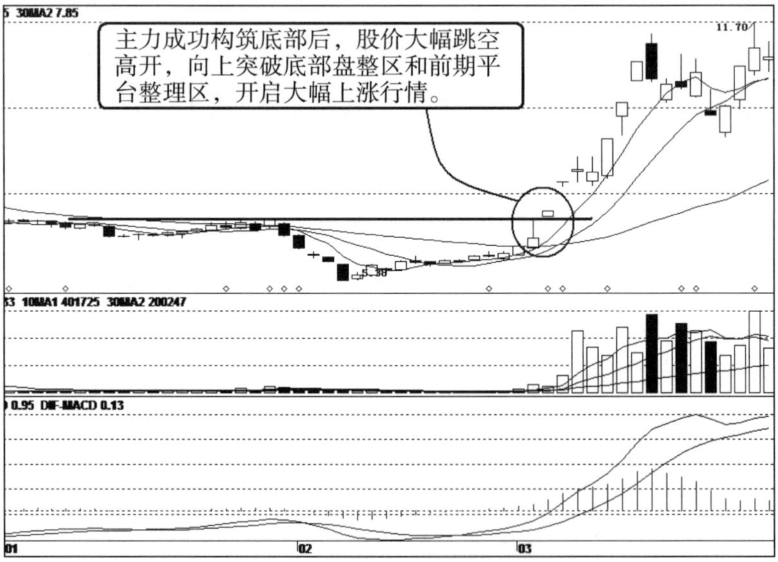

图 2–15

2018 年 3 月 5 日，股价大幅跳空高开 8.07%，盘中秒封涨停。这根 K 线看起来不是大阳线，实则比大阳线更具看涨意义。此时股价不仅脱离了底部盘整区，还突破了前期整理平台区域，成功站在均线系统之上，下跌势头被成功扭转，此后股价强劲上涨。

图 2–16 是贵州燃气（600903）的日 K 线图。该股上市并完成第一波上涨行情后，股价开板回落整理，释放了大量的新股中签散户。经过一段时间的蓄势整理，2017 年 12 月 20 日，股价小幅高开 0.42%，盘中未做任何技术性回调，而是快速将股价拉起，仅仅 20 分钟，分时走势中两波即拉至涨停。

经“开闸放水”后再次封板，直到收盘时被大单封死涨停，收出一根光头光脚的大阳线，成交量明显放大。次日，股价继续强势涨停，吸引大量资金介入，随后出现第二波飙升行情。

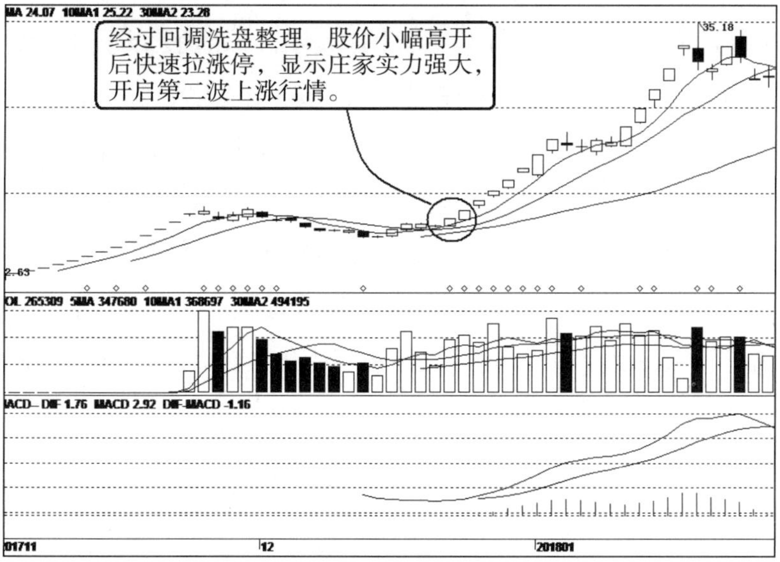

图 2–16

遇到高开高走的大阳线时，投资者应注意五个市场因素。

（1）股价位置不应太高。已被大幅炒作的、涨幅超过 100% 的个股，后市上涨的风险较大。

（2）观察次日的市场运行情况。股价若能够迅速脱离盘整区域，盘面多头气势磅礴，做多气氛浓厚，上涨势头会持续一段时间，此时可以持股待涨。

（3）大阳线如能成功突破一个重要的压力位（线），上涨行情会持续一段时间。

（4）股价突破必须有成交量放大的支持，无量上涨属于故弄玄虚。

（5）形成于明显的上升趋势行情中的高开高走大阳线，多方短期攻击力强，往往出现强者恒强的现象，股价涨得出乎意料。

三、从次日走势判断大阳线的力度

大阳线出现次日或随后几个交易日的走势非常关键，直接反映上涨力度的大小，也是对大阳线的肯定或否定。次日走势通常有三种盘面现象。

1. 大阳线之后强势运行

在明显的下跌趋势中，一根大阳线阻止了股价的下跌势头。次日或随后几个交易日股价在这根大阳线的 1/3 位置之上强势运行，说明市场依然保持强势状态，基本肯定了前一日大阳线的上攻成果。这种情况也可以分为三种类型。

（1）大阳线之后，次日或随后几个交易日股价乘势而上，继续大幅上涨收阳，说明空方毫无反击之力，多方已占据盘面优势，这种情况下后市股价看高一线。

图 2–17 是通产丽星（002243）的日 K 线图。该股股价经过长时间的大幅调整，渐渐企稳，进入筑底阶段。庄家在建仓末期刻意打压股价，造成技术破位之势，引发散户恐慌性抛盘。2018 年 7 月 12 日，一根大阳线拔地而起，这根大阳线吃掉了前面的 12 根小阴小阳 K 线，表明当日多方攻击性极强。

出现这根大阳线后，股价到底怎么运行呢？次日股价继续涨停，成功突破了 30 日均线，盘面强势特征明显。此时成交量逐渐放大，表明多方力量已占据主动，从而肯定了前一日大阳线的上攻成果，短期内股价将继续走强。随后股价连续涨停，形成一轮波澜壮阔的主升浪行情。

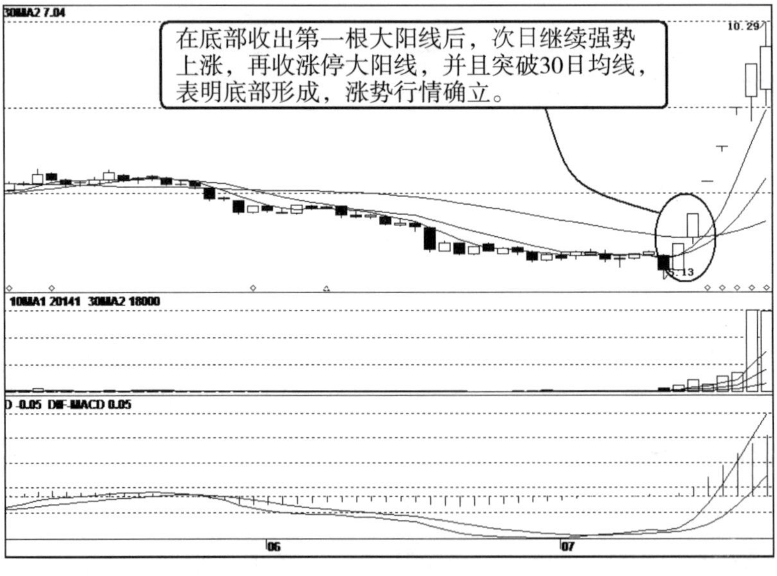

图 2–17

（2）大阳线之后，次日或随后几个交易日股价收出上涨十字线或小幅高开的小阴线，股价实际小幅上涨。这种走势说明空方试图阻止股价上涨，但无功而返，后市仍将强势震荡上涨。

图 2-18 是用友网络（600588）的日 K 线图。该股股价在底部长时间处于震荡走势，反弹结束后再次回落到前期低点附近。这时市场得到买盘支持，股价以小阴小阳 K 线的方式推升，并站于均线系统之上，市场重心上移。

2018 年 2 月 12 日，该股收出放量大阳线，上涨势头进一步加强。此后两个交易日，股价都在大阳线的收盘价上方强势整理，并留下一个没有回补的向上跳空缺口，显示盘面依然处于强势之中，从而巩固了大阳线的上攻成果。此后股价继续维持盘升行情，累计涨幅较大。

一般而言，股价向上突破一个重要的阻力位后，原先的阻力位就转化为支撑位，股价往往会在支撑位附近进行短暂的震荡整理，以清除近期低位跟进的筹码。一旦清除完毕，股价将进入加速上涨阶段。股价涨升一段时间后，若再次出现一根大阳线，并伴随放大的成交量，则表明股价将进入加速拉升阶段，该股就属于这种走势。

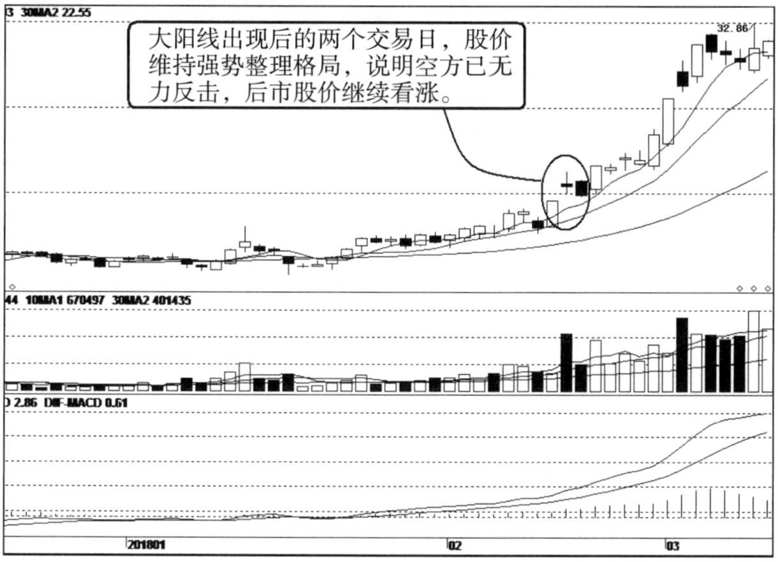

图 2-18

图 2-19 是上海家化（600315）的日 K 线图。该股股价经过一段时间的震荡整理，收出一根大阳线，成功突破了均线系统，形成一阳穿三线形态。次日股价小幅高开震荡，收出一根小阴线，但当日股价仍小幅上涨，并且形成一个没有回补的向上跳空缺口，说明市场依然保持强势，对前一日的大阳线给予肯定。

同时，均线系统呈多头发散形态，30 日均线缓缓上行，支持股价走高。此后股价在大阳线的收盘价上方进行短暂的蓄势整理，随后股价震荡上涨。投资者遇到这种情形时，可在大阳线收盘价附近择机介入。

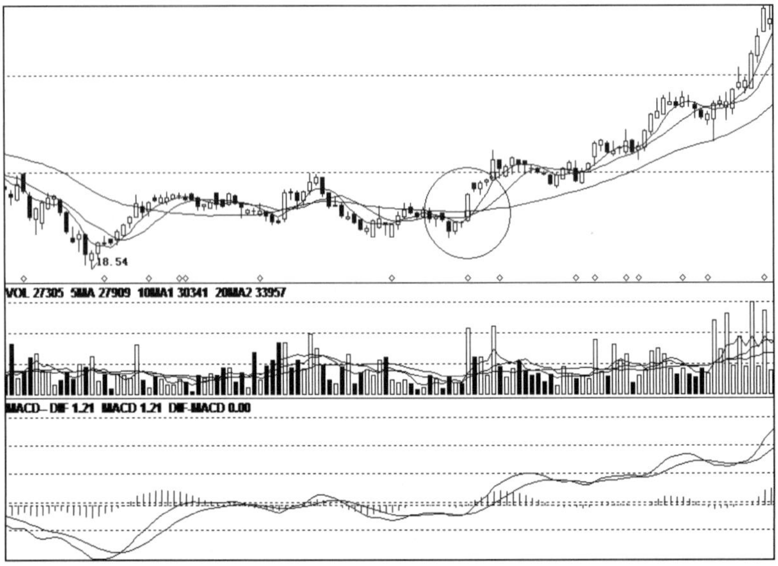

图 2-19

（3）大阳线之后，次日或随后几个交易日收出小幅下跌的小阴线，但多空双方的主战区域仍然处于大阳线的 1/3 位置之上，市场总体保持强势格局，说明空方曾经起来反攻，但无奈多方护盘能力较强，因此后市大多出现震荡盘升走势。

图 2-20 是至纯科技（603690）的日 K 线图。在该股股价跌势末期，一轮快速打压后企稳盘整，底部渐渐抬高。2018 年 2 月 27 日，一根涨停大阳线使股价脱离了底部盘整区域，并突破 30 日均线的压制。此后连续 4 个交易日维持震荡走势，K 线收出小阴小阳 K 线。

股价没有明显回落，始终处于大阳线的 1/3 位置之上，说明市场保持强势状态。第 6 个交易日股价向上拉起，收出涨幅超过 5% 的上涨阳线，同时均线系统呈多头排列，成交量温和放大。对擅长短线操作的投资者来说，这样的个股走势发出了买入信号，是一次很好的介入机会。

2. 大阳线之后震荡整理

大阳线出现后的次日，股价始终在大阳线实体内震荡，说明多空双方进入胶着状态，这就形成了孕育线形态。此时强弱胜负取决于双方力量的增减，以及收盘时对中心值的争夺，但市场总体属于偏强状态。短暂的震荡整理后，股价有望盘升。当然后市走势也充满变数，还要结合其他技术进行分析。

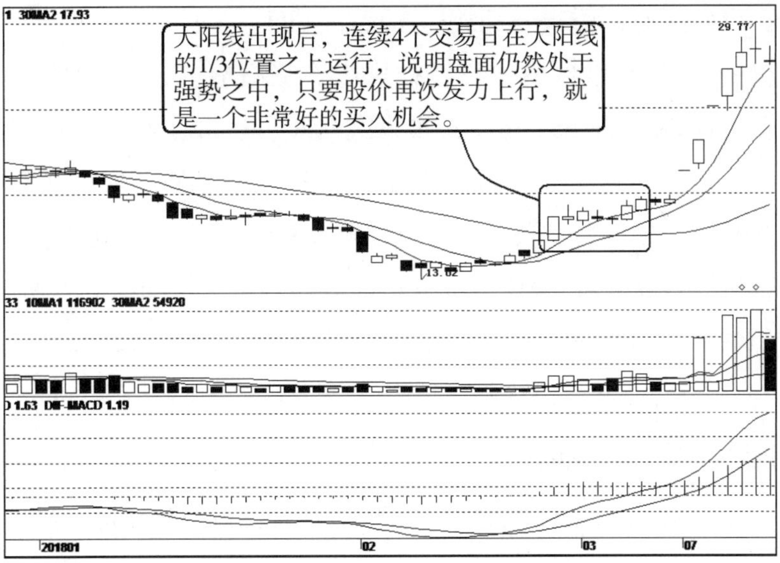

图 2-20

图 2-21 是兴民智通（002355）的日 K 线图。在该股股价长时间的震荡筑底过程中，庄家吸纳了大量的低价筹码。不久在低位出现一根放量大阳线，这根大阳线成功穿越均线系统的压制。次日股价基本上在这根大阳线实体内震荡，形成一个孕育线形态，随后股价逐波走高。

此前几个交易日也曾出现同样的走势，股价也没有形成下跌走势，显示底部特征明显，如图 2-21 所示。虽然次日股价调整，但仍然属于强势状态，这也是对第一天大阳线的确认过程，此后股价盘升。

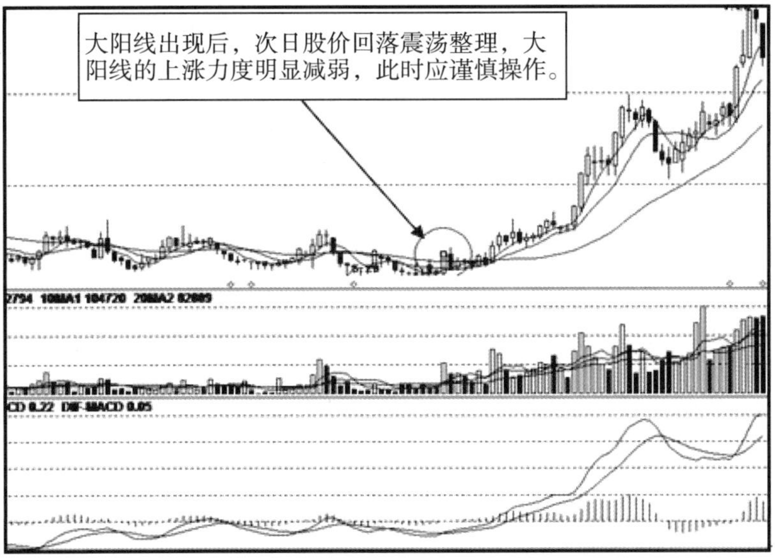

图 2-21

分析这类孕育线时，重点要把握以下两个方面。

（1）在底部出现孕育线的次日，如果股价涨幅超过3%，表明反转上涨的可能性大，投资者可以大胆买入做多。如果次日股价小幅上涨或者震荡，表明市场走势并不明确，此时不应急于进场，应跟踪观察后期走势。如果次日股价回落并跌破孕育线的低点，预示后市还有一定的跌幅，投资者宜离场观望。

（2）在底部形态形成过程中，成交量应同步放大，表明有场外资金悄然介入，看涨信号可靠性强。否则为虚张声势，以技术修复为主，为疑似多头信号，此时应谨慎操作。

3. 大阳线之后弱势运行

如果大阳线出现后的次日或随后几个交易日股价低开低走，大部分时间在这根大阳线的1/3位置之下弱势运行，或者跌破了大阳线的最低点，并且收盘于大阳线1/3位置或最低点之下，说明前一日股价上涨为虚张声势，市场转向弱势状态，这样基本上就否定了前一日大阳线的上涨走势。这种盘面现象大多出现在股价大幅上涨后的高位，或出现在反弹高点，投资者应逢高离场。

这种情况也可以分为三种类型。

（1）次日或随后几个交易日，股价大部分时间在大阳线的1/3位置下方运行，说明多方遭到空方的强力压制，多方上攻力度不大，后市股价盘整或直接下跌的可能性大，应逢高减仓或离场。

图2–22是华映科技（000536）的日K线图。该股股价见顶回落，形成小幅反弹走势。不久收出一根光头光脚的大阳线，股价强势上涨。可是次日股价却低开于大阳线的1/3位置附近，全天大部分时间在大阳线的1/3位置之下运行，当日收出一根阴线。前一日的上涨势头遭到重创，说明多头上涨力不从心，从而否定了大阳线的看涨意义，随后股价节节走低。

其实，这是一个孕育阴线形态。股价在次日出现了明显的滞涨现象，说明买盘力量严重衰退，股价上涨动力不足，否则就会承接前一日的强势继续上行。从技术分析角度看，均线系统向下发散，30日均线不断压制股价走低，股价反弹时得不到成交量的积极配合，因此后市股价盘整或直接下跌也就在预料之中。

（2）次日或随后几个交易日股价在前一日的大阳线开盘价附近运行，直到收盘收出大阴线或小幅低开的小阳线，基本抹去了前一日大阳线的胜利果实，说明多方缺乏抵抗能力，后市股价看跌，以退出观望为宜。

图 2-22

图 2-23 是英可瑞（300713）的日 K 线图。2018 年 4 月 13 日，该股在反弹高位收出一根涨幅超过 7% 的大阳线，表明庄家试图向前期盘区发起攻击。可是次日股价低开低走，收于大阳线开盘价下方，吃掉了前一日的大阳线实体，并且跌破 5 日均线的支撑，从而否定了大阳线的看涨意义。这种走势说明多方力量渐渐不支，空方反攻取胜。盘中出现了放量下跌现象，后市股价必将下跌。其实这是一个阴包容形态，看空气氛浓厚，投资者应离场操作。

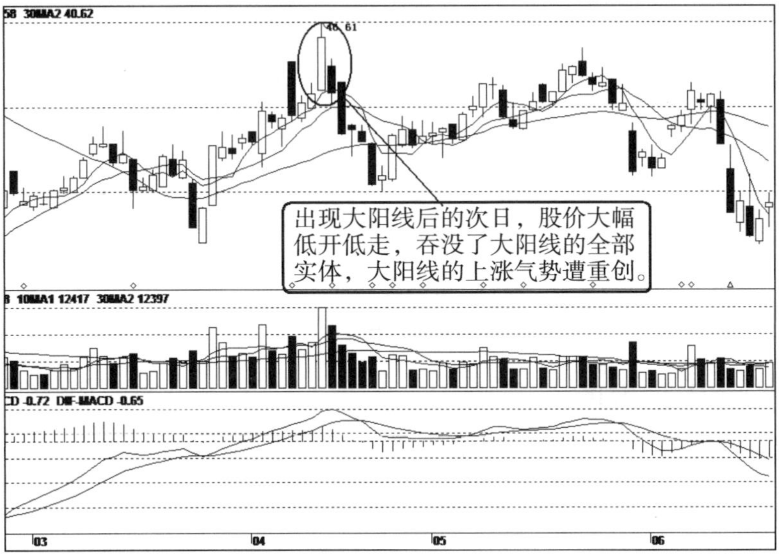

图 2-23

（3）次日或随后几个交易日股价回落幅度较大，收盘于前一日大阳线开盘价下方，甚至以跌停价报收，说明多方根本没有抵抗能力，后市股价必将下跌，投资者应果断清仓离场。

图 2–24 是华锋股份（002806）的日 K 线图。该股庄家成功完成建仓后，展开一波暴力拉升行情。2018 年 5 月 16 日，股价继续高开高走，收出一根涨停大阳线，预示股价仍将强势上涨。可是次日股价大幅低开于大阳线的开盘价下方，并震荡走低收出一根十字线，大阳线的看涨意义遭到严重破坏。

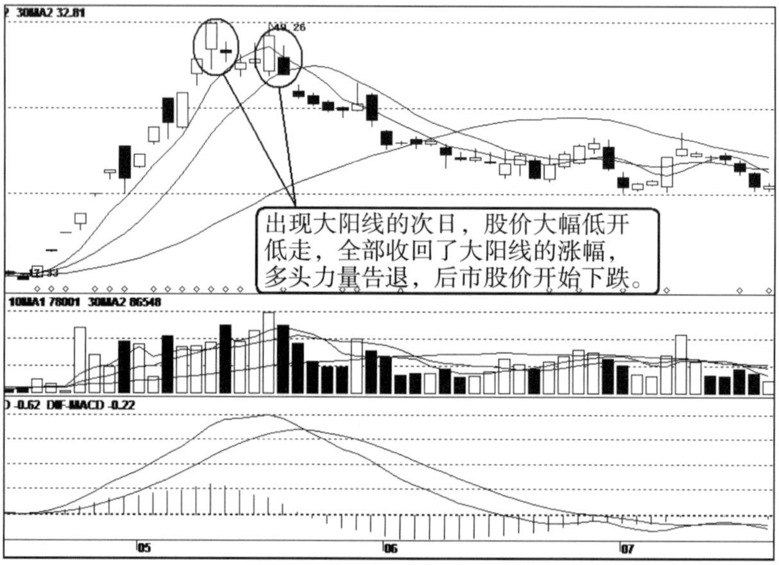

图 2–24

在两个交易日后的 5 月 22 日，多方再次发力上攻，收出大阳线，疑似发动第二波上涨行情。遗憾的是，次日低开低走，股价以跌停价位收盘，至此多头上涨气势荡然无存。这种走势说明多头已无上攻之力，前一日的大阳线疑为庄家拉高出货所致。随后股价节节走低，投资者遇此情形应坚决卖出。

四、从运行趋势判断大阳线的力度

1. 上涨途中出现的大阳线

大阳线出现在股价上涨途中（指股价从底部开始上涨，幅度在 30%~50% 之间），特别是出现在股价刚启动不久时，预示着股价将加速上涨，为持续看涨信号。开盘之后，做多力量就发起攻击，并得到市场的积极响应，最终收出一根大阳线，这说明当日做多力量坚定。如果次日股价继续走强，后市股价可能加速上涨。与下跌途中的大阳线相比，上涨途中出现的大阳线的上涨力度更强。

图 2–25 是上海机电（600835）的日 K 线图，图上是一个洗盘结束后出现的大阳线。股价见底回升后连续出现大阳线，随后股价加速上涨。在此之前，股价经过长时间的下跌调整，成交量逐步萎缩，下跌速度不断放缓。之后股价在低位止跌回升，成交量温和放大，股价成功突破均线系统的压制。随后形成小平台整理走势，此时成交量迅速缩小，说明盘中出现了惜售现象。

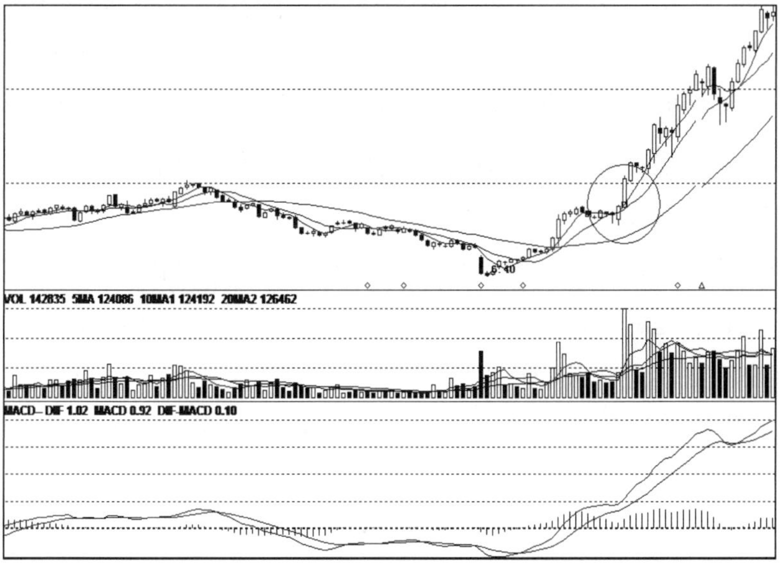

图 2–25

不久，股价不仅突破了这个小平台，而且突破了前期成交密集区域的最高点。此时成交量明显放大，表明股价上涨空间被打开。随着股价的回升，场外资金进入也越来越积极，股价不断走高。

如图 2–25 所示，股价突破均线系统的压制后，庄家并不急于立即拉升。股价遇到前期高点的压力，此时开始主动调整，但调整的幅度并不大，以小阴小阳 K 线的形式展开。当股价回落到 10 日均线附近时，受到支撑而回升。

股价依托 10 日均线的支撑逐步向上运行，说明 10 日均线附近有强大的支撑。同时，股价见底回升一定幅度后，出现底部抢进的短线获利盘，所以庄家会在中途洗盘整理，一是洗去不坚定的短线浮动筹码，二是继续低价收集筹码，以便降低持仓成本。此时庄家并无出货意愿，所以这种洗盘整理的时间通常较短。洗盘结束后，便会以放量大阳线的方式使股价快速脱离调整区域。在一些个股中，当股价短期有了一定的涨幅后，就会再次横盘震荡。在上涨趋势中，这种洗盘行为会重复多次。

有的投资者认为这根大阳线只不过是下跌途中的技术性反弹，那么这个判断是否正确呢？

如果仅仅是技术性反弹，那么这种反弹肯定是抄底的散户所为。既然是散户所为，那么股价就不可能持续走强，而且当股价回落时也不可能连续反弹。道理很简单，散户不可能不约而同地发起反击，积聚力量把股价拉上去。

如图 2-25 所示，在股价上涨比较流畅的阶段，成交量也有节奏地放大。从股价上涨之前逐步筑底到后来的缓缓上升，成交量配合得相当完美，这一点仅凭散户的力量无法实现，因此肯定是庄家所为。由此可以断定，股价的回升不单纯是下跌途中的技术性反弹，而是在股价前期下跌过程中就有庄家入驻，股价的回升是庄家建仓完毕之后对其进行拉升形成的。

由此不难理解，这根大阳线是庄家回探 10 日均线，测试下档的支撑情况或消化上档的压力留下的。股价下探后很快被买单拉起，说明下档支撑力强。出现这种走势时，庄家会继续拉高股价，此后股价快速上涨。

在实盘操作中，股价刚启动不久就出现这种大阳线时，投资者一定要结合当时的成交量，以及股价之前的运行情况综合分析判断。

图 2-26 是天喻信息（300205）的日 K 线图，图上出现一根直接加速上涨的大阳线。股价见底后盘升，庄家采用边拉升、边洗盘、边整理的方式不断推高股价。当股价上涨到前期高点附近时，曾经两次试图突破前期高点，但遇到一定的压力，股价小幅回落。不久，一根接近涨停的大阳线成功向上突破前期高点，随后经过两天的回调确认突破有效。第四天庄家再次发力向上，当日收出一根涨停大阳线，成交量明显放大，从此股价启动加速上涨行情，股价累计涨幅达到 400%。

如图 2-26 所示，该股盘面没有明显的回调整理走势，反映庄家操盘手法稳健，筹码控制牢固，这种走势在分析判断中有一定的难度。其实，只要仔细观察盘面特征，就能发现这是一根加速上涨的大阳线。

其一，股价从底部上涨以来，走势稳健，张弛有序，量价配合默契。

其二，股价累计涨幅不大，只有 50% 左右，庄家不会在此处出货。

其三，从形态上观察，有构筑多重底的可能，股价等待向上突破。

其四，股价突破前期高点后，成交量持续放大，资金入场积极。

其五，均线系统保持向上运行，不断上行的 30 日均线支撑股价进一步走高。

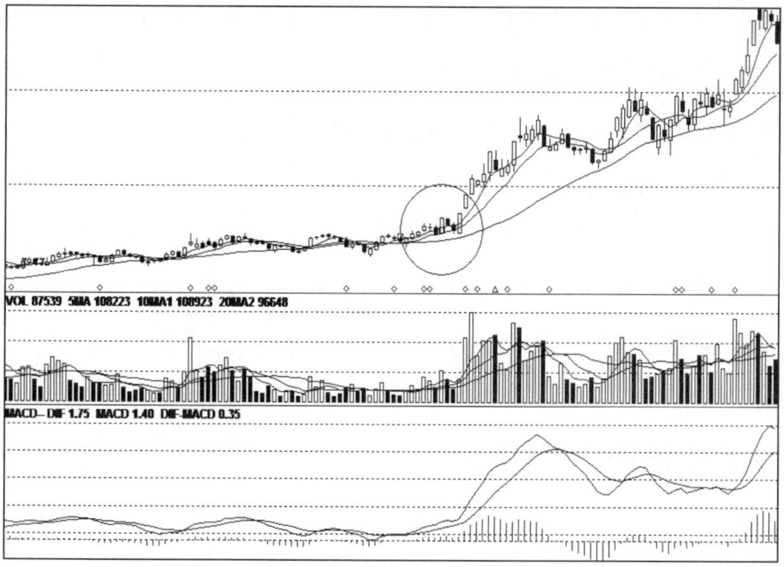

图 2-26

由此可见，这根大阳线是加速上涨的标志，后市必有新高。投资者在股价回调时逢低介入，将获得可观的收益。

2. 上涨途中出现的大阳线操作要点

实盘操作中，投资者遇到上涨途中出现的大阳线时，应把握五个技术要点。

（1）在大阳线出现之前，股价累计涨幅不应过大，一般涨幅在 50% 以内，后市股价有一定的上涨空间。少数强庄股可以达到 100% 左右，但要结合具体情况分析。

（2）在大阳线出现之前，股价已经明显见底，市场处于强势之中，均线系统呈多头排列，30 日均线呈上行走势。在大阳线出现之后，均线系统进一步呈多头发散形态，以继续支持股价上涨。

（3）在大阳线出现之前，成交量温和放大，股性比较活跃，盘面张弛有序，量价配合理想。出现大阳线当日，必须得到成交量的积极配合，有明显的场外增量资金介入。

（4）一定要观察上涨途中出现的大阳线是不是出现在中途整理的后期，如果出现在横盘过程中，那么这种大阳线可能只是庄家的试盘手法，实际上庄家暂时无意做多，此时跟进不但享受不到股价拉升的快乐，反而会备受洗盘的折磨，所以盘整过程中出现的大阳线并不是买入信号。

（5）在大阳线出现之后，要观察次日或随后几个交易日的股价走势。如果随后几日买方力量依然强劲，持续上攻并收出上涨阳线，那么后市股价很可能快速上涨；如果随后几日买方力量不能为继，股价回落并吞没了大阳线实体，那么后市回调的可能性较大，这根大阳线可能形成阶段性头部。

需要注意的是，在上涨途中出现大阳线后，股价不一定都会上涨，实盘中大阳线也经常成为虚假的多头信号或诱多陷阱。总之，在股价上涨途中出现大阳线时，投资者应结合之前一段时间里股价的走势情况，以及之前成交量的变化情况进行分析，通过这些迹象判断庄家在试拉股价还是洗盘之后的拉升阶段，从而选择正确的操作策略。

3. 下跌途中出现的大阳线

大阳线出现在股价下跌途中，特别是出现在股价刚下跌不久时，是多头的一次抵抗性反弹走势。反弹结束后股价仍将继续下跌，因此是一个难得的逢高卖出机会。

在下跌途中出现大阳线，通常有两方面的市场因素：一方面反映近期空头力量打压过大，市场出现超卖状态，空方需要“小憩”一下，以便恢复下跌力量；另一方面是多头借机发起反攻，试图推动股价上涨，但因跟风力量薄弱，最终无功而返，股价再现弱势。收出这种大阳线之后，股价很难持续走强，后市必将继续下跌，投资者不要被这种大阳线迷惑。

图 2-27 是金亚科技（300028）的日 K 线图。该股股价成功脱离头部后回落，均线系统呈空头发散形态，下降趋势明显。2017 年 11 月 15 日拉出涨停大阳线，成交量大幅放大。但是，次日股价低开低走收阴，几乎收回了大阳线的全部涨幅。此后下跌步伐加快，盘面弱势特征明显。

首先必须明确总体趋势，如图 2-27 所示，该股股价见顶后渐渐回落，市场逐步转弱，也就是说市场处于下跌趋势中。明确了这个大前提后就是分析盘面细节，从成交量观察，成交量在收出反弹大阳线时明显放大，那么这个成交量是什么性质的呢？也就是说，到底是多头介入的量，还是空头出货的量？

从整体分析，股价下跌幅度并不大，调整时间也不充分，市场表现属于下跌趋势中的反弹，这个时段庄家一般不会大规模入场，因此可以判断这不是多头介入的量，而是空头出货的量。庄家通过对倒的手法将成交量做大，制造虚假的成交活跃盘面，以此吸引场外资金入场，庄家暗中悄然出货。当庄家手中的筹码所剩无几时，股价破位下跌。再者，大阳线出现后的次日，股价未能继续走强，进一步否定了其看涨意义。均线系统遭到彻底的破坏，多头力量溃不成军，此时指望股价上涨无疑是异想天开。

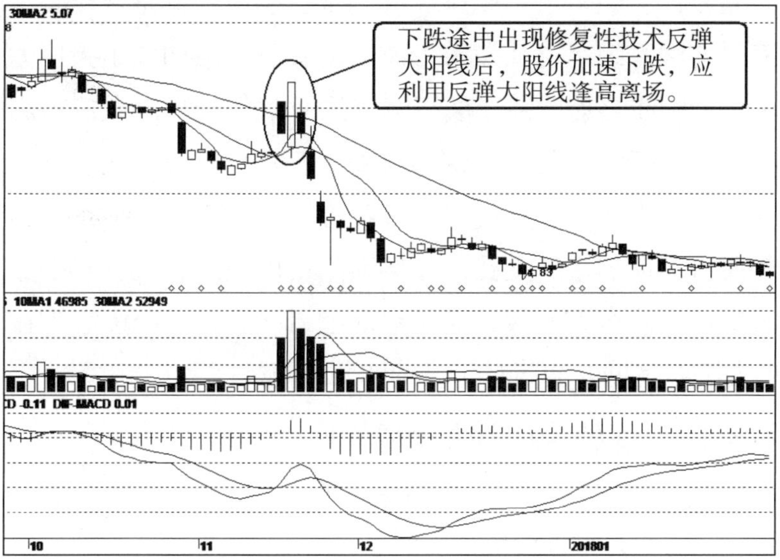

图 2–27

图 2–28 是南都电源（300068）的日 K 线图。该股股价从高位逐波回落，一波反弹行情后再次向下破位。2018 年 6 月 15 日，收出一根低开高走的放量大阳线。那么这根大阳线是否具有看涨意义呢？

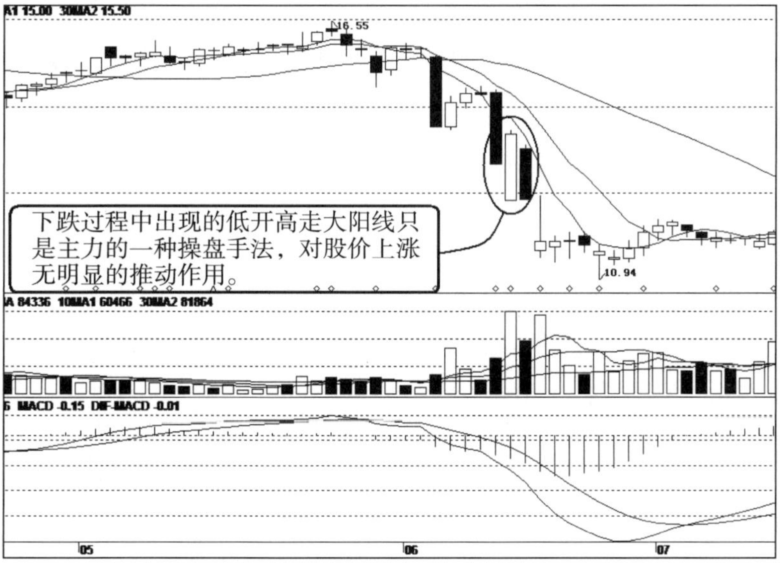

图 2–28

如图 2-28 所示，一是市场总体处于下跌趋势，盘面脆弱，此时多头力量显得力不从心；二是在大阳线出现之前市场处于急跌状态，尚无止跌迹象；三是在大阳线出现的次日，股价低开低走收阴，说明这根大阳线得不到市场的普遍认可；四是成交量急剧放大，说明盘中抛压较大，做空能量没有完全释放，后市仍有下跌的可能；五是均线系统呈空头发散形态，对股价上涨构成重大压力；六是在 K 线形态结构上，大阳线之前已经形成下降三法 K 线组合形态，后市应继续看跌。

由此可见，当大阳线出现在下跌趋势中，仅凭一根大阳线不可能止住股价的下跌步伐。实盘操作中遇到这种情形，投资者不能一看见大阳线就买入做多，而是要继续观察股价后期的走势变化。如果大阳线出现之后的三五个交易日内股价不能走强，成交量不能持续放大，而是呈现缩量状态，股价重心也在慢慢下移，那么持股者就应及时离场，持币者可以继续场外观望。

4. 下跌途中出现的大阳线操作要点

在实盘操作中，当股价出现下列四种技术特征时，就属于下跌途中的大阳线，后市应继续看跌，投资者不宜盲目介入。

（1）在大阳线出现之前，股价刚刚脱离头部区域不久，市场处于持续的下跌过程，累计跌幅不大，或者股价下跌速度较快，并没有放缓迹象，那么后市股价仍有一定的下跌空间。

（2）在大阳线出现之前，股价处于弱势，尚无转强迹象，均线系统呈空头排列，30 日均线对股价下压较重。

（3）在大阳线出现之前，成交量仍然保持较高水平，并没有明显萎缩，这种情况说明做空动能仍然充足，后市仍有下跌力量。

（4）在大阳线出现之后，如果次日或随后几个交易日股价回落，说明这根大阳线是跌势中的回抽动作，后市应继续看跌。

5. 下跌途中的大阳线和下跌底部的大阳线的区别

如何区别下跌途中的大阳线和下跌底部的大阳线？主要有三种方法。

（1）看股价下跌幅度。如果前期股价跌幅较大，此时出现大阳线为见底信号的概率较大；如果股价处于下跌初期，跌幅较小，此时出现的大阳线多为助跌信号。

（2）看大阳线出现之后，股价重心上移还是下移。出现大阳线之后，如果股价重心上移，可能是一个见底回升信号，投资者可以考虑买入；出现大阳线之后，如果股价重心仍处于下移状态，那么这个大阳线就是庄家为投资者设置的多头陷阱，是一个股价下跌中继信号，之后仍会有较大的跌幅，此时投资者一定要耐心观望，绝不可盲目买入。

（3）看成交量变化。出现大阳线时，量价配合理想，就是见底回升信号，此时投资者可以考虑买入。如果成交量萎缩或放出天量，应谨慎操作，小心庄家出货。

在一轮跌势行情中，可能多次出现上涨大阳线。这些大阳线无法从根本上扭转总体下跌趋势，因此在盘面存在上述情形时，即使出现一根大阳线，对后市也不能盲目乐观，更不能轻易介入，以免遭受经济损失。

五、从量能判断大阳线的力度

在股市中，只有得到成交量积极配合的大阳线才具有上攻潜力。底部放量大阳线有强支撑作用，具有重要的技术意义：其一，底部大阳线说明多方在这个位置的买入意愿强烈；其二，底部放量，说明庄家资金在这个位置建仓的可能性较大。

投资者在分析股价运行趋势时，往往通过量价分析来辨别多空双方能量变化的规律。一般而言，若大阳线伴随着大成交量，往往是看好后市的信号。但是，在不同位置放量，其技术意义存在差别。

（1）股价经过连续下跌，跌至前期低点或见历史新低后，突然出现一根大阳线，同时成交量放出下跌以来的天量，则表明股价即将见底回升，因而是一个底部信号。

（2）股价成功筑底后往往会展开横盘走势。若股价突破近期阻力位时突然拉出一根大阳线，并伴随着天量出现，则表明增量资金进场积极，股价将攻击上方均线阻力位，因而是一个启动信号。

（3）股价一旦攻击阻力位成功，往往会依托这条均线再次展开横盘走势，以清除近期低位跟进的筹码。一旦清除完毕，股价将进入上升行情。股价涨升一段时间后，若再次出现一根大阳线，并伴随天量出现，则表明庄家拉升心切，要加速推高股价，因而是一个上涨中继信号。

（4）股价经过较长时间的大幅上涨后，在高价区域会出现一根大阳线，同时伴有上涨以来的天量，预示着股价即将回调，因为庄家会借势拉升股价并在高位派发筹码，因而是一个见顶信号。

1. 温和放量的大阳线

温和放量是股价上涨最理想的运行态势，价涨量增，价跌量缩，量价配合默契，属于正常的盘面现象，这时出现的大阳线上涨力度大，持续时间长。如果价涨量缩，价跌量增，或者突发巨量，间歇性脉冲放量，量价配合失衡，股价上涨就不会持续太久，此时投资者应提高警惕。

图 2–29 是爱尔眼科（300015）2017 年 8 月至 2018 年 7 月的走势图。该股股价成功构筑底部后，出现逐波上涨行情。从盘面可以看出量价配合得当，上涨时放量，回调时缩量，盘面走势富有韵律，涨跌如诗如画，股价不断创出新高。这时如果盘面出现大阳线，投资者可以适当跟进做多，只要不是涨幅很大，就可以一路持有。

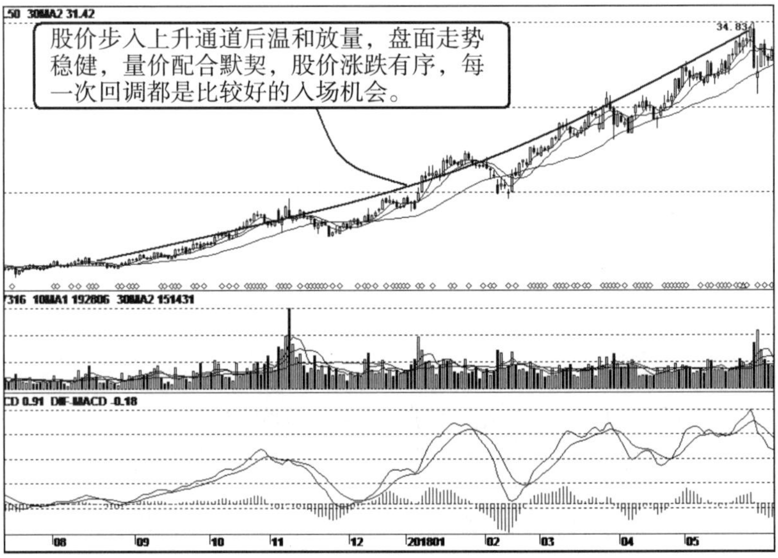

图 2–29

图 2–30 是新城控股（601155）的日 K 线图。该股上市以后就被实力强大的庄家看中，股价成功探明底部后，不断有大资金介入。在底部的两波上涨行情中，成交量都温和放大，表明资金有计划地入市，盘面张弛有序，上涨周期较长，走势如行云流水，股价飘带式上行，这期间出现的大阳线都是非常强势的上涨信号。该股股价从 2017 年 9 月开始加速上涨，到 2018 年 1 月累计涨幅超过 600%。

成交量是股价上涨的原动力，放量上涨是盘面的基本特征。但在实盘操作中，经常出现放量不涨或小涨的现象，这时投资者不要被盘中放量所骗。下面就是一个放量不涨的例子。

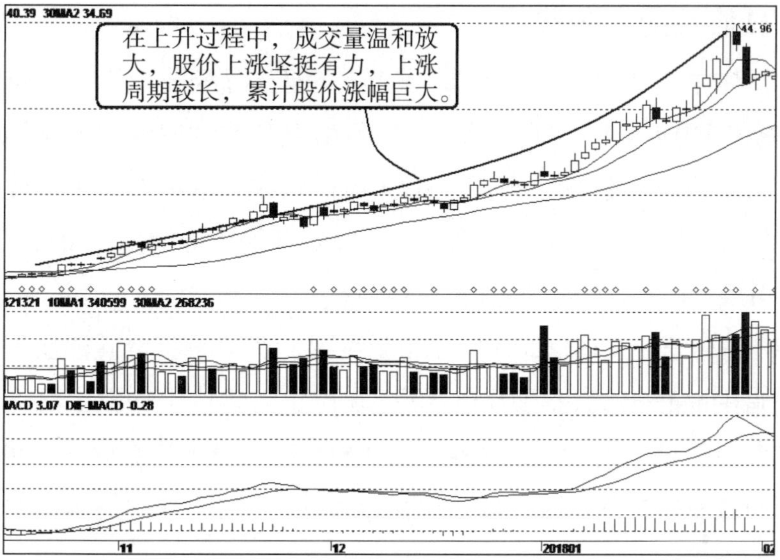

图 2–30

图 2–31 是富煌钢构（002743）的日 K 线图。该股股价随大市下跌，庄家被套其中。2017 年 8 月 10 日，庄家突然发动自救行情，连拉 3 个涨停板后，在反弹高位出现持续放量态势，但股价并没有随着成交量的放大而上涨，量价严重失衡。

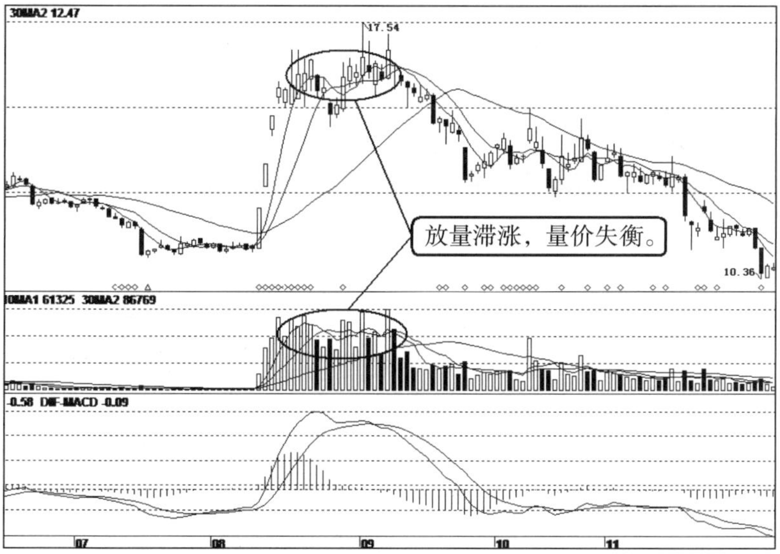

图 2–31

在连续 19 个交易日里，平均每天换手率达到 22.58%，其间股价累计涨幅只有 12.24%，平均每天涨幅仅为 0.64%。这种量大而价不涨的态势属于典型的量价失衡现象。实盘操作中，投资者不要以为放量就是好事，对于异常的放量现象要多加分析，以免落入圈套。

2. 单日放量的大阳线

在实盘操作中，“放量上涨”或“放量突破”已经成为不少投资者的操盘依据，因此庄家就顺应大众心理做盘。为了吸引更多的散户参与，盘中突然制造剧烈放大的成交量，日 K 线图上形成一根天量柱状线。散户看到股价放量上涨，就耐不住寂寞纷纷入场。可是买入后次日，该股就开始大幅缩量，股价也渐渐下跌。因此对于单日放量的大阳线，投资者宜观望。

图 2–32 是达意隆（002209）的日 K 线图。在该股股价震荡反弹过程中，庄家不断地在暗中减仓出货。2018 年 5 月 25 日，突然拉出一根上涨大阳线，当日成交量大幅放大。不少散户看到这种放量现象，以为有大资金介入，也跟风介入。可是次日该股成交量立即萎缩到之前的状态，股价也低开弱势震荡，随后出现一波快速下跌走势。

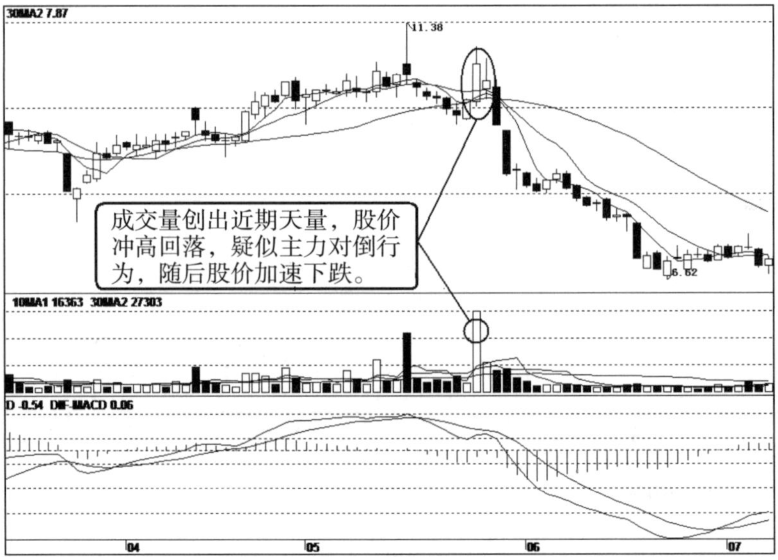

图 2–32

如图 2–32 所示，这是一根单日放量大阳线，大阳线来去匆匆。这种现象在盘面上有两个特征：一是来时毫无征兆，去时悄无声息，投资者无法从成交量上分析把握；二是大阳线出现在当日的成交量巨大，创下了近期巨量，换手率高达 14.28%。这么大的量说明了什么？有大量的资金在买入，也有大量的资金在卖出。买入的人显然是受股价上涨的吸引，而卖出的呢？是庄家。

可以想象，如果庄家在这个位置建仓，那么后期的上涨空间巨大。如果是出货，巨量过后必然缩量。从当前的股价分析，这种走势并不是庄家在建仓，所以量能的性质不是巨资介入，而是有资金暗中抽离。在主流资金外逃时，千万不能入场操作。根据成交量的变化，可以轻松地回避市场风险，因此对于这种放量大阳线，投资者应观望。

一般而言，真正的上涨行情中的成交量会温和地、持续地放大，而不是一两天的脉冲式放量，这种现象多是庄家对倒出货所致。该股的大阳线带有长上影线，说明上方压力较大，加强了后市的下跌意义。在实盘操作中，投资者遇到这种情形时，应观察次日或接下来几个交易日的成交量变化。如果随后持续放量，可能有一段短期上涨行情；如果次日立即缩量，就应另觅他股了。

图 2–33 是华远地产（600743）的日 K 线图。该股股价经过一波持续的下跌后，空方能量得以有效释放，成交量大幅萎缩，股价渐渐企稳。不久，一根大幅放量的大阳线拔地而起，突破了 30 日均线的压制，当日以涨停价报收。单从这日的盘面走势看，强势特征明显。可是，从次日开始成交量就大幅萎缩下来，一根孤零零的巨量柱状线如鹤立鸡群。独木难成林，随后股价盘跌。

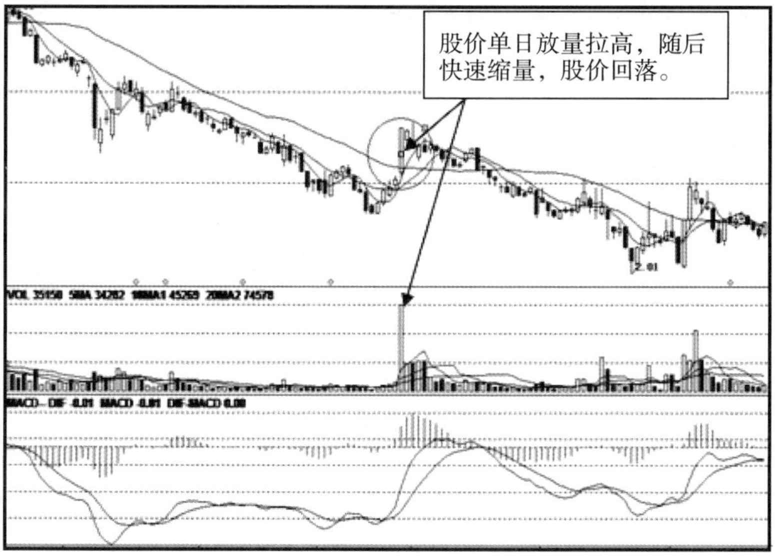

图 2–33

该股以放量大阳线的方式向上突破 30 日均线后，为什么股价不涨反跌呢？根本原因在于成交量。股价仅在突破当日放出天量，然后快速大幅缩量，这种没有持续性的间歇性放量表明场外资金十分谨慎，跟风意愿不强，因此股价上涨缺乏内在动力，行情很难持续下去。股价向上突破只是庄家欺骗散户的出货行为，是庄家对倒放量所致。在实盘操作中，投资者遇到单日放量大阳线突破某一技术位置后快速缩量，要小心突破失败。

图 2–34 是渝三峡 A（000565）的日 K 线图。该股股价见顶后逐波震荡走低，在下跌过程的一波急跌后企稳反弹。2018 年 3 月 23 日，该股在毫无征兆的盘面中突然放出天量，当日收出一根涨停大阳线。通常这样的大阳线有一定的攻势，可是次日股价低开震荡，成交量大幅萎缩。随后股价继续阴跌，将追涨停者全线套牢。其实，如图 2–34 所示，股价处于下降趋势中，大阳线受前期平台压制，主力此时想发动行情难度较大。

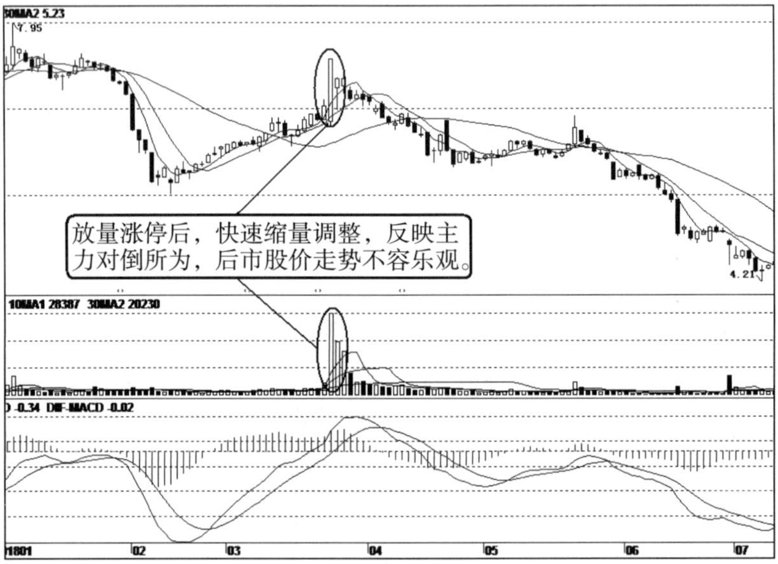

图 2–34

通过上述三个案例，在实盘操作中遇到这种情形时，投资者应把握以下四个技术要点。

（1）成交量突然放出天量时，要分析放量的原因，看看是多头介入的量，还是庄家对倒的量，或是受某种消息影响所致。若是庄家对倒放量，散户不宜入场；若是受消息影响放量，要理性分析该消息；若是多方放量买入，激进的投资者可以在当日跟进，稳健的投资者可以待回调时介入。

（2）界定成交量的大小可以参考两方面的因素：一是可以与近期盘面常态情况下的成交量大小对比，30 日成交均量两倍以上就属于巨量；二是分析换手率，单日换手率大于 20% 就属于巨量。

（3）股价突然放量后，应关注次日或随后几个交易日的成交量变化情况。如果随后成交量快速萎缩，那么当日的放量是庄家对倒所致的可能性较大，投资者不宜介入；如果随后持续放量，可能是多头入场的量，短期股价可能有一个冲高动作，投资者可以适当参与。

（4）结合股价所处的位置分析判断。如果高位出现单日放量大阳线，多为庄家拉高出货所致，如果出现在低位，可能是庄家拉高建仓或拉升前的试盘行为。

3. 缩量上涨的大阳线

股价上涨要有成交量的配合，这几乎已经成为每个投资者的共识。换言之，股价上涨没有成交量配合是不可靠的。但实盘操作中经常出现不带量的大阳线，投资者对此应当警惕。

图 2–35 是宏达矿业（600532）的日 K 线图。该股股价反弹结束后再次阴跌，2018 年 1 月 8 日收出一根接近涨停的大阳线，这根大阳线之后股价没有持续上涨，这是什么原因呢？

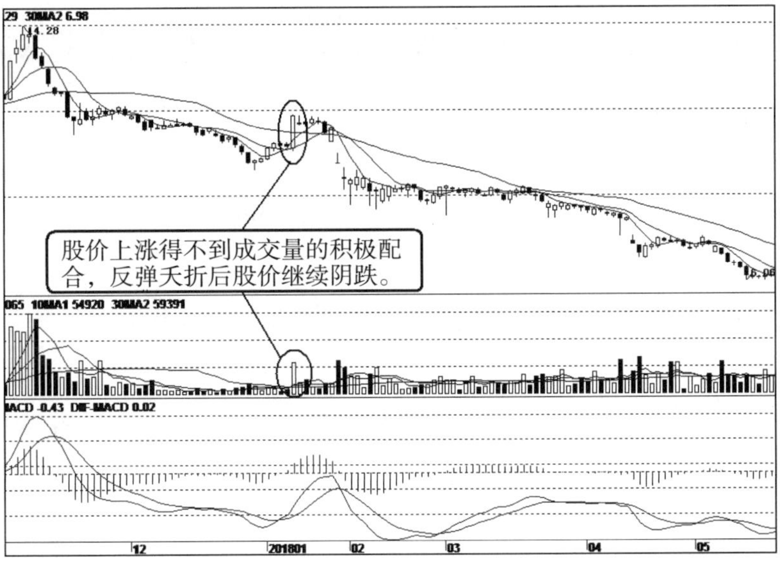

图 2–35

如图 2–35 所示，这根大阳线得不到成交量的积极配合，表面上看似乎放量了，但前后都是缩量的态势，也属于无量上涨现象，很可能是庄家利用少量资金拉出大阳线以达到出货的目的。而且，该股处于下降通道，盘面走势脆弱，均线系统呈空头排列，股价反弹到 30 日均线附近时遇到强大的阻力。无量空涨的大阳线是一种典型的弱势反弹现象，这是庄家动用少量资金拉出实体大阳线欺骗经验不足的投资者的操盘手法。投资者在实盘操作中遇到无量空涨的大阳线时，如果随后几个交易日没有出现补量，不应盲目乐观。

图 2–36 是伊利股份（600887）的日 K 线图。该股 2017 年 12 月至 2018 年

2月的股价走势中出现了无量空涨现象。股价见底后逐波上涨，成交量温和放大。股价运行到市场高位后，明显缺乏主力资金的关照。虽然当日收出了大阳线，但是成交量为萎缩状态，形成价升量缩的背离现象，说明市场跟风盘减少，入场资金谨慎，这种现象预示股价即将见顶回落，投资者应在股价冲高时减仓或退出。

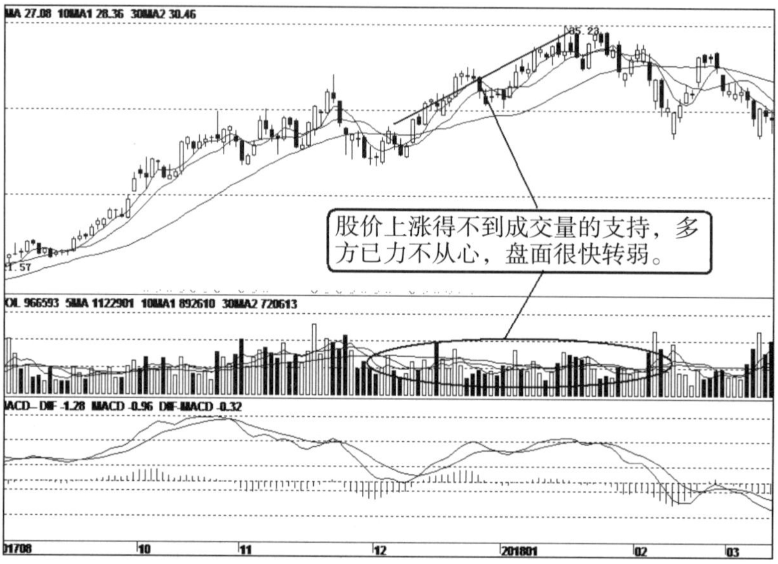

图 2–36

通过上述两个实例的分析，实盘操作中遇到这种情形，投资者应把握以下五个技术要点。

（1）在出现大阳线之前，成交量本身就处于低迷状态，此时若出现等量的大阳线，预示股价有见底迹象，投资者可以关注随后几个交易日的量能变化。

（2）在出现大阳线之前，成交量本身就处于放大状态，此时若出现缩量的大阳线，反映市场做多热情减退，后续量能不继，股价存在回调的可能，此时投资者应择高离场。

（3）在出现缩量的大阳线之后，应关注随后几个交易日的成交量变化情况。若能补量，后市可以继续看涨；若仍处于低迷状态或进一步缩量，后市不宜盲目乐观。

（4）在庄家高度控盘的情况下出现缩量的大阳线，股价仍可看高一线。这时可以结合庄家意图、庄家持仓成本、股价位置、市场气氛等因素综合分析。

（5）股价开盘后快速拉至涨停价位且封盘不动，形成缩量大阳线，后市继续看涨，这是股价封盘后惜售所致。

第三章 /
不同位置的大阳线

一、低价区域的大阳线

1. 实盘技巧分析

股价经过长期的下跌调整，在底部区域或阶段性底部出现的大阳线意味着股价下跌或调整即将结束，后市有望止跌回升或形成反转走势，因此是一个买入信号。

低位大阳线的盘面有五个特征：

（1）出现在股价大幅下跌后，或出现在股价触底回升的初期；

（2）出现低位大阳线前，市场往往处于悲观状态，投资者对行情能否止跌疑虑重重；

（3）出现低位大阳线后，股价下跌趋势逆转，股价重心上移，回调一般不会跌破大阳线的开盘价；

（4）出现低位大阳线时，成交量有所放大，但总量不是很大；

（5）低位低位大阳线起到进一步锁定低位筹码、夯实股价底部的作用。

图 3-1 是中远海特（600428）的日 K 线图。该股股价经过长期的下跌调整，处于底部区域，也就是说市场到了跌势后期，股价开始在低位震荡盘整。经过一段时间的筑底盘整，在底部区域出现了放量大阳线，说明下跌趋势中止，阶段性底部形成。

第一根大阳线出现后，股价上升趋势并未就此展开，但至少股价已经企稳，不再走熊，因此在下跌后期的底部区域出现大阳线时，可密切关注股价后市走势。后期出现的 K 线即便是调整性的阴线，股价如能维持在大阳线开盘位置之上，便可适量跟进。当股价出现第二根大阳线时，底部区域就得到了有效确认，从而出现一轮快速上升行情。

该股经过一段时间的下跌，下跌速度明显放缓，而且成交量在下跌过程中大幅萎缩。在股价下跌过程中，通常会出现大量的抛盘，必将导致成交量放大，但该股并没有出现这种现象。从这一点上至少可以看出，虽然股价持续下跌，但在下跌过程中抛售的筹码并不多。

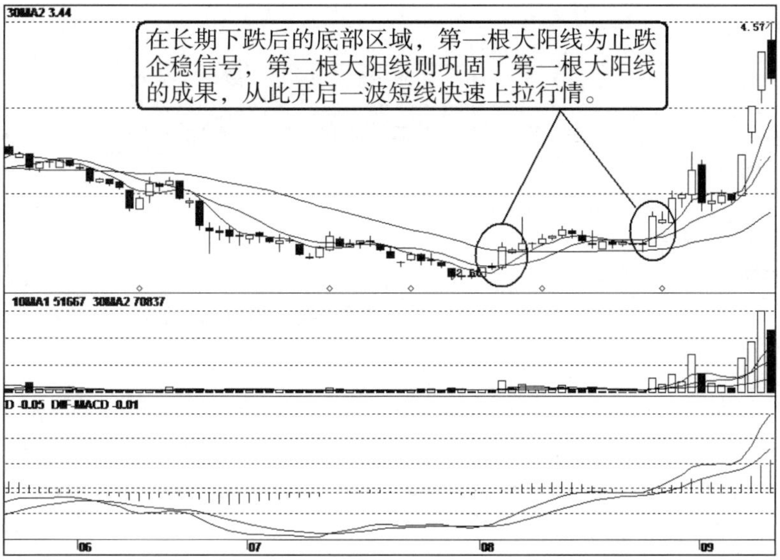

图 3-1

在这之前，股价经历了一段比较长的下跌过程，股价调整极其充分，而且在第一根大阳线出现之后的几个交易日，股价围绕大阳线的收盘价运行，基本可以确认这根大阳线的强势特征。第二根大阳线的出现进一步加强了后市的看涨意义，投资者此时可以大胆介入。

图 3-2 是深天马 A（000050）的日 K 线图。该股股价经过长期的下跌调整，处于底部区域，也就是说市场到了跌势的后期，股价在低位震荡幅度渐渐缩小。经过一段时间的筑底盘整，庄家故意制造了一个空头陷阱。2019 年 2 月 11 日，底部区域出现了放量涨停大阳线，宣告下跌趋势结束，市场大底形成，后期产生一波反转上涨行情。

为什么这根大阳线出现后股价立即走强呢？如图 3-2 所示，该股经历了一段时间的下跌后，在底部横向震荡，庄家吸纳了大量的低价筹码。在低位出现这根大阳线预示着调整行情即将结束，后市将迎来上涨行情。特别是次日股价继续走强，再次收出一根涨停大阳线，并且成交量放大，说明买盘明显增加，随后股价走出一波快速上涨行情。

由此可见，投资者遇到这种情形，一定要注意次日的股价走势，以及在这之前几个交易日股价的下跌速度是否放缓。千万不要看到股价经过一波下跌行情之后出现了大阳线就盲目追进，那样很容易被套。

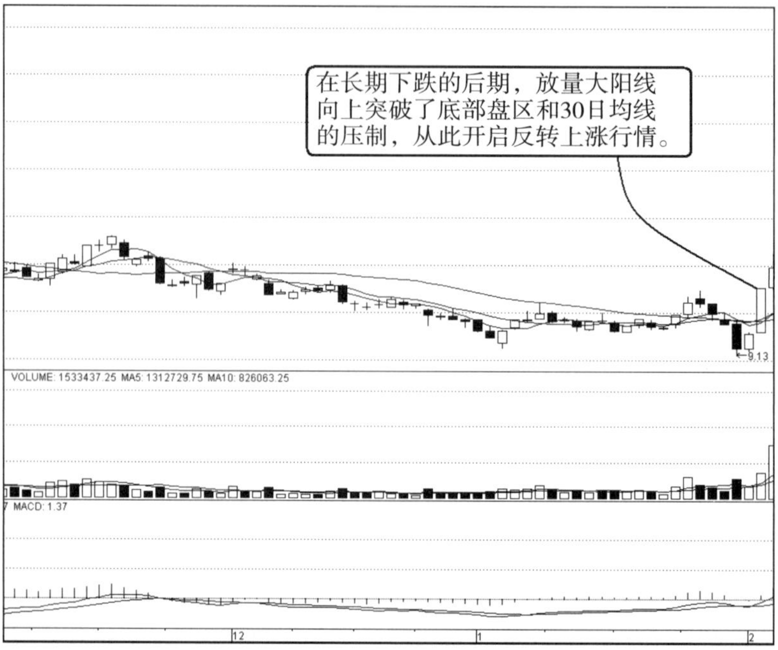

图 3-2

2. 操作技术要点

在实盘操作中遇到这类大阳线，投资者应当把握五个技术要点。

（1）股价经过长时间的下跌调整，累计跌幅超过 50%，并且盘面出现明显的企稳迹象。通常股价跌幅越大，大阳线的技术意义越强。

（2）股价下跌速度明显放缓，随时有见底的可能，此时一旦出现大阳线，就能使技术形态转强（如 KDJ、RSI、MACD 等技术指标金叉，均线系统突破或金叉等）。如果在大阳线出现之前，股价处于急跌状态，即使暂时有企稳迹象，但至少还有惯性下跌因素存在，此时不宜过早介入。

（3）在股价前期调整时，成交量必须大幅萎缩，成交量越小越好，表明股价下跌动力不足，盘中抛盘稀少，恐慌盘已经基本出局。在出现大阳线当日，成交量必须明显放大，表明买盘介入积极，做多力量强劲，后市可以看高一线，此时可以及时跟进。

（4）在大阳线出现之后，还需要看买方力量能否在接下来的几个交易日继续做多。如果随后几个交易日买方力量依然强劲，持续上攻并收出阳线，那么后市股价可能反弹，甚至是反转。如果随后几个交易日买方力量不能为继，股价回落并吞没了大阳线实体，或击穿了大阳线的最低点，那么后市股价仍然存在续跌的可能，此时不宜介入，应逢高减仓。这根大阳线的性质可能是股价下跌过程中多头的一次抵抗性反弹，也可能是超卖后的一次技术性修复走势，后市必将出现新的下跌走势。

（5）在大阳线出现之后，短期均线（5 日和 10 日均线）应快速上行，中期均线（30 日均线）也要很快转强，以进一步支撑股价上涨。

二、洗盘结束后的大阳线

1. 实盘技巧分析

洗盘就是庄家运用种种手法驱逐场内散户离场，吸引场外散户进场，使流动筹码成功换手，以提高市场平均持仓成本，庄家实现顺利拉升和派发。洗盘结束后，股价将再现上涨行情，投资者抓住洗盘结束后的买入点就是抓住了大行情的起涨点，所以掌握洗盘结束后大阳线的技术要点非常重要。

洗盘结束后的大阳线有四个盘面特征：

（1）出现在涨势中，但总体涨幅不大；

（2）股价重心上移，回调一般不会跌破大阳线开盘价；

（3）成交量可大可小，但不会出现暴量；

（4）起到空中加油的作用，进一步拓展股价上升空间。

这种大阳线的操作方法是：继续持股，若大阳线开盘价被击穿，应及时止损离场。

图 3–3 是华锋股份（002806）的日 K 线图。经过长时间的下跌调整，该股股价见底后企稳回升。庄家向下打压股价后，吸纳了大量低价筹码。股价回升到前期盘区附近震荡整理，此时盘面出现二次探底，技术形态遭到严重破坏，股价掉到 30 日均线之下，然后重返 30 日均线之上。庄家在盘区附近展开洗盘整理，此时股价再一次回落，并击穿了 30 日均线。2018 年 4 月 17 日，一根放量涨停大阳线向上拉起，表明洗盘整理结束，从而开启了一轮快速上涨行情，短期涨幅惊人。

如图 3–3 所示，这根大阳线就是洗盘结束的标志。在分析这根大阳线之前，必须对前面的洗盘动作有一个适当的了解。该股到了历史底部区域，股价渐渐企稳回升，但总体升幅不大，此时可以排除庄家出货和继续打压的可能。在股价向下突破均线系统和整理平台区域后，成交量并不大，回调幅度也不大，说明抛压不大，因此庄家洗盘的可能性较大。当大阳线向上突破均线系统时，可以确定股价下跌就是一次洗盘动作，而这根大阳线反映洗盘调整已经结束，后市将步入上涨行情，因此当日可大胆介入。

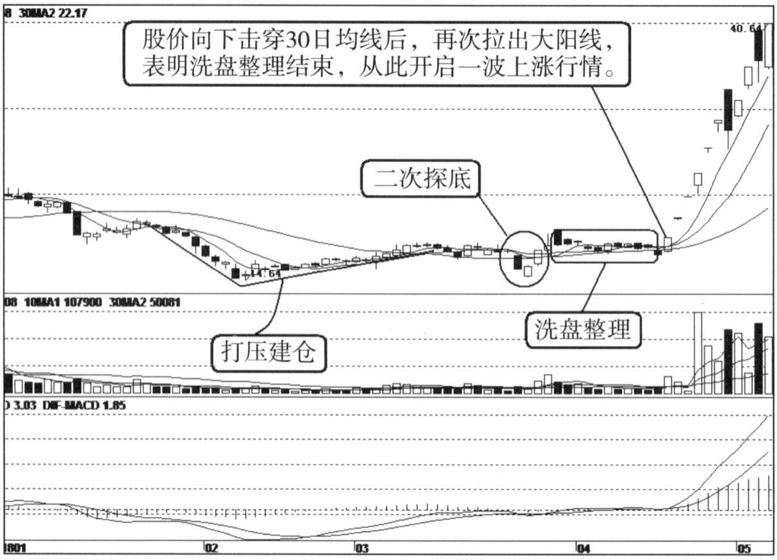

图 3–3

有的投资者认为，这根大阳线并未突破前期整理平台的高点，担心股价后市继续陷入整理或下跌走势，因而不敢贸然介入，这种判断确实有一定的道理。为什么当日股价不直接创出新高呢？仔细想一想，这是庄家故意为之。如果这是一根滞涨大阳线，此时庄家只要稍一用力，就可以轻而易举地突破前期高点，这样岂不是能更好地吸引散户入场吗？因此这是庄家故意留给市场的悬念，使散户猜测，目的是让最后一批散户解套离场，以便日后更好地拉升股价。在实盘操作中，激进的投资者遇到这种现象时应积极做多，稳健的投资者可以观察次日的盘面走势，如果次日股价创出新高，可以大胆做多。

图 3–4 是超图软件（300036）的日 K 线图。该股股价经过长时间的下跌调整，渐渐企稳回升。当股价回升到前期盘区附近时，受底部短线获利盘和前期套牢盘的干扰，股价出现调整走势，庄家正好展开洗盘整理动作，股价渐渐回落。

2018 年 3 月 26 日，开盘后出现一波快速下探动作，股价一度击穿了 30 日均线，然后又快速拉起，当日收出一根放量上涨的光头大阳线，股价重新回到前期盘区内。那么这根大阳线是否意味着庄家洗盘已经结束呢？次日庄家给出了一个明确的答复，股价高开 4.88% 后，盘中出现秒停，留下一个当日没有回补的向上跳空缺口。投资者此时可以在盘中庄家“开闸放水”时大胆买入做多，短线立即产生利润。该跳空缺口成为日后的重要支撑位，在 6 月 19 日的回调中得到有效考验，随后股价再次走高。

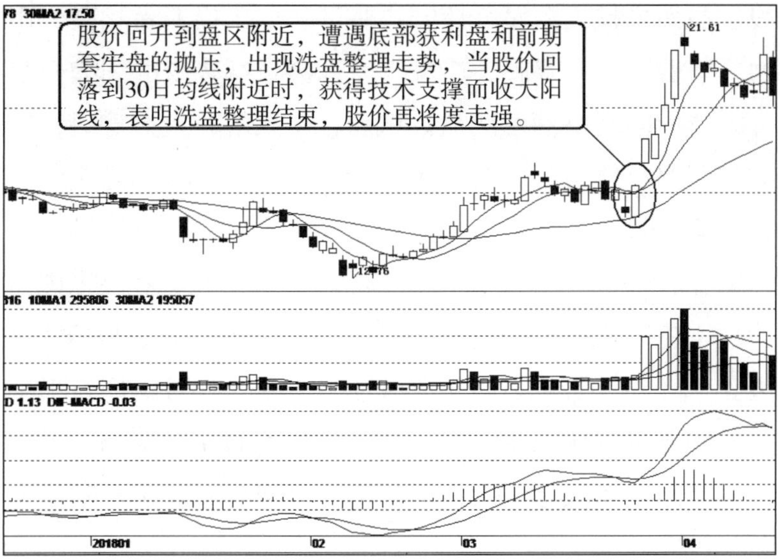

图 3–4

如图 3–4 所示，这根大阳线就是洗盘结束的标志。因为该股处于长期调整后的底部区域，股价出现明显的企稳回升迹象，但总体涨幅不大，此时庄家不可能出货，也不会再次大幅打压股价。在股价向下突破后，成交量也不大，下跌幅度不大，说明盘中抛压并不大，庄家洗盘点到为止，这是正常的洗盘调整走势。当大阳线向上突破均线系统时，表明洗盘调整结束，后市将迎来上涨行情，此时可以积极跟进做多。

2. 操作技术要点

在实盘操作中，如果能够正确区分洗盘与出货，就可以从容出入，自由驾驭。然而，分清洗盘和出货并不容易，很多人不仅无法正确判断洗盘和出货，而且往往会误判：庄家洗盘时误以为是出货，慌忙出逃，眼睁睁地看着盈利化为泡影；庄家出货时又误以为那只不过是庄家在洗盘，在最危险的时候坚定持股，结果被套。

如何正确区分洗盘与出货呢？

（1）洗盘的下跌幅度一般不会很大，因为过大可能让散户识破后趁机捡走低价筹码，因而洗盘时股价一般不会下破 30 日均线，盘中即使下破也会在尾市拉起。出货时庄家的目的是尽快卖出手中的获利筹码，并不介意下破多少条均线，即使杀跌过程中在尾市拉起，也只是力求卖个好价钱或拖延下跌时间。从日 K 线图上看，出货往往表现为高点一个比一个低，低点也一个比一个低，重心下移明显。

（2）庄家往往利用大盘波动和个股利空消息洗盘，出货大多利用市场指数大幅上扬或个股利多消息趁机派发。庄家进驻时，如果投资者和整个市场一致看好后市走势，为了获得足够的筹码，庄家一方面会进行较长时间的横盘打压，另一方面会借助外力或内部利空消息洗盘。试想，庄家持有大量筹码，在突发性的暴跌面前怎能拔腿而逃？总结历史走势可以看出，每次暴跌都是逢低买入的时机，绝不是卖出的时候。

（3）洗盘的位置一般处于第一上升浪之后，有时也会在较低的位置，一般涨幅在 30% 以内。出货一般出现在第 5 浪上升之后的高位区，涨幅一般超过 100% 甚至更高。因此，区分放量大阳线是洗盘还是出货，要看股价处于高档区域还是阶段性低位。投资者可以测算庄家在目前价位是否有获利空间，若在目前价位庄家获利很薄，庄家为坐庄苦心经营已久，岂会轻易弃庄而逃？若目前价位庄家获利较丰，则应高度警惕。

（4）洗盘的目的是吓出跟风盘，因而洗盘时庄家往往假戏真做，假出货真回购，把图形做得越难看越容易达到目的，图形上往往表现为大阴线。出货是为了尽快派发筹码，真戏假做，所以会时不时地用一两根阳线掩盖出货的意图。从趋势上看，出货往往表现为高点一个比一个低，重心下移明显，而洗盘的最终目的是向上突破。

（5）观察庄家的洗盘次数。庄家吸足筹码之后，如果是第一次洗盘，投资者不妨继续持股。如果是经过几次洗盘之后再次回落，而且累积升幅相当可观，则要随时警惕庄家出货。

（6）股价形态上连续出现多个上升缺口，高位回落也伴随着缺口，而且缺口短期内不予回补（3 日之内不回补），说明庄家派发态度坚决，此时应立即离场观望。

（7）洗盘时股价快速回落，往往会击穿一些重要的支撑点位，但又迅速拉回，未有效击穿，说明庄家并不希望股价进一步走低，而是通过营造短期空头气氛将盘中浮筹震荡出局。在高位形成明显的头部形态，要求形态大一些，判断的结果才更准确。

（8）洗盘时股价回落呈典型的无量空跌走势，在重要的技术支撑点位会缩量盘稳，缩量跌是洗盘的主要特征之一。持仓量巨大的庄家不会用大量的筹码洗盘，因为这样做既没有现实意义也没有必要，他们只会拿部分筹码均衡市场。当盘中浮筹越来越少，成交量递减，最终形成突破并伴随着成交量骤然放大，表明洗盘已经基本结束，新的一轮攻势即将展开。庄家在派发阶段，股价见顶回落前或回落当日伴随着巨量，也就是筹码在大量抛出，成交量一直保持较高水平。庄家坐庄时，通常采取边拉升边派发筹码、以高位派发为主的战术。即使股价在回落后止跌盘稳，在造势过程中也不会再度大手笔买入，股价往往在顶部出现放量滞涨或无量空涨的现象，成交量比洗盘时密集得多。但出货后期成交量不一定迅速放大，而是呈阴跌状态，表明庄家出货完毕，股价由散户支撑。在这种情况下，股价必然继续下跌。

（9）均线发散趋势。洗盘时均线仍然向上呈多头排列，但上攻的斜率不是很大，并且喇叭口刚刚发散。出货时均线多头排列已被破坏或开始向下，先前上攻的倾斜度一般大于 45 度，并且喇叭口发散角度放大，股价重心小幅下移。

（10）日 K 线是否接连拉出阴线。洗盘一般不会，顶多拉两三根阴线。出货后期经常连拉大阴线。此外，从当日外盘与内盘的成交对比看，两者也有区别：洗盘时外盘与内盘成交手数差不多；出货时一般内盘（绿单）成交手数大于外盘（红单）成交手数，且经常有大卖单出现。

总之，面对庄家各种形式的洗盘或出货，投资者应加以区分和辨别。如果能够正确识别庄家的洗盘行为，那么上下打压之时就是逢低买入与逢高卖出的时机。如果庄家在高位出货，或遇有重大利空沽货，由于其持有的筹码较多，投资者的卖出时机要先于庄家，常会使股价形成巨幅波动，多次反弹，投资者可以把握更多的短线机会。投资者害怕被庄家套牢，但实际上庄家更怕被广大投资者抛弃。

三、弱势反弹中的大阳线

1. 实盘技巧分析

在股市中，上升之中有回档，下跌之中有反弹，这是股市中的对称原理。在股价回落过程中，除非是连续暴跌，否则一般都会有若干次反弹。即使是连续暴跌，暴跌结束后也会有一定次数和一定幅度的反弹。反弹是一次短期的逆向运行，反弹结束后股价将继续下跌，因此反弹行情中出现的大阳线不是看涨信号，更不是反转信号，投资者应当警惕。

弱势反弹中的大阳线有五个盘面特征：

（1）在下跌过程中出现，上方有明显的压力；

（2）成交量激增，甚至出现天量；

（3）股价重心下移；

（4）一般一周之内大阳线开盘价就会被击穿，且击穿后股价快速下跌；

（5）起到诱多的作用，掩护庄家高位出货，标志反弹行情结束。

图 3–5 是新开源（300109）的日 K 线图。该股股价见顶后大幅下跌，在下跌过程中多次出现小幅反弹。但每次反弹结束后，股价均创新低。2018 年 1 月，股价经过一波快速下跌，连续出现 3 根涨停大阳线，有构成 V 形底的迹象。此时有的投资者以为股价将见底反转，纷纷入场操作，可是股价小幅反弹后，继续沿原趋势下跌，表明市场走势疲软，做多气氛涣散，散户应避免参与这一阶段的反弹操作。对持股者来说，这时出现大阳线倒是一次逢高退出的机会。

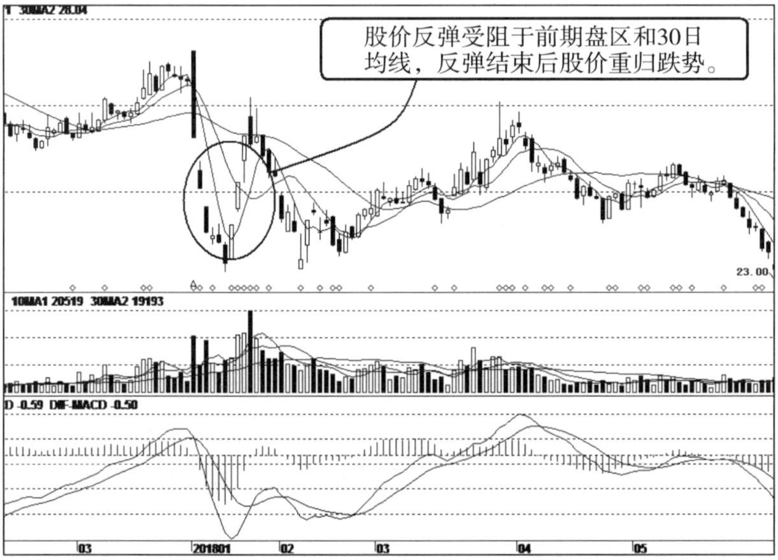

图 3–5

引起反弹的市场因素很多，如获利保本反弹、技术支撑反弹、消息作用反弹和股价超跌反弹等，该股就是因股价超跌而引起的反弹。如图 3–5 所示，股价处于下跌趋势中，技术位置出现破位后，盘区和均线构成反压，这时出现大阳线仅仅是一次弱势反弹，反弹结束后股价将继续下跌。这时在高位没有及时退出的散户，在股价冲高时应果断离场。股价接近 30 日均线附近后，股价回落时，无论是否亏损，都应坚决斩仓离场，持币者不宜过早介入。

弱势反弹通常是庄家在高位没有顺利完成派发任务形成的一种走势。股价经历一轮下跌后，维持小幅爬高或形成平台走势，成交量明显萎缩，庄家在此继续实施出货计划，然后恢复下跌趋势。由于以上原因，这时的股价涨幅很小，甚至无涨幅，其实它是以平台代替反弹走势，因此也叫下跌中继平台。这种出货形式多出现在市场极度弱势之中，在回落的中后期出现的次数最多。

图 3–6 是海洋王（002724）的日 K 线图。该股股价见顶后逐波下跌，回落过程中多次反弹。2018 年 1 月 31 日收出反弹大阳线，次日开始一波快速下跌行情。在此前的 2017 年 10 月 23 日和 12 月 18 日，也曾出现过两次弱势反弹，反弹结束后股价出现新的调整走势。由此可见，在下跌过程中出现的这两根大阳线都不是真正的看涨信号。

如图 3–6 所示，这几根大阳线都属于弱势反弹性质，主要原因就是反弹中得不到成交量的积极配合，随后也没有补量出现，表明这是庄家为了达到出货目的拉出的大阳线陷阱。股价见顶后已形成一个下降通道，盘面弱势特征明显，均线系统呈空头排列，30 日均线不断下压，股价反弹受制于均线，因此股价很难走出上涨行情。投资者在实盘操作中尽量不要参与弱势反弹操作，即使参与，仓位也不宜过重，目标不宜过高，做到快进快出，否则得不偿失。

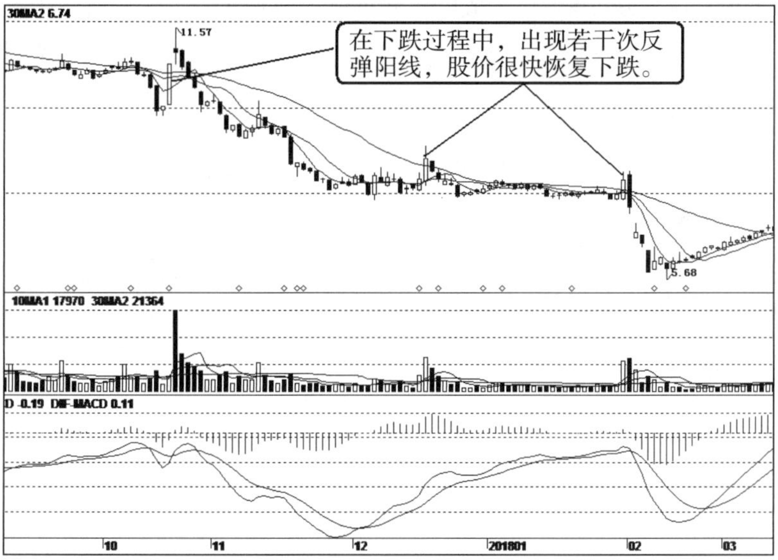

图 3–6

2. 操作技术要点

一般而言，反弹是为了更好地积蓄做空能量，反弹结束后股价仍将继续下跌，因此不要被反弹中的大阳线迷惑。

那么如何判断反弹的强弱呢？投资者可从以下八个方面分析。

（1）是否有基本面的支持。如果有基本面的潜在利好支持，那么反弹力度和空间一般较大。否则，反弹只是庄家的自救行为，力度和空间都不会很大。

（2）需要准确判断下降趋势扭转的大小和级别。如果是较长趋势、大周期趋势的扭转，则反弹的力度和空间较大，否则应降低对反弹力度和空间的预期。

（3）反弹时的位置。从浪形结构上分析，如果前面的循环浪形已告终结，目前是否正展开新的一轮循环的 1 浪推动或 3 浪推动？如果是，则反弹力度和空间较大。如果市场运行在循环浪形的 A 浪或 C 浪延长之中，或者反弹已在第 5 浪上，那么对反弹力度和空间的预测要谨慎、保守。

（4）观察反弹过程中的价量配合情况，这是一个非常重要的指标。如果成交量能持续有效放大，表明有场外新增资金介入，对行情的持续和纵深发展极为有利，反弹力度较大，反弹空间可以看高一线。如果量能持续减少，应持谨慎、保守的态度。

（5）观察市场是否酝酿有热点产生，是否出现对市场人气具有较强影响力和号召力的持续性领涨板块。如果有，反弹力度和空间会大一些；如果仅仅是短暂热点，那么对反弹力度和空间分析要保守一些。如果个股处于热点之中，甚至是领涨龙头股，则反弹力度和空间会大一些；如果不在热点之中，属于跟随股，则反弹的力度要小得多。

（6）观察市场中是否涌现出有赚钱效应的龙头股品种。反弹行情的持续和纵深发展需要市场不断培育数个涨幅巨大的龙头品种，以此激发市场人气。如果有，则反弹的力度和空间将会增大；如果没有，反弹的力度和空间将受制约，应持保守、谨慎的态度。

（7）注意观察反弹中板块轮动的节奏。如果热点板块比较集中，而且持续性较好，则反弹的力度和空间会大一些。如果热点切换过快，板块轮动频繁，或后续热点不能及时跟上，那么反弹的力度和空间会大大受限。

（8）反弹时的技术状态。如果反弹始于大周期技术低点，则反弹的力度和空间将大一些，否则反弹的力度和空间较小。

四、高价区域的大阳线

1. 实盘技巧分析

在持续的大幅上涨或反弹行情后，庄家为了达到出货的目的会刻意拉高股价，形成明显的多头市场特征，引诱散户入场接单，庄家却暗中减仓出货。在高位出现的大阳线表明中短期涨幅过大，市场过度投机或炒作，股价需要回调整理，预示股价即将见顶，投资者应逢高卖出，获利了结。

高位大阳线即将见顶的盘面特征包括：

（1）在股价大幅上涨后出现；

（2）当日或前后几个交易日成交量激增，甚至出现天量；

（3）出现大阳线后，股价未能继续走强，甚至股价重心下移；

（4）一般 5 个交易日内，大阳线开盘价就会被击穿，并且击穿后股价快速下跌；

（5）起到诱多的作用，掩护庄家高位出货，是典型的赶顶信号；

（6）如果庄家拉大阳线的目的是抬高股价，一般不会让后面的 K 线跌破大阳线的开盘价；相反，如果庄家拉大阳线的目的是诱多出货，一般大阳线的开盘价用不了多久就会被击穿。

图 3–7 是泰禾集团（000732）的日 K 线图。该股股价经过快速大幅拉升，短期涨幅较大，庄家获利丰厚，急于兑现获利筹码。出货要讲究做盘手法，其中拉大阳线是最简单的一种出货方式。

2018 年 2 月 3 日，该股在高价区域再次拉出一根放量涨停的大阳线，表面看起来多头气势强劲，大有再来一波快速拉升的意思，这时有不少投资者被骗了进去。第二天股价却震荡回落，高位收出一根小阴线。第三天股价跳空低开低走，盘中一度跌停，并留下一个当日没有回补的向下跳空缺口，在高位构筑一个黄昏之星形态，此后股价渐行渐弱。这时投资者回过头来一看才恍然大悟，这根大阳线就是典型的庄家诱多出货行为所致。

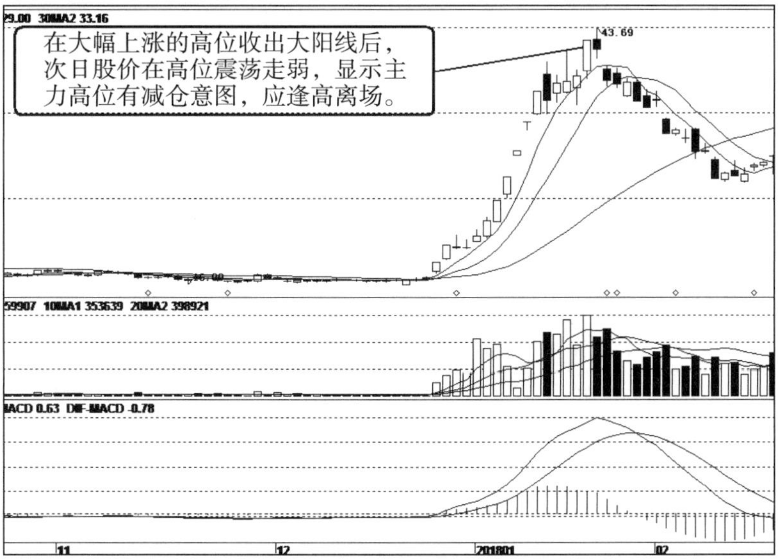

图 3–7

判断这根大阳线的关键就在于股价所处的位置。当时股价处于快速上涨后的高位，每次上涨都有可能是诱多，或是多头涨后余波所致。落实到具体操作上，只能逢高出逃。即使当日没能退出，次日冲高回落时也该逃跑了。

分析大阳线出现的背景，是大家最需要关注的一点，切不可掉进庄家设置的诱多陷阱。在盘中出现对倒放量嫌疑，说明上涨动能渐渐衰弱。均线系统也从上升转为平走状态，助涨功能渐渐消退，表明股价已摇摇欲坠。因此这根大阳线是庄家诱多行为的表现，投资者要谨慎看待。

股价经过大幅上涨，通常会在高价区域维持一段时间的震荡走势，这是庄家为了使自己的筹码卖个好价钱，极力将股价维持在高位，不时地制造出一根根大阳线，营造股价蓄势待发的假象。有的散户经不住大阳线的诱惑而贸然介入，不料股价开始下跌，这就形成了高位震荡中的大阳线诱多走势。

图 3–8 是北斗星通（002151）的日 K 线图。该股庄家完成建仓计划后，展开一波暴力拉升行情，短期涨幅超过 100%，庄家获利丰厚。高位兑现筹码是庄家的当务之急，所以庄家竭力将股价维持在高位震荡。通过高位大阳线维持市场人气，吸引散户跟风介入，能够达到尽可能多地在高位出货的目的。可是大阳线出现之后却没有形成持续上涨行情，股价继续盘跌走势。在大阳线出现当日介入的投资者别说赚钱，不被套牢就是万幸。

其实，该股的这三根大阳线均存在一些技术缺陷，前一根大阳线出现后，第二天几乎被一根大阴线覆盖，形成高位镊顶形态，多头气势一扫而光。后一根大

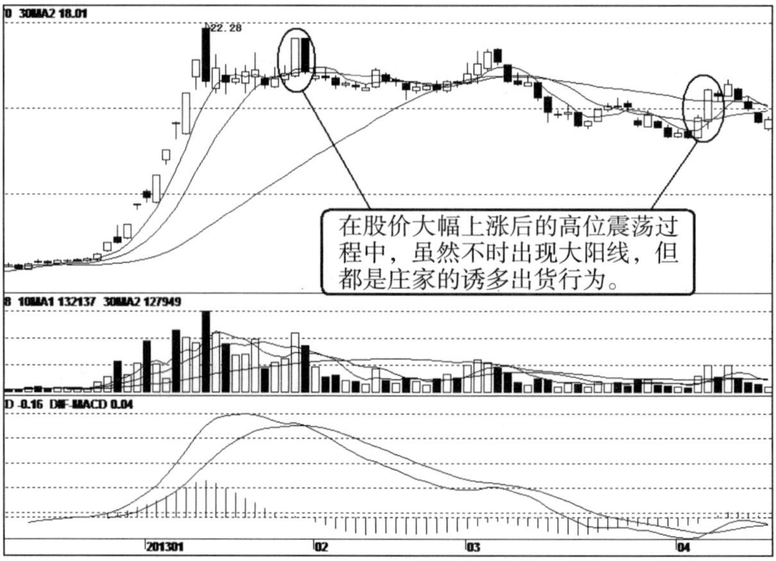

图 3–8

阳线出现时，股价已经处于弱势下降状态，上涨动能渐渐消退，且成交量大幅萎缩，显然没有上涨动力。均线系统渐渐下压，30日均线处于下行状态，而且这根大阳线也得不到成交量的积极配合。由此可见，这些大阳线均为短期庄家出货的诱多手段，股价无法持续上涨。

在实盘操作中，不能单凭股价的涨幅大小衡量股价的高低，有时虽然股价涨幅超过了100%，但依然属于中低价区域。如果在此位置选择退出，显然会损失一大笔利润。

对于股价的高低，要辩证地分析，下面就是一个典型的例子。

图3-9是奋达科技（002681）的日K线图。实力强大的庄家介入该股后，成功吸纳了大量低价筹码，股价渐渐脱离底部区域，从最低价每股7.78元开始上涨。股价突破每股22元后，盘中出现震荡走势。此时股价累计涨幅接近200%，这可以算高价区域，投资者选择离场观望，不能说是错误的决策。

可是事实却出乎意料，不久一根涨幅超过8个点的大阳线发起上攻之势，第二天股价缩量小幅回调，第三天继续上攻且收出一根涨停大阳线，股价突破整理平台，再创新高，随后加速上涨。从突破整理平台之日起，股价涨幅又超过200%，令不少投资者目瞪口呆。

如图3-9所示，虽然该股前期涨幅巨大，但大阳线向上突破时符合继续上涨的市场特征。

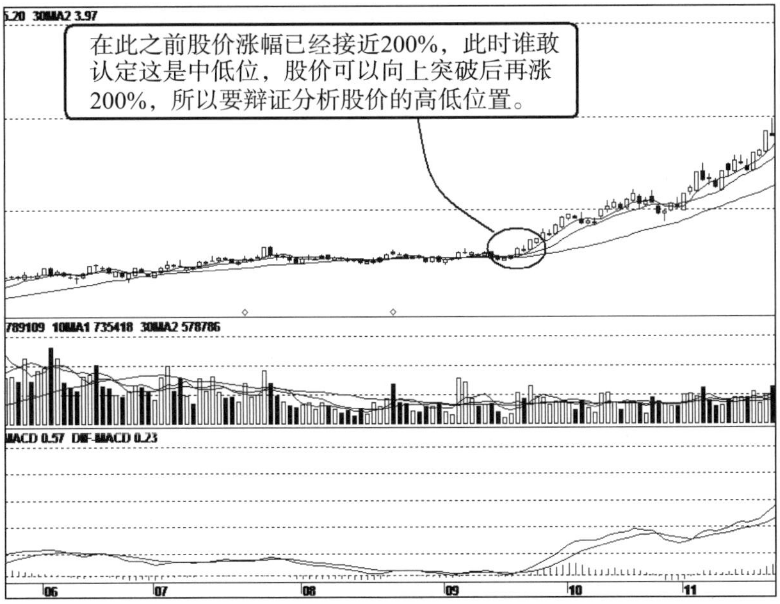

图3-9

（1）股价整理充分，重心不断上移，表明空方在震荡过程中并未占据市场优势，多方依然控制盘面，后市存在续升机会。

（2）在长时间的高位震荡过程中，大部分散户早已逃之夭夭，只有庄家和少数坚定的投资者持仓不动，那么庄家怎么办？唯一的选择就是继续拉高股价，然后在更高的价位悄然出货。一般而言，只要庄家没有出货，后市就有上涨的机会，散户可以放心地与庄共舞到底。

（3）技术形态保持完好，均线系统支撑股价上涨。股价向上突破后，均线立即呈多头发散形态，表明庄家在前期的换手整理过程中处理得恰到好处。同时量价配合得当，庄家坐庄手法稳健，股价张弛有序，因此在高位出现大阳线时，后市继续看涨。

2. 操作技术要点

投资者遇到高位震荡大阳线时，可以暂时放弃对后市行情是否继续走高的猜测，仅短线盘整就是一段难熬的日子，因而最好选择观望。

根据多年的实盘操作经验，在此总结一些升势即将见顶的市场特征，供投资者参考。

（1）高位出现大阴线。在上升趋势中，市场人气很旺，投资者不惜追高买入。一旦股价回落，理所当然地会被抢购的入市者承接住，因此升势在延续过程中一般不会出现大阴线。如果收出一根大阴线，说明市场上人心有变，多空双方的力量正在形成新的对比。所以出现大阴线预示市场已经好景不长。

（2）盘面震荡加剧。升势顶部是多空双方正规力量角逐的区域，看多者买入勇气未减，看空者忙于大量出货，因此必然造成股价上下剧烈波动。这种波动的高点和低点不断降低，表明股价上涨遇到阻力，市场风险渐渐形成。

（3）突破技术支撑。一般来说，能够成为重要支撑位的包括均线、趋势线（通道）、技术形态、时间窗口、成交密集区域以及黄金分割线等，只要这些重要位置被有效击穿，就说明投资者的信心已经动摇。在股价大幅上涨之后，只要股价有力地向下穿过支撑位，就意味着走势已经出现问题。

（4）多空意见分歧。股价经过一段时间的上涨，如果市场舆论产生严重分歧，预示升势很难长时间维持下去，这也是股价将要见顶的征兆。

（5）坐庄目标达到。简单地说，就是买进一只股票后，用几种不同的分析测算方法获得的都是某个点位，那么这个点位就是目标价位。当股价接近预测目标时，就是庄家可能出货的时候。

（6）股价该涨不涨。在技术面和基本面都向好的情况下，股价却该涨不涨，这就是出货的前兆。不管什么情况下，只要在高位放量不涨，就基本可以确认是庄家出货。

（7）市场消息增多。在股价上涨过程中，一般见不到多少消息。如果消息开始增多，说明庄家已经萌生退意，要出货了。一般而言，大多数股票的上涨都是悄无声息的，令投资者莫名其妙，股价高高在上时却利好消息频传。这是为什么呢？目的只有一个，配合庄家出货。

（8）脱离投资价值。个股价格明显脱离其价值，未来价值被严重透支，到了背离的上极限区，如股价翻番甚至翻几番，那么股价就有强烈的价值回归之势。在回归价值的过程中，成交量会明显放大，甚至出现天量，但也有个股成交量萎缩。出现这些现象，说明离头部不会太远，散户的炒作思路应以出货和减仓为主。

五、一字线之后的大阳线

一字线是指开盘价、收盘价、最高价及最低价处于相同价位，盘面上呈现一字形态。在涨跌停板制度下，一字线有重大意义。

在上涨趋势中出现一字线，表示股价封在涨停板价位上（非涨停情况下出现一字形的情况极为罕见，目前沪深两市尚无先例），说明此时多方力量强大，日后该股往往会成为强势股。

当股价连续出现多个涨停一字线后，在高位出现低开高走的大阳线时，从避免短期风险出发，不宜继续追涨，因为盘中筹码获利丰厚，庄家需要兑现手中筹码。此时的高位大阳线是庄家出货的一种手法，随后可能快速回落。

图 3-10 是永和智控（002795）的日 K 线图。庄家在底部震荡过程中吸纳了大量的低价筹码，2018 年 5 月出现一波快速拉升行情，股价连续出现多个涨停一字线，短期涨幅惊人。这时庄家将股价维持在高位震荡，从而暗中派发筹码。为了吸引投资者积极参与，5 月 18 日和 21 日在高位拉出两根放量涨停大阳线。这时有的投资者以为股价调整结束，新一轮上涨行情即将开始，因此忽略风险，贸然追高介入。可是第三天股价低开后冲高回落，随后股价渐渐震荡走低，如果逃跑不及时，将被套牢在高位。

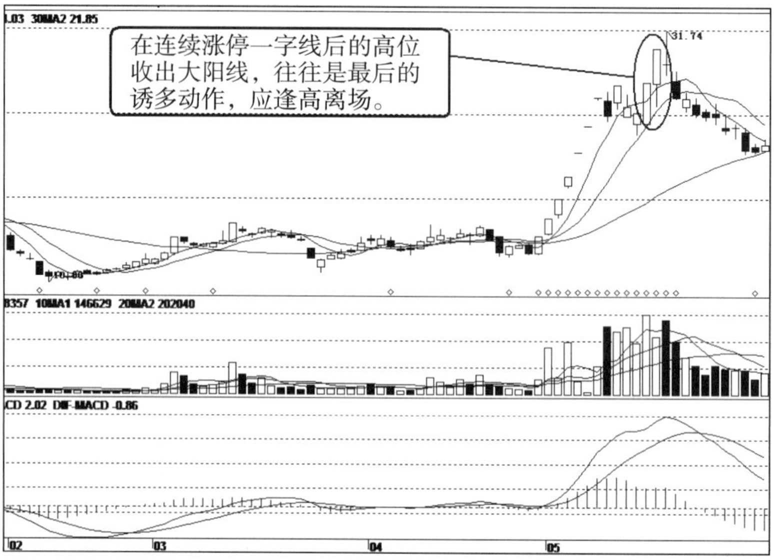

图 3-10

图 3-11 是外高桥（600648）的日 K 线图。庄家在该股股价长时间下跌调整的过程中吸纳了大量的低价筹码。股价成功脱离底部后，经过一段时间的洗盘整理，出现一波井喷式飙升行情，股价连续出现 12 个涨停一字线，短期涨幅惊人。这时庄家兑现获利筹码是当务之急，那么如何才能吸引散户入场接盘呢？继续向上拉出大阳线是最佳出货手法。

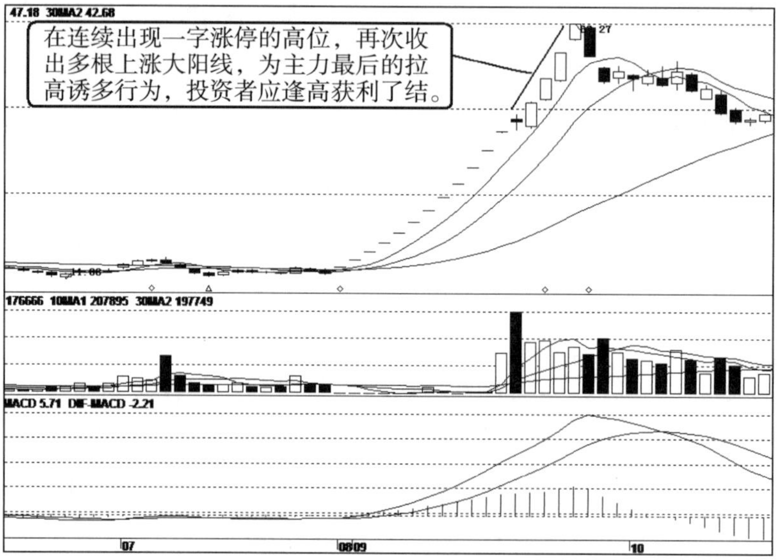

图 3-11

股价打开涨停板后，获利回吐盘迅速扩大，但庄家顶住一切压力，使股价维持在高位震荡。为了吸引投资者积极参与，在高位继续拉出 4 根涨停大阳线，这时有的投资者看见股价不停上涨，难免蠢蠢欲动，忽略市场风险而追了进去，结果被套在高位。

由上述两个实例可知，连续涨停一字线之后，在高位出现大阳线，其市场风险不言而喻，投资者切莫受暴利思想的驱使贸然介入。其实，这里的风险非常明显，无须用过多的精力分析研究。倘若在这样的高位被套牢，实属炒股之不幸。

哪些涨停一字线出现之后还可以买入呢？一般而言，上涨初期拉出第一个涨停一字线后，股价开始连续强势拉升，表明庄家做多意愿强烈，预示一轮上涨行情就此展开。根据多年的实盘经验，可以掌握一个量度问题，通常以连续 3 个以上涨停一字线为风险防范区，散户应谨慎操作；连续 5 个以上涨停一字线为高风险警戒区，散户应避而远之；对于 3 个以下的涨停一字线，可以用常规方法分析研判。

图 3–12 是华贸物流（603128）的日 K 线图。庄家介入该股后，在一年多的震荡筑底过程中吸纳了大量的低价筹码，一旦时机成熟，股价将很快启动上涨行情。不久，在低位连续出现两个涨停一字线。第三天打开涨停板后，股价继续强势放量上攻，当日继续报收涨停板，并创出了底部盘整区域的新高。随后经过两个交易日的高位震荡整理，再次拉出一根涨停大阳线。那么如何解读这根大阳线呢？投资者应如何操作？

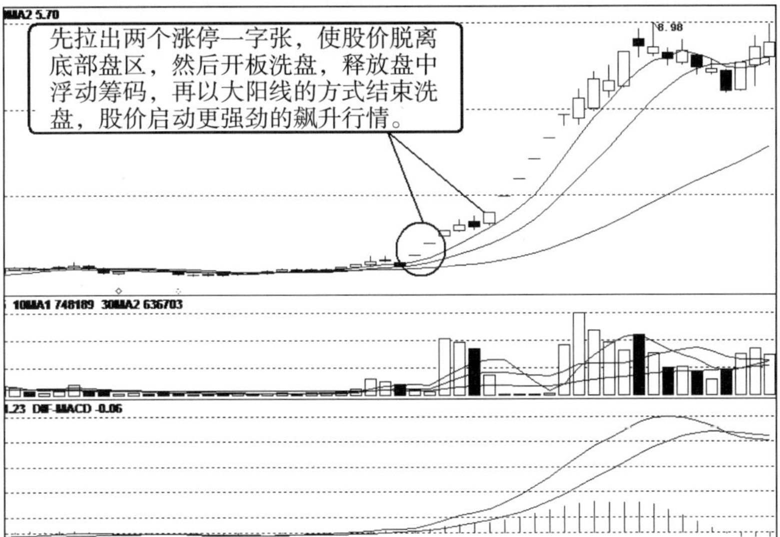

图 3–12

如图 3–12 所示，该股底部基础构筑扎实，涨停一字线出现在市场底部，是股价启动的征兆。投资者只要观察盘面细节，就不难发现庄家的操作意图。股价连拉两个涨停一字线后，在相对高位打开涨停板，开始“放水”，给低位获利者和前期套牢者一个“逢高”出局的机会，但股价并没有明显地回调。这就令人纳闷了，难道庄家拉高股价慷慨地送钱给投资者吗？显然不是，其实庄家只是进行一次洗盘换手，让那些浮动筹码离场，以达到日后顺利拉升的目的。

试想一下，如果庄家无意做多，就不可能“解放”前面那么多的套牢盘，也不可能使低位介入者如此轻而易举地获利。庄家如此慷慨，后市定有好戏。另外，从这根缩量涨停大阳线可以看出，经过洗盘整理，庄家已经完全控盘，此后股价快速上涨也是理所当然的事。在实盘操作中，投资者遇到这种情形时，可以在尾市收盘前几分钟大胆跟进，或者在将要封涨停板时追进。

图 3–13 是上海物贸（600822）的日 K 线图。在长时间的下跌调整过程中，该股庄家吸纳了大量的低价筹码，在股价启动前成功构筑了一个空头陷阱，然后股价企稳回升。不久，股价以涨停一字线方式向上突破，以涨停价开盘，当日封盘不动，形成涨停一字线上涨形态。

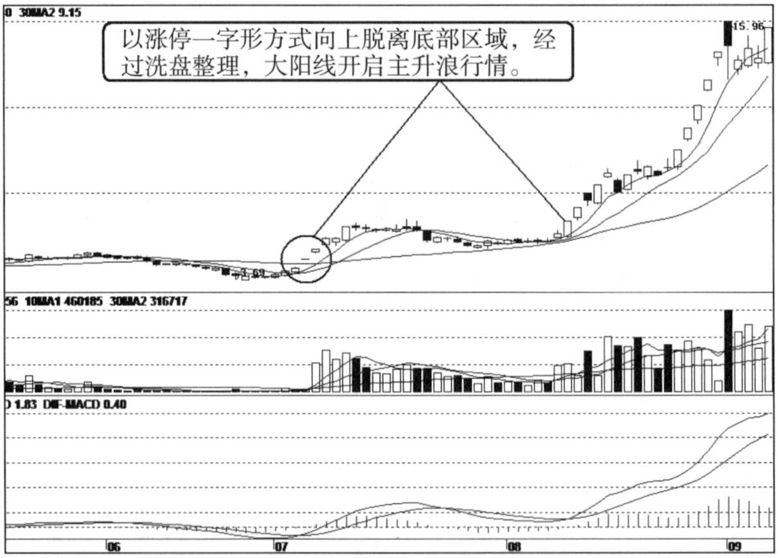

图 3–13

次日打开涨停板后，股价继续强势放量上攻，股价再次报收涨停板，在 K 线图中形成一根上涨大阳线，并创出了底部盘整区域的新高，这根大阳线成为一个较好的买点。随后股价短期冲高，庄家开始洗盘整理。洗盘的极限点始终在这根大阳线的收盘价上方，且下方有30日均线支撑，说明这根大阳线的看涨意义强烈。之后大阳线结束了洗盘整理走势，股价出现主升浪行情。

如图3–13所示，该股的涨停一字线同样出现在市场底部区域，技术意义与华贸物流（603128）相似，投资者只要观察盘面细节，就不难发现庄家的操作意图。股价拉出涨停一字线后，继续创出调整新高，然后开始洗盘整理，目的只是让低位获利者和前期套牢者高兴地离场。庄家洗盘换手的目的达到后，股价将快速上涨，短期涨幅巨大。实盘操作中，激进的投资者可以在大阳线出现当日入场，稳健的投资者可以待股价调整结束后再拉出上涨大阳线时跟进。

六、T字线之后的大阳线

T字线是指除了最低价以外，开盘价、收盘价、最高价处于相同或相近的价位，K线只有下影线，因而呈现T字形态。T字线所处的位置不同，其后出现大阳线的技术含义也不同。在上涨初期出现T字线后，再收出上涨大阳线，说明此时多方力量强大，后市往往会成为强势股。在上涨后期出现T字线后再收出上涨大阳线，则说明多方能量正在做最后的冲刺，后市股价往往会滞涨回落。

图3–14是天润乳业（600419）的日K线图。该股见底企稳后步入盘升行情，当股价上涨到前期高点附近时，遇到低位获利盘和前期套牢盘的抛压，股价震荡整理，从而形成一个盘整区域。

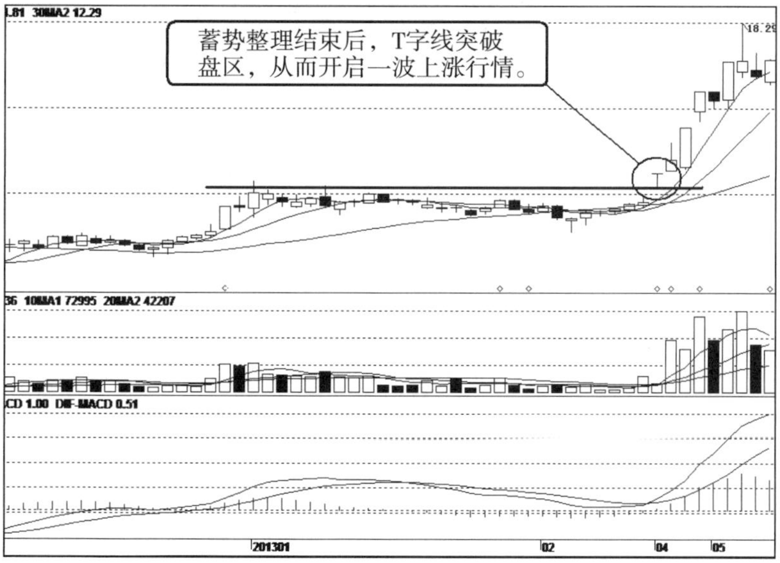

图3–14

不久，该股收出一根突破性 T 字线，这个位置突破了近期的整理平台，也突破了前期的高点，技术意义不可忽视。在当日的分时走势中，曾经遇到一些散户抛盘，但总体抛压不大，庄家很快就把股价拉回到涨停价位，封盘不动直到收盘，从萎缩的成交量上也能反映出庄家控盘程度较高。

这种大阳线出现在较大幅度的下跌后，是见底信号，表明有逢低买盘介入。股价连续调整后出现 T 字线，说明庄家在盘中快速打压股价之后，又将股价拉回开盘位置，这种操作手法反映出庄家在盘中故意制造恐慌气氛，以便在低位吸纳更多的廉价筹码。此时庄家并无意做空，所以又将股价拉回，以安抚投资者的投资信心，在盘面上就形成了 T 字线止跌形态。这根 T 字线之后若出现大阳线，且伴随成交量的放大，那么这根大阳线就是一个较好的介入信号。

图 3-15 是天宸股份（600620）的日 K 线图。该股股价经过大幅下跌调整，见底企稳回升，底部慢慢抬高，并成功站在 30 日均线之上，均线系统呈多头排列。股价上涨一定幅度后，庄家开始洗盘整理，股价回落，并击穿均线系统的支撑，5 日、10 日与 30 日均线形成死叉，有进一步趋恶的可能。

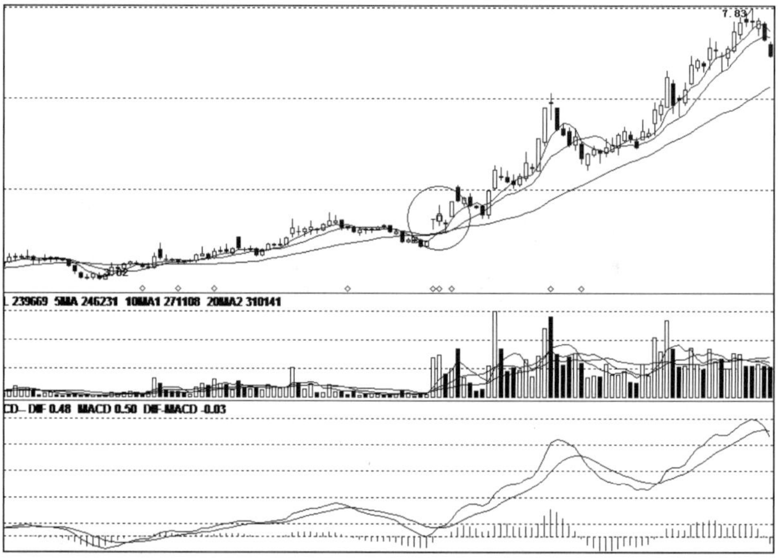

图 3-15

很快庄家一改常态，股价大幅跳空到均线系统之上并以涨停价位开盘。盘中一度开板，释放了部分浮动筹码，之后股价继续封于涨停价位，从而形成 T 字线形态。该 K 线成功地扭转了股价的下跌势头，起到一线定乾坤的作用，此后股价稳步上涨。

一般而言，股价突破均线系统时有三种情况：一是在下跌趋势的后期，股价向上突破下行的均线；二是在上升趋势途中，股价洗盘调整结束后，向上突破上行的均线；三是在横盘整理过程中，股价向上突破水平移动的均线。根据移动平均线周期长短，分为突破短期均线、中期均线和长期均线三种类型。

在上升趋势中，出现一根 T 字线后，次日或随后几个交易日出现一根上涨大阳线，预示股价将结束调整，后市将出现新的上涨行情。由于此时股价刚刚步入上升趋势，新一轮上涨行情刚刚开始，所以其涨幅不大，T 字线一般成为快速洗盘信号。T 字线出现之后的大阳线往往是对 T 字线的确认信号，同时也是上升趋势的助涨信号，表明股价将继续上涨。

如何判断上升途中 T 字线之后的大阳线性质呢？也就是说，这根大阳线是拉高出货还是新的上升信号？可以从以下三个方面判断。

（1）股价前期涨幅是否过大。如果上涨幅度已经很大，T 字线之后的大阳线是拉高出货的概率更大；如果股价刚刚启动不久，或是股价涨幅很小，那么 T 字线之后的大阳线为新的起涨信号。

（2）出现 T 字线之后，股价重心向哪个方向移动。如果股价重心不断上移，则前面的 T 字线是庄家推动上涨途中的洗盘行为，大阳线是洗盘结束的标志；如果股价重心不断下移，则是庄家利用 T 字线之后的大阳线掩饰出货。

（3）分析成交量。股价下探时缩量，股价回升时放量，为正常的涨势盘面，后市股价仍有上涨动力，否则后市应引起警惕。

当股价经过连续的一字线或 T 字线大幅上涨后，在高位出现低开高走的大阳线，这可能是庄家借大阳线拉高出货的一种手法，因此存在一定的追高风险，投资者应保持警惕。这种走势短期内堆积了大量的获利筹码，一旦打开涨停板，可能会引发巨大的抛盘。庄家竭尽全力护盘，并希望投资者积极参与，因而在高位筑巢引凤，继续拉出大阳线。初生牛犊不怕虎的投资者纷纷介入后，股价却反转下跌，从而形成了高位诱多大阳线形态。

图 3-16 是蓝晓科技（300487）的日 K 线图。该股股价经过一波快速上涨，成功地完成了洗盘换手，然后出现第二轮快速拉升行情。从 2018 年 3 月 27 日开始，该股连拉 5 个涨停一字线，4 月 3 日继续在涨停价位开盘，当日在大量的获利盘抛压下，盘中开板后快速回落。庄家为了能够在高位顺利出货，又将股价拉回到涨停价位收盘，从而在高位区域出现了一根 T 字线。高位 T 字线显示盘中筹码已经松动，次日股价冲高回落，收出放量跌停大阴线，此时头部确立。

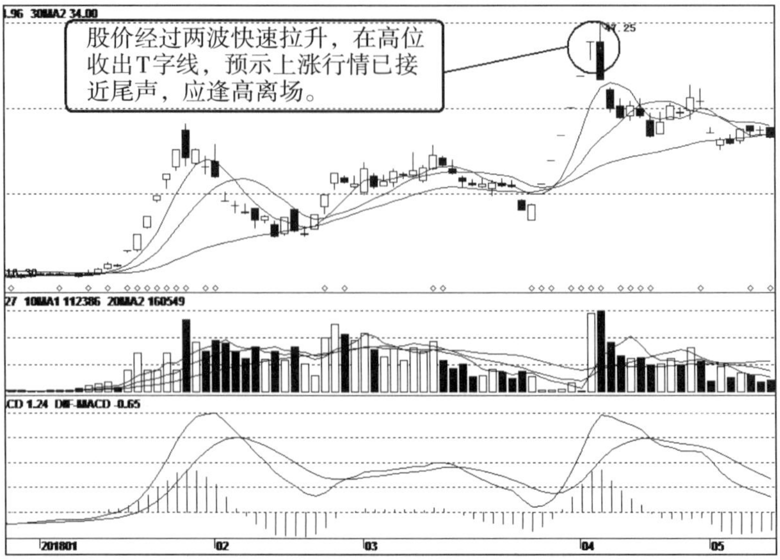

图 3-16

该股在出现 T 字线之前，股价经历了暴涨行情，这本身就产生了巨大的市场风险，因此在 T 字线出现当日引发大量抛盘。如果这是庄家放量洗盘，那么次日股价将被拉起收涨。现实走势并非如此，次日盘面走势震荡加剧，大量抛盘涌出，导致股价以跌停价收盘，说明庄家已经无法继续掌控盘面。因此，当这种 T 字线出现在股价长期上涨的高位时，投资者要高度警惕，这往往是上涨行情即将结束的征兆。

图 3-17 是鲁抗医药（600789）的日 K 线图。该股股价见顶回落后企稳反弹，形成横盘整理走势。不久股价连拉两个涨停板，成功突破前期平台整理区域。第三天股价从涨停板价位开盘后一度遭到空方打压，但多方最终战胜空方，将股价拉回到涨停价位，从而形成一个 T 字线。

收出 T 字线之后的次日，股价继续放量上行，收出一根涨停大阳线。这根大阳线出现之前，股价短期涨幅较大，因而这根大阳线往往也是短期见顶信号。在收出大阳线的次日，股价低开低走，几乎抹去了大阳线的全部涨幅。随后股价渐渐走低，大阳线成为庄家出货的工具。

如图 3-17 所示，该股与蓝晓科技（300487）的走势相似，同样存在短期技术回调风险，这根大阳线不应作为买入信号。它是上升途中的 T 字线，还是上升顶部的 T 字线？投资者可以根据前面关于一字线的分析方法和思维方式在实盘中分析总结和思考，笔者在此不再详解。

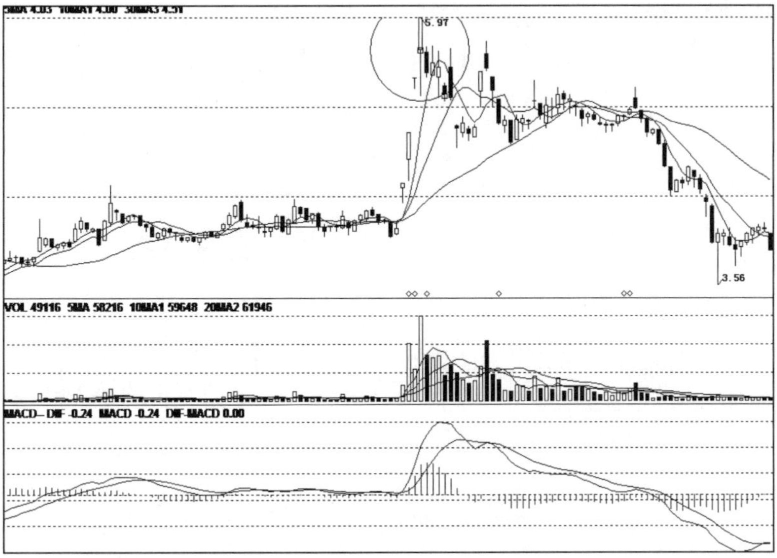

图 3-17

七、主升浪之后的大阳线

股价经过成功的大幅炒作，完成了主升浪上涨行情。此后庄家为了达到出货的目的，还需将股价维持在较高价位，不时地拉出大阳线，以引起投资者的关注和参与，庄家则不断地暗中出货。因此，主升浪之后出现大阳线，往往是庄家制造的多头陷阱，投资者应谨慎对待。

图 3-18 是贵州燃气（600903）的日 K 线图。该股上市后就被主力大幅炒作，从上市首日计算，股价涨幅超过 1 500%。这时主力的首要任务是出货，但对于大幅炒作后的个股，主力出货并非易事，因此就要讲究出货章法，而运用大阳线诱多出货是见多不怪的手法。

该股分别于 2018 年 3 月 20 日、26 日和 4 月 3 日在高位收出涨停大阳线，保持盘面相对活跃的状态，形成新一轮上攻态势。这时有的投资者以为新一轮上涨行情又开始了，因而纷纷跟风介入，谁知这是一个多头陷阱。随后股价逐步走弱，重心渐渐下移，高位买入的投资者全线被套。

如图 3-18 所示，高位出现的这几根大阳线明显是一个多头陷阱。

（1）股价已经完成主升浪炒作，后市即使上涨也是涨后余波行情，上涨空间有限，介入风险极大。

图 3-18

（2）大阳线之后股价未持续走高，并且很快收回大阳线的全部涨幅，虚假性更强。

（3）成交量渐渐萎缩，说明跟风者已经不多。

（4）盘口呈收敛形组合，震荡幅度一天比一天小，K 线一天比一天短，显示上方压力日趋增大。

（5）MACD、RSI、KDJ、W%R 等多项技术指标呈顶背离或钝化状态，不支持股价进一步走高。

图 3-19 是上海物贸（600822）的日 K 线图。庄家在低位吸纳了大量的低价筹码后，将股价大幅炒高，顺利完成主升浪上涨行情。这时庄家的首要任务就是出货，但对于大幅炒作后的个股，庄家出货须讲究技巧，运用大阳线出货是见多不怪的手法。该股股价被大幅炒高后，在高位连续拉出 4 根放量大阳线，形成新一轮上攻态势。这时有的投资者以为新一轮上涨行情又开始了，纷纷跟风介入。谁知这是一个多头陷阱，股价连续出现两个跌停板后，盘面渐渐走低，高位买入的投资者全线被套。

如图 3-19 所示，连续收出的大阳线明显是一个多头陷阱。

（1）股价已经完成主升浪炒作，后市即使上涨也是涨后余波行情，上涨空间有限，介入风险极大。

（2）大阳线之后股价高位跳空下跌，构成顶部岛形反转形态，预示股价后市走跌。此外还是一个头肩顶形态，后市看空。

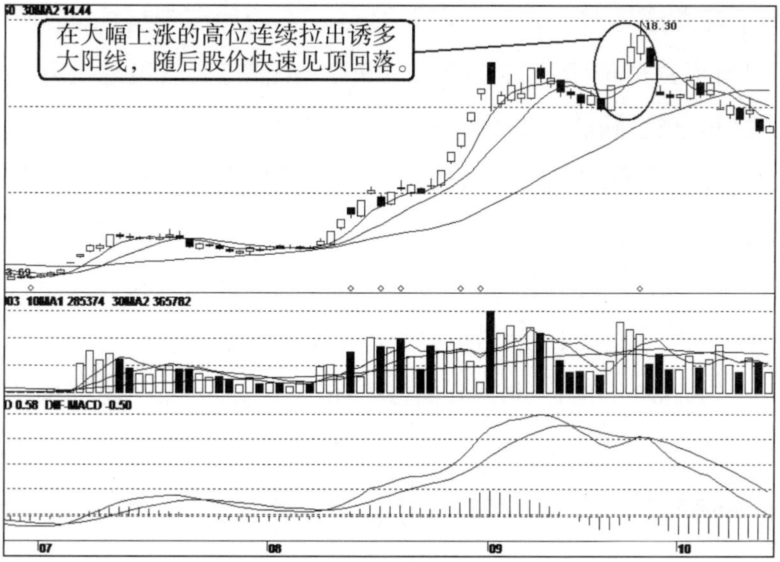

图 3-19

（3）连续 4 根阳线呈收敛形组合，即上涨的幅度一天比一天小，K 线一天比一天短，显示上方压力日趋增大。

（4）MACD、RSI、KDJ、W%R 等多项技术指标呈顶背离或钝化状态，不支持股价进一步走高。

实盘操作中，投资者遇到已经历主升浪炒作的个股，无论出现多么诱人的看涨信号也不要轻易介入，以免落入庄家设置的诱多陷阱。落日余晖虽然美丽，但已是落幕前的残照。

八、短期暴涨后的大阳线

股价经过短期暴涨，多方能量损耗较大，需要回调整理蓄势，这时容易形成阶段性头部，此时在高位出现的大阳线容易成为多头陷阱，投资者应谨慎对待。

图 3-20 是奥联电子（300585）的日 K 线图。该股股价成功构筑底部后，自 2017 年 9 月 29 日起股价连拉 5 个涨停，短期庄家获利丰厚。庄家为了吸引散户积极追捧，股价经过短暂调整后，11 月 6 日、8 日再次拉出两根大阳线，形成新一轮上攻态势。此时有的散户以为新一轮上涨行情启动，纷纷跟风买入。可是 11 月 9 日就收出一根大阴线，反映上涨势头大不如前。如果在后续的震荡中不及时离场，就会被套牢在高位。

如图 3-20 所示，这样的大阳线有什么技术意义呢？投资者如何操作？

（1）由于短期涨幅过大，股价拉升过急，不论后市走势如何，短期市场需要回调蓄势，因而容易形成阶段性头部。另外，当前的上涨也是主升浪之后的涨后余波行情，短期上涨空间非常小，介入风险大。

（2）短期股价远离均线，导致乖离率偏大，根据葛氏移动平均线八大买卖法则，股价有回归均线附近的要求。

（3）在大阳线出现之后的次日，股价低开低走，当日连起码的冲高动作都没有，一根大阴线包容了前面的大阳线，上涨气势瞬间湮灭。

（4）RSI、KDJ、DMI、W%R 等多项技术指标出现钝化或顶背离现象，不支持股价继续走高。

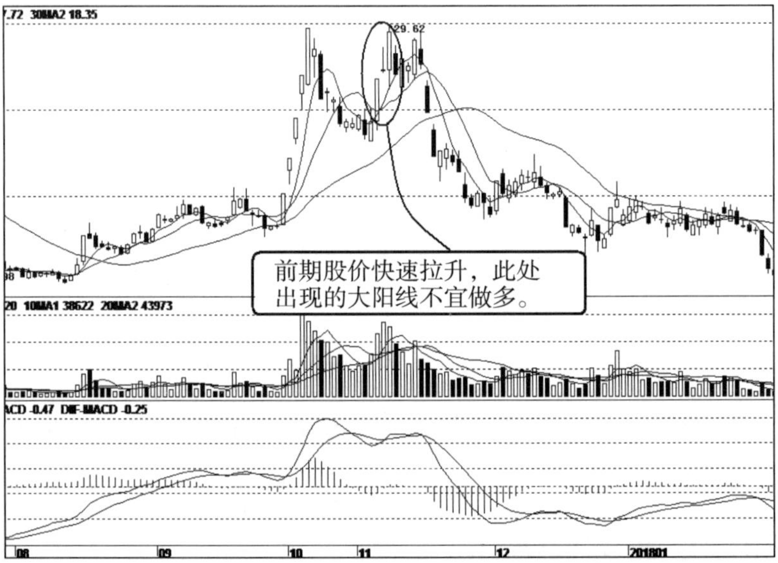

图 3-20

由此可见，这几根大阳线是庄家拉高出货的骗线，投资者遇到短期暴涨后的大阳线时不要轻易介入，以免落入庄家设置的多头陷阱。在认识判断上，也可以从量度方面把握，一般连续 5 个以上涨停板或短期持续涨幅超过 60%，应视为高风险区，无论该股后市潜力有多大，这时股价离阶段性头部已经不远。对于 3 个以下涨停板或涨幅在 30% 以下的个股，可以用常规方法分析研判。

图 3-21 是通产丽星（002243）的日 K 线图。在长时间的下跌调整过程中，庄家在底部大量吸纳低价筹码。完成建仓计划后，从 2018 年 7 月 12 日开始，展开一波暴涨行情，连拉多个涨停，短期涨幅巨大。然后股价在高位大幅震荡，在 4 天的震荡过程中，庄家减仓意图明显。

7 月 23 日收出涨停大阳线，次日低开震荡，7 月 25 日又是涨停大阳线，次日低开冲高回落。在正常情况下，涨停大阳线次日大多有强势上涨的表现，而该股恰恰相反，次日都是低开震荡，这显然是主力无意继续上攻的表现，所以投资者此时不要被大阳线诱惑，否则很容易被套牢在高位。

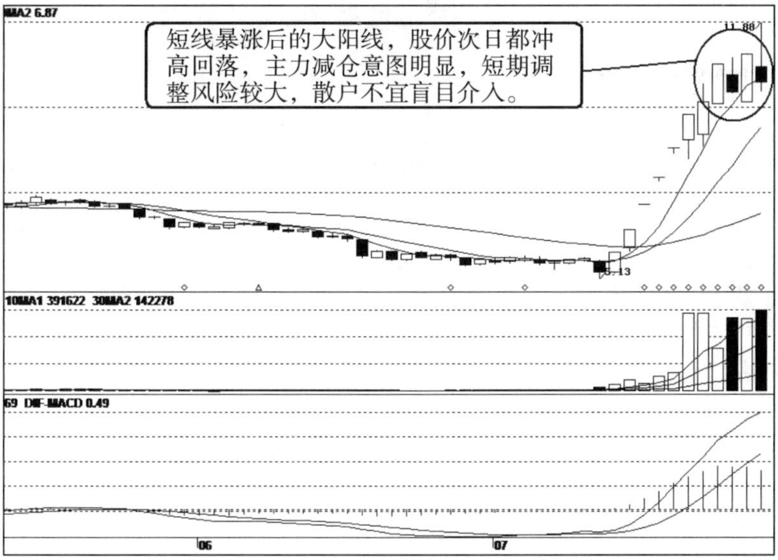

图 3-21

如图 3-21 所示，在这两根大阳线之前，股价形成暴涨走势，短期市场存在回调风险。无论主力出于何种意图，短期都将面临回调，不是介入的机会。另外，出现大阳线之后，股价冲高力度不大，遇到前期高点的阻力。该股的另外一个特征就是成交量异常放大，庄家对倒出货明显，所以此时投资者应及时减仓或逢高离场，不参与暴涨后大风险、小收益的博弈操作。

九、加速下跌后的大阳线

1. 实盘技巧分析

股价经过短期暴跌，空方能量得到较好的释放，市场下跌动能衰竭，这时容易出现快速反弹走势，市场出现阶段性底部，或形成 V 形反转行情。此时出现在低位的大阳线是一个较好的买入信号。

图 3-22 是成都路桥（002628）的日 K 线图。该股股价见顶后持续下跌，累计跌幅较大。2018 年 6 月下旬以后，下跌势头明显放缓，渐渐形成横盘整理走势。7 月 19 日，一根放量涨停大阳线拔地而起，向上脱离了底部盘区，并收于 30 日均线之上。次日继续涨停，从而形成一波快速反弹行情。

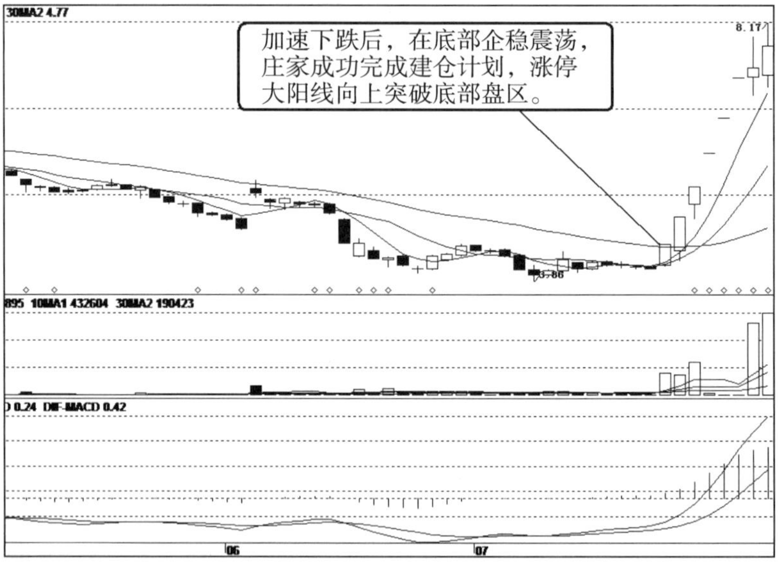

图 3-22

如图 3-22 所示，这根大阳线是下跌中继形态，还是止跌回升信号呢？通过盘面分析，可以得出以下五点信息。

（1）在出现大阳线之前，成交量大幅萎缩，基本处于地量水平，表明盘中抛压不大，下跌动能不强，属于无量空跌现象，股价随时可能止跌反弹。

（2）在出现大阳线之前，股价远离移动平均线，乖离率偏大，根据葛氏移动平均线八大买卖法则，股价有回归均线附近的要求。

（3）在出现大阳线之前，股价累计跌幅较大，下跌空间基本被封闭，已经出现明显的横盘企稳整理，市场至少需要一次技术性修复走势。

（4）在出现大阳线当日，成交量明显放大，显示多头力量暗流涌动。

（5）在出现大阳线之后，成交量持续放大，股价继续上涨，说明买盘积极介入，后市股价走高的可能性较大。

在实盘操作中，投资者遇到这种大阳线时应积极跟进，后市上涨的高度视成交量和其他技术指标的情况而定。

图 3-23 是华纺股份（600448）的日 K 线图。该股股价见顶后逐波盘跌，然后在低位横盘整理，形成一个窄幅波动的盘整带。之后股价重心渐渐下移，向下击穿了盘区的支撑。2018 年 6 月 19 日，一根接近跌停的大阴线助长了盘面的空头气势，股价似乎有加速下跌的可能。可是股价该跌不跌，经过 3 个交易日的企稳盘整，6 月 25 日收出一根放量涨停大阳线，引发一波快速反弹行情，随后在低位出现一根上涨大阳线。

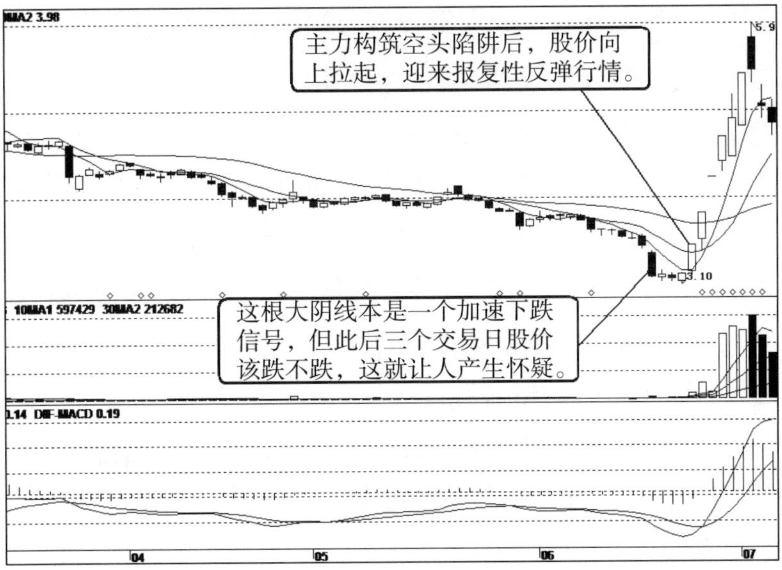

图 3-23

那么此处出现的这根大阳线是不是买入信号呢？

如图 3-23 所示，该股走势与成都路桥（002628）相似。在出现大阳线之前，成交量大幅萎缩，说明盘中抛压不大，下跌动能不强，股价随时可能出现报复性反弹走势。此时股价远离均线，乖离率偏大，股价有回归均线附近的要求。而且，股价前期累计下跌幅度较大，调整时间较长，因此继续下跌的空间已经不大。在出现大阳线的当日，成交量温和放大，显示多头力量暗流涌动。出现大阳线之后，成交量持续放大，说明买盘积极介入，因此这时出现的大阳线是止跌回升信号。

另外，该股还有一个重要的疑问，就是 6 月 19 日收出一根接近跌停的大阴线，这本是一个加速下跌的信号，按理说股价有惯性下跌要求，可是随后 3 个交易日股价该跌不跌，这就看出了庄家的用意所在。庄家并非有意让股价下跌，而是制造一个恐慌性的技术信号，目的是让散户割肉离场。6 月 25 日收涨停大阳线，其实庄家已经给出明确的答案：前面的下跌是一个空头陷阱。

根据以上分析，投资者可以在大阳线出现的当日或次日调整时积极买入，但注意应以短线操作为主，舍小本赚大钱，快进快出，不要计较一两个价位。

2. 操作技术要点

在实盘操作中，遇到加速下跌后的大阳线，应把握六个技术要点。

（1）股价累计下跌幅度较大，调整时间充分，在出现大阳线之前，股价形成加速下跌走势，下跌速度越来越快，阶段性跌幅超过 30%。通常跌幅越大、速度越快、时间越长，止跌后的回升幅度越大，上涨力度越大。

（2）在出现大阳线之前，成交量必须大幅萎缩。盘面出现地量水平，表明盘中抛压已经减轻，下跌动能已经衰竭，股价随时可能止跌反弹。如果成交量居高不下，说明抛盘仍然很重，短期难以止跌。

（3）在出现大阳线的当日或随后几个交易日，必须得到成交量的积极配合。盘面保持活跃状态，显示多方做多意志坚决，市场跟风积极。如果股价经过一段时间的持续下跌，在大阳线出现的当日成交量突然大幅放大，形成 V 形反转，这种成交量大幅增加的情形并非受到利多消息的影响，而是表明资金大规模入场，后市上涨幅度较大，投资者应逢低买入。

（4）在出现大阳线的次日，市场必须保持强势状态，或者直接强势上涨再收大阳线。即使出现调整走势，其调整幅度也不能太大，更不能出现大阴线吞没大阳线的情况。

（5）股价应快速上涨。从转折点回升时，由于压力突然消失，使得回升速度几乎与此前下跌时的速度相同，在买盘远远大于卖盘的情况下，股价快速上涨。如果股价上涨速度不快，可能影响股价的总体上涨高度，这一点投资者应有所了解。

（6）在出现大阳线时，如果出现早晨之星、底部锤头线、曙光初现或岛形反转等 K 线底部组合形态，则大阳线的买入信号更可靠。

十、最后冲刺中的大阳线

1. 实盘技巧分析

股价上涨过程如同“飞行理论”，也包含进入跑道、开始滑行、离开地面、加速爬高、高空飞行等过程。庄家完成建仓后，股价慢慢脱离底部，底部缓缓抬高，上涨步伐加快，最后加速爬高。在整个上涨过程中，呈圆弧形上涨态势，速度越来越快，角度越来越陡峭。最后形成快速冲刺走势，此时成交量明显放大。

“加速冲刺”是上涨过程中最凶猛、最疯狂的阶段，也是最引人注目的过程，更是风险聚集的阶段，往往也是上涨行情即将结束的阶段。投资者在这个阶段一定要沉住气，一旦在这一阶段被套牢，无异于瓮中之鳖，短期内难以脱身。

图 3-24 是雅化集团（002497）的日 K 线图。该股股价完成筑底后，2017 年 3 月脱离底部区域，进入上升通道，成交量温和放大，股价缓缓盘升，此时上涨角度小。经过边拉边洗，股价上涨步伐渐渐加快，上涨角度加大。

2017 年 9 月中旬进入最后冲刺阶段，上涨速度明显加快，趋势线也越来越陡峭。整个上升过程呈圆弧形，最后出现疯狂走势。这时走势凌厉，形态诱人，不断出现大阳线，有的投资者因此被骗了进去，结果遭受高位套牢之苦。

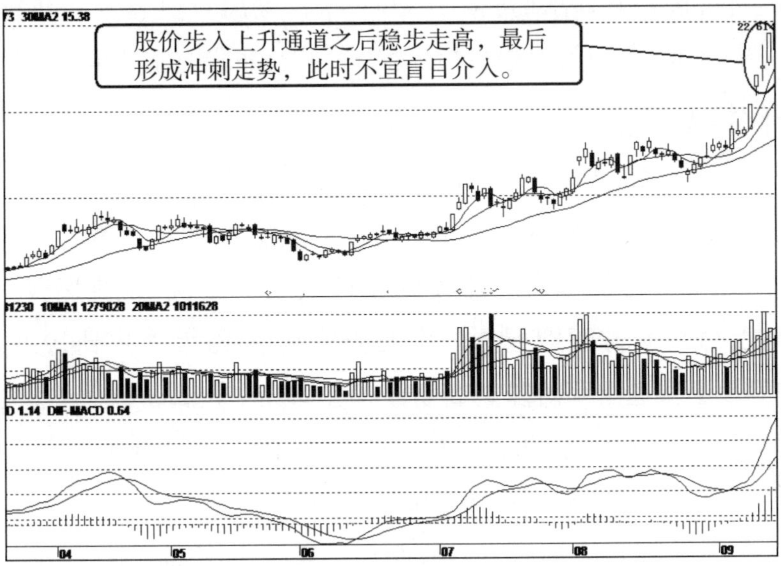

图 3-24

图 3-25 是上海莱士（002252）的日 K 线图。庄家在该股长时间的底部震荡过程中成功吸纳了大量低价筹码，股价渐渐脱离底部区域，缓缓推升。不久，股价收出一根涨停大阳线，在高位出现明显的震荡走势，收出多根带长上下影线的 K 线。多空意见出现分歧，预示股价面临回调。至于回调幅度的大小，视后市走势变化而定。

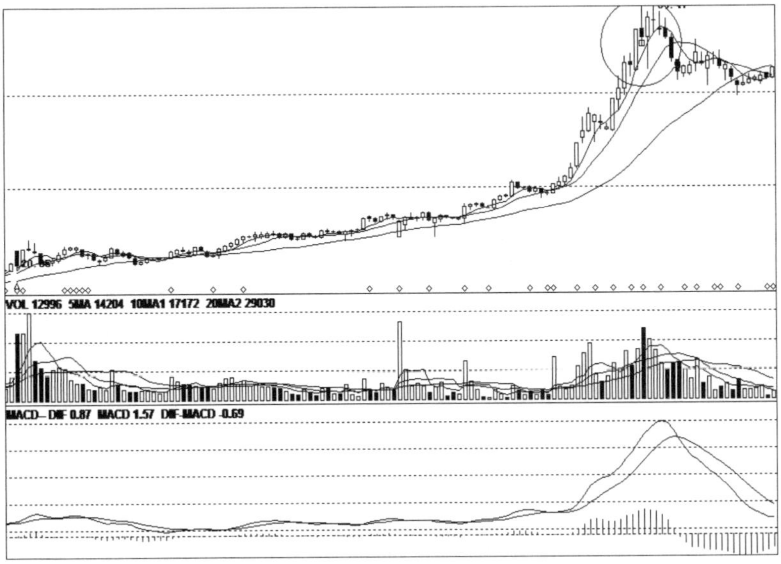

图 3-25

如图 3–25 所示，股价上涨的速度越来越快，趋势线也越来越陡峭，这就是最后的冲刺阶段。经过一阵疯狂，股价将结束上涨行情。这时投资者不要被大阳线迷惑，因为此时股价累计涨幅已超过 250%，市场风险积聚。一旦股价真正见顶，短期内很难突破此位置，该位置往往成为今后很长一段时间的阻力位。

2. 操作技术要点

在实盘操作中，如遇到最后冲刺的大阳线，哪怕错过一段上涨行情，投资者也不要贸然介入，因为这里累积了大量的市场风险。股谚说"股市在沸腾中死亡"，说的就是这种情况。这类个股在认识判断上可从以下四个方面把握。

（1）从上涨角度方面把握。一般上涨角度在 45 度左右比较理想，提速到 45~70 度之间属于快速上涨阶段。加速到 70 度以上，则属于最后的疯狂飙升阶段，股价很快面临回调。这时明智的做法就是回避风险，以场外观望为上策。该股的上涨角度已经大于 70 度，说明市场面临回调风险。

（2）从上涨幅度方面把握。一般而言，累计上涨幅度超过 100% 的个股要谨慎操作，超过 200% 的要拒绝参与，耐心地做旁观者。该股累计涨幅已经超过 500%，市场风险不可忽视。

（3）从市场热度方面把握。当市场一片沸腾，大家一致看好的时候，反映市场投机过热。这时投资者容易失去理智，市场很快就会形成顶部，因此需要投资者冷静思考，避免仓促入市。

（4）在高位出现不祥信号时，不要花精力分析信号的真假，快速退出观望是首选。

十一、上穿三线的大阳线

1. 形态效力判断

向上穿越三线指一根大阳线成功穿过短期（5 日）、中期（10 日）和长期（30 日）均线，是强烈的单日反转或持续上涨信号。股价开盘后几乎没有回抽动作，呈单边上涨走势，最终收于最高价或次高价，上下影线很短或没有上下影线，光头光脚的大阳线给人巨大的想象空间。

多空双方经过一段时间的争夺，势均力敌，市场归于平稳，双方在相对平衡的格局里运行。但平静的深处往往酝酿着一轮更大的行情，时机一旦成熟，巨大的力量就会喷薄而出，市场轰动效应明显，因此大阳线向上穿越三线具有强烈的看涨意义。这是股价从三条均线之下到三条均线之上的转折点，也是均线系统由空头排列转为多头排列的关键反转日。

实盘操作中，可以从下面五个方面判断形态效力。

（1）大阳线向上穿越三线时，吞没前面的日 K 线数量越多，其反转的市场意义越大。次日股价持续向纵深发展，技术含义更强。

（2）顺大市而行的穿越三线形态，可以顺势操作；逆大市而行的穿越三线形态，形态可靠性不强，投资者尽量不参与为好。

（3）成交量保持活跃状态。穿越三线形态向上突破时，通常伴有较大的成交量，放大的成交量让人感到势不可当。如果是一两天的脉冲式放量或出现顶天立地的单日放量，信号可靠性不强，虚假的可能性极大。

（4）股价成功突破一个重要的技术位置，如压力位和支撑位、趋势线、前期成交密集区、整数点位等，可以积极参与多空博弈。

（5）穿越三线形态应以实体 K 线作为分析依据，后市上涨力度与大阳线的长度成正比。如果仅仅是上影线部分穿过三条均线，收盘时没有站稳，则没有实质性技术意义。

2. 实盘技巧分析

在实盘操作中，股价深幅下跌后，在底部出现较长时间的盘整走势，成交量持续低迷，交投清淡，短期、中期、长期均线逐渐接近，几乎呈黏合状态。某日，股价突然放量向上突破，大阳线成功向上穿越三条均线的压制，表明股价脱离盘整区域，后市股价迎来上涨行情。

图 3–26 是永和智控（002795）的日 K 线图。该股股价在大幅调整后企稳盘整，庄家在底部吸纳了大量的低价筹码。2018 年 4 月 27 日，一根涨停大阳线向上穿过 5 日、10 日、30 日均线，形成看涨的一箭穿三线形态，从而开启一波拉升行情。

该股大阳线向上穿越三线是一个明显的见底信号。在实盘操作中，判断这类个股时，重点关注五个方面的盘面特征。

（1）在出现穿越三线之前，股价必须经过充分的下跌调整，累计跌幅最好超过 50%，说明股价下跌空间已经很小。

（2）在出现穿越三线之前的一段时间里，成交量持续萎缩，显示浮动筹码抛压较小，做空能量不足。

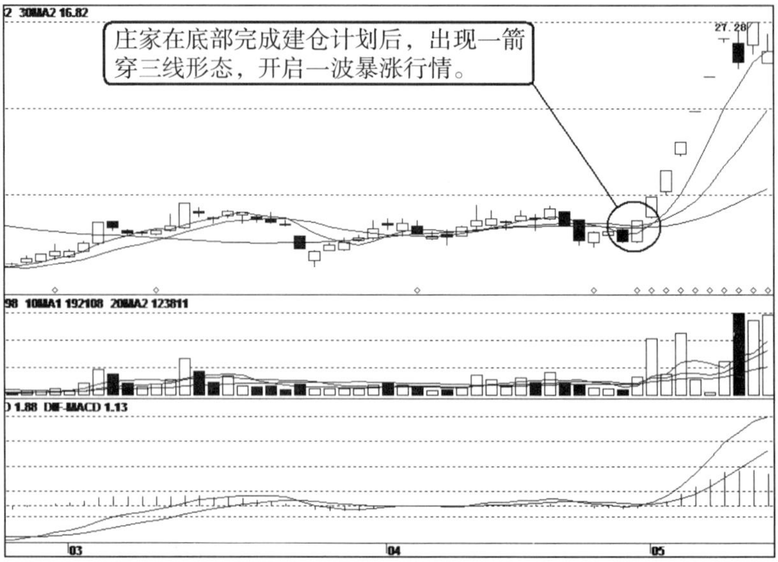

图 3-26

（3）在出现穿越三线的当日，成交量应配合放大，表明场外资金积极涌入。

（4）在出现穿越三线形态时，5 日和 10 日均线出现金叉或已经金叉，30 日均线由下降状态转为平走或上行状态。

（5）在穿越三线之后，股价应该保持强势运行。如果股价出现回抽确认走势，股价不能收盘于大阳线的开盘价之下。

该股股价向上穿越三线时，盘面完全符合上述技术特征。投资者遇到这种情形时，应积极逢低做多。

图 3-27 是楚天科技（300358）的日 K 线图。该股股价经过充分的调整，下跌速度渐渐放缓，盘面出现筑底走势，三条均线缠绕在一起。2018 年 7 月 23 日，股价在均线系统之下开盘，多方快速将股价拉起，当日收出一根放量涨停大阳线，一举突破 5 日、10 日、30 日三条均线，均线系统向上发散，随后股价快速上涨，短期涨幅超过 150%。

该股经过大幅下跌，在底部形成长时间的筑底走势，多空双方力量均衡，说明股价已经没有下跌空间。这期间庄家吸纳了大量的低价筹码，市场在平衡的格局中酝酿一轮大级别的行情。一旦时机成熟，这股力量就会势如破竹，因此具有强烈的看涨意义。

如图 3-27 所示，股价前期调整充分，成交量极度低迷，说明下跌动能不足。股价向上穿越三线时，成交量相应放大，意味着买盘介入。均线系统随之向上发散，看涨信号进一步明确。

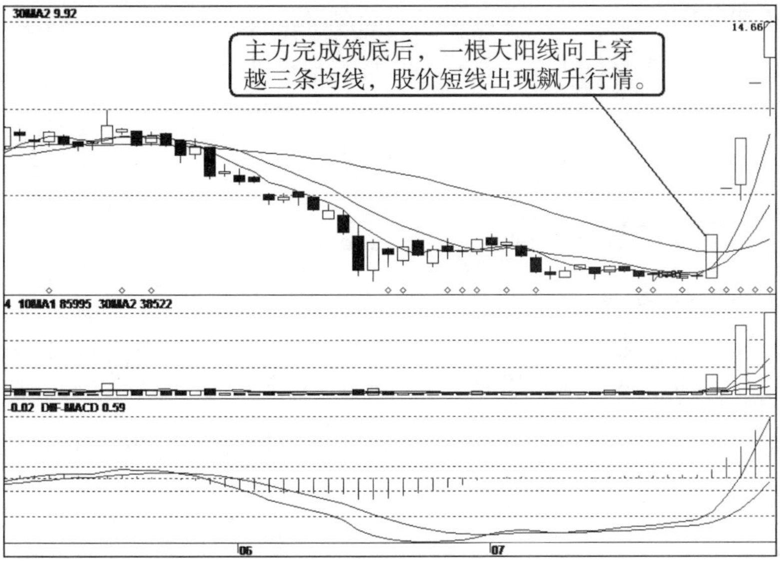

图 3–27

在实盘操作中，一段小幅度的上涨行情后，庄家开始洗盘换手，市场进入强势调整阶段，短期或中期均线向长期均线靠拢，长期均线从上行走势转为平行走势。某日，突然股价再次放量向上突破整理格局，表明洗盘换手结束，市场启动新一轮涨势或主升段行情。当市场出现上述盘面现象时，均构成穿越三线形态，为短线比较好的买入点。

图 3–28 是风华高科（000636）的日 K 线图。该股股价经过一段时间的盘升，盘中堆积了一定数量的获利筹码，这些获利筹码对后市股价上涨构成威胁，于是庄家展开洗盘整理，股价形成横向震荡走势。经过一段时间的震荡整理，2018 年 6 月 22 日，股价在均线之下放量向上拉起，当日收出一根接近涨停的大阳线，股价成功突破了短期、中期、长期三条均线。这根大阳线标志着洗盘整理结束，股价将出现新的一轮上涨行情。

从该股盘面分析，在股价回调洗盘过程中，成交量明显萎缩，说明盘中抛压不大，当股价回落到 30 日均线附近时，虽然屡次击穿 30 日均线的支撑，但下跌幅度均不大，未能形成有效突破（不具备突破“三三法则”）。该股从底部回升后上涨幅度不大，因此可以确定前面的下跌是正常的技术性回调走势，后面的这根穿越三线的大阳线是洗盘结束后的突破信号，因此后市继续看涨。

有时股价长时间处于牛皮势道，上升缓慢，短期、中期、长期均线比较接近。经过短暂的回调整理，股价放量向上穿越三条均线，表明股价即将加速上涨。

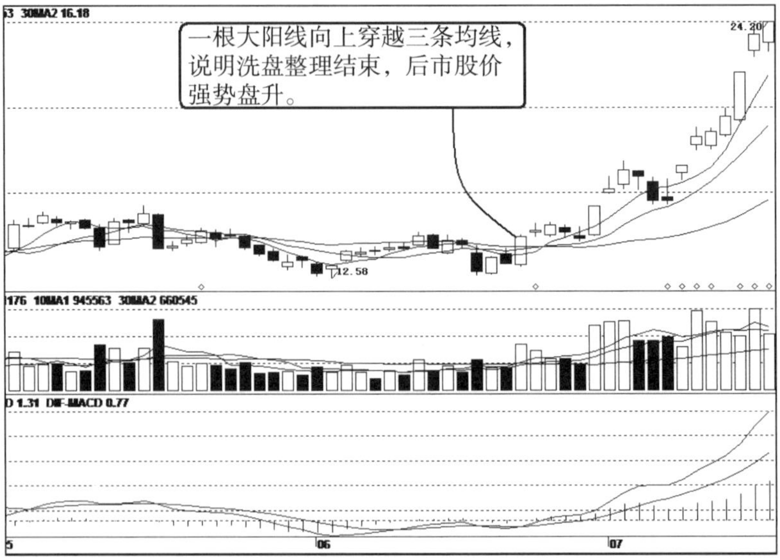

图 3-28

图 2-29 是永和智控（002795）的日 K 线图。该股股价企稳后缓缓上行，上涨速度并不快，30 日均线由下行转为上行。小幅冲高回落洗盘后，2018 年 4 月 27 日，一根放量的涨停大阳线成功穿过 5 日、10 日、30 日均线，表明洗盘整理结束，此后股价出现一轮主升浪行情。

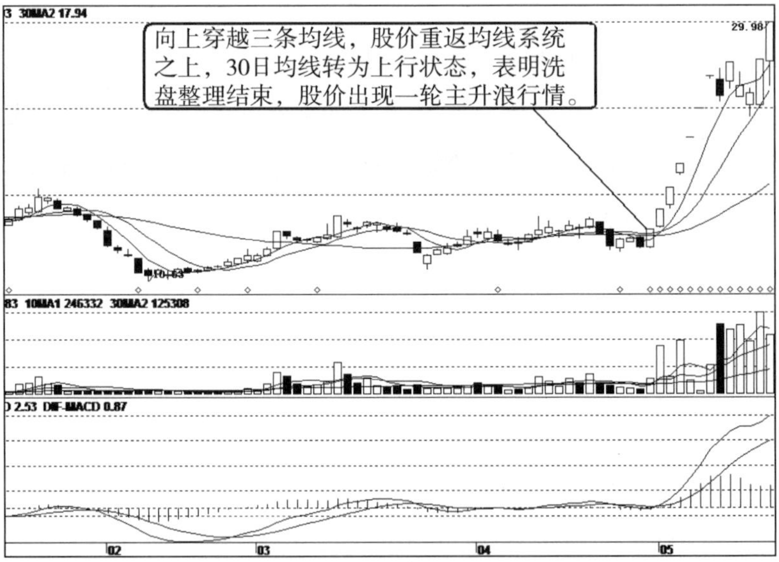

图 3-29

该股前期走势稳健，盘面量价配合默契，表明庄家志在高远，洗盘老练，同时也反映庄家已经高度控盘。观察盘面细节，股价走势符合洗盘整理特征，总体回调跌幅不大，股价下探到 30 日均线附近时获得技术支撑而回升，这不是出货手法。大阳线突破三条均线的次日，股价放量强势涨停，并创出此轮行情的新高。也就是说，在本轮上涨行情中，所有散户都是获利的。如果庄家目光短浅，肯定会在前面的小高点套牢部分散户，然后股价走跌。庄家既然让全部散户获利，那么好戏肯定在后面。

3. 操作技术要点

在实盘操作中，投资者遇到大阳线向上穿越三线形态时，除掌握相关技术要点外，还应参考下面五个市场因素。

（1）看穿越三线形态出现的位置高低。股价累积涨幅较大，尤其是涨幅超过100% 的股票，如果在高位出现向上的穿越三线形态，应谨慎提防庄家拉高出货。

（2）关注成交量变化。成交量方面要符合温和持续放大的特点。如果成交量突然出现特别巨大或短暂的放量，后市发展值得怀疑。

（3）关注次日的走势。向上穿越三线形态之后，按技术要求次日应持续上涨。如果次日出现向上跳空缺口，表明上涨力度大。如果次日出现技术性回调，其回调幅度没有超过上涨阳线实体的 1/3，则依然属于强势。如果次日收出大阴线，吞没了大阳线的 1/2 以上，则穿越三线形态的技术含义值得怀疑。

（4）分析均线系统趋势。在均线系统呈下降趋势时，形成向上穿越三线形态，要小心多方防御抵抗性反弹，谨防多头陷阱。在均线系统呈横向趋势时，形成的向上穿越三线形态可靠性一般，要结合其他技术方法综合分析。在均线系统呈上升趋势时，形成的向上穿越三线形态可靠性较高，后市可以看高一线。

（5）经过充分盘整后出现穿越三线形态，往往能产生强大的爆发力，突破长期形成的阻力位，股价迅速摆脱长期形成的盘整区域，后市继续看涨。经过充分炒作，在高位盘头区域或平台整理区域出现向上穿越三线形态时，应谨慎看多。相反，在低位经过充分筑底后出现向上穿越三线形态时，应积极做多。

十二、跳空高开的大阳线

股价向上跳空高开高走形成的大阳线具有强烈的看涨意义。跳空高开形成的缺口，是 K 线图中的一种特殊形态。向上跳空缺口大多出现在市场底部或持续涨势中，意味着股价见底反转或加速上涨，因此是一个可靠的买入信号。

向上跳空缺口是指当日开盘价与前一日收盘价之间产生一段没有成交的空间。K 线图中经常出现各种各样的缺口，具有实际应用价值的缺口一般有普通性缺口、突破性缺口、持续性缺口和竭尽性缺口，后三种缺口统称为功能性缺口。

1. 普通性缺口大阳线

普通性缺口产生于交易极为清淡的情况下，或者在波动幅度不大的盘整行情中，对预测行情发展趋势没有太大的意义。普通性缺口不像功能性缺口那么重要，很快会被完全回补，而且所用的时间并不长。普通性缺口必补，因此没有强大的支撑和压力作用。

有些技术分析者认为，普通性的向上或向下缺口会在短时间内回补，如在三日内不回补，三周内也会回补。还有人认为，三日内不回补的缺口才有实际意义。在实盘操作中，根据已有的历史数据可以发现，有些缺口会在三日内回补，但很多缺口被封闭的时间并不在三日内，而是数日甚至更长时间。也不是三日内没封闭的缺口就一定是有效的跳空缺口，因此在使用缺口判市时最好拓宽思路。

图 3–30 是中船科技（600072）的日 K 线图。该股股价反弹结束后回落，形成盘整走势。不久，股价跌破前期低点支撑，形成加速下跌之势。这时庄家设置了一个多头陷阱，股价跳空高开高走，当日收出一根大阳线，留下一个没有回补的向上跳空缺口。这时有的散户就被骗了，认为会出现一波有力度的反弹行情，因而匆忙介入。可是次日股价低开后冲高回落，此后逐步走低，买入者被套其中。

该股跌破前期低点后，均线系统已呈空头排列，对股价起助跌和压制作用。虽然在 K 线图中出现一根跳空高开的大阳线，但股价仍然受制于均线的压制，没

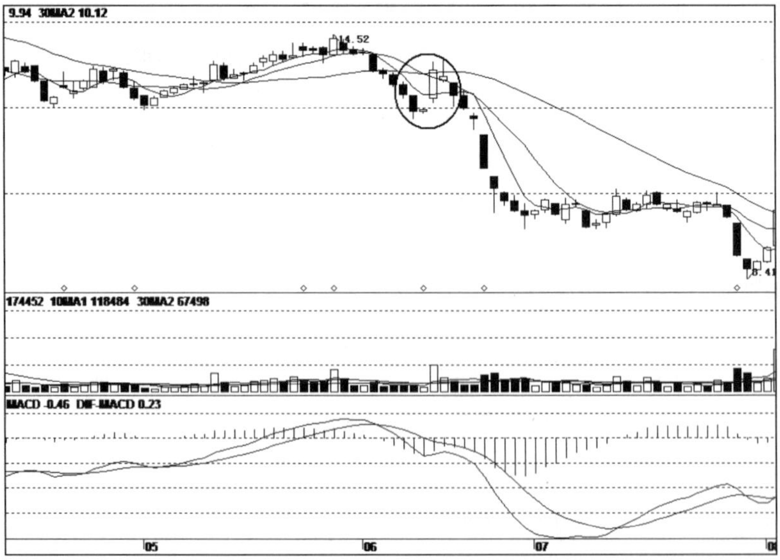

图 3–30

有形成技术性突破，只是一个普通性缺口，无法改变股价整体下跌趋势。该缺口是对股价击穿前期低点后的回抽确认，也是庄家设下的多头陷阱，这时投资者应抓住最后的出逃机会。

在股价下跌过程中也经常出现跳空高开的大阳线。股价虽然整体处于下降趋势，但一般不会直线下跌，其间可能出现一次或多次回抽或反弹，这就有可能产生跳空缺口。但是只要股价不是已经大幅下跌，这些跳空缺口基本不会改变原有的下跌趋势，缺口也不会存在太久，股价最终会回到下跌通道，因此向上跳空缺口是一个难得的离场机会。

功能性缺口与普通性缺口有哪些区别呢？

（1）功能性缺口形成后，股价会很快脱离缺口区域，出现持续性走势；普通性缺口形成后，股价很难摆脱缺口的牵制，因此会出现震荡或徘徊走势。

（2）功能性缺口通常有大成交量的积极配合，量价配合得当；普通性缺口很难得到成交量的支持，即便有放量也属于庄家刻意所为。

（3）功能性缺口多数出现在股价成功脱离底部区域或头部区域的位置；普通性缺口在震荡整理过程中出现，很难脱离震荡整理走势。

（4）功能性缺口形成后，不会在短期内回补，即使有回抽，也会在缺口位置附近遇到支撑和压力；普通性缺口出现后，会在短期内回补，通常对股价没有太大的支撑和压力作用。

（5）功能性缺口出现以前，大多有一定的市场迹象提供基础，合乎规律；普通性缺口出现以前，市场毫无先兆，来得似乎有些勉强。

（6）功能性缺口是经过充分准备之后产生的一种市场必然趋势，如平台整理、形态整理、趋势整理、成交密集区域等技术性突破；一般普通性缺口很少经过充分整理，是随意性的市场波动，可能受到外界因素的影响，如周边市场的暴涨暴跌、街头传闻、无关大局的消息等。

（7）功能性缺口形成后，原先市场中自然形成的支撑或压力对股价不会造成太大的影响，股价会成功穿越这些区域；在普通性缺口中，原先市场中自然产生的支撑和压力，对股价造成很大的影响，股价到达这些位置附近会遇到一定的支撑和压力。

2. 突破性缺口大阳线

突破性缺口通常出现在大底部向上突破和大顶部向下突破时，股价已经过充分的震荡整理，出现这类缺口预示着股价将走出大的反转行情。伴随着大成交量的突破性缺口通常不会在短期内被回补，因为带量的跳空缺口的强度较一般带量突破表现出更强烈的信息，因此不太可能出现缺口被回补而演变为技术性弱势格局的情况。

向上突破性缺口应出现在长时间大幅下跌之后，并在扎实的底部做基础。突破时还有大成交量的支持，在政策面上常伴随着重大的利好消息发布。在实盘操作中，一个有效的向上突破性缺口会引发一波有力的上升行情，介入后可以获得丰厚的短期利润。

图 3–31 是达实智能（002421）的日 K 线图。该股股价见底后出现一波反弹行情，然后再次回落到前期低点附近形成盘整走势。不久，股价跳空高开于均线系统之上，当日股价放量稳步走高，最后收出一根涨停大阳线，成功突破整理中的小双重底形态。随后股价稳步爬高，再次突破前期反弹高点，构成一个大的双重底形态。此后股价不断创出新高，股价涨幅超过 200%（复权价）。

图 3–31

该股跳空高开后形成的大阳线具有重要的技术意义：

（1）股价已经过长时间的大幅下跌调整，市场本身有强烈的反弹要求；

（2）构筑了扎实的底部技术形态，大双重底形态的右底又是一个小的双重底形态，大阳线突破小双重底后，又向大双重底发起攻击，说明上攻意愿强烈；

（3）股价上涨得到成交量的支持，显示有场外资金入场；

（4）大阳线同时突破均线系统，看多意义进一步加强；

（5）短期没有回补跳空缺口，股价在缺口上方运行且重心不断上移。

因此，后市股价上涨已无悬念，投资者遇到这类个股时应积极做多。

图 3–32 是亚太股份（002284）的日 K 线图，这是一个在上涨过程中出现跳空高开大阳线的例子。股价大幅调整后见底回升，上涨一定幅度后震荡整理，以充分消化上涨压力。经过一段时间的整理，股价跳空高开高走，形成一根光头光脚的大阳线，留下一个没有回补的向上跳空缺口，随后股价出现一波上涨行情。

如图 3–32 所示，股价经过长期的下跌调整，已经处于市场底部区域，下跌空间被封闭，股价基本跌无可跌。在前期整理过程中，成交量持续低迷，呈地量水平，说明空方能量得到充分释放。大阳线向上突破时成交量明显放大，显示有场外资金踊跃介入。而且，短期没有回补跳空缺口，股价在缺口上方运行且重心不断上移，并且均线系统呈多头排列，30 日均线缓缓上行，它们均对股价具有助涨作用。

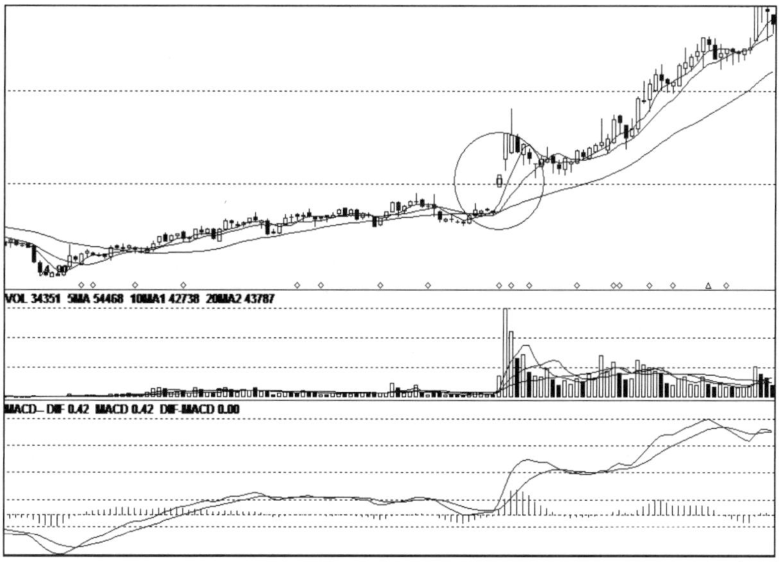

图 3–32

3. 持续性缺口大阳线

持续性缺口大多出现在一轮大幅上涨行情或大幅下跌行情的过程中，它的出现预示着股价将延续大幅上涨或大幅下跌的走势。根据缺口出现的位置，可以大致预测未来股价可能上涨或下跌的幅度，所以又称度量缺口。

借助持续性缺口，投资者能够预测未来股价可能达到的水平，其量度方法是从突破点开始到持续性缺口起点的垂直距离，这就是未来股价将上涨或下跌的幅度，也就是说缺口代表着趋势只行进了一半的距离。

在一段上升或下跌行情中，持续性缺口可能出现两三个，表明市场激情可能使行情延伸更长。关于趋势中点的衡量，可以将第一个及第二个缺口的中间位置当作趋势行情的中点。当然，这种预测方法并不容易把握，标准形态很少，准确性也不高。投资者能掌握的就是持续性缺口意味着后市还会持续上涨或下跌，至于何时结束，还要结合其他信号进行分析。

在实盘操作中，一个有效的持续性上涨缺口会引发一轮暴涨行情，短期内股价可能飙升。同样，一个有效的持续性下跌缺口也会产生一轮暴跌行情，短期市场风险巨大。

图 3–33 是 *ST 集成（002190）的日 K 线图。该股股价经过长期的慢牛走势，庄家开始洗盘，进入调整走势，股价打压到一个相对低点后企稳盘整。不久股价放量涨停，向上突破。随后股价连拉 5 个涨停板，从而产生突破性缺口和持续性缺口。

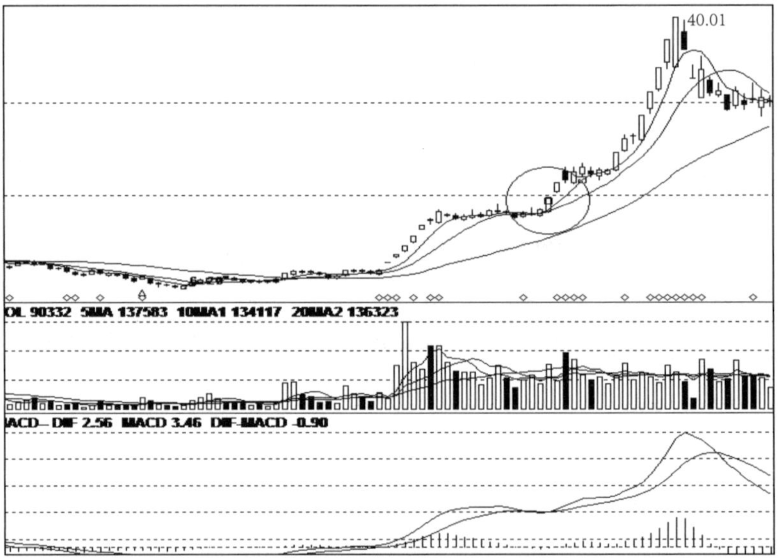

图 3–33

之后，股价在高位进行短暂的平台整理。整理结束后股价再次放量上涨，当天以涨停板收盘。次日，股价高开高走并继续收于涨停价位，再次出现向上跳空缺口。这时有的投资者认为这是一个竭尽性缺口，因而选择离场操作，获利了结。可是，股价依然我行我素地上涨，从这个缺口的每股 17.98 元一口气上涨到每股 40.01 元，形成向上跳空竭尽性缺口陷阱。

该股的这个整理平台是股价突破前期高点后进行的洗盘调整走势，一方面是清洗浮动筹码，另一方面是对突破的确认。在这个过程中，股价下跌幅度不大，说明庄家不敢打低股价，担心打压股价导致低价筹码丢失，因此维持在相对高位震荡，让短线投资者尽快离场，这样可以缩短调整时间。

从庄家坐庄意图分析，股价经过前期的快速上涨，在高位形成了平台整理走势，此时低位介入的投资者几乎大都选择了获利了结，这完全符合大众投资者的操作思路。那么此时庄家能不能顺利出局呢？肯定出不了。庄家唯一的选择是上涨，不能下跌，至于能走多高，取决于庄家的意志。投资者要结合其他方法进行研判，才能找出庄家操盘的破绽。这时跳空高开大阳线所形成的跳空缺口是一个持续性缺口，后市股价上涨可期。

4. 竭尽性缺口大阳线

竭尽性缺口又称消耗性缺口，一般出现在长期上涨或下跌行情的末端，预示多头或空头已如强弩之末，市场将由盛转衰。股价在上涨过程中经历连续上涨和最后的冲刺，能量消耗极大，做多力量使出最后一把劲儿，全力向上一跳，但已无后力。古语讲“一鼓作气，再而衰，三而竭”，揭示的就是这个道理。股价在短期内将反转下跌。

在实盘操作中，应高度警惕出现在高位的跳空高开大阳线。股价处于大幅上涨后的顶部区域，投资热情未退，这时很容易出现向上跳空缺口。或者，在大幅上涨后的高位，股价受惯性作用影响，出现向上跳空缺口。这些跳空高开大阳线大多为庄家行为所致，一旦股价向下回补缺口，就会引发抛盘，进而形成顶部。可见，在高位或顶部出现的跳空高开大阳线多为多头陷阱，投资者不要被其迷惑。

图 3–34 是联创互联（300343）的日 K 线图，图上是一个受短期股价暴涨惯性作用影响产生的跳空高开大阳线。该股在 4 个多月的横向盘整过程中，庄家吸纳了大量的低价筹码。股价从每股 26.34 元开始上涨，连拉 19 根阳线，短期涨幅非常大。图中股价突然在高位大幅跳空高开高走，当日收出一根大阳线，股价创出每股 72.75 元的新高，短期涨幅接近 200%，在高位留下一个当日没有回补的向上跳空缺口。

如何解读这根跳空高开大阳线的性质呢？

（1）从价位分析，股价经过短期暴涨，已处于高价区域，多方能量消耗过大，短期持续上涨的可能性小。即使后市有丰富的炒作题材，也需要一个休整过程，因此短线面临回调风险。

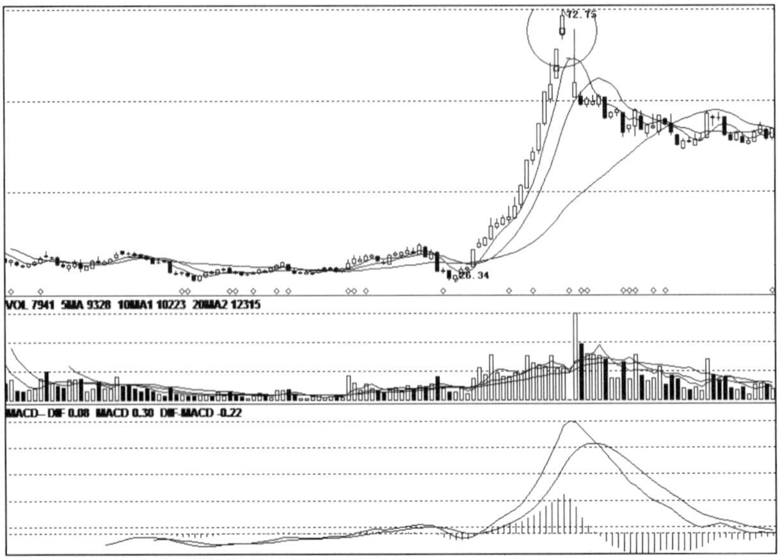

图 3-34

（2）从力度分析，股价上涨气势渐显不足，恐高心理蔓延。一般而言，如此强势的市场中，股价跳空高开，当日应收于涨停价位。遗憾的是当日未能收于涨停价位，说明多方已用尽最后的力量拉高股价。

（3）从坐庄意图分析，股价一路向上，只是在低位出现过一个小缺口，中途上涨过程中并没有缺口出现，而偏偏在大幅上涨后的高位留下一个跳空缺口，庄家意图明显，目的是让散户进场。精明的投资者应当在当日逢高退出。

（4）股价从每股 26.74 元开始，一口气涨到每股 66.50 元，出现第二个跳空缺口时，涨幅已达到 150%。如果是持续性缺口，其中位价格应是每股 67.25 元。根据持续性缺口的“度量”功能，股价将涨到每股 107.76 元，累计涨幅将达到 300%。但在当时的大市环境中，这个幅度几乎不可能达到，因此应在缺口上方择机离场。

（5）从后续走势观察，次日股价出其不意地在跌停价位开盘，之后封盘不动，第三天大幅低开后冲高回落，足见阶段性顶部已经形成。此时没有及时出局的投资者在股价冲高时应及时清仓。

在实盘操作中遇到这种情形，投资者可以不考虑是什么性质的缺口，也不要更多地计较后市的上涨。记住一点：在暴涨中没有产生跳空高开大阳线的，一旦出现缺口，便是阶段性头部的征兆。对此，投资者可以在实盘中找到更多的例子进行验证。

5. 缺口技术分析要点

在实盘操作中，跳空高开的大阳线在运用缺口理论分析研判时，投资者应注意以下市场因素。

（1）看股价位置高低。在上涨趋势中，当股价出现第三个以上的向上跳空缺口时，若股价已被大幅炒作，上涨超过 100%，后市上涨面临的风险较大。若股价总体涨幅不大，可以暂时不理会跳空缺口，安心持股不动，等待主升浪行情。

（2）观察突破后的市场运行趋势。出现向上跳空缺口后，股价能够迅速脱离缺口区域，盘面气势磅礴，走势流畅，市场发展会持续一段时间，此时可以持股待涨，否则应谨慎。

（3）观察 MACD、DMI、MA 等中长期技术指标的发展趋势。若技术指标运行正常，可以继续持股。当指标有转势迹象时，应立即采取买卖措施。同时观察 RSI、KDJ、W%R 等中短期技术指标是否出现背离现象，通常在一轮持续较长的趋势行情中后期，往往出现背离信号，这时可以根据背离原则操作。

（4）结合波浪理论分析。一般而言，出现在上升 5 浪以后的竭尽性缺口的可靠性较强，1 浪、3 浪中的跳空缺口的可靠性较弱。

（5）如果个股行情出现过主升浪行情，面对其后形成的向上跳空缺口应当谨慎，小心形成竭尽性缺口。

（6）短期出现暴涨的个股，不能按常规的缺口理论操作。在庄家盛行的市场中，涨跌往往脱离市场本来的规律，股价出现四五个甚至更多的向上跳空缺口也屡见不鲜，应区别对待这类个股，以防踏空。

（7）在一轮持续的趋势行情中，市场可能出现多个跳空缺口，通常是突破性缺口和持续性缺口。这样连续多次的冲刺，会给多方能量造成大量损耗。如果此时市场再次出现同向的缺口，预示将形成最后一次冲击，趋势行情渐渐收尾，市场迎来较好的卖出时机。也就是说，在上升过程中，出现跳空的次数越多，趋势越接近尾声，这时投资者应谨慎对待。

（8）在快速上涨行情中，必须分辨竭尽性缺口或是持续性缺口。快速走势的第一个缺口一定是持续性缺口，因此最简单的方法是以持续性缺口的发生位置为走势的中点，计算整个趋势的长度，以判断该缺口是不是竭尽性缺口。另一个判断方法则是成交量。如果当日爆出不寻常的巨量（比较先前的价格走势），并且缺口更大，则很可能是一个竭尽性缺口。就缺口是否被填补的角度来观察，竭尽性缺口通常很快会被填补。这个填补的含义即为趋势中断之意。至于后续的发展，可能是整理形态，也可能是反转形态。

（9）观察缺口的支撑力度。真正的向上跳空缺口具有很强的支撑作用，股价短期不会回补。虚假的缺口其支撑力度不明显，短期将很快被回补。

（10）有市场轨迹可循的跳空缺口的可靠性强，无缘无故出现的跳空缺口则可靠性弱。

（11）向上的跳空缺口必须有放大的成交量支持，无量形成的向上跳空缺口属于虚张声势，但向下的跳空缺口无须考虑成交量的大小。

（12）一般而言，跳空缺口的大小与后市上涨力度成正比。在一个明显的趋势行情中形成的突破缺口，短期攻击力强，往往出现强者恒强的局面，涨得出乎意料。在调整行情中，调整时间越长，后市突破的力度越大，形态的可靠性越强。

（13）ST 类个股不宜用缺口理论研判，应采用其他分析方法。

十三、突破后的回抽大阳线

1. 实盘技巧分析

股价向下突破某一重要技术位置后，往往会出现向上的回抽动作。回抽是确认股价向下突破有效的一种盘面波动形态，也是一种反趋势的短暂现象。回抽结束后，股价将重归下跌之路，因此在回抽过程中出现的大阳线没有持续性，投资者不要上当。

庄家为了欺骗散户，在股价向下破位之后故意拉出一根大阳线，形成股价企稳回升迹象，从而形成大阳线虚假做多信号。

图 3–35 是科蓝软件（300663）的日 K 线图。该股股价在高位经过一段时间的横盘，2018 年 5 月 25 日终于选择向下突破，一根大阴线向下击穿 30 日均线的支撑，随后连续几日下跌。30 日均线由上行转为下行，股价成功脱离头部区域。

6 月 8 日和 14 日分别收出涨停大阳线，对股价突破 30 日均线进行回抽确认。大阳线出现后的几个交易日，股价回落幅度较大，很快吞没了前一日的大阳线，表明股价向下突破 30 日均线有效，后市仍有下跌空间。如果投资者将这两根大阳线误读为价格企稳信号而加入多头行列，那么正好落入庄家设置的多头陷阱。

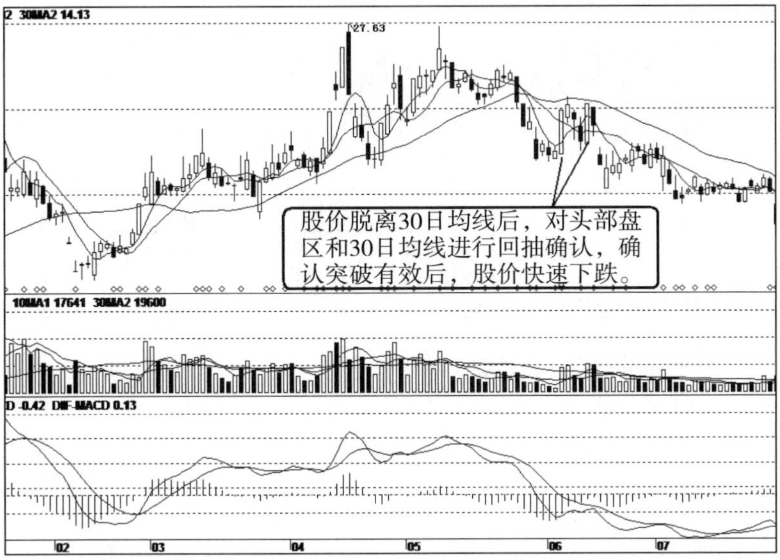

图 3–35

如何解读这根大阳线呢？投资者应如何操作？

（1）股价向下突破 30 日均线后，均线系统呈空头排列，30 日均线由原来的支撑作用变为压力作用。大阳线受制于 30 日均线和高位盘区的压力，很难重新回到该区域之上。

（2）股价回升时遇到上方盘区的阻力，该区域同样由原来的支撑作用变为压力作用，因此这两根大阳线难有作为。

（3）第一根大阳线出现后，次日收出十字线，随后两个交易日下跌收阴，吞没了大阳线 2/3 的涨幅，回抽确认成功。第二根大阳线形成后，股价并没有强势上涨，而是快速下跌，空头气势进一步加强。

在实盘操作中，股价向下突破一些非常敏感的技术位置后，大多会出现一次回抽确认动作。遇到这类个股，投资者千万不要被大阳线所骗，应先以回抽动作对待，待股价真正转势后介入也不晚。

图 3–36 是兆易创新（603986）的日 K 线图。该股股价在高位震荡过程中形成一个三重顶形态。2018 年 4 月 27 日，股价向下突破三重顶形态的颈线位，一个标准的三重顶形态即告完成。股价突破后出现弱势走势，然后对形态突破是否有效进行回抽确认。5 月 21 日收出一根反弹大阳线，收盘价正好处于三重顶形态的颈线附近，次日股价没有持续上攻，说明回抽确认突破有效，此后股价再现调整走势。

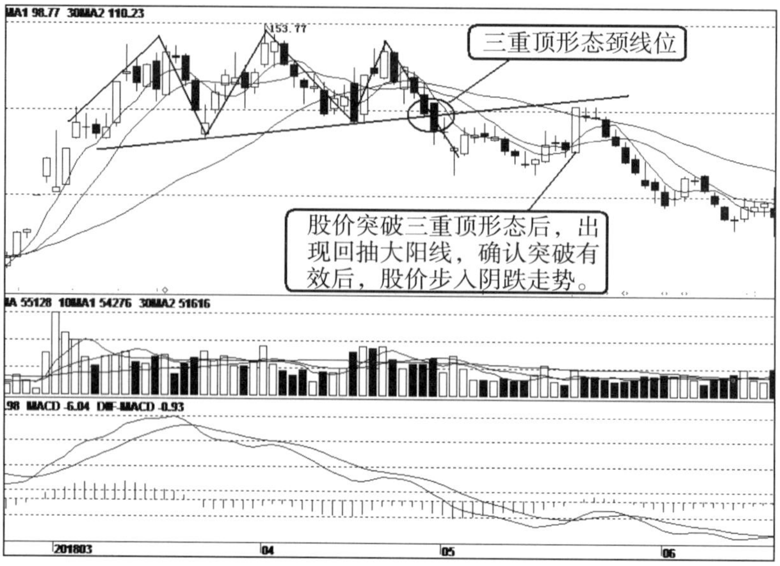

图 3-36

在实盘操作中，投资者一定要认清回抽确认中的大阳线。这种大阳线一般有以下三个盘面特征。

（1）在大阳线出现之前，股价有一个下跌过程，明显突破某个非常敏感的技术位置。

（2）在大阳线出现当日或随后几个交易日，成交量一般都不会很大，因为此时人气比较涣散，做多力量难以聚集。

（3）盘面弱势特征明显，股价上行压力重重，距离前期成交密集区域近，原来的支撑转化为新的压力，股价到达该区域附近时立即折返回落。

2. 操作技术要点

庄家在坐庄过程中经常运用回抽手法，如在高位出货、突破盘局、回落洗盘、企稳反弹、行情反转等阶段。实盘操作中，底部区域或顶部区域的回抽确认容易辨认（均应以回抽对待），回抽确认的难点在于中部区域，因为此阶段投资者在研判时容易出错。上涨过程中可以回抽，下跌过程中也可以回抽。误将回抽当洗盘结束，或误将回抽当反弹结束，或误将回抽当下跌，或误将回抽当上涨，都是容易犯的错误，正确认识和把握回抽的分析要领，对判断行情真假至关重要。

突破后的回抽确认走势一般有以下五个技术要点。

（1）回抽的持续时间短暂，比一般性反弹行情短得多，一般在一两个交易日内就会结束。如果时间过长，可能就不是回抽，而是股价真正企稳或回升。

（2）在向下突破后的回抽中，一般成交量保持在中等水平。庄家要出货，只要有接盘存在，庄家就会悉数发货，回抽结束后成交量也会再度放大，有时会缩量下跌。

（3）一般来说，回抽的幅度通常是下跌幅度的 1/3~1/2，然后又恢复下跌走势。如果股价回升到起跌点，甚至高于起跌点，可能不是回抽，而是转势行情。

（4）无论是向上还是向下回抽，一般以 30 日移动平均线作为重要参考位置。如果 30 日均线被有效突破，表明这不是回抽，而是孕育新的行情；如果 30 日均线走平或拐头，表明行情已经转势，股价突破有效，应尽快采取行动。

（5）回抽结束后，股价会迅速脱离回抽区域，无论向上还是向下，其气势均较为凶猛，势如破竹，在日 K 线图上大多出现一阳包二阴或一阴包二阳的 K 线组合形态，在分时图上呈单边上涨或下跌之势。

十四、阻力位之下的大阳线

1. 实盘技巧分析

当股价上涨或反弹到某一重要的技术位置附近时，庄家可能故意拉出一根大阳线，形成迫不及待的突破之势。等散户追高跟进后，股价却回落调整，散户被套其中，因此遇到出现在阻力位之下的大阳线，投资者应当谨慎操作。

图 3–37 是冀凯股份（002691）的日 K 线图。该股股价反弹结束后形成横向震荡整理走势，2017 年 11 月 7 日拉出一根放量涨停大阳线。此时股价距离前高压力仅一步之遥，可以说主力不费吹灰之力，次日即可突破前高压力，刷出反弹新高几乎没有太大的悬念。看到这种情况，有的散户提前买入，谁知这是一个多头陷阱，此后股价重心渐渐下移。

如图 3–37 所示，股价上涨遇到很大的压力，一方面来自盘区本身的制约，另一方面遇到前高的阻力。从形态上看呈现箱体结构，并没有构成有效突破。有效突破的条件一般有三个：一是突破幅度大于 3%，二是股价在突破位置之上至少站稳 3 天，三是有成交量的积极配合。该股显然没有满足这些条件，因此在突破之前出现的大阳线不能作为买入信号，否则容易造成操作失误。

在市场中能够成为阻力位的位置很多，比如移动平均线、趋势线（通道）、技术整理形态、成交密集区域以及黄金分割线、整数点位和时间之窗，在这些敏感位置之前出现大阳线，不应盲目看多，更不应贸然介入，要待有效突破后再行决策。

图 3–37

图 3–38 是方正科技（600601）的日 K 线图。该股股价在下跌调整过程中构筑了一个双重底雏形，股价接近双重底形态的颈线位时，放量拉出一根大阳线。从当日的大阳线看，股价突破颈线似乎没有悬念，因此有的投资者提前买入。谁知这是庄家设置的一个多头陷阱，随后股价下跌，持股者被套牢。

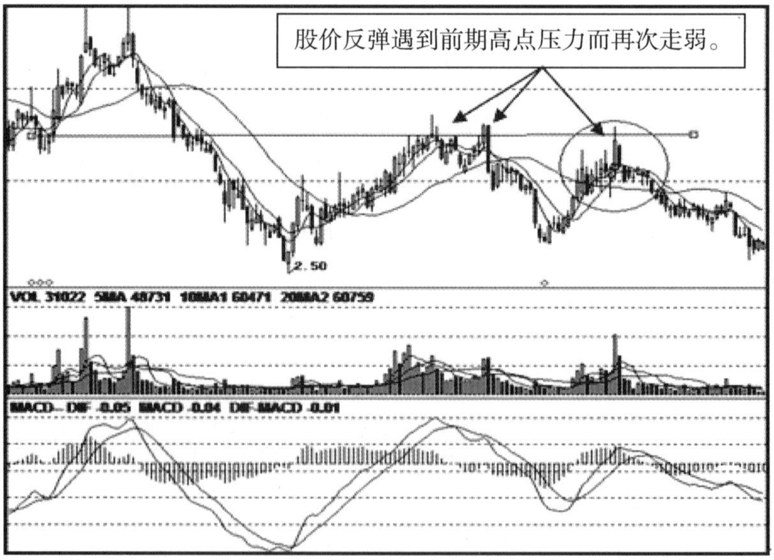

图 3–38

如图 3–38 所示，股价上涨遇到很大的压力，一方面来自双重底形态颈线附近本身的阻力，另一方面遇到前期回调低点的阻力。在形态上只是一个疑似双重底结构，并没有构成有效突破。有效突破的条件一般有三个：一是突破幅度大于3%，二是股价在突破位置之上至少站稳3天，三是有成交量的积极配合。该股显然没有满足这些条件，因此在突破之前出现的大阳线不能作为买入信号，否则容易造成操作失误。

2. 操作技术要点

在实盘操作中，当股价上涨遇到重要阻力，庄家常常用大阳线试探该位置的压力大小，然后再调整坐庄方式。如果上方压力不大，股价可能直接上涨。但庄家很狡猾，有时在盘面上佯装压力重重，散户看到这种盘面以为股价难以突破该阻力区而纷纷抛空筹码。不久，庄家拉动股价快速上涨，使散户踏空。如果上方压力较大，庄家一般不会贸然挺进，而是尽力消化上方压力后，伺机再次挑战。因此，在阻力位之前出现的大阳线存在许多变数，不要认为出现大阳线就会向上突破，贸然介入可能遭受套牢之苦。其实阻力位之前的大阳线倒是一次逢高退出观望的机会。

遇到这类个股时，投资者可以观察两个方面的盘面细节。

（1）当日开盘后快速冲击阻力位，上冲时主要依靠对倒单拉上去，在分时图上呈直线上升。当股价到达阻力位附近，盘中出现大量抛盘，直接把股价打压下去。股价回落后，多方无力反击，当日成交量的大部分都是在股价回落过程中产生的，而在股价下探之后的回升过程中买盘稀少。股价的分时走势很不流畅，缓慢震荡回升，这种现象说明上方压力明显。

（2）如果股价运行到阻力位附近时先主动回落，回落到一定程度后，盘中不断涌现买盘把股价拉起，到收盘时收出一根比较长的下影线，当日成交量大部分都是在回升过程中产生的。股价下探回升之后，逐步向上冲击阻力位，此时在分时走势图上呈现稳扎稳打的攀升。攀升到一定程度之后遇阻回落，但回落的幅度并不大，回落过程中成交量萎缩，到收盘时收出一根上影线，但这根上影线并不是很长。出现这种走势的次日，如果股价能够继续走强，那么后市股价突破阻力位、继续向上攀升的可能性相当大。

十五、支撑位之上的大阳线

1. 实盘技巧分析

股价运行过程中，一般会出现许多重要的支撑位。当股价下跌或回探到某一支撑位附近时，通常会遇到强大的支撑而回升。此时出现的大阳线具有更重要的看涨意义，是一个较为可靠的买入或加仓信号。

图 3–39 是海螺水泥（600585）2017 年 9 月至 2018 年 1 月的日 K 线图。在该股股价上涨过程中，盘面走势稳健，量价配合理想，股价张弛有序，均线系统多头发散。30 日均线支撑股价稳步上涨，强势特征明显。股价每次回调到 30 日均线附近，均遇强大的支撑而回升，当日收出的大阳线具有看涨意义。

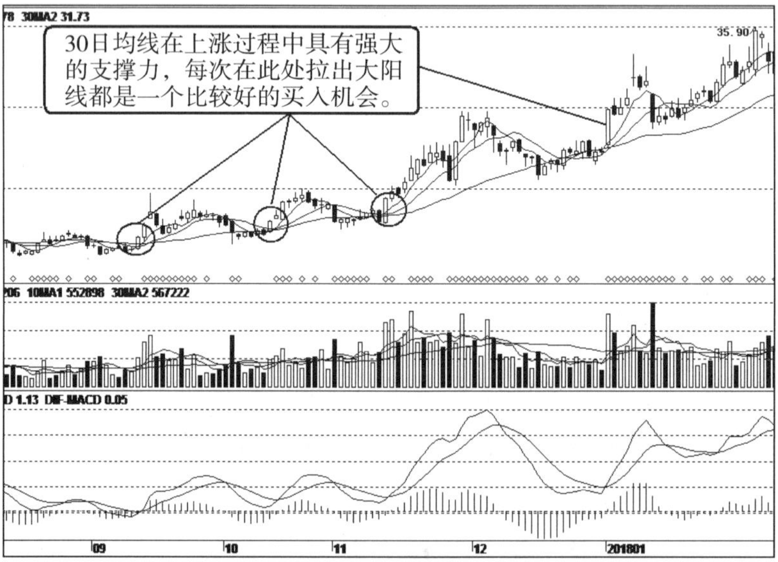

图 3–39

实盘操作中，投资者关注阻力位的同时也要关注支撑位，这样可以抓住一段收益不错的行情。那么股价在哪些地方有支撑呢？一般而言，庄家的持仓成本或者平均成本附近有支撑；股价突破一个较大的技术形态后再回档时，这个形态的密集成交区域附近有支撑；股价回落到上行的均线附近时有一定的支撑；庄家正在出货和出货没有完毕以前，在庄家预定的出货区域附近有支撑。此外，从未炒作过的股票，如果市场定位合理，在成交密集区域附近，股价也有较强的支撑。

大多数情况下，股价在底部区域震荡是有一定支撑的。如果庄家需要击破包括技术派在内所有看多者的信心而进行凶狠的洗盘，各种形式的破位在所难免，这时可以说股价几乎没有任何支撑，庄家正是借此吸货、洗盘、整理。另外，在熊市的大部分走势中，股价也没有支撑，仅个股控盘程度较高的强庄股才有支撑。

图 3–40 是融捷股份（002192）的日 K 线图。该股股价大幅下跌后，在底部形成一个盘区。盘区上方形成了一条清晰的水平趋势线，这条趋势线对股价运行起支撑和压力的作用。也就是说，它在股价向上突破时是一条压力线，在股价向下突破时是一条支撑线。

2017 年 7 月 3 日，股价向上脱离盘区的制约，此时水平趋势线转化为支撑线，股价震荡上涨，带动 30 日均线上行。股价到达一个小高点后，主力进行洗盘整理。8 月 31 日，当股价回落到 30 日均线附近时，获得支撑而回升，当日收出一根涨停大阳线，随后股价快速上涨。

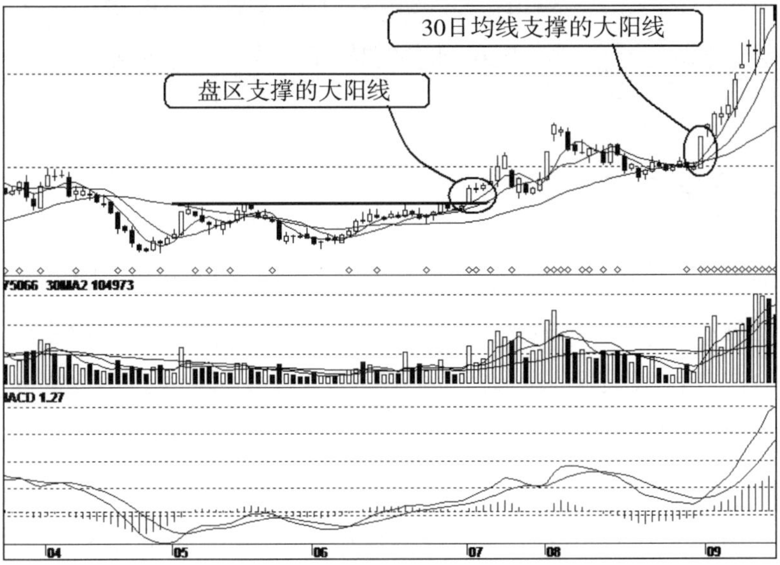

图 3–40

实盘操作中遇到这类个股时，其技术分析要点与上个例子相似，区别是要有一条清晰的趋势线，市场必须处于强势之中。

如图 3–40 所示，股价累计涨幅不大，股价上涨速度适中，保持 45 度角上行，盘面走势稳健，没有出现异常现象，这时出现大阳线，看涨意义强烈。激进的投资者可以在大阳线出现当日买入，介入点可以选择在趋势线附近，或在尾市几分钟内追高买入；稳健的投资者可以待股价继续走强后回调时逢低买入。

2. 操作技术要点

在实盘操作中，针对这类个股，应该注意五个方面的技术因素。

（1）股价处于强势上涨过程中，或者上涨趋势初步形成。如果在下跌反弹过程中，即使在支撑位之上收出大阳线，也要小心看待。

（2）均线系统呈多头排列。30 日均线坚挺上行。如果 30 日均线平走或下行，即使股价在 30 日均线附近得到支撑而出现大阳线，其上涨力度可能也不强。

（3）股价涨幅不应过大。对于涨幅过大的个股要小心，特别是阶段性涨幅超过 100% 的个股，即使在支撑位之上出现大阳线，也要保持高度警惕。

（4）股价上涨速度适中，保持 45 度角上行最为理想。大于 60 度角时，说明上涨过急，面临回调可能；小于 30 度角时，说明势道不强，支撑力度较差。

（5）盘面没有出现异常现象。如果出现股价大幅跳空开盘、盘中股价大幅波动、成交量瞬间放大、委买委卖挂单异常等异动，应高度警惕。

符合上述技术因素时，激进的投资者可以在大阳线出现当日买入，介入点可以选择在 30 日均线附近，或在尾市几分钟内追高买入；稳健的投资者可以待股价继续走强后回调时逢低买入。

十六、常态盘整中的大阳线

1. 实盘技巧分析

市场总是处在上升、下跌或盘整状态，而上涨和下跌都是短暂的，大部分时间都处于盘整走势。股价经过一轮上涨或下跌后，庄家为了出货或建仓，在高位或低位形成震荡盘整走势。在盘整过程中经常出现大阳线，但这些大阳线的技术意义并不强。

图 3-41 是万里股份（600847）2018 年 3~7 月在低位盘整行情中的一段走势图。股价经过一段时间的下跌，出现横向盘整走势。在盘整过程中，虽然出现若干大阳线形态，但大阳线之后，股价均未上涨，市场继续呈盘整走势。

盘整行情几乎是所有技术分析方法的盲点所在，行情短期波动，陷入困境，市场面临方向性选择。在这期间出现的大阳线，没有太多的技术参考意义，这时跟进只会备受震荡整理走势的折磨。面对这时出现的大阳线，应尽量回避，待升势确认后入场跟进做多。

股价涨涨跌跌，K 线阴阳组合，股市中出现大阳线的频率非常高，并且可以出现在任何时段。不同时段的大阳线，其分析意义也不尽相同，因此收出大阳线后，后市不一定看涨。除掌握相关的技术要点外，应从整体把握大阳线。整体技术情况的重要性超过个别的技术形态，所以掌握技术形态发生前后的市场变化才是决定投资成败的关键。

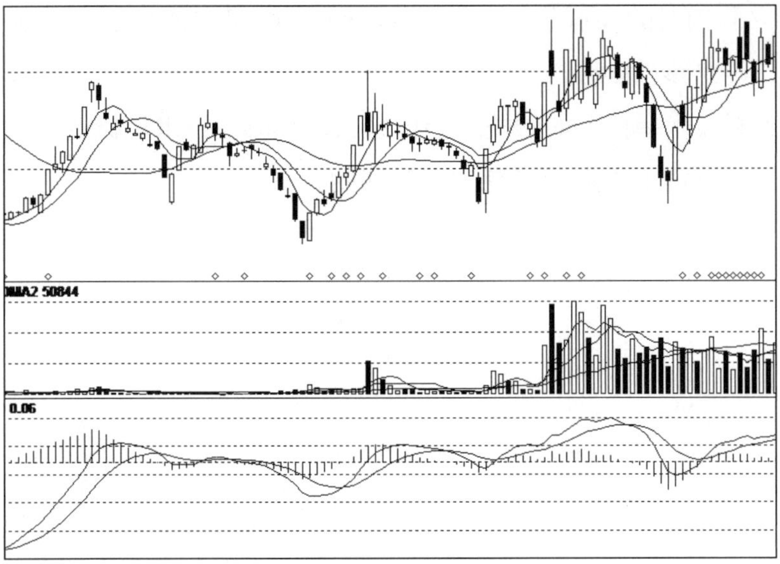

图 3–41

2. 操作技术要点

投资者在买卖前进行技术分析时，应该按以下顺序厘清操作思路。

第一步，看趋势：看月 K 线图，通过道氏理论或波浪理论、趋势线、均线系统，看整个盘面的主要趋势是牛市、牛皮市还是熊市。

第二步，看阶段：看周 K 线图，通过道氏理论或波浪理论、趋势线、均线系统，看目前的次要趋势是创新高走牛、回调、反弹、盘整还是创新低走熊。

第三步，看区间：看日 K 线图，通过趋势线、管道线、支撑线和压力线、百分比回撤线、整数价位等，看现有阶段顺势运行的空间有多大。

第四步，看形态：有无典型的 M 头、W 底、V 顶、弧形顶（底）等中长期 K 线形态存在。

第五步，看均线：看 5 日均线、10 日均线、20 日均线、60 日均线、120 日均线甚至 200 日均线的角度、发散、黏合、偏离、交叉等形态有何微妙的变化。

第六步，看组合：看最近一组 K 线的实体颜色、长短、形状、发生频率（如一组 K 线中有多少阴线或阳线，代表空头或多头的 K 线形态出现过多少次）及新值排列。

第七步，看缺口：缺口代表一次飞跃，其重要性胜过短期形态，且具有支撑和压力作用，故要看附近有无缺口，如有，要看清楚是第几个。

第八步，看 K 线：看最近几个交易日的 K 线有无典型形态。如有典型的 K 线形态，先看它们相对的高低位置，再看形与色。如果实体很长，则颜色重要；如果实体很短，则影线重要。

第九步，看技术指标：如对技术指标感兴趣，可看技术指标的极限区、交叉、背离和钝化，对分辨中长期趋势有一定的帮助。

第四章 /
大阳线突破

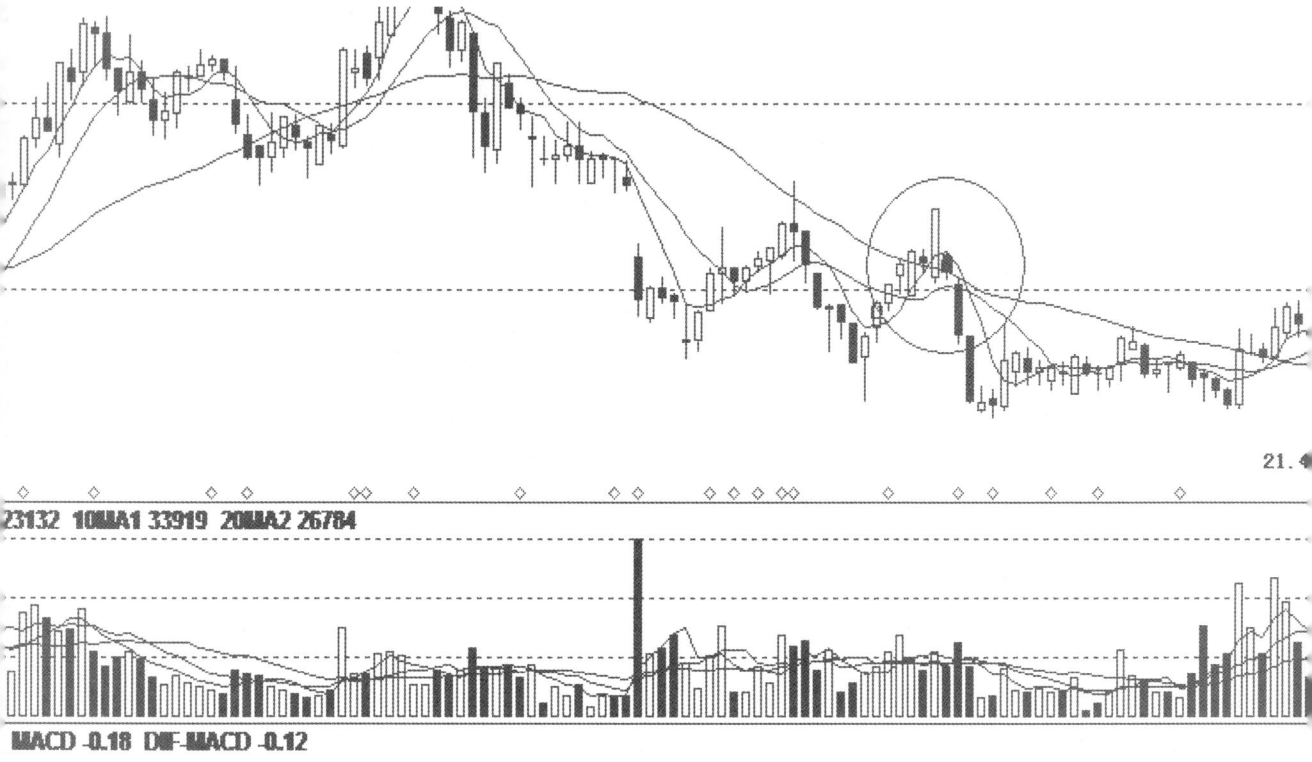

在股价的长期运行过程中，可能形成某些具有重要意义的位置，但这些位置不可能长期存在，迟早被突破。当大阳线成功向上跨越或脱离这些重要位置时，说明市场出现向上突破走势，股价蓄势整理结束，后市有可能出现一段升势行情，此时投资者可以积极做多。

能够成为突破的技术位置很多，比如均线、趋势线（通道）、技术整理形态、成交密集区域以及黄金分割线、整数点位和时间之窗等。下面分析其中一些常见的大阳线突破信号，投资者可以在实盘中自行总结分析其他突破信号。

一、大阳线突破盘整区域

1. 实盘技巧分析

股价在底部经过长时间的整理，一旦大阳线成功向上突破盘整区域，成交量积极配合，该处往往成为一个中短期底部，后市将出现持续的上涨行情，此时可以积极做多。这种突破现象可以出现在市场的任意阶段，但突破高位盘整区域时，要防止庄家拉高出货。

图4-1是西安饮食(000721)的日K线图，这是一个突破底部盘整区域的例子。股价见顶后长时间下跌调整，然后在低位形成横盘整理走势，震荡幅度渐渐缩小。在整个调整过程中，成交量大幅萎缩，做空能量充分释放，股价基本跌无可跌。经过近一个月的横盘整理，2018年7月20日，一根放量涨停大阳线突然拔地而起，突破了底部盘整区域和30日均线的压制，随后股价飙升。

如图4-1所示，经过长时间的下跌调整，股价已经处于历史底部区域。从成交量上分析，想出局的人基本已经退出，持股不动的人大多属于看多一族，因此后市下跌空间已被封杀。在大阳线出现之前，股价经过充分的筑底，底部基础构筑扎实，股价一旦脱离该区域，此处就会成为中长期底部。在大阳线出现之后，成交量明显放大，显示买盘积极，做多热情高涨，说明股价脱离底部区域成功有效。因此，这根大阳线是底部突破的标志性K线，投资者可以积极跟进做多。

在震荡盘整行情中很难赚到钱，因为没有明显的趋势性行情出现。什么时候结束盘整，很难用均线系统或其他技术分析工具找到答案。因为盘整时均线形成纠缠状态，股价反复震荡，反复纠缠，刚刚金叉又下来了，刚刚死叉又上去了，无法依据均线系统判断和操作。要结束这种盘整走势，必须以强大的做多力量打破僵局，大阳线突破盘局就是一个标志性信号。掌握了大阳线突破的 K 线信号后，也就读懂了盘口语言，领悟了庄家意图，之后的操作将得心应手。

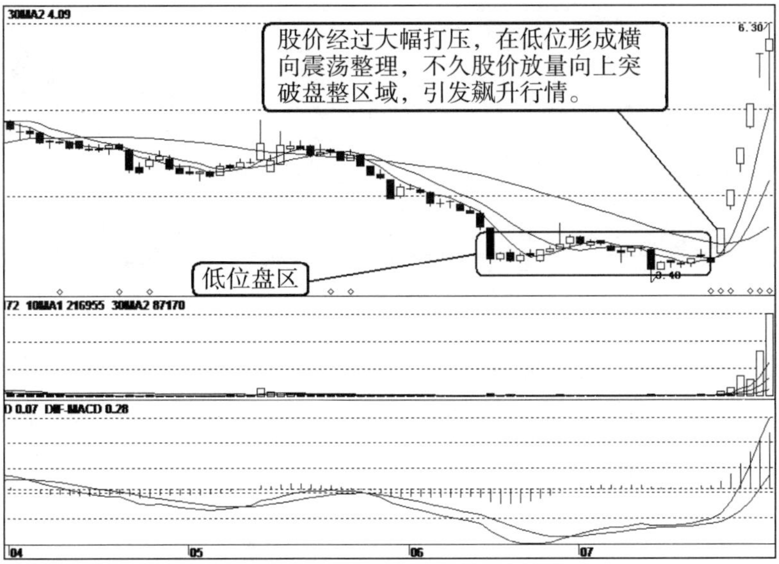

图 4-1

图 4-2 是广安爱众（600979）的日 K 线图，这也是一个突破底部盘整区域的例子。股价经过长时间的下跌，在低位出现企稳筑底走势，盘中震荡幅度收窄，形成了横盘整理形态，其间成交量大幅萎缩。在长达 2 个多月的盘整过程中，庄家吸纳了大量的低价筹码。2017 年 12 月 25 日，一根跳空高开的放量涨停大阳线突破了底部盘整区域，次日股价继续强势上涨，从此股价出现一波上升行情。

如图 4-2 所示，在大阳线突破之前，股价累计下跌幅度较大，在低位出现明显的企稳止跌迹象，蓄势整理充分。成交量大幅萎缩，显示做空动能已经衰竭，抛盘压力减小，后市下跌空间不大，股价随时有可能回升。在大阳线突破之后，股价继续强势上涨，成交量持续放大，均线系统呈多头排列，说明盘面已被成功激活，不断有买盘积极介入。因此，这根大阳线是底部突破的标志性 K 线，后市应积极跟进做多。

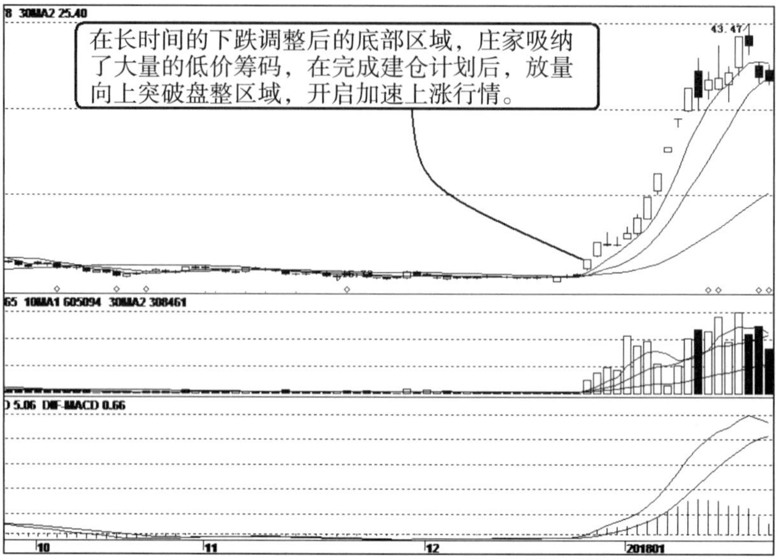

图 4–2

图 4–3 是山西焦化（600740）的日 K 线图，这是一个突破中位盘整区域的例子。该股股价反弹结束后大幅回落，在接近前期低点时企稳盘整，形成横盘整理走势，震荡幅度收窄。在整个调整过程中成交量大幅萎缩，做空能量充分释放，股价基本跌无可跌。经过一个多月的横盘整理，2017 年 6 月 29 日股价突然跳空高开，一根放量涨停大阳线拔地而起，突破了底部盘整区域，随后股价震荡上涨。

在上涨过程中，主力运作手法稳健，每上涨一个台阶就展开蓄势整理，然后再次向上放量突破。7 月 28 日和 8 月 25 日都是利用放量大阳线突破整理盘区，均为标志性突破大阳线。在实盘中遇到这样的大阳线，投资者应积极予以关注。

该股的这个整理平台是由股价突破前期高点后的洗盘调整走势形成的，一方面是清洗浮动筹码，另一方面是确认突破。在这个过程中，股价下跌幅度不大，说明庄家不敢打低股价，担心打压股价导致低价筹码丢失，因此维持在高位震荡，逼迫短线投资者尽快离场，以缩短调整时间。这也证明了“会涨的股票不会跌，会跌的股票不会涨”这句股谚。不要认为股价涨到一定高度就不会再涨，下跌幅度大了就能拿到便宜的筹码。炒股最关键的是看势，是强势还是弱势，这一点投资者应有所判断。

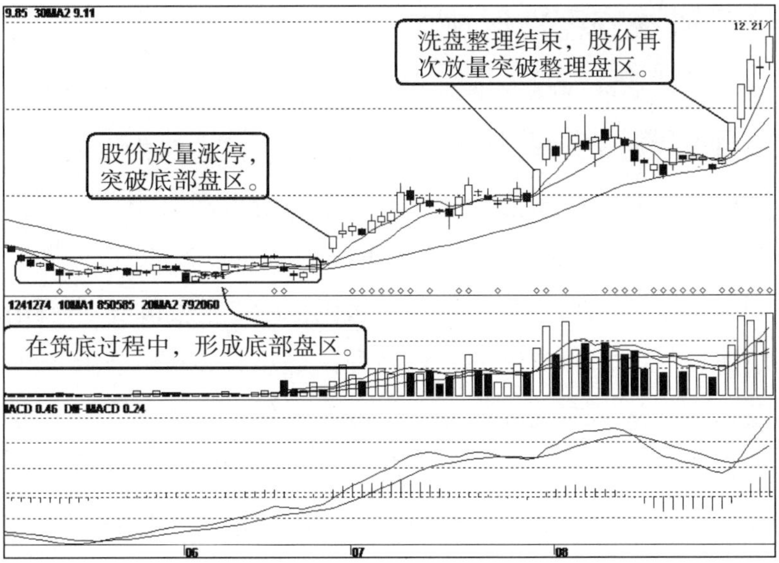

图 4-3

2. 操作技术要点

在实盘操作中，遇到这类个股，投资者应把握以下六个技术要点。

（1）在大阳线突破之前，股价累计下跌幅度较大，在低位出现明显的企稳迹象，有一个充分的蓄势筑底过程。通常盘整时间越长，震荡幅度越小，后市突破上涨的概率越大，上涨幅度越大。“横有多长，竖有多高”，说的就是这种盘面现象。

（2）在大阳线突破之前，成交量必须大幅萎缩。成交量大幅萎缩，说明做空力量已经衰竭，股价随时有可能向上突破。如果成交量保持高度活跃状态，说明盘中仍有抛盘压力，往往容易形成下跌中继整理平台区域。

（3）在大阳线突破当日或随后几个交易日，成交量必须持续放大，显示有买盘源源不断地介入，否则后市上涨幅度受限。

（4）在大阳线突破之后，股价必须持续走强，进一步巩固大阳线的突破成果。如果次日或随后几日股价上涨乏力，比如出现放量不涨、缩量上涨、长上影线或形成大阴线等盘面现象，应及时减仓或离场。

（5）掌握突破的幅度和时间原则。大阳线的突破幅度要大于 3%，有效站稳于突破价位之上的时间超过 3 天，且有成交量放大的积极配合。

（6）大阳线向上突破时必须有气势、有力度，不拖泥带水，突破后股价能够迅速向上脱离该区域。

二、大阳线突破成交密集区域

股价在某一区域长期震荡或者换手率极高就会形成一个成交密集区，这个区域对股价构成强大的支撑或阻挡作用。在底部或上涨趋势中，如果大阳线成功突破该区域，则具有重要的技术分析意义，后市股价大多会出现一波升势。但在大幅上涨后的末期或下跌趋势中，要小心大阳线的假突破。

图 4-4 是盐津铺子（002847）的日 K 线图。在该股股价长期下跌调整过程中，庄家顺利完成建仓任务，股价渐渐脱离底部区域小幅反弹，但反弹时股价在前期高点附近受阻回落，从而在此处形成一个成交密集区。当股价再次回落到前期低点附近时，得到买盘支撑后形成一个小的盘区。2018 年 5 月 15 日，一根放量涨停大阳线突破底部小盘区。次日股价再次放量收出涨停大阳线，突破了前期形成的成交密集区域，随后股价快速上涨。

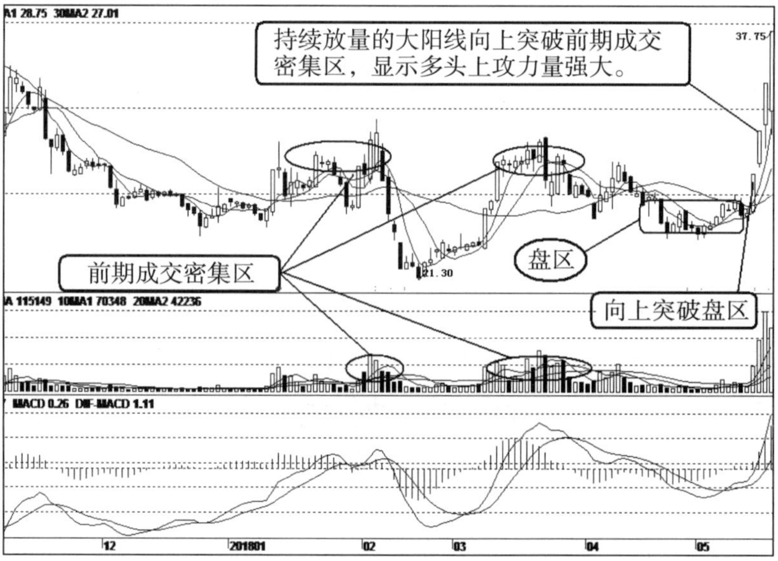

图 4-4

如图 4-4 所示，庄家做多力量强大，第一根涨停大阳线突破底部小盘区，第二根大阳线突破前期成交密集区，动作连贯，一气呵成。总体来看，该股前期累计下跌幅度较大，调整充分，筹码得到成功的换手。股价距离底部不远，基本处于庄家的持仓成本线附近，后市存在较大的上涨空间。在大阳线向上突破后，成交量持续放大，表明上涨得到了市场的广泛认同。此时均线系统立即向上发散，配合股价上涨。因此，在实盘操作中出现这样的大阳线时，激进的投资者可以当日跟进，稳健的投资者可以在股价回调到 10 日均线附近时择机介入。

图 4–5 是东方明珠（600637）的日 K 线图。在该股股价长期下跌调整过程中，庄家顺利完成建仓任务，然后股价渐渐脱离底部区域，小幅反弹。几次反弹过程中，股价均在每股 6 元上下受阻回落，因此在 6 元附近就形成一个成交密集区。不久该股收出一根放量涨停大阳线，股价突破了这个成交密集区，之后经过短暂的回抽确认突破有效，股价快速上涨。

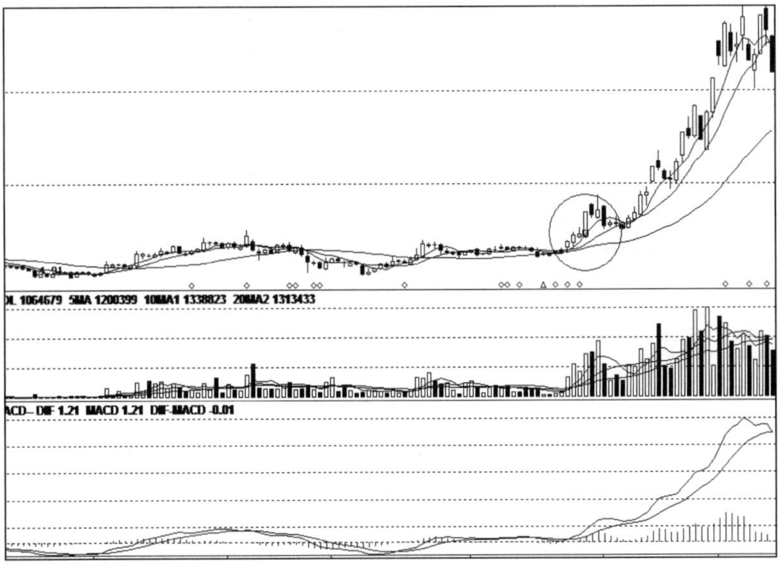

图 4–5

如图 4–5 所示，股价累计下跌幅度较大，调整充分，筹码得到成功的换手。股价距离底部不远，基本处于庄家持仓成本线附近，后市存在较大的上涨空间。在大阳线向上突破后，成交量持续放大，得到了市场的广泛认同，而且均线系统立即向上发散，配合股价上涨。在实盘操作中出现这样的大阳线时，激进的投资者可以在当日跟进，稳健的投资者可以在股价回调到 10 日均线附近时择机介入。

图 4–6 是顺鑫农业（000860）的日 K 线图。该股股价在底部长时间的震荡过程中形成一个明显的成交密集区，庄家几次试图向上突破，均未能有效穿越，说明该区域对股价上涨构成较大的压力。2018 年 4 月 2 日，股价直接跳空高开于成交密集区之上，当日收出一根放量上涨大阳线，向上突破了这个成交密集区，从此股价进入中期上涨行情。

该股在底部曾经放量，但股价并没有明显上涨，这反映了什么问题呢？这是庄家通过对倒的方式换手筹码，同时起到洗盘整理的效果。股价在该区域震荡的时间较长，本身也累积了一定的成交量，因而成为一个成交密集区。从大阳线突破成交密集区时的盘口分析，显示多头力量强劲，资金跟风入场积极，同时均线系统进一步向多头发散。从坐庄意图分析，庄家敢于使所有在该位置介入的投资者获利，行情一般不会就此罢休，后市一定有好戏出现，因此是一个积极的介入信号。

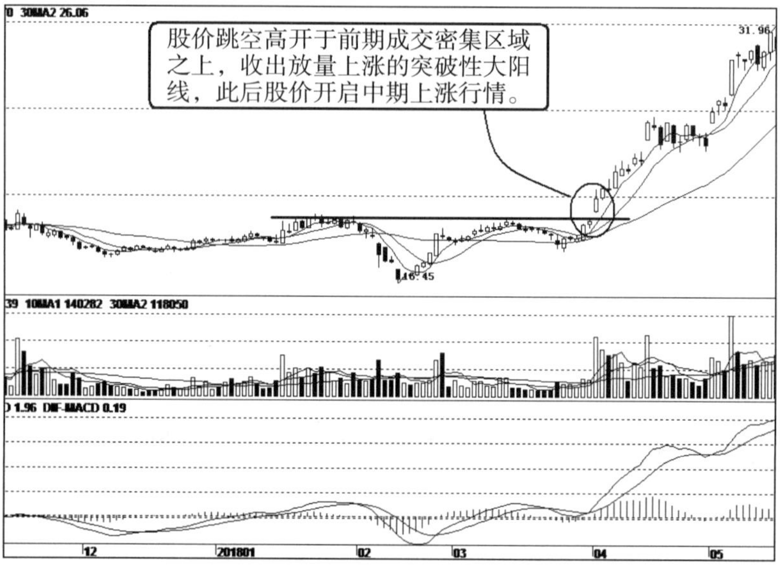

图 4-6

在实盘中，大阳线可以在市场的任何阶段突破成交密集区，一般预示市场具有看涨意义。如果出现在股价大幅上涨后的末期或下跌趋势中的反弹高位，要提防庄家利用大阳线假突破出货。

在股市中，在股价突破新高或突破重要压力位时买入，通常这种方法本身是正确的，股价只有突破了重要的压力位，之后才能不断上攻。但是，很多投资者的操作方法存在错误，在股价突破时买入了，结果遭受损失。为什么会出现这种情况？因为庄家可能利用突破设置多头陷阱，投资者认为突破是买点而介入，庄家却在突破时出货，这就是经常出现的假突破现象。

图 4-7 是海航投资（000616）的日 K 线图。股价见顶后盘跌，然后在相对低位呈横向箱体整理走势，时间长达 4 个多月。2017 年 4 月 13 日，一根放量涨停大阳线向上穿越三条均线，也突破了底部盘区，意味着股价底部形成，后市普遍看好。但是股价并没有持续上涨，次日股价在涨停价位开盘后迅速回落，构成“倾盆大雨”K 线组合形态。第三天，盘中股价触及跌停，收出一根跌幅超过 9% 的大阴线，吞没了前面大阳线的 2/3 涨幅，从此股价陷入阴跌走势，将追涨者套牢在高位。

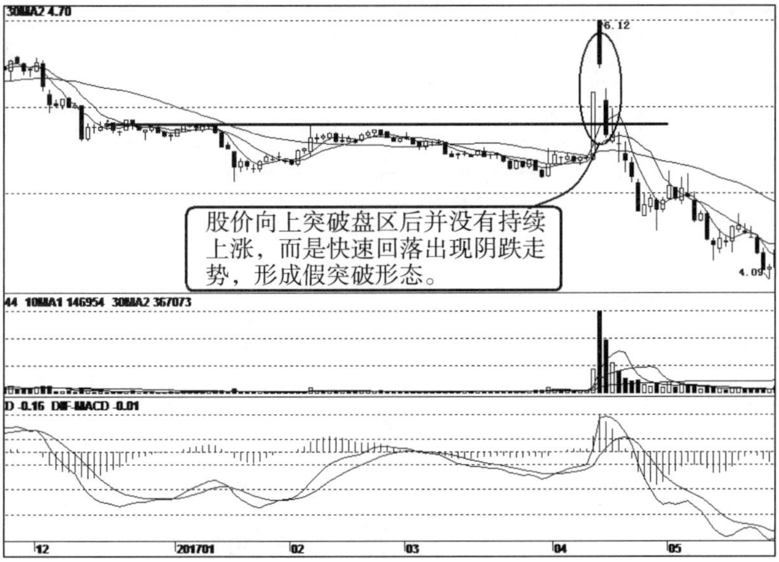

图 4–7

如图 4–7 所示，在大阳线突破时存在这样两点技术疑问：一是大阳线没有得到有效验证，次日股价高开低走收出阴线，第三天收回了大阳线的 2/3 涨幅，显示上攻乏力；二是在大阳线突破后回抽时，没有在前期盘区的上边线获得支撑，而是直接回落到盘区内，并持续下行击穿下边线的支撑，显示下跌力量较强。可见这是一次大阳线假突破动作，是庄家利用大阳线拉高出货设下的多头陷阱。投资者在股价重新回落到前期盘整区域，即回抽确认突破无效时，应果断离场。

三、大阳线突破前期高点

股价形成一个明显的阶段性高点后，这个高点对后市走势具有一定的技术分析意义和心理影响，它往往成为后市较长一段时间内的阻力位。大阳线成功向上突破这个高点位置时，说明后市股价上涨空间被打开，具有强烈的看涨意义。但在大幅上涨后的末期或下跌趋势中的反弹高点，要小心大阳线假突破现象。

图 4–8 是世荣兆业（002016）的日 K 线图。该股股价成功探明底部后小幅反弹，然后股价再次回落，从而形成一个阶段性高点。通常这个高点对后市股价上涨造成一定的压力，而且这个位置成为不少投资者一目了然的阻力位，具有一定的心理和技术作用。随后该股经过一段时间的蓄势调整，多头信心得以恢复，2017 年 10 月 31 日股价放量涨停，收出一根突破性大阳线。此后经过回抽确认突破无效，股价盘升。

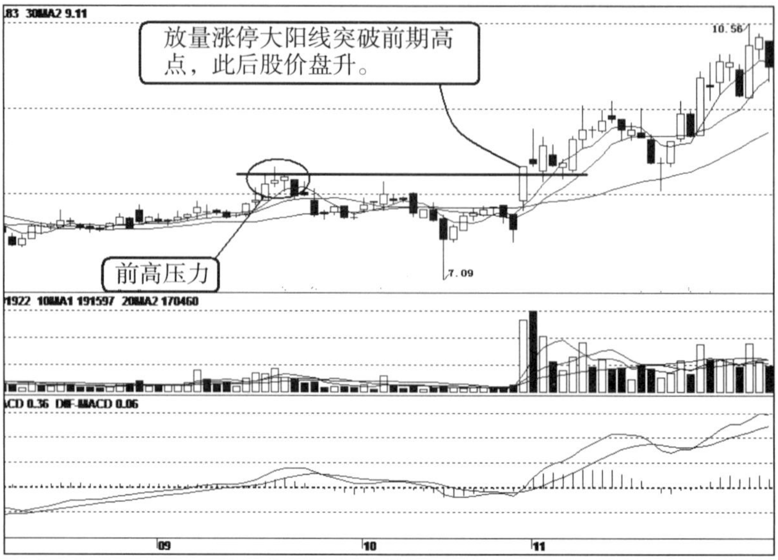

图 4-8

如图 4-8 所示，前期高点明显成为短期阻力位，这时庄家利用投资者认可的阻力位建仓或洗盘整理，其目的达到后就一鼓作气突破前期高点，成交量同步放大。另外，在大阳线突破后的几个交易日，股价继续强势运行，从而进一步巩固了大阳线的成果，后市必定强势上涨。若实盘操作中遇到这种情形，激进的投资者可以在当日尾市介入，稳健的投资者可以待股价回抽确认突破有效后积极逢低介入做多。

图 4-9 是浦东金桥（600639）的日 K 线图。该股股价经过长时间的大幅下跌，在底部企稳反弹。当股价反弹到前期高点附近，由于后续能量不足，股价冲高回落整理，从而形成一个阶段性高点。此后股价盘跌，多次反弹到前期高点附近均攻而不破，成为一个明显的阻力位。随后经过再度回落蓄势调整，重新积聚做多能量。不久主力发力而上，收出一根突破性的放量涨停大阳线，此后股价快速上涨。

如图 4-9 所示，阶段性高点出现后，股价几次冲高到该位置附近时均遇阻回落，庄家巧妙地利用这个位置建仓或洗盘整理。在行情启动之前，股价选择向下调整，这时庄家再次吸纳低价筹码。其间成交量明显萎缩，既反映出上涨力度不足，也说明浮动筹码减少。时机成熟后，庄家一鼓作气，推动股价成功突破前期高点，成交量持续放大。次日股价继续强势涨停，符合股价突破的盘面基本特征，因此投资者可以积极做多。

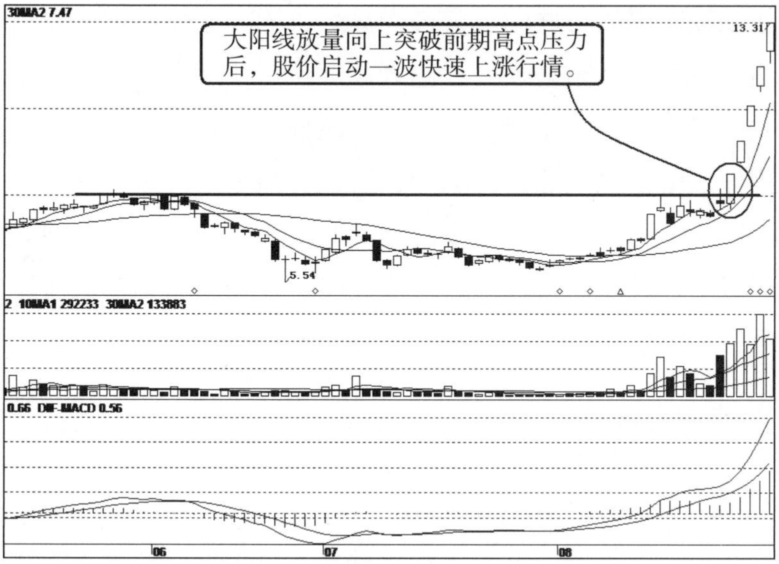

图 4-9

大阳线突破前期高点的现象可以出现在市场任何阶段，显示市场看涨意义强烈。但如果出现在股价大幅上涨后的末期或下跌趋势中的反弹高点，要谨防庄家利用大阳线假突破出货。

图 4-10 是渤海汽车（600960）的日 K 线图。该股股价企稳后维持盘整态势，2017 年 9 月 12 日向上突破盘局，收出一根涨幅超过 7% 的大阳线。当日成交量巨大，形成放量向上突破之势。这根大阳线吸引不少散户跟风入场，可是次日成交量难以为继，明显萎缩，股价没有朝突破的方向继续上攻。经过短暂的胶着，股价震荡走低。

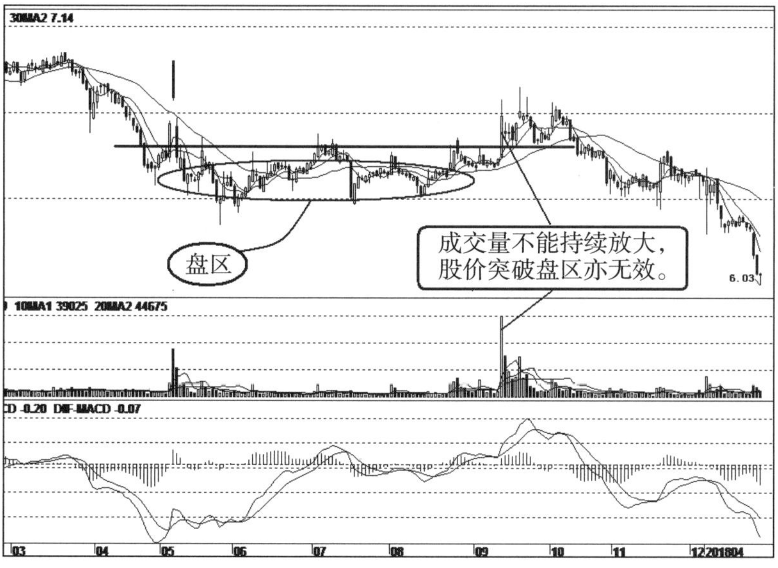

图 4-10

该股以放量大阳线的方式向上突破盘区后，为什么股价不涨反跌呢？根本原因在于成交量。股价仅在突破当日放出大量，然后快速缩量，在成交量图表中出现“金鸡独立”形态。这种没有持续性的间歇性放量，表明场外资金谨慎，跟风意愿不强，因此股价上涨缺乏内在动力，上涨行情很难持续，股价向上突破只是庄家欺骗散户的出货行为。同时，股价回落到上边线附近时，得不到技术支撑而继续下跌，形成新一轮下跌行情。实盘操作中，投资者遇到单根放量大阳线突破某一技术位置后，如果发现快速缩量，要小心突破失败。

四、大阳线突破均线

1. 实盘技巧分析

移动平均线是反映股价运行趋势的一种技术分析方法。当大阳线由下向上突破均线压制时，股价由均线下方转到均线上方，预示股价下跌或调整结束，后市股价将上涨，因此是一个看涨信号。

大阳线突破均线通常有三种盘面现象：一是出现在下跌趋势后期，大阳线向上突破下行的均线；二是出现在上升趋势中，股价洗盘调整结束后，大阳线向上突破上行的均线；三是出现在横盘整理过程中，大阳线向上突破水平移动的均线。

根据均线周期长短，包括大阳线突破短期均线、中期均线和长期均线三种类型。在此仅就大阳线突破 30 日均线为例进行分析。其他类型的均线突破，投资者可以根据以下思路自行研判总结。

图 4–11 是西安饮食（000721）的日 K 线图，这是大阳线突破下行的 30 日均线的例子。股价见顶后长时间下跌调整，均线系统呈空头排列，30 日均线不断压制股价走低。此后股价在低位横盘整理，震荡幅度渐渐缩小。在整个调整过程中，成交量大幅萎缩，做空能量充分释放，股价基本跌无可跌。经过近一个月的横盘整理，2018 年 7 月 20 日，一根放量涨停大阳线拔地而起，突破了底部盘整区域和 30 日均线的压制，随后股价飙升。

如图 4–11 所示，经过长时间的下跌调整，股价已经处于历史底部区域。从成交量上分析，想出局的人基本已经退出，持股不动的人大多属于看多一族，因此后市下跌空间已被封杀。在大阳线出现之前，虽然 30 日均线还处于下行状态，对股价上涨构成一定的压力，但经过充分的筑底，30 日均线压力渐渐减小。总体上底部基础构筑扎实，股价一旦脱离该区域，此处就会成为中长期底部。在大阳线出现之后，成交量明显放大，显示买盘积极，做多热情高涨，说明股价脱离底部区域成功有效。因此，这根大阳线是底部突破的标志性 K 线，投资者可以积极跟进做多。

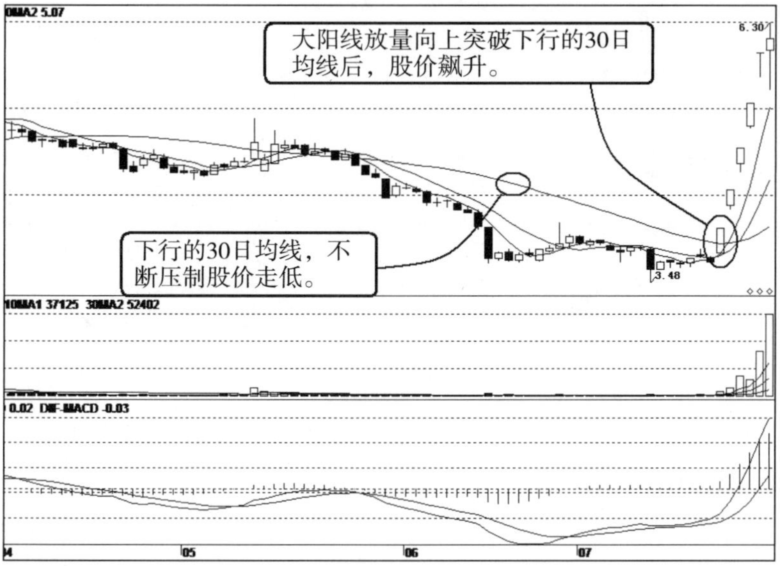

图 4-11

图 4-12 是中广天择（603721）的日 K 线图，这是大阳线突破水平移动的 30 日均线的例子。该股股价持续下跌后企稳回升，但回升到前期盘区附近时受阻回落，均线系统基本呈横向水平移动。随后庄家开始洗盘整理，股价回落到 30 日均线之下，成交量明显萎缩。经过短暂的回调整理，2018 年 5 月 15 日一根涨停大阳线拔地而起，突破了 30 日均线的压制。这根大阳线的出现预示主力洗盘调整结束，后市将展开新的上涨行情，因此这是一个买入信号。

该股在大阳线突破之前，股价已经出现筑底走势。庄家为了日后更好地拉升，展开洗盘调整走势。如图 4-12 所示，股价回调时成交量萎缩，说明浮动筹码已经不多。大阳线突破之前，股价运行在水平趋势中，均线系统保持横向移动，这根大阳线就起到了突破闷局的作用。大阳线突破后的次日，股价继续强势涨停，不仅说明突破的真实性，也反映出突破力度比较强，气势盛，因此做多信号强烈。

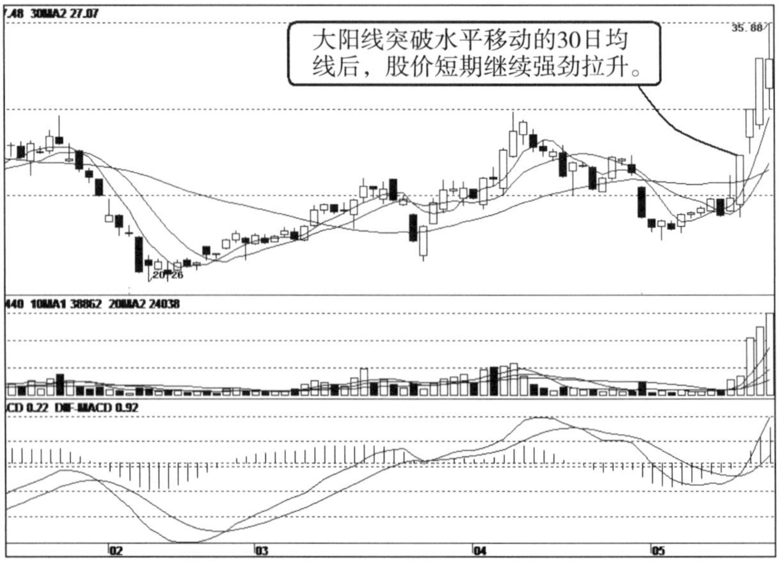

图 4-12

图 4-13 是白云山（600332）的日 K 线图，这个例子出现在洗盘调整结束后，大阳线向上突破上行的 30 日均线。股价在一轮快速下跌后企稳回升，形成新的上升通道，均线系统呈多头排列。不久，庄家开始洗盘整理，股价向下回落到 30 日均线之下，成交量明显萎缩。经过短暂的整理，2018 年 4 月 19 日，一根放量涨停大阳线拔地而起，突破了 30 日均线的压制，股价重返 30 日均线之上，预示洗盘调整结束，后市将展开新的上涨行情，因此这是一个买入信号。之后，股价在大阳线收盘价附近强势整理 3 个交易日，随后股价强势上涨。

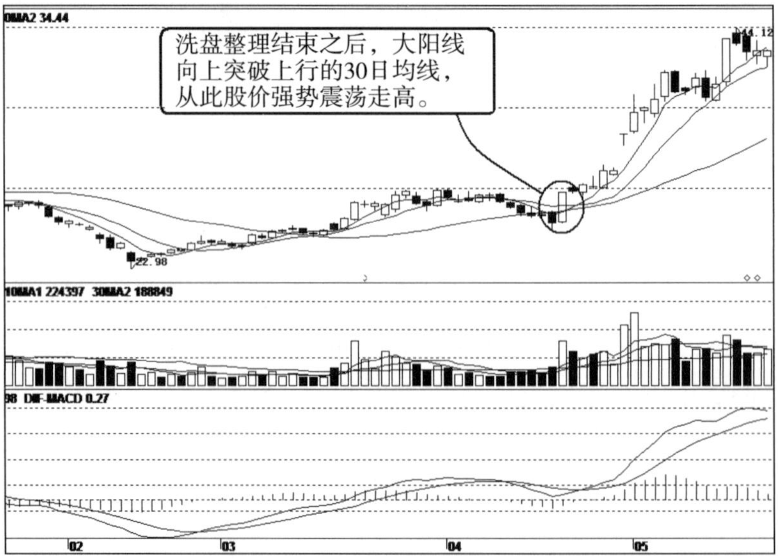

图 4-13

该股在大阳线突破之前，股价已经小幅上涨。庄家为了日后更好地拉高出货，随之展开洗盘调整。如图 4–13 所示，在股价回调时，成交量萎缩，说明浮动筹码不多。在大阳线突破之前，股价运行在上升趋势之中，30 日均线保持上行状态，这根大阳线也对股价上涨起到推波助澜的作用。同时，在大阳线突破后的几个交易日，股价继续强势整理，主力意在继续消化盘中浮动筹码，说明突破成功，气势较强，因此做多信号强烈。

在实盘操作中，大阳线向上突破均线通常是一个普遍的看涨信号。但如果出现在股价大幅上涨后的末期或下跌趋势中的反弹高点，应防止庄家利用大阳线假突破出货。

图 4–14 是兆易创新（603986）的日 K 线图，这个例子出现在股价大幅上涨后的末期。庄家通过大阳线向上突破 30 日均线，吸引散户入场参与接盘，以便胜利大逃亡。2018 年 4 月 18 日，一根涨停大阳线突破 30 日均线的压制，股价重返均线系统之上，但此后股价仍然受制于盘区，未能持续上涨。很快股价转而下行，均线系统转为空头发散状态，30 日均线下压。5 月 21 日，主力再次发力上攻，一根涨停大阳线突破下行的 30 日均线，但此次上攻力度明显不如前一次大，很快股价出现持续阴跌走势。

研判这种盘面现象，可以分析价位、成交量、技术形态以及庄家坐庄意图、庄家操盘手法、盘面特征和市场气势等因素。从该股来看，股价处于高位，累计

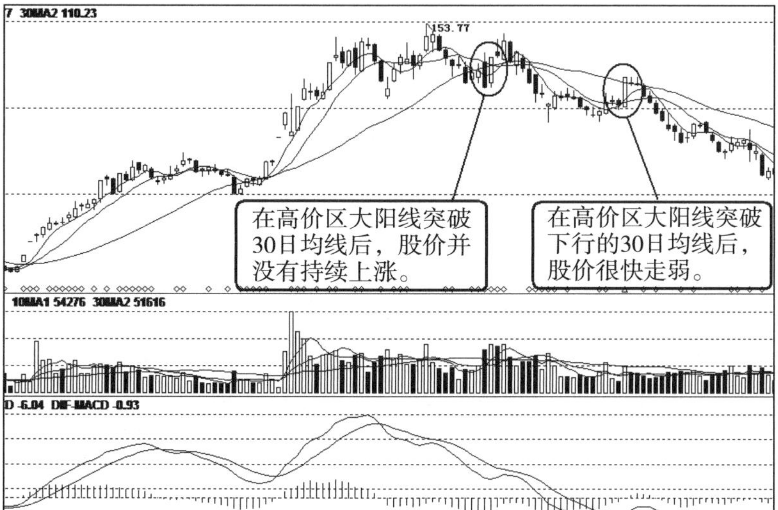

图 4–14

阶段涨幅已经超过 200%，表面上看似乎有成交量配合，但不排除大部分是抛售的成交量，并且存在庄家对倒放量嫌疑。在形态上股价受前期高点阻碍，一旦大阳线突破失败，就演变为多重顶形态。特别是股价第二次突破 30 日均线时，已经明显受到头部盘区的压制，下行的 30 日均线也对股价上涨构成不小的压力。因此庄家出货意图明显，大阳线向上突破是庄家拉高出货的操盘手法。遇到这种盘面现象时，投资者应保持清醒，不要被涨停大阳线迷惑。

图 4–15 是永安药业（002365）的日 K 线图，这个例子出现在下跌过程中的回抽反弹阶段。2018 年 3 月 27 日，一根涨停大阳线使股价重返 30 日均线之上。但受盘区影响，股价未能持续上涨，很快转为阴跌走势。这是庄家通过大阳线向上突破 30 日均线制造的多头陷阱，目的是引诱散户跟风介入。在实盘操作中，不少投资者喜欢狙击涨停板个股，但这类个股是万万不可以碰的。

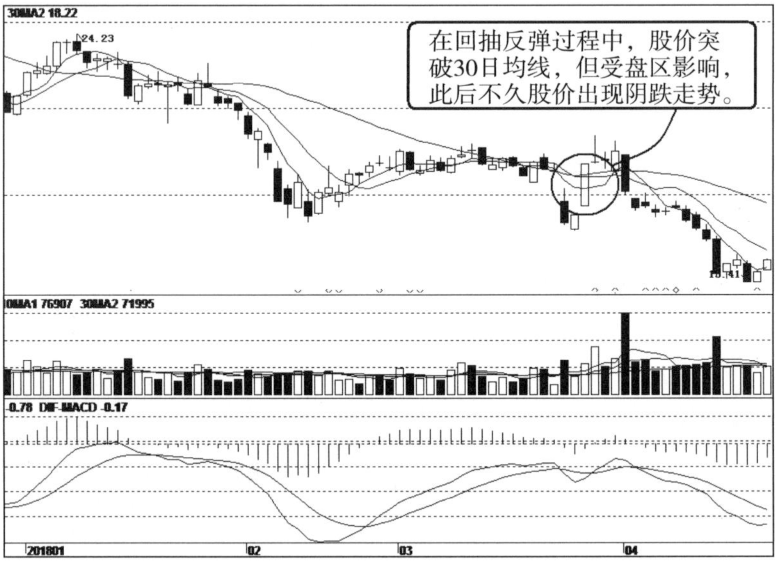

图 4–15

如图 4–15 所示，股价受到前期盘区和下行的 30 日均线的双重压制，无法形成有效突破。该股价位虽然不高，但盘面上涨气势不足，大阳线突破失败后就演变为盘区压力，强化了后市的看跌意义。研判这种盘面也要分析价位、成交量、技术形态以及庄家坐庄意图、庄家操盘手法、盘面特征和市场气势等因素。

2. 操作技术要点

通过上述几个例子的分析，投资者应当掌握大阳线与均线的关系。

（1）均线向上，市场强势仍将持续，股价向上运行。此时大阳线向上突破均线，做多信号最强，应买入。

（2）均线向下，市场处于弱势，股价向下运行。此时大阳线向上突破均线，做多信号最弱，应谨慎操作或在回抽确认突破有效时跟进。

（3）均线走平，市场处于横盘态势，股价方向不明。此时大阳线向上突破均线，做多信号一般，应观望或在回抽确认突破有效时跟进。

（4）均线呈 45 度角运行时最为理想，角度太大，谨防回落；角度平坦，支撑力度较小。均线呈 45 度角运行的大阳线向上突破均线时，可以积极做多。

（5）当大阳线向上突破均线系统时，黏合后的均线同步向上发散，可以强化做多信号，可以积极做多。

（6）当大阳线向上突破均线系统时，均线已呈多头排列，则进一步加强做多信号。

五、大阳线突破技术形态

1. 实盘技巧分析

股价在长期运行的过程中可能形成某些技术形态，如常见的双重底（顶）、头肩形、圆弧形、三角形、楔形或旗形等。大阳线一旦成功突破这些技术形态，说明技术形态构筑完毕，股价将沿着突破方向继续运行，达到最小“量度升幅”，因此是一个较好的买入信号。

图 4-16 是顺鑫农业（000860）的日 K 线图。该股股价脱离头部区域后不断走低，在底部长时间的震荡过程中，形成一个标准的头肩底形态。在头肩底右肩即将完成时，2018 年 4 月 2 日，股价直接跳空高开于成交密集区域之上，当日收出一根放量上涨的大阳线，大阳线向上突破了头肩底形态的颈线压力位。股价第一目标到达最小量度升幅后，出现一定幅度的回落走势，然后继续上涨，出现中期走牛的行情。

如图 4-16 所示，大阳线突破符合头肩底形态的基本特征。当股价基本完成左肩、底部和右肩后，股价有效突破头肩底形态的颈线压力位，表明头肩底形态正式确立，后市股价看涨，下跌趋势将逆转。在突破头肩底形态时，得到成交量的积极配合，右肩和颈线附近的成交量温和放大，说明入场资金积极，投资者可以根据头肩底形态的相关买卖法则积极入场。

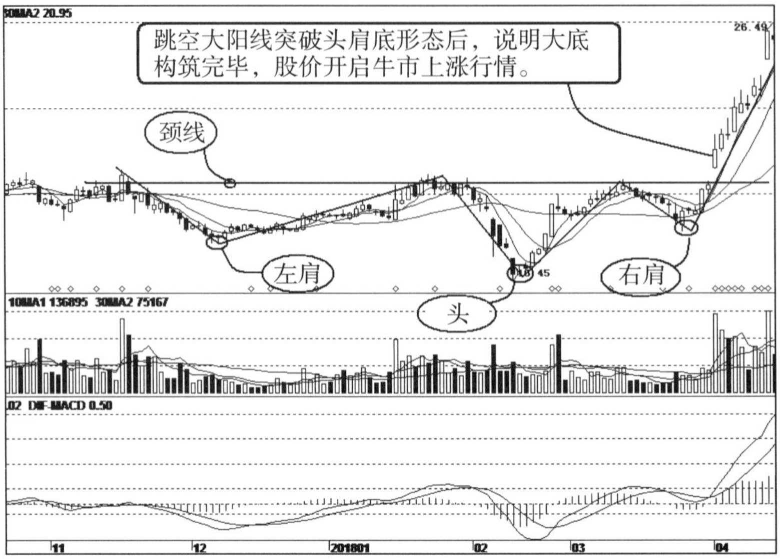

图 4–16

图 4–17 是美晨生态（300237）的日 K 线图。该股股价经过长时间的下跌调整，在底部出现盘整走势，盘整过程中形成一个双重底形态。2018 年 7 月 13 日，一根上涨大阳线向上有效突破了双重底形态的颈线，次日小幅回落确认突破有效后，股价继续强势震荡上行，股价超过最小“量度升幅”。

如图 4–17 所示，大阳线突破符合双重底形态的基本特征，预示一轮下跌行情将告一段落，股价将渐渐企稳回升。大阳线突破双重底是一个积极的买入信号，投资者可以根据双重底形态的相关买卖法则入场做多。

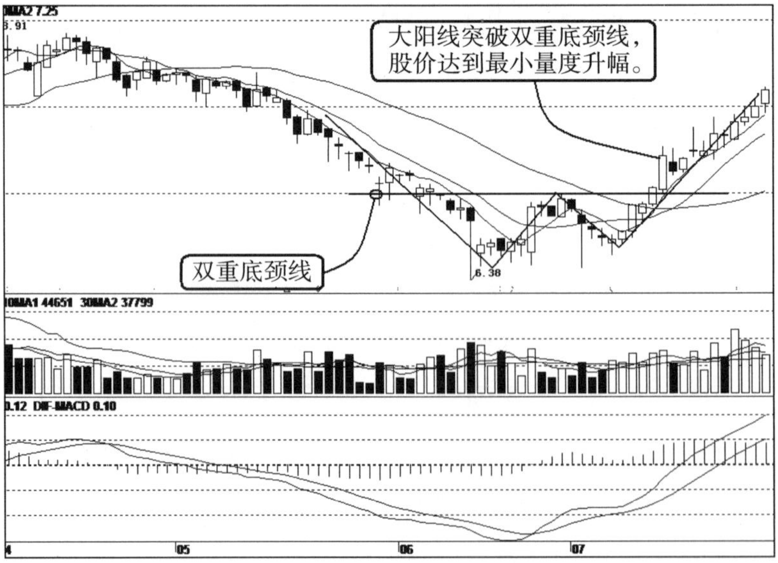

图 4–17

2. 操作技术要点

大阳线向上突破技术形态时，说明股价下跌或回调结束，是一个较好的买入信号，投资者可以按照相关技术形态的法则操作。在实盘操作中，可以把握下面六个技术要点。

（1）突破的前提是股价的位置和阶段。如果处于底部吸货区域、中途整理区域、庄家成本区域，向上突破是真突破的概率较大；若向下突破，假突破的概率较大。如果处于高位派发区域、远离庄家成本区域，向上突破是假突破的概率较大；若向下突破，真突破的概率较大。

（2）大阳线突破时，盘面必须有气势，有力度，有可持续性，短暂的冲破肯定无效。另外，要掌握一般技术形态的构筑时间，微型的技术形态可靠性不强。

（3）在考察成交量时，一定要注意价与量的配合。如果量价失衡（突破时成交量巨大，突破后回落，突破后放量不涨或突破时成交量过小），则可信度差，谨防庄家以假突破的方式出货。

（4）当股价无量突破颈线且突破的幅度不足以确认为正式突破时，有假突破的可能。如果股价在突破后不久又再度回落到颈线之下（并非回抽颈线），应卖出观望。

（5）分析突破时的盘面细节有利于提高判断准确度。比如当日的突破时间早晚，通常当日的突破时间越早越可靠，特别是临近尾盘的突破更值得怀疑；观察当日的突破气势，突破时一气呵成，刚强有力，可靠性强；突破后能够坚守在高位的，可靠性强。如果股价仅仅是在当日盘中瞬间碰触阻力位置，那么突破肯定不能成立。这些盘面细节十分重要，应当细心地观察分析。

（6）百分比法则和时间法则，即突破的幅度超过 3%，持续 3 天以上。

六、大阳线突破趋势线

1. 实盘技巧分析

将两个以上的明显高点连成直线，且这条直线是向下倾斜的，就形成了一条下降趋势线。它对股价的短暂上涨构成一定的压力。如果大阳线向上突破这条趋势线，预示后市股价将转跌为升，因此是一个买入信号。

图 4-18 是永和智控（002795）的日 K 线图。该股在下跌过程中形成一条平缓的下降趋势线，这条趋势线对股价上涨构成较大的压力。2018 年 5 月 2 日，放

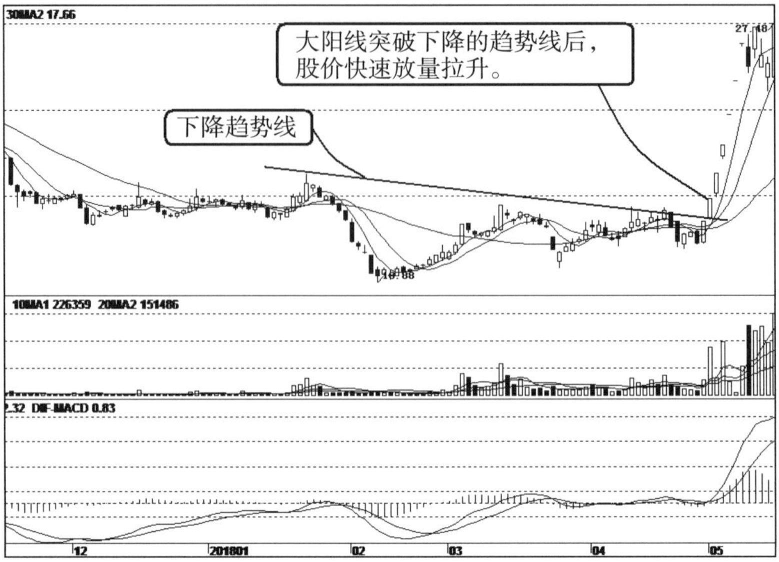

图 4–18

量涨停大阳线向上成功突破下降趋势线，说明股价结束下跌调整，此后走出了一波快速拉升行情。

下降趋势线一旦形成，对股价上涨构成强大阻力。该股股价之后几次反弹到下降趋势线附近时，均遇到强大的阻力而回落。但趋势线最终将被突破，有效突破的条件通常有三个：一是突破幅度大于 3%，二是股价在突破位置之上至少站稳 3 天，三是有成交量的积极配合。

如图 4–18 所示，大阳线突破之前，股价表现出明显的企稳迹象，在底部构筑了一个双重底形态。一旦股价成功构筑底部技术形态，则具有重要的看涨意义。在大阳线突破当日和随后几个交易日，股价强势上涨，成交量同步放大，表明多头资金看好后市。在特征上符合突破的三个条件，因此是一次成功的突破走势，投资者可以在突破当日积极做多。

图 4–19 是苏宁易购（002024）日 K 线图。该股股价反弹结束后形成一条下降趋势线，对股价上涨构成较大压力。不久，一根放量涨停大阳线向上成功突破下降趋势线，此后股价结束下跌调整，走出了一波快速上涨行情。

该股的走势与上一个例子基本相似，投资者可根据前文提供的思路分析总结。

2. 操作技术要点

在实盘操作中，遇到大阳线向上突破下降趋势线的情况，可以从以下五个方面分析。

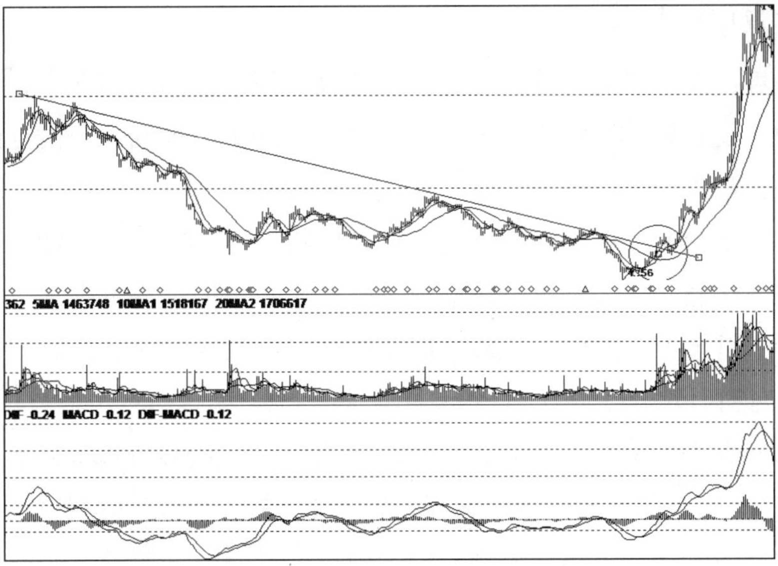

图 4-19

（1）在成交量方面，大阳线真正向上突破下降趋势线时必须持续放大。价量配合的突破越积极，其可靠性越强，后市上涨的空间越大。

出现以下两种不放量的情况时，不能简单地认为是假突破。

第一，股价突破当日因强势上涨封住涨停板位置，投资者因惜售导致成交量未能放大，这时不能认为是假突破。

第二，股价经过长期下跌，突然向上突破下降趋势线，此时可能由于股价长期下跌，市场人气未恢复，观望情绪强烈，或者是行情太过突然，投资者来不及做出反应，这时不能简单地认为是假突破。只要在后面几个交易日中出现补量现象，仍可视为有效突破。

（2）下降趋势线的时间跨度越大，突破的意义越大，突破越可靠，后市上涨空间越大。

（3）股价下跌幅度越大，突破后上涨的幅度越大；股价下跌幅度过小，则很可能是假突破，或者仅仅是短期反弹行情，股价仍将继续下跌。

（4）百分比法则。假如某一交易日大阳线向上突破下降趋势线的幅度超过3%，那么该下降趋势线就算有效突破，日后股价上涨的概率较大，投资者应抓住买入时机。

（5）时间法则。假如某只股票收盘价向上突破下降趋势线超过 3 天，那么该突破自然是有效突破，日后股价上涨的可能性较大，投资者应及时买入。

3. 注意虚假信号

一般而言，股价向上突破下降趋势线或突破重要压力位时买入，这种方法本身是正确的，股价只有突破了重要的压力位，才能不断地向上攻击。如果投资者的操作方法存在失误，在股价突破时买入，结果却赔了钱，则是遇到了假突破的做多陷阱。投资者认为突破是买点时介入，庄家却在突破时悄悄出货。

捕捉突破买点，一般来讲，在指数不断向上攻击时成功率很高。指数涨，个股也会涨，所以会不断地向上突破。但是在弱市与震荡市里，风险时时存在，因为庄家会随时利用假突破出货。

图 4–20 是时代新材（600458）的日 K 线图。该股股价见顶后逐波回落，小幅反弹后再次下跌，并形成一条下降趋势线。2017 年 10 月 26 日，一根放量上涨大阳线向上突破下降趋势线的压制，预示股价下跌将告一段落，因此是一个买入信号。次日股价却低开低走收阴，几乎收回了大阳线的全部涨幅。此后股价阴跌，买入者被套其中。

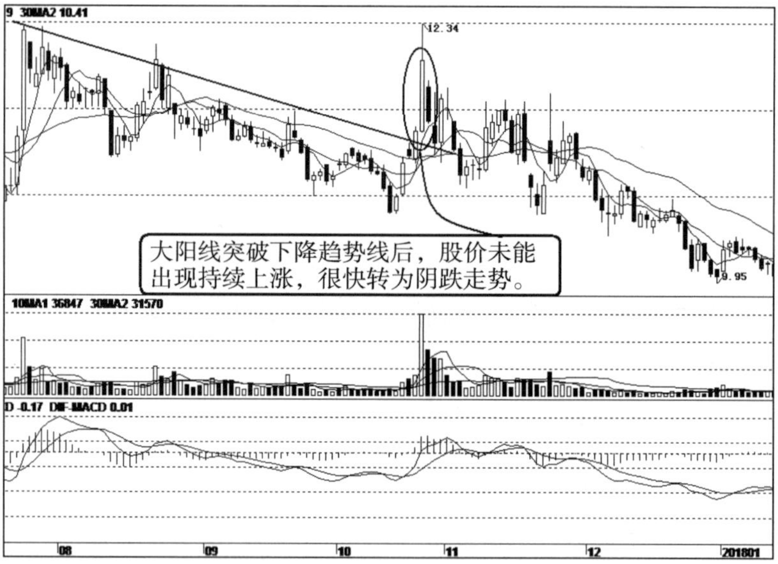

图 4–20

该股当日形成了绝对的突破走势，股价向上突破了下降趋势线，但是突破后股价并没有上涨，而是快速回落。为什么股价突破下降趋势线后没有上涨，反而下跌呢？仅从 K 线形态上很难找到答案，因为 K 线形态在此时有买点的迹象。从 K 线图上也找不到假突破的信号，这时就需要分析成交量的变化。

如图 4–20 所示，该股存在一个突出的问题，即突发巨量单日突破。在突破前后的几个交易日都是缩量，这种走势就值得怀疑了。庄家为什么要这么做？庄家采用的心理战术是没有人跟缩量突破，那么总有人跟放量突破吧，因此出现间歇性脉冲放量，庄家却在其中悄然出货。在主流资金外逃的时候，千万不能入场操作！根据成交量的变化，可以轻松回避假突破走势。

通过上述分析研判，该股突破下降趋势线是一个失败信号。遇到这种走势，持仓者在回抽确认无法形成更高的高点时，应逢高退出观望。持币者保持观望，切不要盲目介入。

七、如何识别股价真假突破

股价向上突破很常见，但有的突破能够持续上扬，即属于有效突破；有的突破却半途而废，冲到前期阻力位附近掉头向下，将投资者套牢在高位，即该突破属于无效突破。那么什么样的突破属有效突破，什么样的突破属无效突破呢？对投资者而言，怎样才能识别假突破呢？

根据长期的实战经验，这里总结一下真假突破的盘面特点。

（1）大盘强弱度和板块联动情况。一般而言，当大盘处于调整、反弹或横向整理的阶段，个股出现放量突破是假突破的可能性较大；当大盘处于放量上升过程或盘整后的突破阶段，个股出现放量突破是真突破的可能性较大。个股突破时，板块联动同时向上，则可信度较高，这时要选择量能最大、涨幅最大的个股，它往往就是板块中的龙头股。最后还要看政策面和基本面有无支持该板块向上的理由。

（2）量能与 K 线。股价在创出新高的同时，量能却不能有效放出，而且成交量往往不能持续放出，这是假突破的最大特点。为什么要放量呢？因为股价突破前期多个高点，会有大量套牢盘放出（前期高点越多，越需要大成交量的配合），再加上一部分获利盘发现股价到达前期成交密集区，也会选择减仓操作。如果放出大量，并收出小上影线或光头大阳线，表示庄家此次上攻不是试探，而是将抛盘通吃。试问这样的资金实力不是庄家又会是谁？这根 K 线几乎肯定就是一根大成交量、高博弈的大阳线。

一般来说，前期筹码无明显发散的个股，特别是筹码一直在集中的个股，在突破前期高点时无须放出巨量，但至少要大于前期顶点时的成交量，且在突破之后还要持续放量一段时间，这样才能说明突破有效。如果突破时成交量比前期高点还小，突破后即缩量，则表明突破无效，假突破的可能性较大，此时应果断卖出，否则就会套在相对高点。

如果个股前期明显有筹码集中迹象，可以在创出低点时少量跟进，与庄共舞。另外，前期有庄家明显出货迹象的个股，在突破时必须放出巨量，且持续放巨量，证明有重大题材进入炒作期，有大资金入场，这样的突破才算是真突破。

个股突破之前放量上扬，拉出中大阳线，突破时放量向上跳空，则可信度较高。此大阳线与跳空缺口称为突破大阳线、向上突破缺口，极具分析价值。突破之后，由于要清洗浮筹，减轻上行压力，所以往往会出现整理走势，或收出长上影线K线，但量能要逐步萎缩。

（3）出货量与建仓量。假突破中，庄家出货量往往很大；真突破量能放大往往比较温和，资金性质是明确地向场内介入。虽然有时也会引发放量突破，但只要资金性质未改变，投资者便可以跟进。

所以，区别真假突破，最主要的是判断庄家是不是在出货，只有准确判断，才能回避假突破的风险。

假突破的风险就在于庄家借助巨量出货，因此K线形态并不是最重要的，主要在于成交量的变化。一般来讲，庄家的出货量必然会引发虚假突破，只有庄家完成建仓，才会形成真实的突破。但是同样的放量，什么样的量是出货，什么样的量是建仓，很多投资者很难弄清楚，等到弄清楚以后，股价要么已经跌了很多，要么已经冲上了天。对于判断能力不强的散户，在分析突破时，要尽量避免操作放量的股票，除非真正识别出量能放大的含义。

有很多资金实力雄厚的庄家，在突破时也不是完全以放量的形式突破，有一些股票是以缩量或是不放量的状态完成突破。因为股价虽然创出新高，但是谁也不肯卖出，说明投资者持股心态稳定。庄家持仓量巨大，说明庄家根本不想出货。庄家在当前位置不出货，股价必然会再创新高，所以对于无量突破的股票，一定要敢于操作。成交量萎缩可以限制庄家出货，当然股价的波动绝不可能全是缩量突破这么简单。放量突破能比缩量突破带来更大的收益，因为真正的放量突破的突破点下方是资金的建仓区间，庄家采用这么猛烈的手法将股价拉离成本区，后期股价必将短线暴涨，所以从获利的速度来讲，放量突破带来的收益是最高的。

缩量突破可以限制庄家的出货行为，但只有那些高度控盘的个股才能形成缩量突破走势。遗憾的是，很多个股并不是庄家高度控盘，并且有些高度控盘的个股，也需要庄家在突破点大量吃进抛盘而进行增仓操作，这样一来就会在突破时形成放量的走势。投资者对放量突破走势可谓又爱又恨，爱的是有些放量突破的个股突破后会快速上涨，但是有些放量突破的个股成了假突破，投资者因而掉入诱多陷阱。

（4）均线系统。股价向上突破后，一般会沿着 5 日均线继续上行，回档时也会在 5 日均线附近止跌，5 日与 10 日均线呈多头排列。但是假突破有所不同，股价突破创新高后，开始缩量横盘，让投资者误以为是突破后的回抽确认，但在回档时股价跌破了 5 日均线，继而又跌破 10 日均线。当 5 日与 10 日均线形成死叉时，就可以确认为假突破。

股价出现第二次交叉（黏合）向上发散，以真突破居多。股价大幅上涨后，均线出现第三次、第四次向上突破的情况，以假突破居多。技术分析专家对均线初次交叉（黏合）向上发散、均线再次交叉（黏合）向上发散格外关注，并称相关均线为银山谷、金山谷，但对第三次、第四次就不那么推崇了。没有只涨不跌的股市，热点需要转换，板块也需要轮动。长线大牛股不是没有，只是太少了。

（5）时间要求。低位突破：股价长期持续下跌，然后在低位横盘。只要在低位时间足够长（超过 3 个月以上），股价在低位两次向上突破时，以真突破居多。反之，当低位横盘时间短于 2 个月，向上突破往往以假突破居多，这也是形态理论的要求。高位突破：个股高位横盘整理，整理时间越长，向上突破越有效。

第五章 / 低开高走大阳线

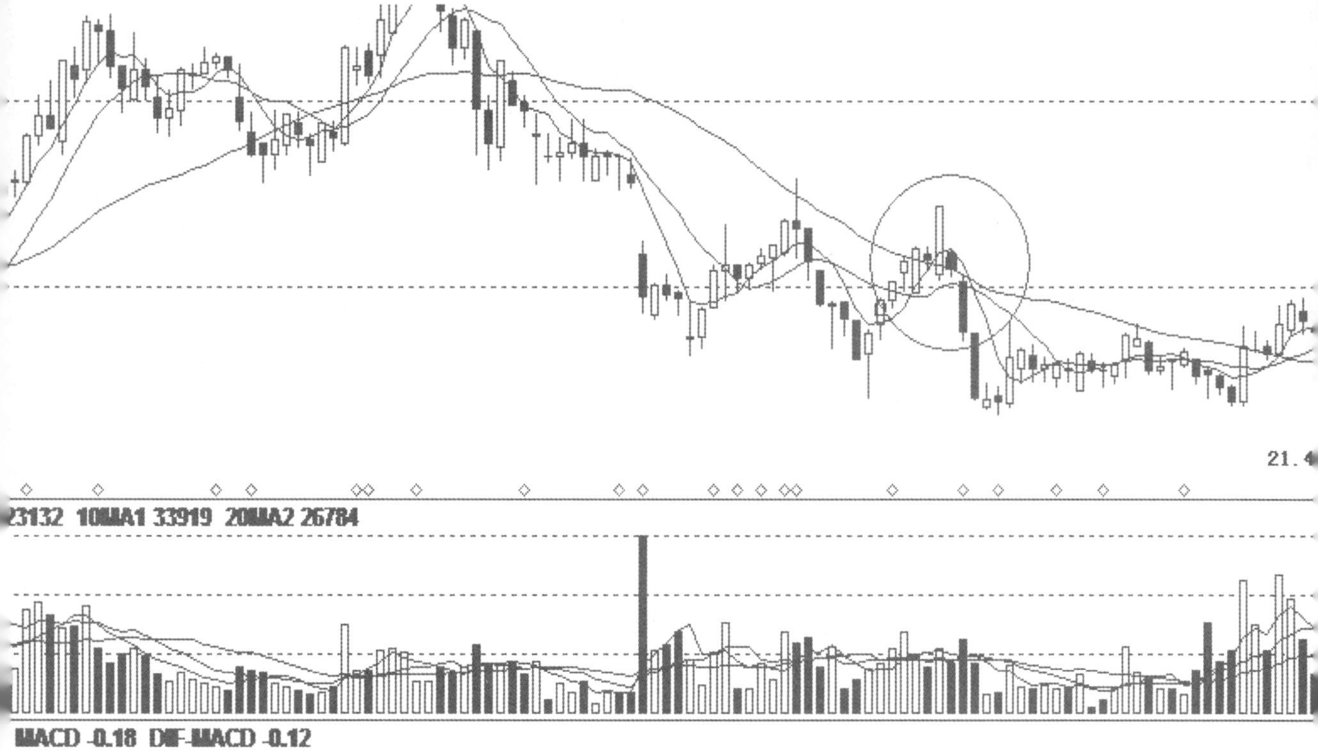

一、低开高走大阳线的一般理论法则

低开高走大阳线也叫准大阳线或亚大阳线，这是大阳线的一种特例。股价大幅跳空低开后（一般至少跳空 –5%），在买盘的推动下逐波盘升，最终在最高点或次高点收盘，从而形成大阳线。但股价与前一日收盘价相比，涨跌幅度并不大。

这种 K 线其实是一种异动的 K 线，也是一种不正常的 K 线。通常出现一根异动的 K 线往往意味着市场发生了一些不寻常的变化，因此要捕捉这样一根 K 线表达的市场含义是什么？根据多年经验，在相对低位出现低开高走大阳线是资金逢低大举介入的标志；相反，在较高位置出现这样的 K 线，往往是股价即将见顶的标志。

值得注意的是，这种 K 线虽然是阳线，但股价并不见得都是上涨的，有时股价甚至是下跌的，具有准阳线的味道，所以称这种 K 线为“准大阳线”。

低开高走大阳线也有三种不同的 K 线：一是上涨准大阳线，即股价上涨且 K 线为阳线的准大阳线；二是平盘准大阳线，即股价持平（或涨跌幅度不大），而 K 线为阳线的准大阳线；三是下跌准大阳线，即股价下跌，而 K 线为阳线的准大阳线。准大阳线的形态特征与标准大阳线相比，除股价实际涨幅不大外，其他外表形态完全相同。

低开高走大阳线的作用：这种大阳线的形成和技术含义与一般大阳线不同。经过长时间的下跌，股价陷入阴跌状态，成交量也萎缩至地量水平。某日股价突然大幅低开，但随即被多头力量快速拉起，在日 K 线图上形成一根光脚大阳线。这种情况是多头力量强势的表现形式。一般情况下，出现低开高走大阳线之后，股价都会形成一个中短期低点，低开高走大阳线出现当日，开盘时是投资者介入的最佳时机。

低开高走大阳线同时具有一阳吞多阴和单日反转的特征，是可靠性非常强的底部转势信号。通常情况下，它往往形成于四种情况：一是庄家吸货完毕；二是震仓或洗盘结束；三是股价成功探明底部；四是个股利空出尽，庄家反手做多。

研判低开高走大阳线，投资者要抓住五个要点。

（1）由一根大阳线组成，当日实际股价涨幅不大。

（2）股价大幅跳空低开 5% 以上，最长实体大阳线幅度可达 20%。

（3）大阳线没有下影线或下影线很短，上影线也很短。

（4）通常伴随成交量明显放大。注意：在随股价下跌探明底部的过程中，成交量放大并不是必要条件。

（5）经常出现在庄家洗盘动作结束之时。

虽说低开高走大阳线是股价趋势强烈变动的转势形态，但其出现诱多和诱空陷阱的情况也不鲜见。

低开高走大阳线的庄家主要有两种类型：一是低开高走大阳线出现后，股价逐级下跌，这种情况多出现在有突发性利空消息，庄家先一步知道了真相，率先行动，利用大幅低开的动作将股价拉高，并做出一个要大幅拉抬的假动作；二是低开高走大阳线出现后，股价继续横盘走势，这种情况多出现在完全控盘的庄股中，往往是庄家过于寂寞弄出的花样。

需要明确的是，这种 K 线是从前后 K 线组合角度而言的，仅从单根 K 线来看仍然属于标准的大阳线。这种阳线与大阳线有相近的市场分析意义，但是由于它是大幅低开形成的，所以其可信度远低于标准大阳线，因此属于次要的看涨信号。出现在不同阶段的低开高走大阳线，其技术意义和操作方法也不一样。

二、低价区域的低开高走大阳线

低价区域的低开高走大阳线出现的频率非常高，也是庄家做盘的基本手法。在大幅下跌后的低位，如果某日突然大幅跳空低开 5% 以上，然后迅速拉升，当日股价涨幅不大，也可能从跌停板拉到涨停板，实体大阳线幅度达到 20%，这种走势往往意味着庄家在建仓、洗盘或试盘，有时也是行情即将启动或快速拉升的信号，因此是一个买入信号。

图 5-1 是哈投股份（600864）的日 K 线图。该股股价经过长时间的下跌调整，在底部区域形成盘整走势。股价起伏，再次回落到前面两个低点附近，疑似构筑三重底形态。这时庄家故意大幅跳空在跌停板价位开盘，击穿了前面两个低点，在技术上造成向下破位之势。

这时市场中不可避免地出现恐慌，有的投资者甚至提前挂单止损。可是在分时走势中，股价迅速被大买单拉起，重新回到前一日的收盘价附近，甚至一度翻红。不少投资者因持股信心动摇，纷纷将筹码抛给庄家，所以在收盘前股价有所回落，当日收出一根实际股价小幅下跌的低开高走大阳线。

随后几个交易日，股价慢慢回落到大阳线的开盘价附近，经过短暂的整理，股价企稳上涨，出现一波短期涨幅较大的行情。

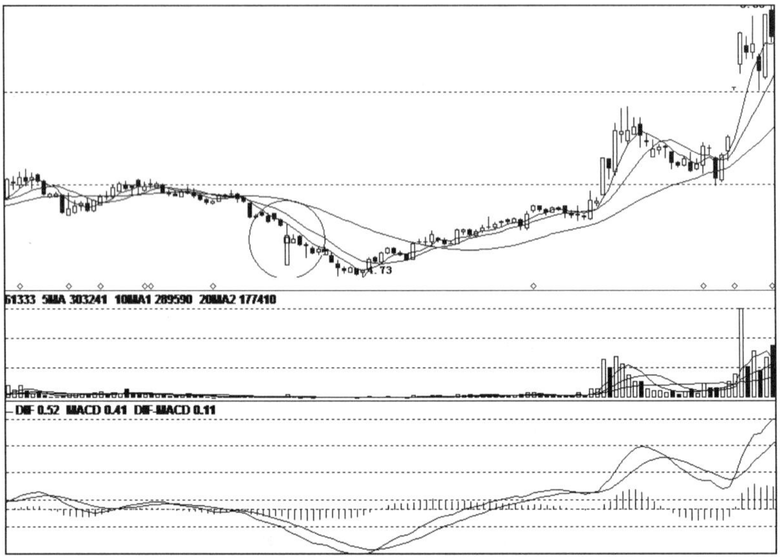

图 5–1

该股的这根低开高走大阳线意味着什么呢？这是一个庄家建仓和试盘的动作。

如图 5–1 所示，庄家通过大幅跳空低开的手法，故意向下击穿了前面两个低点的技术支撑，造成技术形态破位走势。这样既可以使场外的部分技术派人士不敢介入与庄家抢筹码，又可以让场内的持股者产生恐慌，急不可耐地抛出筹码，庄家达到收集低廉筹码的目的。同时，通过这种手法可以向下测试底部支撑情况，摸准了市场底线后，股价随即向上运行。投资者掌握了庄家的坐庄意图后，实盘操作中就可以与庄共舞了。

低开高走大阳线的买入要求有三点。

（1）前期股价跌幅巨大，超过 50%，长期缩量。

（2）当日开盘价越低越好。若是由跌停板拉到涨停板，为走势最凶悍的股票。这种 K 线标志着低位正式出现，短线飙升行情启动，甚至有可能是长达几个月的中线行情，股价可能出现翻几番的涨幅。

（3）大阳线出现之后，股价回调不深，一般不跌破低开高走大阳线的低点。即使跌破，其幅度也不大。股价回调时，必须呈缩量态势，否则会影响大阳线的看涨效果。

一般情况下，股价未经充分炒作的个股，在股价相对较低的位置出现低开高走大阳线，往往预示着该股有很强的中短期上升动力。不过为求稳妥，还要结合该股基本面、成交量和市场走势综合分析，才能做出准确的判断。如果这种大阳伴随着一些利空因素同时出现，更能说明主力资金在低位大肆吸纳，股价涨升的爆发力更强。

在多空相对平衡的市道，板块与个股联动行情相对而言不是特别明显，市场中大多数个股交投相对清淡。在这种情况下，某些个股的庄家往往会通过制造一些特别的技术图形吸引市场的注意力，通过集合竞价打压股价大幅低开，形成低开高走的大阳线，就是其中最典型的证明。

图 5-2 是汤臣倍健（300146）的日 K 线图。该股的这根低开高走大阳线出现在第 4 浪回调洗盘整理结束时。股价经过第 1 浪和第 3 浪上涨，随后进入洗盘整理阶段，股价渐渐回落，形成两个明显的阶段性低点，初步形成了双重底形态。

不久，股价大幅跳空低开 9%，击穿了前面两个低点，在技术上造成向下破位之势。但在分时走势中，股价迅速被大买单拉起，且当日收盘出现 3% 的涨幅，形成了一根低开高走大阳线。随后股价进入第 5 推动浪的上涨行情，且在该浪中出现了延伸浪走势，股价上涨幅度较大。

该股中的这根低开高走大阳线是洗盘整理结束的标志性信号。

如图 5-2 所示，股价经过长达 4 个多月的洗盘整理，盘中浮动筹码清洗得比较彻底，成交量大幅萎缩，说明抛压已经减轻。均线系统呈黏合状态，30 日均线由下行转为走平，说明跌势趋缓，股价调整到了后期。

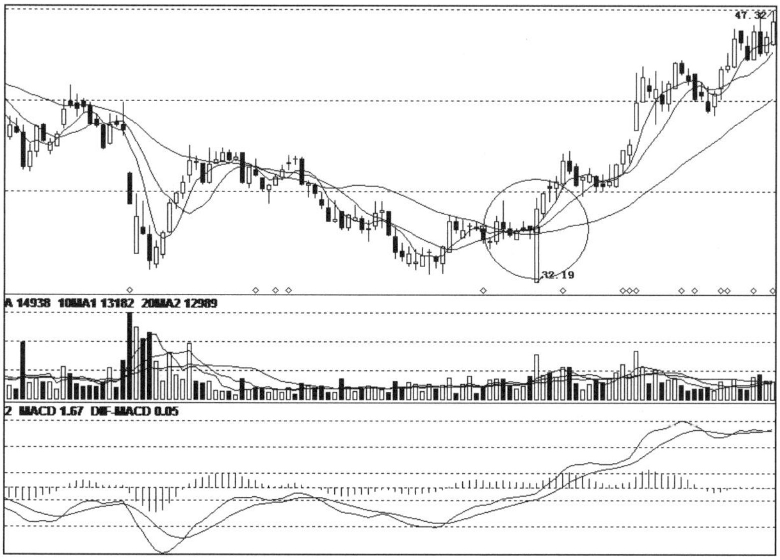

图 5-2

低开高走大阳线由下向上穿过均线系统时，形成一针穿三线形态，封堵了股价的下跌势头，且均线系统呈多头发散形态。在低开高走大阳线出现的次日，股价继续走强并收出一根中阳线，看涨信号得到有效验证，因此这是一个后市看涨的信号。投资者遇到此情形时应大胆做多。

图 5–3 是海天防务（300008）的日 K 线图。该股股价见顶后逐波下跌，随后在底部形成长时间的盘整走势。不久盘面出现异动，前一日的收盘价是每股 7.13 元，当日低开在每股 6.43 元，股价几乎在跌停价位开盘。之后没有维持在跌停状态，反而一路震荡走高，当日以平盘价报收，即收在前一日的收盘价位置，形成一根光头光脚的大阳线。

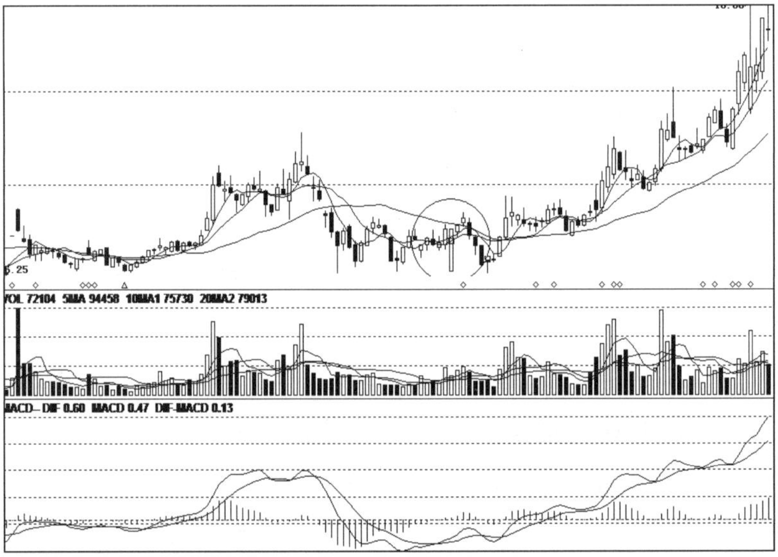

图 5–3

这种走势属于非常抢眼的异动盘面。为什么股价会从跌停板位置一路拉上来呢？这是庄家大量吃进筹码所致。发现这种异动 K 线的时候，一定要清楚其不会无缘无故地出现。当股价再次回落到大阳线开盘价附近企稳后，股价不断走高，步入牛市上升通道。

低开高走大阳线属于异动 K 线，实盘中这种 K 线非常多，可能在同一只股票走势中也会多次出现。很多庄家习惯使用这样的操作手法，以达到洗盘或建仓的目的。投资者在操作上可以看准时机，在当日早盘几分钟内及时跟进。这根 K 线在早盘比较容易判断，早盘大幅低开后迅速走高，这样的走势并不需要等到下午收盘才发现，在开盘的瞬间完全可以发现。只要个股的基本面没有问题，大盘走势也不差，入场后就没有太大的风险，完全可以采取及时跟进的操作策略。

当然，并不是每次出现这样的 K 线时，股价都会直接开启拉升行情，有可能出现一段时间的回调整理，重要的是必须认识这样的异动 K 线。

股价经过大幅调整，什么时候见底，或者说什么时候可以进场抄底，投资者不得而知，必须等到出现一根标志性 K 线，才能做出买卖决策。低开高走的异动大阳线毫无疑问就是一个标志性的 K 线见底信号，说明当日已经有资金进场。这时可能均线系统、技术指标、技术形态等都没有发出任何进场抄底信号，K 线却发出了市场信号，这就是 K 线的优点。投资者必须认识这种 K 线，如果掌握了这样一根波动幅度非常大的异动 K 线的市场含义，尽管此时其他技术工具没有发出做多信号，投资者也已经抓住市场动向，读懂了庄家的操作意图，接下来就知道怎么操作了。

投资者可以思考一下，出现这样一根异动 K 线，一般的散户或小资金根本无法实现将股价从跌停价拉到涨停价，除非有非常大的资金在运作，才会出现这样的盘面走势。大规模资金在这个点位进去，后面一定会有非常壮观的上涨场面出现，所以投资者应及时布局。如果等到均线系统彻底金叉或形成多头排列再入场，可能股价距离底部已经非常遥远，最起码已经有 20% 以上的涨幅，此时是否入场，投资者可能会犹豫不决。

异动 K 线可以很容易地让投资者找到重要的拐点或者底部，因为它属于不正常的盘面走势反映。大部分 K 线不会表达这种走势情况，只有极少数 K 线能表达这种市场含义，这就是标志性 K 线的意义所在。

这种 K 线往往是一些非常坚决的做多资金在相对低位和市场极度恐慌的时候坚决进场形成的，庄家毫不犹豫地大幅拉升股价，大举吸纳筹码，然后经过一段时间的整理，慢慢地启动牛市行情。这种 K 线背后隐藏着耐人寻味的隐情，投资者需要通过 K 线的运行挖掘庄家的异动动向。庄家资金的运作通常是有计划、有步骤的，如果盘面出现了异动，往往是非常重要的变盘时机，所以一旦出现这种 K 线，投资者必须高度重视。只要发现类似的 K 线，庄家行踪就暴露无遗。通过这根 K 线，投资者可以读懂庄家的意图，然后紧跟庄家步伐，与庄共舞。

三、上涨途中的低开高走大阳线

在上涨过程中出现低开高走大阳线时，如果出现在阶段性高点，大多是开始试盘或洗盘整理的信号，短期可能有一个技术性修复过程。如果出现在短期调整后的低点，大多是试盘或洗盘调整结束的信号，后市可能出现新一轮上涨行情。

图 5-4 是蓝色光标（300058）的日 K 线图。该股股价经过成功的炒作，在

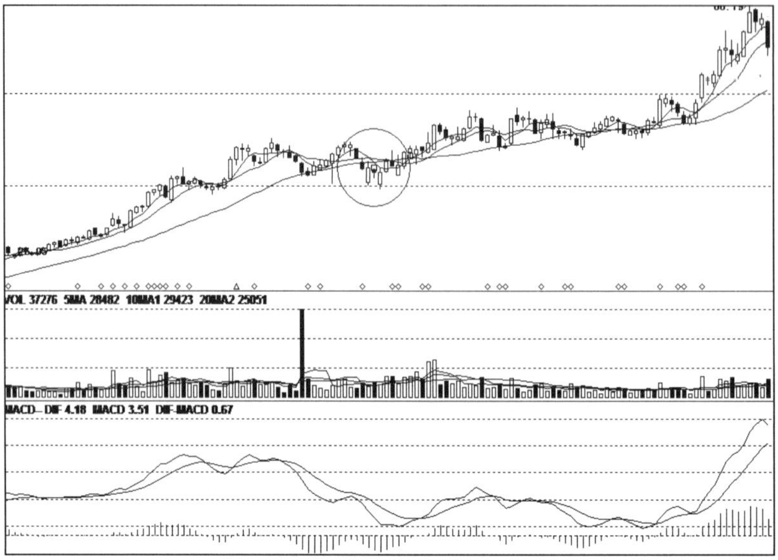

图 5-4

高位洗盘整理。经过一段时间的横盘整理，在相对高位出现两根时间非常接近的低开高走大阳线，随后股价继续盘升。

该股的这两根大阳线出现在上涨途中，通常预示着股价洗盘整理结束。虽然大阳线收在均线系统之下，但 30 日均线始终处于上行状态，对股价起着向上牵引的作用。一旦股价返回 30 日均线之上，则进一步加强做多信号。因此在股价重返 30 日均线之上时，投资者可以积极介入。

在实盘操作中，投资者遇到这类个股，应掌握以下三个操作技巧。

（1）根据实战经验，股价上涨途中如果出现一根低开高走大阳线，次日股价维持强势走势并收出阳线，往往预示着该股在 1~3 周内涨幅将超过 10%，投资者可以及时介入，将获利目标控制在 10% 左右离场。

（2）上涨途中的低开高走大阳线一般是庄家做盘所为，因为这样可以将某些技术指标调下来，便于庄家后市继续拉升股价。需要注意的是，收出低开高走大阳线后，如果次日收出阴线，则说明空方力量较强，后市涨升幅度将明显受到限制。

（3）在股价上涨到高位之后，如果出现带有长上影线的阴线，且阴线实体将前一日的阳线实体包住，则预示股价将反转，投资者应及时离场，以免高位被套。

图 5-5 是赛为智能（300044）的日 K 线图。该股股价见顶后大幅下跌，之后在底部长时间震荡。在震荡过程中，经过连续几日的快速打压，股价渐渐企稳回升，成功突破均线系统的压制，股价重新回到前期盘整区域。不久后，股价突然大幅跳空低开 7%，但盘中被多方力量大幅拉起，当日收出一根幅度达到 13%

的大阳线，成为异动 K 线，投资者应密切关注。

在实盘操作中，有的投资者看到这种大幅低开的 K 线后会感到恐慌，因而不断地抛出手中的筹码。庄家却张开大口，悉数吃进散户抛出的筹码。

毫无疑问，这根异动 K 线说明有大规模的做多资金进场，预示将发生不同寻常的事。在这个位置出现这根 K 线，后市走势无非有两种可能：一种是横盘震荡，选择突破方向；另一种是直接拉高股价。分析当日的这根大阳线可知，其攻击力非常强，是一根标志性 K 线，也是一根异动 K 线。认识了这根 K 线，就明白了庄家在干什么，以及将要干什么，这样投资者就该知道怎么做了。

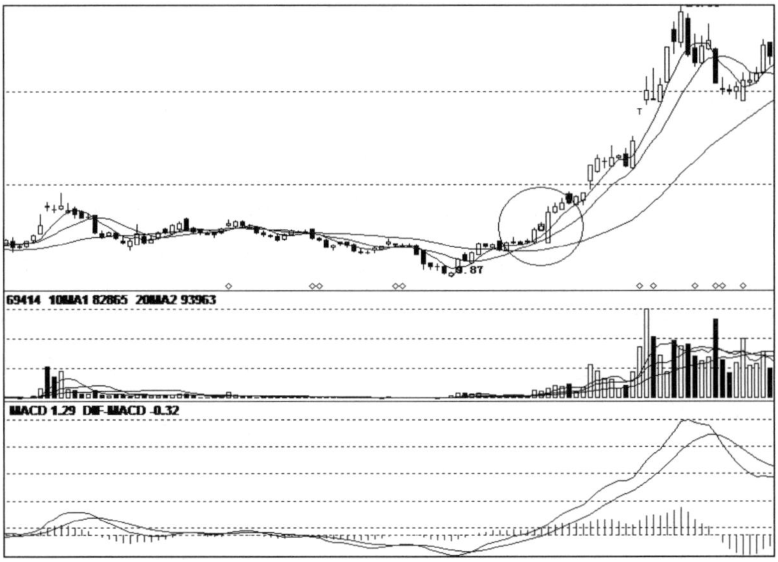

图 5–5

四、下跌途中的低开高走大阳线

在下跌过程中出现低开高走大阳线，大多是多头的抵抗性反弹走势，或者是庄家为了引起市场的注意，特意大幅低开后向上拉高，从而形成低开高走大阳线，使投资者产生错觉而买入被套，从而成为下跌中途的大阳线诱多陷阱。

图 5–6 是银鸽投资（600069）的日 K 线图。该股股价见顶后逐波走低，盘面弱势特征明显。受前一交易日跌停的影响，2018 年 5 月 7 日股价跳空开盘于跌停价位，开盘后遇多方抵抗，涌入的买盘打开跌停板，将股价缓缓推升至次高价，收盘收出一根长达 16.30% 的大阳线（当日实际股价上涨 6.30%）。有的投资者看到这根大阳线就以为股价止跌回升，纷纷介入。可是后期股价没有持续反弹，经过几个交易日的震荡，继续向下破位。

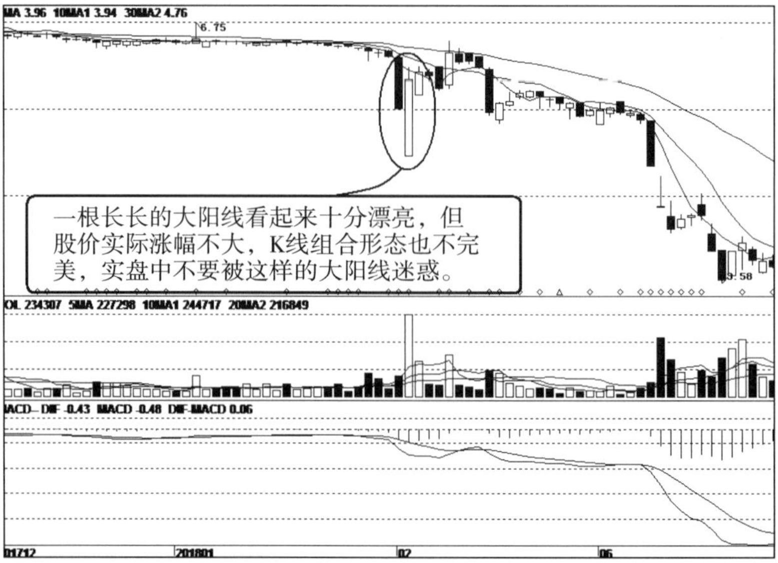

图 5-6

图 5-7 是紫金矿业（601899）的日 K 线图。该股股价见顶后一路向下阴跌，在跌势中收出一根跌停大阴线，次日股价大幅跳空低开 5%。当日股价在盘中略微下探后，缓缓上行至次高价收盘，收出一根低开高走的大阳线，但实际上当日股价仍然下跌 1.25%。有的投资者看到这种大阳线，以为股价止跌回升而纷纷介入，但之后股价没有出现预期的反弹，而是继续盘跌，大阳线出现当日入场的投资者惨遭套牢。

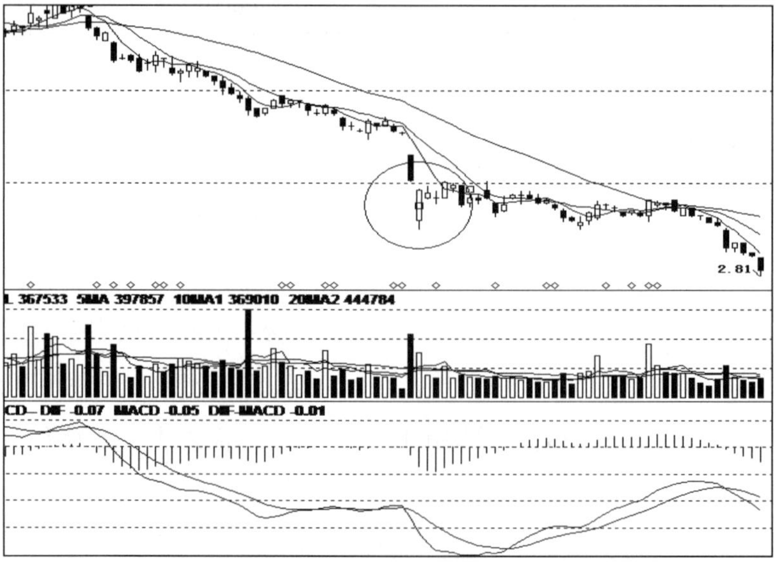

图 5-7

上述两个实例基本相似，准大阳线都出现在下跌途中。毋庸置疑，仅单根大阳线本身而言，具有强烈的看涨意义。但是，如果将这根大阳线放到 K 线组合中分析，那么它的看涨意义未必强烈，甚至没有任何看涨的理由。

如图 5–6 和图 5–7 所示，图上虽是收出一根大阳线，但当日股价实际涨幅都不大，对整个盘面来说，仍然没有脱离弱势格局，只是盘中多头进行了抵抗性回抽，后市发展趋势依然扑朔迷离。另外，当时市场下降趋势清晰可见，30 日均线不断压低股价，均线系统空头发散加剧，MACD、RSI、DMI 等技术指标进一步恶化。实盘操作中遇到这种 K 线图形时，投资者可谨慎看多，但不宜做多。

五、高价区域的低开高走大阳线

低开高走大阳线经常出现在反弹高点或出货阶段，有时也出现在调整、洗盘、试盘等阶段，基本都属于虚假的多头信号。特别是当这种大阳线出现在一段上涨行情之后的相对高位，意味着短期股价可能回调，或者形成阶段性顶部，因此是一个减仓或离场信号。

图 5–8 是傲农生物（603363）的日 K 线图，该股就是在反弹阶段出现假大阳线陷阱的例子。股价从高位下跌后企稳反弹，2018 年 1 月 26 日，股价开盘于跌停价位，盘中迅速翻红，全天大部分时间维持红盘震荡，尾盘稍有回落，当日股价收涨 2.45%，形成一根长长的大阳线。此处出现低开高走大阳线，有的投资者以为股价调整结束，后市有望加速上涨，因而纷纷介入做多。但是经过几个交易日的盘整，股价还是选择了向下破位。

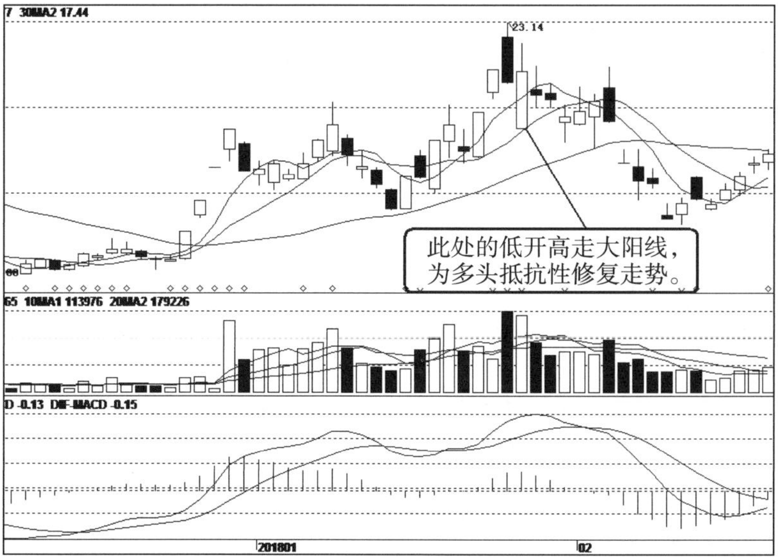

图 5–8

庄家利用低开高走大阳线大大减轻了那些经过大幅拉升后股价处于相对高位的个股的抛售压力，使大多数持股者暂时保持观望甚至吸引一定的入场资金，减轻短线下调的压力，进一步达到庄家减仓的目的。如图 5-8 所示，这里虽然收出一根大阳线，却是一根低开高走大阳线，当日股价实际涨幅只有 2.45%。特别是随后几日的缩量盘整，更是让人对这根大阳线产生疑问。由此可以发觉股价反弹接近尾声，多头力量明显减弱。成交量也能反映这一点，成交量逐步萎缩，表明入场资金越发谨慎，因此投资者对后市应多存几分警惕。一旦股价跌破 30 日均线，应及时离场。

图 5-9 是安利股份（300218）的日 K 线图。该股股价见底后出现一定幅度的上涨，然后在高位回落调整。当股价回落到 30 日均线附近时，略有企稳迹象。不久股价大幅跳空低开，然后在盘中快速拉升到前一日收盘价附近，当日收出一根小幅下跌的低开高走大阳线。随后股价经过短暂的整理，出现小幅上攻走势。当股价上涨到前期高点附近时，遇到强大的抛压而回落，构筑了一个双重顶形态，股价自此启动下跌调整走势。

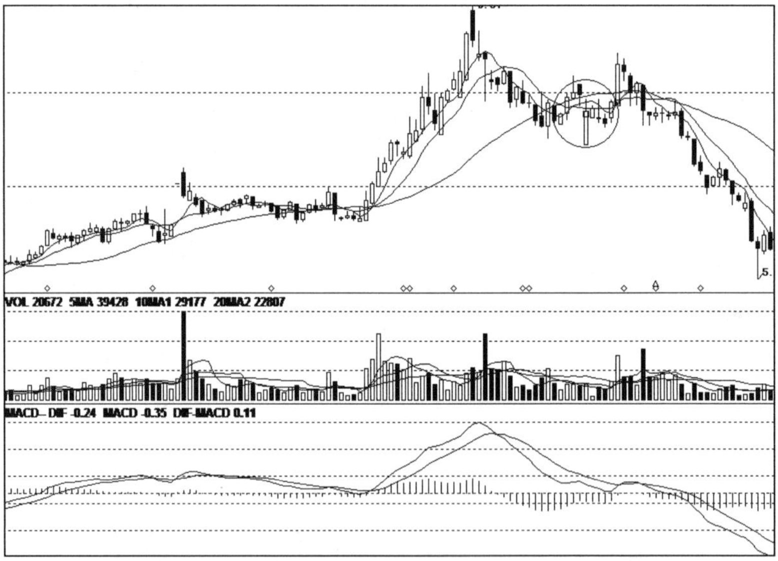

图 5-9

该股这根大阳线出现在已有一定涨幅的高位，这是庄家运用低开高走大阳线的障眼法在高位减仓的做盘手法。如图 5-9 所示，盘面已经明显走弱，股价回落到均线之下，均线系统对股价反压明显，成交量低迷。在前期高点附近堆积了不少套牢盘，因此该股短期内并不具备上涨潜力，投资者不要被这种大阳线迷惑。

六、不同位置的低开高走大阳线

1. 实盘技巧分析

低开高走大阳线因其收盘位置不同，其技术意义不一样，操作策略也有所区别。在实盘操作中，主要应关注以下三种盘面情况。

（1）颈上线。这种形态主要出现于下跌趋势中，先形成一根大阴线，紧随其后收出大阳线，但这根大阳线仅回升到前一根大阴线的下影线最低价附近，或留下一个小缺口。这种走势说明反弹力度较弱，后市仍有承前下跌趋势，故成为整理形态。如果出现在大幅下跌后的低位，可能是庄家的诱空吸货动作，预示股价即将见底回升，此时可以少量试多。

图 5-10 是智云股份（300097）的日 K 线图。在股价连续下跌的后期，股价大幅跳空低开 7%，随后快速拉起，出现了小幅下跌的低开高走大阳线。虽然股价在大阳线出现后没有立即止跌回升，但下跌幅度已经很小。经过再次探底，股价进入上升通道。

投资者见到下跌后期出现的低开高走大阳线，不能马上确定股价见底，应密切观察之后的股价运行方向。在低开高走大阳线出现后的几个交易日，如果股价重心震荡上移且逐渐放量，可以确定底部已经形成。即使股价向下调整，也离底部不远了。只要股价不出现持续的大幅下跌走势，就可以逢低少量跟进。一旦股价放量向上突破底部区域，可以重仓跟进。

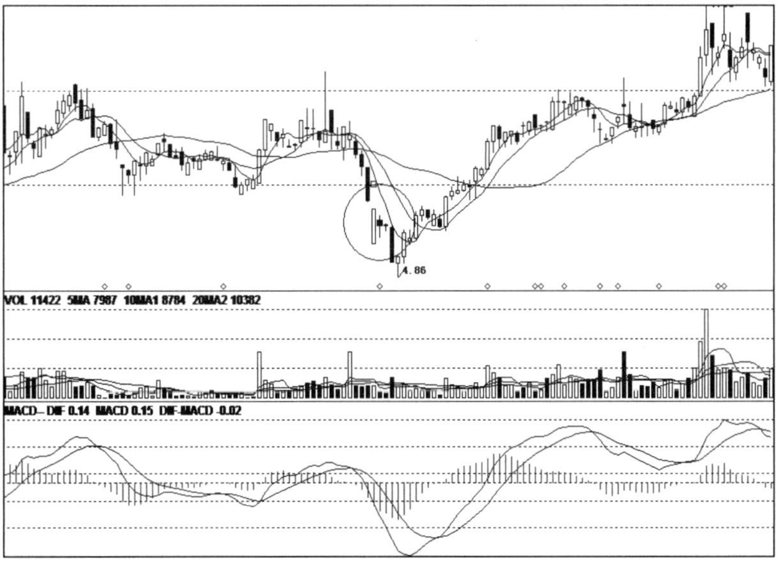

图 5-10

（2）待入线，也叫颈内线。这种形态同样出现在下跌趋势中，收盘价仅稍微高于前一根大阴线实体的收盘价，其力度较颈上线形态强，但较曙光初现形态弱，后市仍有承前下跌趋势，为整理形态。这种形态显示反弹力度不足，后市仍看跌，但在大幅下跌后的底部则另当别论，股价有企稳回升迹象，此时可以少量做多。

图 5-11 是三力士（002224）的日 K 线图。该股在低位收出一根光脚大阴线后，次日股价大幅低开后，多方顽强拉起，当日收盘时股价小幅上涨，形成一根低开高走大阳线。这种形态通常说明股价反弹力度不足，后市仍看跌。那么这根大阳线是否意味着后市股价下跌呢？关键看随后几个交易日的市场运行情况。

该股大阳线出现后的次日，股价继续强势上涨并报收上涨中阳线，基本收复了前面大阴线的大部分实体，表明股价盘升。由此可见待入线形态不一定都是下跌的，特别是在大幅下跌后的底部出现这种形态时，要谨慎做空。多空状态关键在于随后几个交易日的市场表现。

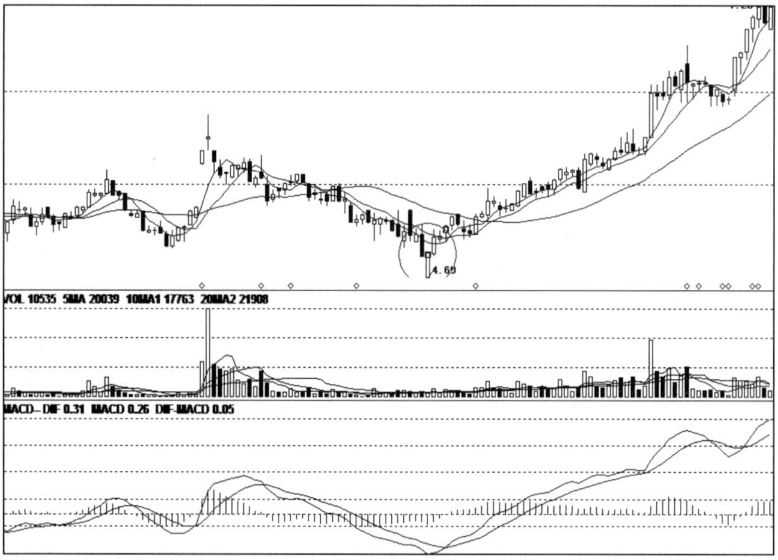

图 5-11

（3）切入线，也叫戳入线。在下跌趋势中，先收一根大阴线，第二根阳线实体收盘价位于第一根大阴线实体的位置，但未能深入大阴线实体的一半水平。切入线虽然较颈上线和待入线强劲，次日反弹水平较高，但始终不及曙光初现形态，显示反弹力度不足，后市仍看跌。但在大幅下跌后的底部，这种形态恰恰是一个底部形态，此时可以少量做多。

图 5-12 是南国置业（002305）的日 K 线图。该股股价在底部震荡过程中突然向下突破平台整理区域，当日股价以跌停板报收，形成一根下跌大阴线。次日

股价大幅跳空低开 6%，股价小幅下探后被多方快速拉起，当日形成一根小幅上涨的低开高走大阳线。随后几日股价在这根大阳线的收盘价附近震荡，市场恐慌气氛渐渐散去，股价随后震荡走高。

对于这种 K 线形态，如果出现在大幅下跌后的底部，说明庄家在测试底部支撑力度，这时要观察次日或随后几个交易日的市场运行情况。如果股价不再下跌，则后市不应过于悲观。

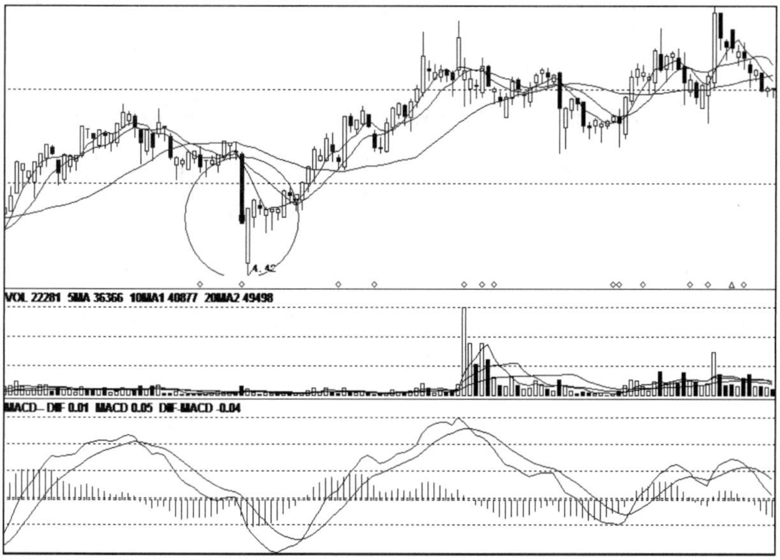

图 5-12

2. 操作技术要点

在实盘操作中，投资者遇到低开高走大阳线时应参考以下技术要点。

（1）大阳线有高开高走大阳线、平开高走大阳线、低开高走大阳线三种。就其效力来讲，高开高走大阳线后市看涨意义最强，平开高走大阳线次之，低开高走大阳线最弱。准大阳线就属于低开高走大阳线，因此投资者应认真分析这种大阳线，谨慎操作。

（2）分析股价低开是否受消息面影响，鉴别消息的影响程度和消息的真假情况，通常判断消息真假的基本方法有六种。

①辨别消息来源。来自正规渠道的消息可信度高，道听途说的消息可信度低。

②观察盘面变化。真消息使股价大涨大跌，一去不回头；假消息使股价虚涨虚跌，很快会反转运行。

③判断消息性质。重大消息会引发股价大幅波动，一般新闻则不会。

④看消息的透明度。公开明朗的消息可以作为买卖依据，朦胧传言的消息可信度低，不能作为买卖依据。

⑤看涨跌幅度。假消息跌幅较小，一般在 10%~20%；真消息跌幅较大，一般超过 30%。

⑥从时间上看。假消息持续时间较短，股价很快会复位甚至超过前期高点，可以追涨介入做多；真消息持续时间较长，股价难以回升，可以割肉杀出做空。

（3）分析当日的市场力度和性质。低开高走大阳线后市走势跟当日的涨幅大小有一定关系，投资者应结合当前市况认真分析研究，提高判断准确率。

如果是上涨的低开高走大阳线，且当日涨幅较大，原先走势又处于升势之中，后市可能出现一段续升行情；若原先处于跌势之中，后市可能止跌回升；若原先处于盘整状态，后市可能出现上涨行情。

如果是下跌的低开高走大阳线，若原先走势处于升势之中，后市可能放缓上升速度，甚至出现调整走势；若原先处于跌势之中，后市可能继续呈下跌态势；若原先处于盘整状态，后市可能继续盘整或盘跌。

如果是平盘的低开高走大阳线，若原先走势处于升势之中，后市可能不改涨升势头；若原先处于跌势之中，后市可能出现企稳走势；若原先处于盘整状态，后市可能延续盘整走势。

（4）分析庄家行为。如果股价大幅低开，有时甚至以跌停价位开盘，在连续竞价开始后，一两笔就将股价迅速拉回到前一交易日的收盘价附近，然后盘升直到收盘，这种现象大多是庄家故意做盘所为，这时应结合庄家坐庄意图、庄家建仓成本、坐庄阶段等因素综合分析，通常后市会有一段小幅的上涨行情。

（5）结合成交量分析。股价上涨通常要有大成交量的积极配合，但是在一些暴跌类个股里，特别是在一些开盘即跌停并有巨量封单的个股里，股价大幅低开在跌停价位后，巨量买盘打开封盘，推升股价，当日换手率非常高，超过 30%，这种放量现象与平常强调的放量有很大的不同，不能作为推升股价的能量，后市往往会出现盘跌走势或筑底阶段，因此不能作为买入依据。有时庄家特意通过对敲手法制造虚假的成交量，形成市场放量的假象，这种放量往往难以持续，从而成为放量准大阳线陷阱。

（6）关注次日的市场表现。如果股价能够在低开高走大阳线出现后的次日持续放量上行，继续拉出阳线，则后市继续升势的可能性大；如果次日不能收阳线，甚至收阴线，那么这根大阳线的看涨意义值得怀疑。

第六章 /
光头光脚大阳线

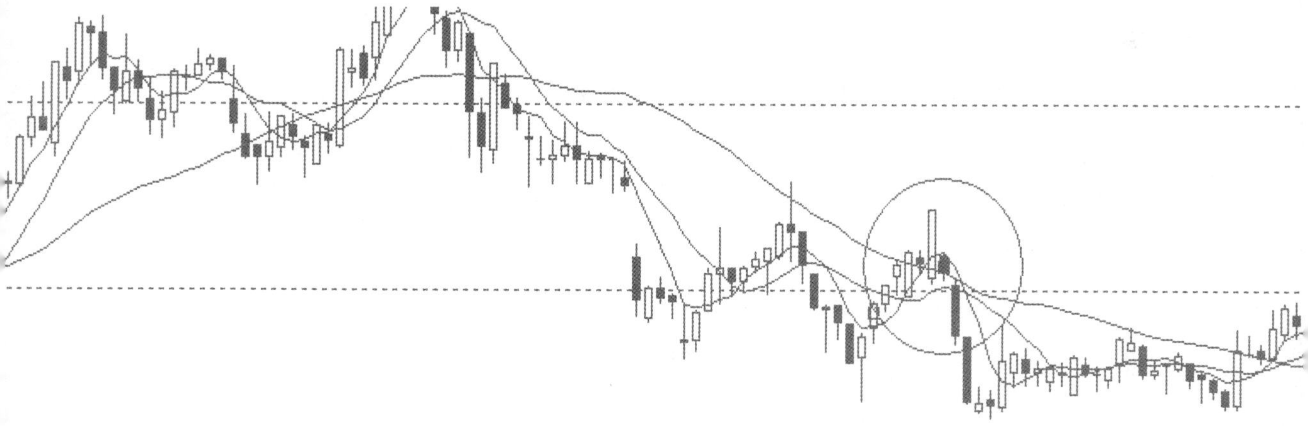

一、光头光脚大阳线的一般理论法则

标准的光头光脚大阳线收盘价远远高于开盘价，一般涨幅在5%以上；实体部分较长，股价实际涨幅较大；最高价等于收盘价，最低价等于开盘价，没有上下影线；开盘后，买方积极推升股价，中间可能出现多空双方争夺的现象，但买方一直占据盘面优势，股价一路上涨，直到收盘，股价全天在开盘价之上运行。

可以从以下九个方面判断形态效力和操作要点。

（1）光头光脚大阳线出现在市场底部时，说明跌势告一段落，此时应及时跟进，甚至追高买入。

（2）在洗盘调整结束后产生光头光脚大阳线，可以逢低跟进。

（3）在低位，光头光脚大阳线吞没的日K线数量越多，其上攻力量越大。

（4）得到成交量配合的光头光脚大阳线，意味着市场上涨能量巨大，看涨意义强烈。没有成交量配合的光头光脚大阳线，应谨慎看多。

（5）光头光脚大阳线后可能出现逼空行情，短期涨幅大，上涨速度快。

（6）股价后市上涨力度与光头光脚大阳线的长度成正比。

（7）遇到出现在反弹高点的光头光脚大阳线，应逢高及时离场。

（8）持续一段涨升后形成的光头光脚大阳线，应谨防阶段性头部。

（9）股价大幅上涨后，在高位出现光头光脚大阳线，应及时了结。

光头光脚大阳线具有普遍看涨意义，但由于所处的位置不同，其技术含义也存在差异，操作手法也大不一样。在实盘操作中，要重点关注以下几种光头光脚大阳线（本章所说的光头光脚大阳线是指上下影线很短，完全可以忽略影线的大阳线）。

二、低价区域的光头光脚大阳线

1. 实盘技巧分析

股价经过长期下跌调整，在底部区域或阶段性底部出现光头光脚大阳线，意味着多头发起猛烈的攻击，股价下跌或调整可能宣告结束，后市有望强势上涨，因此是一个较好的买入信号。

图 6–1 是西安饮食（000721）的日 K 线图。该股股价见顶后长时间下跌调整，然后在低位形成横盘整理走势，震荡幅度渐渐缩小。在整个调整过程中，成交量大幅萎缩，做空能量充分释放，股价基本跌无可跌。经过近一个月的横盘整理，2018 年 7 月 20 日，一根光头光脚的放量涨停大阳线拔地而起，突破了底部盘整区域和 30 日均线的压制，随后股价飙升。

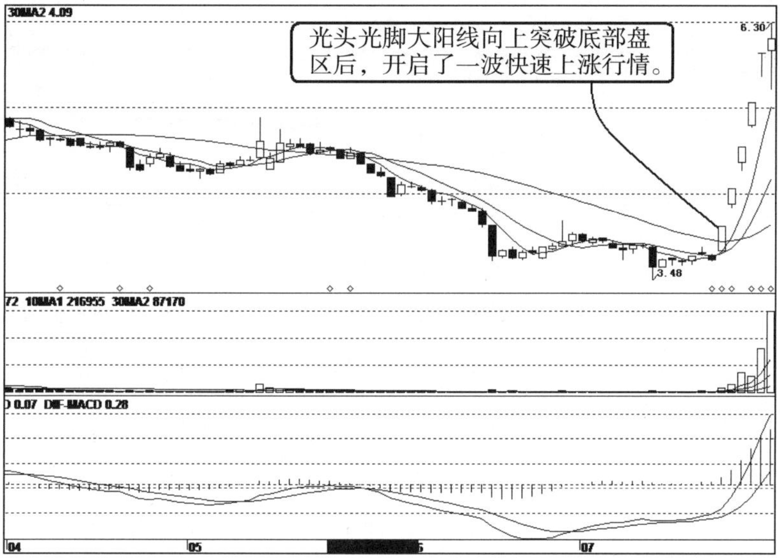

图 6–1

如图 6–1 所示，股价经过一波快速杀跌，恐慌盘得到了较好的释放，股价渐渐止跌企稳，进入震荡盘整走势。认真分析盘面，不难发现这样一些技术特征。

（1）该股前期总体下跌幅度较大，盘中随时有可能出现报复性反弹走势。

（2）光头光脚大阳线出现之前，成交量大幅萎缩，说明恐慌性抛盘已经很少，筹码基本锁定；在光头光脚大阳线出现的当日和随后几个交易日，成交量持续放大，说明买盘踊跃，上涨得到了市场的普遍认可。

（3）随后几个交易日，股价持续走强，从而确认了光头光脚大阳线的有效性。

（4）这根光头光脚大阳线向上突破 30 日均线，具有重要的标志性技术意义。

图 6–2 是天成控股（600112）的日 K 线图。该股股价经过大幅下跌调整，在底部企稳筑底，说明股价下跌动能已经减弱。2018 年 7 月 23 日，一根放量涨停的光头光脚大阳线拔地而起，股价成功脱离底部盘整区域，出现一轮快速上升行情。

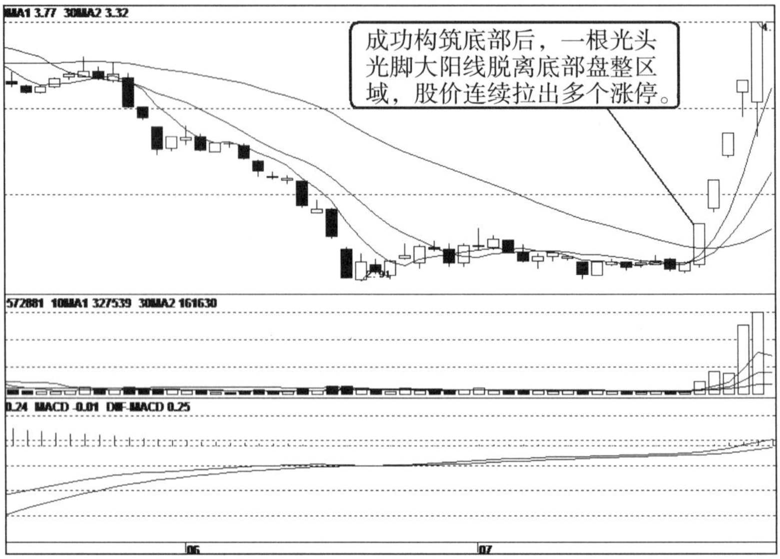

图 6-2

如图 6-2 所示，股价经过长时间的下跌调整，在底部出现横向震荡走势。收出光头光脚大阳线的前一交易日，股价已经成功站稳于 30 日均线之上，止跌迹象明显。这时出现光头光脚大阳线，其看涨意义更为强烈，宣告调整行情结束，牛市上涨行情将要启动。这既是一个见底信号，又是一个加速上涨信号。特别是随后几个交易日股价继续走强，再次收出大阳线，并且成交量持续放大，说明买盘明显增加。实盘操作中遇到这种情形，激进的投资者可以在当日买入，稳健的投资者可以在股价走强后逢低入场。

2. 操作技术要点

在实盘操作中，投资者遇到这类个股应把握以下技术要点。

（1）在光头光脚大阳线出现之前，股价调整充分，累计跌幅超过 50%，且在盘面上出现企稳迹象。通常股价跌幅越大，光头光脚大阳线的技术意义越强。

（2）在光头光脚大阳线出现之前，股价下跌速度明显放缓，随时有见底的可能。此时一旦出现光头光脚大阳线，就能使技术形态转强（如 KDJ、RSI、MACD 等技术指标金叉，均线系统突破或金叉等）。出现光头光脚大阳线之前，如果股价处于急跌状态，即使目前暂时企稳，至少还有惯性下跌因素存在，此时不宜过早介入。

（3）在光头光脚大阳线出现之前，成交量必须大幅萎缩，萎缩得越小越好，表明股价下跌动力不强，盘中抛盘稀少，恐慌盘已经基本出局。在光头光脚大阳线出现的当日和随后几个交易日，成交量必须同步放大，表明买盘介入积极，做多力量强劲，后市可以看高一线。

（4）在光头光脚大阳线出现之后的几个交易日，股价应继续强势上涨，以进一步验证光头光脚大阳线的有效性。如果随后几个交易日买方力量不能为继，股价回落并吞没了光头光脚大阳线实体，或击穿了光头光脚大阳线的最低点，那么后市仍然可能续跌，此时不宜介入。

（5）在光头光脚大阳线出现之后，短期均线（5日和10日均线）应快速上行，中期均线（30日均线）也要很快转强上行，以进一步支持股价上涨。

三、上涨途中的光头光脚大阳线

1. 实盘技巧分析

股价脱离底部后，在小幅上涨途中出现光头光脚大阳线，预示股价将加速上涨，因此是一个较强的买入信号。这种现象表明多头力量发起了猛烈攻击，开盘后立即将股价拉起并得到市场的积极响应，最终收出一根上涨的光头光脚大阳线。收出光头光脚大阳线说明当日做多力量强大，一旦股价次日继续走强，后市很可能加速上涨。这种K线一般有两种情况：一种是洗盘结束后的光头光脚大阳线，另一种是直接加速上涨的光头光脚大阳线。

图6-3是隆基股份（601012）的日K线图，这是洗盘结束后出现光头光脚大阳线的例子。股价快速下探后渐渐企稳回升，回升到前期盘区内时，庄家借用盘区进行洗盘调整，造成股价难以摆脱盘局的困境。这时散户以为股价又陷入盘整走势，动摇了持股信心。浮动筹码纷纷离场后不久，一根放量涨停的光头光脚大阳线拔地而起，突破了底部盘整区域，表明洗盘整理结束，股价随后加速上涨。

如图6-3所示，该股股价见顶后一路向下，下跌过程中成交量逐步萎缩，说明下跌动能渐渐衰竭。在底部出现了长达4个多月的横盘整理，构筑了坚实的底部基础。在股价启动之前，庄家刻意砸低股价，制造了一个空头陷阱，进行最后的清场工作。在股价向下破位时，可以看到成交量没有放大的迹象，属于无量空跌，说明盘中惜售，股价将随时企稳上涨，此时应密切关注。

股价回升到盘整区域后，庄家并不急于拉升，而是借用该区域进行洗盘整理。该区域已经有不少套牢盘，在这里洗盘整理将起到事半功倍的效果。经过短期的洗盘整理，光头光脚大阳线快速拉起股价，因此这根大阳线的技术意义非凡，既是一个突破信号，又是一个洗盘结束的信号。此后伴随着成交量的放大，股价快速上涨。在实盘操作中，投资者遇到这类个股应积极跟进做多。

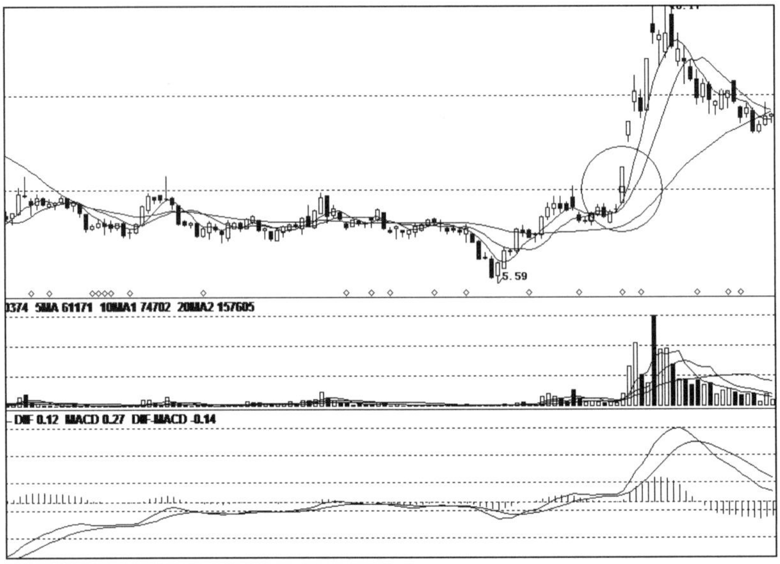

图 6-3

图 6-4 是掌趣科技（300315）的日 K 线图，这是出现光头光脚大阳线后股价直接加速上涨的例子。股价见底后步入盘升行情，庄家采用边拉升、边洗盘、边整理的方式不断推高股价，没有出现明显的回落洗盘过程。经过短暂的横盘整理，2018 年 7 月 21 日和 26 日，连续两根光头光脚大阳线之后，股价加速上涨。

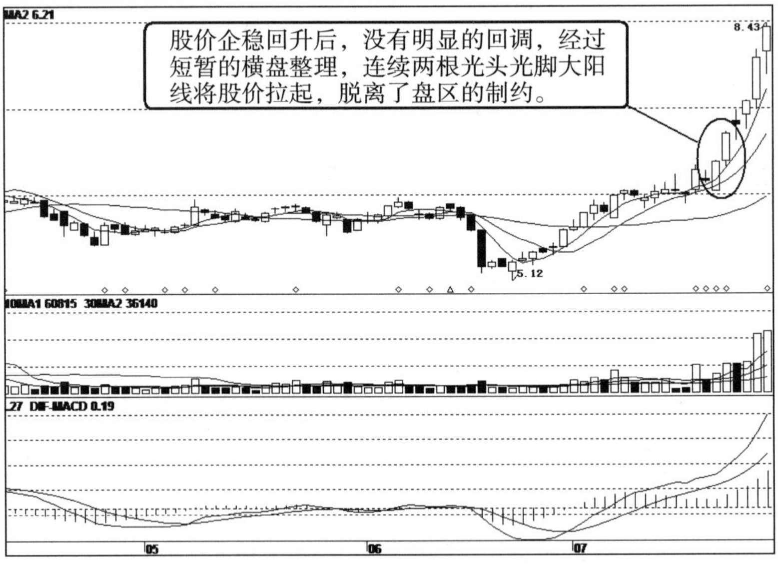

图 6-4

该股步入上升通道后，没有出现明显的回调整理走势，反映庄家操盘手法稳健，筹码控制相当牢固。这种走势在分析判断上有一定的难度，有人认为这是股价即将见顶和最后冲刺的光头光脚大阳线，后市见顶回落的可能性很大。但只要仔细观察盘面特征，不难发现这是加速上涨的光头光脚大阳线。

（1）股价从底部上涨以来走势稳健，张弛有序，量价配合默契。

（2）股价回升到盘区后缩量横向震荡整理，反映庄家资金没有大规模出逃，这时往往是一些胆小的散户离场，那么庄家拿着一大把筹码干什么呢？上涨是必然的选择。

（3）由拉高后的缩量盘整分析，庄家控筹程度较高，可以断定这是一只强庄股。强庄股一旦进入上升通道，通常不讲章法，往往走出独立的上涨行情，股价涨得出乎意料。

（4）均线系统保持向上运行，呈现多头发散形态，强势特征明显。不断上行的 30 日均线支撑股价进一步走高。

由此可见，这两根光头光脚大阳线是股价加速上涨的标志，后市必有新高可期，激进的投资者可以在当日买入，稳健的投资者在回调时逢低介入，必有可观的收益。

2. 操作技术要点

在实盘操作中，遇到上涨途中的光头光脚大阳线，投资者应把握以下五个技术要点。

（1）股价前期累计涨幅不应过大，一般涨幅在 50% 左右为佳。后市股价有一定的上涨空间，少数强庄股可以结合总体情况分析。

（2）股价已经明显见底，处于强势上涨之中，均线系统呈多头排列，30 日均线呈上行走势。在光头光脚大阳线出现之后，均线系统进一步呈多头发散形态，以支持股价继续上涨。

（3）在光头光脚大阳线出现之前，成交量温和放大，股性比较活跃，盘面张弛有序，量价配合理想。在上涨途中出现光头光脚大阳线当日，成交量可以呈恒等或小幅萎缩，显示庄家控筹程度较高。

（4）上涨途中的光头光脚大阳线，应当发生在中途整理的后期。如果整理刚刚开始，那么这种大阳线可能是庄家的试盘手法，暂时不会拉升，此时跟进不但享受不到股价拉升的快乐，反而会备受洗盘的折磨，所以这时的光头光脚大阳线并不是买入点。

识别股价是否处于整理的后期，可以参考三个要素：一是 30 日均线保持上行，市场处于强势之中；二是股价距离均线较近，均线产生离心力；三是成交量小幅萎缩后再次放大。具备上述三个要素，可以认定为整理的后期，后市股价上涨的力度和空间较大。

（5）在光头光脚大阳线出现之后，要观察次日或随后几个交易日的股价走势。如果随后几个交易日多头力量依然强劲，持续上攻并收出阳线，那么后市股价快速上涨的可能性大。如果随后几个交易日多头力量较弱，股价回落并吞没了阳线实体，那么后市涨势值得怀疑，这根光头光脚大阳线为阶段性头部的可能性较大。

3. 注意虚假信号

在实盘操作中，上涨中途出现光头光脚大阳线，股价不一定都会上涨，成为虚假的多头信号或技术陷阱的现象经常发生。下面这个例子就是出现光头光脚大阳线后不久，股价却出现了下跌调整走势。

图 6-5 是好想你（002582）的日 K 线图。该股股价见顶后逐波下跌，然后在低位企稳反弹。不久，开盘后股价立即拉高，多头气势强盛。当日收出一根光头光脚大阳线，一举包容了前面的三根调整阴线，股价也创出了反弹新高，大有加速上涨之势。可是股价并未因此继续走强，次日小幅低开后，盘中大幅震荡，随后股价盘跌，因此这里出现的光头光脚大阳线是一个多头陷阱。

图 6-5

如图 6-5 所示，虽然这里出现了一根光头光脚大阳线，但通过盘面细节分析不难发现其中的疑点：一是这是一根缩量的光头光脚大阳线，表明入场资金稀少，市场有虚张声势之嫌；二是股价承受前期成交密集区域的压力，难以形成一次性成功突破，市场必然有所反复；三是股价距离 30 日均线较远，乖离率较大，均线产生向心力，短期面临调整；四是次日股价冲高回落，随后出现持续的阴跌走势，将光头光脚大阳线全部吃掉，从而彻底否定了光头光脚大阳线的看涨意义。

从这些细节上就能看出，股价在上档阻力的压制下，短期内难以形成向上突破的走势，后市难见乐观行情。

在实盘操作中，投资者要认真分析盘中的每个细节，深入思考，才能真正解读盘面上表现出来的市场信息。切忌仅凭单根光头光脚大阳线轻易断定后市股价的运行趋势，这样很容易造成操作失误。

四、下跌途中的光头光脚大阳线

1. 实盘技巧分析

在股价下跌途中，特别是刚刚脱离头部不久出现的光头光脚大阳线，一般是多头的一次抵抗性反弹走势。股价反弹结束后将继续下跌，因此这时遇到光头光脚大阳线不宜做多，反而是一个难得的逢高卖出机会。

图 6-6 是超频三（300647）的日 K 线图。该股股价在高位构筑一个小型的 M 头后快速回落到 10 日均线之下。2018 年 7 月 9 日出现一根放量涨停的光头光脚大阳线后，次日股价冲高到 10 日均线附近时受阻回落，此后股价盘跌，盘面弱势特征显现。

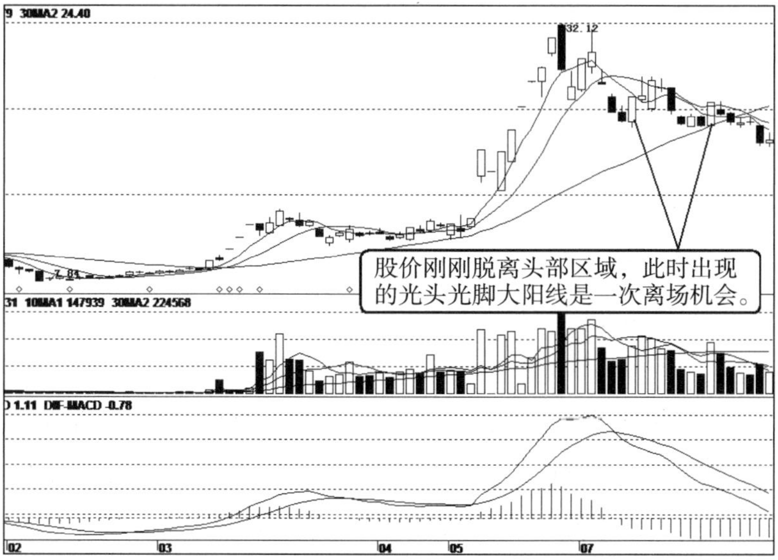

图 6-6

7 月 19 日，当股价回落到 30 日均线附近时遇到支撑，多头发起抵抗性反弹，收出一根光头光脚大阳线，但次日未能延续强势上涨走势，而是低开低走收阴。之后股价继续盘跌，很快回落到光头光脚大阳线的开盘价之下，并跌破 30 日均线的支撑，盘面弱势特征进一步显现。在当时的行情中，有的投资者看到这样的大阳线以为股价企稳回升了，因而纷纷买入，结果很快被套牢。

如何解读这两根光头光脚大阳线的技术意义呢？遇到下跌途中出现的光头光脚大阳线，可以从以下两方面考察。

（1）必须明确股价总体趋势和所处的阶段，考察是跌势初期、中期还是后期。若是跌势初期或中期，不应盲目做多，短线高手可以轻仓抢反弹；若是跌势后期，战略性投资者可以试探性地轻仓布局，毕竟市场筑底需要一段时间，重仓介入难免遭受漫长整理的折磨。该股见顶后股价渐渐回落，市场逐步转弱，也就是说市场处于下跌趋势初期，后市面临中期调整的风险。

（2）观察盘面细节。一是分析成交量变化，真正的见底阳线出现之前，成交量必须大幅萎缩，抛压明显减轻。该股在光头光脚大阳线产生之前，成交量萎缩不明显，说明仍有做空动能，市场一时难以言底。二是分析均线系统，短期均线（5 日、10 日）已经形成金叉，中期均线（30 日）走平或上行。该股的均线系统遭到严重破坏，短期均线呈空头发散形态。三是分析盘面气势，光头光脚大阳线出现后的次日或随后几个交易日，股价应当持续走强，上涨气势强盛。该股随后几个交易日股价却调整，多头气势明显不足，从而否定了大阳线的看涨意义。四是分析光头光脚大阳线的性质，要知道是止跌回升阳线，还是向上突破阳线，或是反弹回抽阳线，等等。若是止跌回升阳线或向上突破阳线，那么后市可以看高一线，应积极做多；若是反弹回抽阳线，上涨的高度和力度均有限，则不宜看多。该股显然是一根股价向下突破 M 头和 10 日均线后的回抽确认走势，回抽确认突破有效后，股价将继续走低，因此是一个逢高减仓或离场的机会。在实盘操作中，投资者不要被此处出现的光头光脚大阳线迷惑，应耐心等待股价真正走强后再做决策。

图 6-7 是科蓝软件（300663）的日 K 线图。该股股价在高位经过一段时间的横盘，向下突破 30 日均线，之后连续几个交易日下跌。30 日均线由上行转为下行，说明股价已经成功脱离头部区域。2018 年 6 月 8 日和 14 日分别收出涨停的光头光脚大阳线，对股价突破 30 日均线进行回抽确认。大阳线出现后的几个交

易日，股价回落幅度较大，很快吞没了前一日的大阳线，表明股价向下突破 30 日均线有效，后市仍有下跌空间。如果投资者将这两根大阳线误读为企稳信号而加入多头行列，那么正好落入庄家设置的多头陷阱。

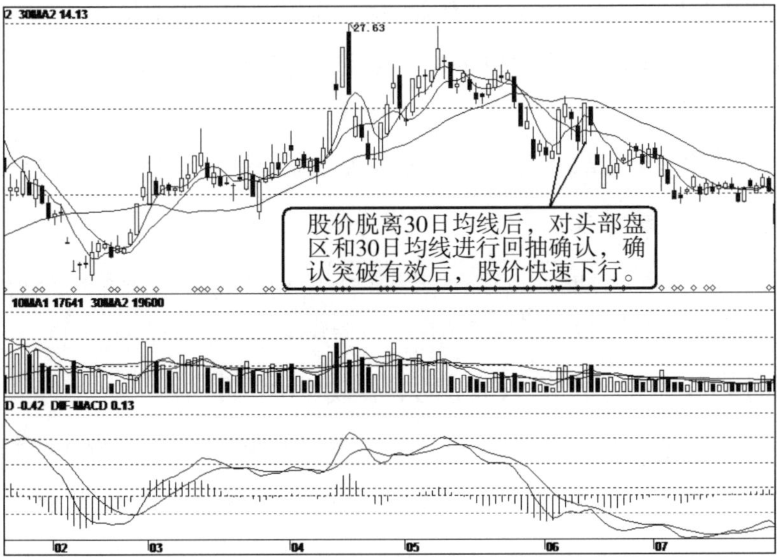

图 6-7

那么这根光头光脚大阳线是否具有看涨意义呢？

如图 6-7 所示，一是短期头部已经形成，市场总体处于下跌趋势，盘面脆弱，股价向下突破盘区不久，说明新一轮下跌行情刚刚开始；二是光头光脚大阳线出现当日得不到成交量的配合，形成缩量大阳线，说明买盘并不积极；三是在光头光脚大阳线出现的次日或随后几个交易日，股价形成阴跌走势，很快吞没了光头光脚大阳线，多头气势一扫而光，说明大阳线得不到市场的普遍认可；四是均线系统呈空头发散，30 日均线渐渐下行，对股价上涨构成重大压力；五是这两根大阳线是突破盘区后的反弹回抽阳线，上涨的高度和力度均有限，回抽确认突破有效后，股价将继续走低，因此不宜看多。

2. 操作技术要点

在下跌途中出现光头光脚大阳线，通常有两方面的市场因素：一方面，反映近期空头力量打压过大，市场出现超卖状态，空方需要“小憩”，以恢复下跌力量；另一方面，多头借机发起反攻，试图推动股价上涨，但因跟风力量薄弱，最终无功而返，股价再现弱势。这种光头光脚大阳线之后，股价很难持续走强，后市必将继续下跌，投资者不要被其迷惑。

在实盘操作中，当盘面出现下列技术特征时，就属于下跌途中的光头光脚大阳线，后市操作要谨慎。

（1）股价刚刚脱离头部不久，市场处于持续的下跌过程中，累计跌幅不大，或者股价的下跌速度较快，并没有放缓迹象，那么后市股价仍有一定的下跌空间。

（2）股价处于弱势，尚无转强迹象，均线系统呈空头排列，30日均线对股价下压较重。

（3）成交量仍然保持较高水平，并没有明显萎缩，这种情况说明做空动能仍然充足，后市仍有下跌动能。

（4）在光头光脚大阳线出现后，如果次日或随后几个交易日股价回落，说明这根大阳线是跌势中的回抽动作，后市继续看跌。

3. 跌势途中和底部光头光脚大阳线的区别

如何区别下跌途中的光头光脚大阳线和下跌底部的光头光脚大阳线？

（1）看股价下跌幅度。如果前期股价跌幅已经很大，那么此时出现的光头光脚大阳线为见底信号的概率较大；如果股价处于下跌初期，股价跌幅较小，那么此时出现光头光脚大阳线多为助跌信号。

（2）看光头光脚大阳线出现之后，股价重心是处于上移状态还是下降状态。光头光脚大阳线出现之后，如果股价重心开始上移，可能是一个见底回升信号，投资者可以考虑买入；光头光脚大阳线出现之后，如果股价重心仍处于下降状态，那么这根阳线就是庄家为投资者设置的多头陷阱，是一个股价下跌中继信号，后市仍有较大的跌幅。此时投资者一定要耐心观望，绝不可盲目买入。

（3）看成交量变化，出现光头光脚大阳线时，量价配合理想就是见底回升信号，此时投资者可以考虑买入。成交量萎缩或放出天量时，应谨慎操作，小心庄家出货。

在一轮跌势行情中，可能多次出现光头光脚大阳线。这些阳线无法从根本上扭转总体的下跌趋势，因此在盘面存在上述情形时，即使出现光头光脚大阳线，对后市也不能盲目乐观，更不能轻易介入，以免造成直接的经济损失。

五、高价区域的光头光脚大阳线

股价经历大幅炒作或反弹行情后，庄家为了兑现手中的获利筹码，刻意在高位拉出光头光脚大阳线，形成多头强烈上攻之势，以引诱散户入场接单。

在高位出现光头光脚大阳线时，投资者应谨慎操作，持股者应注意逢高获利了结。

图 6–8 是中兴通讯（000063）的日 K 线图。经过成功的大幅炒作后，该股股价累计涨幅较大，庄家获利丰厚，高位兑现获利筹码是必然的选择。2017 年 12 月 11 日、12 月 21 日和 2018 年 1 月 16 日，庄家在高位三次拉出光头光脚大阳线，吸引投资者入场接盘。这些光头光脚大阳线表面上看起来多头气势强盛，大有再来一波行情之势，因此不少投资者被骗了进去。可是之后股价上涨乏力，经过短暂的高位震荡，股价选择了向下破位。

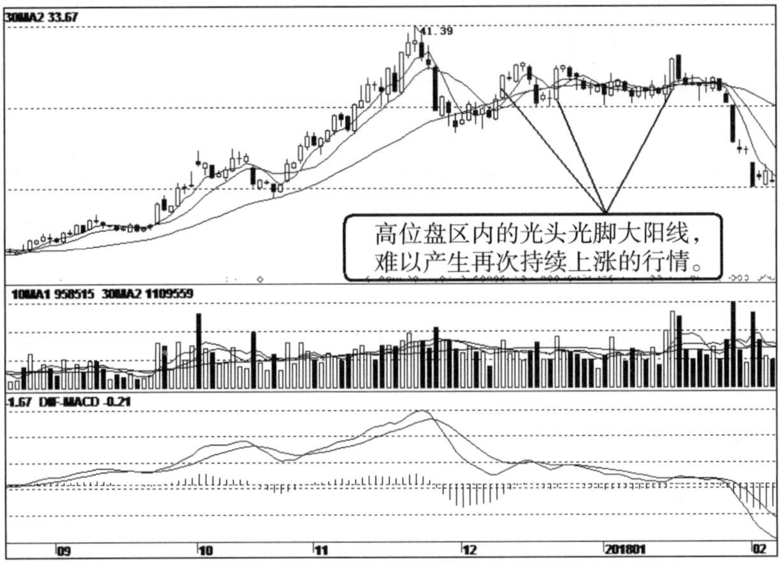

图 6–8

面对大幅炒高的个股，投资者其实无须花太多的精力分析技术，只要判断股价所处的位置即可。该股股价处于大幅炒作后的高位，未来上涨潜力已经被严重透支，这时出现的光头光脚大阳线是诱多信号，或是多头的涨后余波行情。在具体操作上只能逢高出逃，即使当日没能退出，次日震荡过程中也应逢高退出。

投资者应当明白一个道理，错过一段上涨行情不会造成什么损失，但若买错一只股票，那么损失就大了。也就是说，市场中机会每天都有，但资金亏损了很难弥补回来。

图 6–9 是新光药业（300519）的日 K 线图。该股股价见底后出现一波快速反弹行情，然后在获利盘抛压下股价回落。经过三个交易日的整理，2018 年 5 月

22 日再次发力上攻，收出一根光头光脚的涨停大阳线。此时不少投资者以为庄家洗盘整理结束，股价将展开第二波拉升，因而纷纷介入做多。可是次日股价大幅低开后，全天维持弱势震荡，没有明显的冲高动作。构筑一个小型的 M 头形态后，股价持续阴跌，将追涨停者全线套牢。

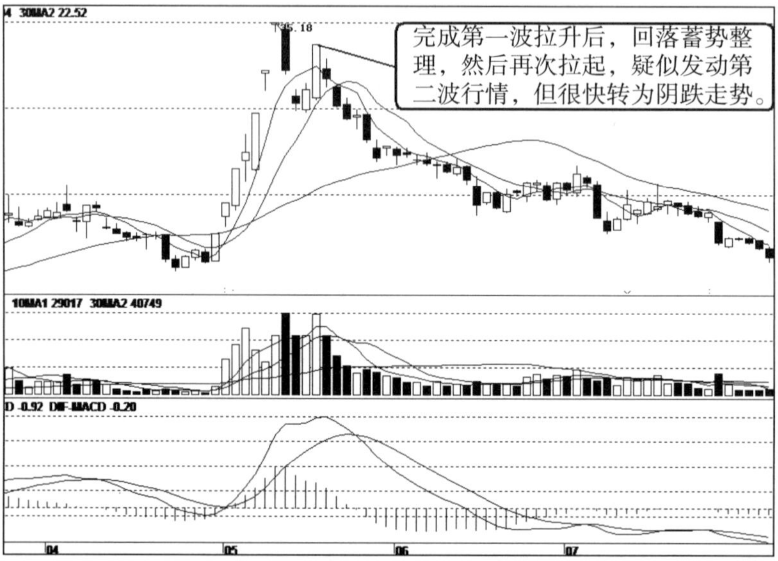

图 6-9

如图 6-9 所示，这根光头光脚大阳线存在这样一些技术疑问：一是股价短期上涨速度过快，上涨趋势线陡峭，第一目标价位基本达到；二是股价远离 30 日均线，乖离率偏大，短期有强烈的回调要求；三是在光头光脚大阳线产生之后，次日股价低开走弱，说明光头光脚大阳线有一定的欺骗性，庄家诱多意图暴露无遗；四是股价没有突破前面高点的压力，上方有大量的套牢盘，股价上档压力重重。实盘操作中，投资者遇到高位光头光脚大阳线时，不应盲目入场。

值得注意的是，很多时候在高位出现这种阳线，股价不一定立刻下跌，有些庄家在出货时往往会让股价惯性地继续向上运行几天，之后再向下砸盘。股价大幅上涨之后出现这种走势，不要因次日股价继续走高而轻易追涨。当然，如果是短线高手，就另当别论了。在认识判断上，可以从三个方面把握行情走势：一是上涨角度，二是上涨幅度，三是市场热度。

在实盘操作中，不能单凭股价涨幅大小衡量股价高低，有时虽然股价涨幅较大，但依然属于中低价区域，如果在此时选择退出，显然会错失可观的利润，因此要辩证地分析。

图 6-10 是上海钢联（300226）的日 K 线图。实力强大的庄家入驻该股后，在低位震荡过程中吸纳了大量的低价筹码。随后股价渐渐脱离底部区域，从最低价每股 6.97 元开始上涨，突破每股 27 元后，盘中出现震荡走势。此时股价累计涨幅接近 300%，可以说是高价区域了，看起来投资者选择离场观望不是错误的决策。可是事实上，股价小幅回落整理后，再次以光头光脚涨停大阳线的方式发起新一轮上攻，股价持续上行，不断创出上涨新高，股价累计涨幅超过 500%。

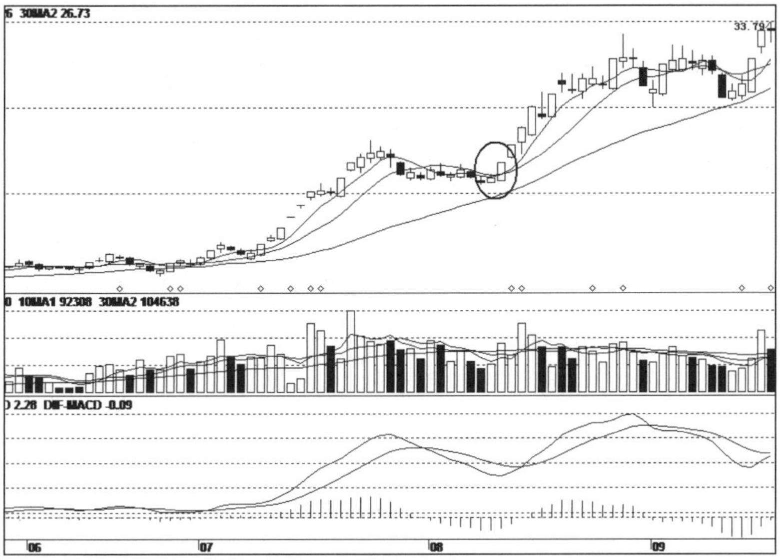

图 6-10

该股虽然前期涨幅巨大，但这时出现的这根光头光脚大阳线符合继续上涨的市场特征。

首先，在高位震荡过程中，大部分散户早已逃之夭夭，只有庄家和少数坚定的投资者持仓不动，那么庄家怎么办？必须再次将股价拉高。庄家没有在当前位置抛出，股价必然还有更高的高点，所以对于这类股票一定要敢于操作。庄家唯一的选择就是继续将股价拉高，然后在更高的价位悄然出货。一般而言，只要庄家没有出货，后市就有上涨的机会，散户就可放心地与庄共舞。

其次，技术形态保持完好，均线系统保持多头发散，30 日均线坚挺上行，有力地支撑着股价上涨。

再次，量价配合得当，庄家坐庄手法稳健，股价张弛有序，因此在高位出现这根光头光脚大阳线时，后市仍有一定的上涨潜力。

最后，股价在回调过程中没有快速脱离头部区域。一般而言，股价炒高后，如果庄家真正出货，就会快速脱离头部区域，将散户高位套牢。该股只是小幅回落调整，此时庄家显然没有套牢散户之意，说明这是一次洗盘整理走势，因此后市股价升势可期。

六、阻力位之下的光头光脚大阳线

1. 实盘技巧分析

当股价运行到重要的阻力位时，经常出现光头光脚大阳线。此时出现光头光脚大阳线是否意味着股价将突破阻力位呢？这就产生了两种可能结果：一种是乘势而上，成功突破阻力位，股价持续上涨；另一种是暂时不能突破阻力位，股价回落蓄势后再次向上突破。如何分析判断股价是否成功突破阻力位？

图 6-11 是东方钽业（000962）的日 K 线图，这是阻力位之下出现光头光脚大阳线的例子。该股股价经过短暂的整理，成功突破前期高点和成交密集区域。股价见顶后回落，调整时间较长，均线系统呈空头发散形态。2018 年 6 月 19 日，股价再次向下破位，但破位后没有持续下跌，而是渐渐企稳，形成盘整格局。7 月 13 日收出一根放量上涨的光头光脚大阳线，由于上方是前期高点和成交密集区域，所以遇到了低位获利盘和前期套牢盘的双重打压，股价未能持续上攻。在前期盘区附近短期整理后，基本消化了上方压力，7 月 24 日向上突破，随后股价连拉 4 个涨停。

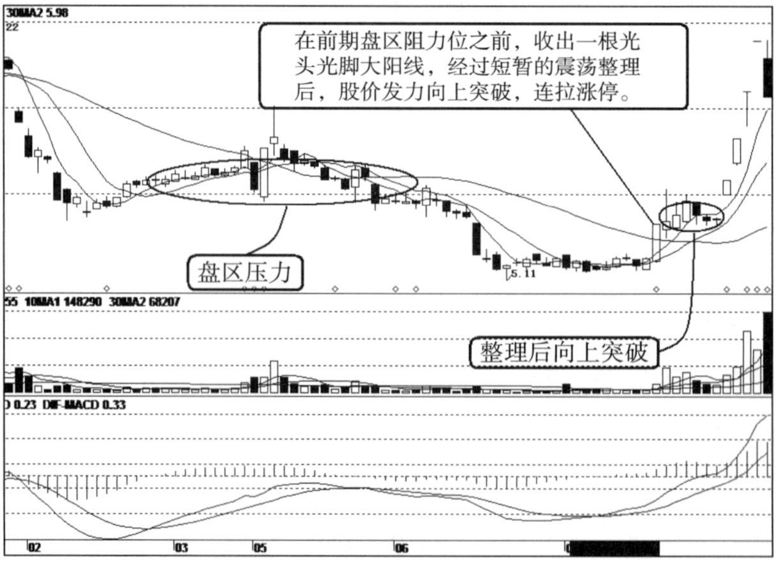

图 6-11

如图 6–11 所示，虽然这根光头光脚大阳线出现在重要阻力位下方，当日还没有突破阻力位，但这根光头光脚大阳线具有较强的攻击力，看涨意义强烈。首先，股价前期已经有明显的企稳迹象，形成筑底走势，说明股价下跌空间有限；其次，大阳线突破均线压力，这是中短期走强的标志；再次，在光头光脚大阳线出现的当日和随后几日，成交量温和放大，表明场外资金大举介入，纷纷看好后市；最后，大阳线出现的次日，股价继续强势运行，说明庄家志在高远。因此，这根光头光脚大阳线是突破阻力位前的蓄势阳线，激进的投资者可以在当日介入，稳健的投资者可以在回调确认时入场。

图 6–12 是浙商中拓（000906）的日 K 线图，这是一个收出光头光脚大阳线后股价受均线压制而下跌的例子。股价反弹结束后快速回落，均线系统呈空头排列，30 日均线不断压制股价走低。一段下跌行情后，下跌速度有所放缓，这时出现一根光头光脚大阳线，可是随后股价并没有如期走出上涨行情。股价之所以再次下跌，是因为受 30 日均线的压制无法形成有效的突破，导致股价盘跌。遇到这样的光头光脚大阳线，投资者不应盲目乐观。

如图 6–12 所示，股价处于反弹结束后的下跌途中，盘面弱势特征明显，均线系统呈空头排列，股价上涨得不到成交量的密切配合。光头光脚大阳线出现后，股价没有继续走强，因此这是弱势反弹行情中的光头光脚大阳线，后市不宜盲目乐观。

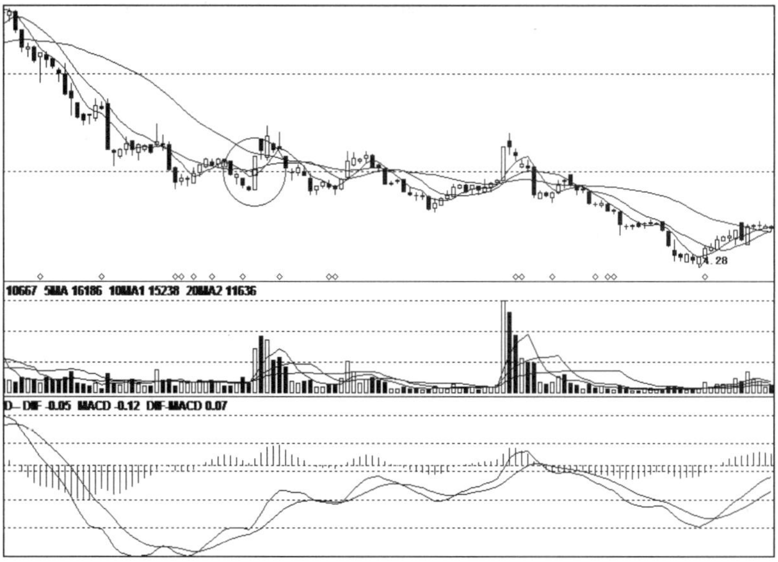

图 6–12

2. 操作技术要点

第一，股价遇到重要阻力位时，光头光脚大阳线能否形成有效突破，可以参考以下技术要素。

（1）股价必须经过充分的缩量下跌调整，处于市场底部区域，并有明显的企稳回升迹象。

（2）市场已经处于强势之中，或者强势特征已经初步形成，否则光头光脚大阳线有可能成为短线反弹走势。

（3）光头光脚大阳线的收盘价距离阻力位越近，突破的可能性越大，一般在10% 以内为佳。

（4）光头光脚大阳线出现时，成交量必须同步放大，支持股价上涨。

（5）随后几日股价必须持续走强，并顺利实现突破走势。如果股价此时再次回落，那么该区域将成为下一次股价上涨的阻力位。

第二，形成光头光脚大阳线后，如果盘面存在下列因素，可能会受阻力位影响而下跌。

（1）股价处于高位，或股价刚刚脱离头部区域后的下跌初期，可能是庄家利用光头光脚大阳线拉高出货；在下跌过程中，如果出现光头光脚大阳线，大多只是反弹行情。

（2）市场处于弱势下跌，观望气氛较浓。

（3）均线系统呈空头排列，30 日均线压制股价不断走低。

（4）光头光脚大阳线出现时，得不到成交量的积极配合。

（5）随后几个交易日股价未能形成持续的上涨走势，股价冲高后走低，或在震荡中走弱。

七、支撑位之上的光头光脚大阳线

1. 实盘技巧分析

在股价运行过程中，一般会出现许多重要的支撑位。当股价成功站上某个重要的支撑位，或者当股价回调到某个支撑位附近时，一旦获得强大的支撑而回升，后市股价一般会有一波续升行情，因此，支撑位之上出现的光头光脚大阳线是可靠的买入或加仓信号。

图 6-13 是任子行（300311）的日 K 线图。该股股价长期处于震荡盘整行情，

庄家在震荡过程中成功完成建仓后，股价盘升。之后庄家再次展开洗盘整理，股价回落到 30 日均线之下，然后重返均线系统之上。不久股价小幅高开，多方立即将股价拉起，全天运行于开盘价之上，当日收出一根放量上涨的光头光脚大阳线，表明 30 日均线支撑有效，此后股价进入上升通道。

图 6–13

如图 6–13 所示，股价成功站于均线系统之上，均线系统由原先的压力作用转化为现在的支撑作用，看多气势增强，多方稍一拉升，就得到了市场的积极响应。成交量明显放大，买盘积极踊跃，股价迅速拉起，并成功突破了前期成交密集区域，这时均线系统继续多头发散，看涨意义进一步显现。

图 6–14 是云意电气（300304）的日 K 线图。该股长期在底部调整，经过一波小幅反弹行情，再次形成长时间的横盘整理走势。不久，股价放量突破盘整区域，当日形成一根光头光脚大阳线，成功地将前期成交密集区域的压力转化为支撑力。次日股价低开高走，确认了光头光脚大阳线的有效性，此后股价快速上涨。

如图 6–14 所示，股价累计涨幅不大，市场处于初涨期，强势盘面初露端倪，30 日均线随之上行，股价上涨速度适中，保持 45 度角上行，成交量迅速放大，市场响应积极，因此这根光头光脚大阳线的看涨意义非常强。激进的投资者可以在当日尾盘几分钟内追高买入，稳健的投资者可以在回调时逢低买入。

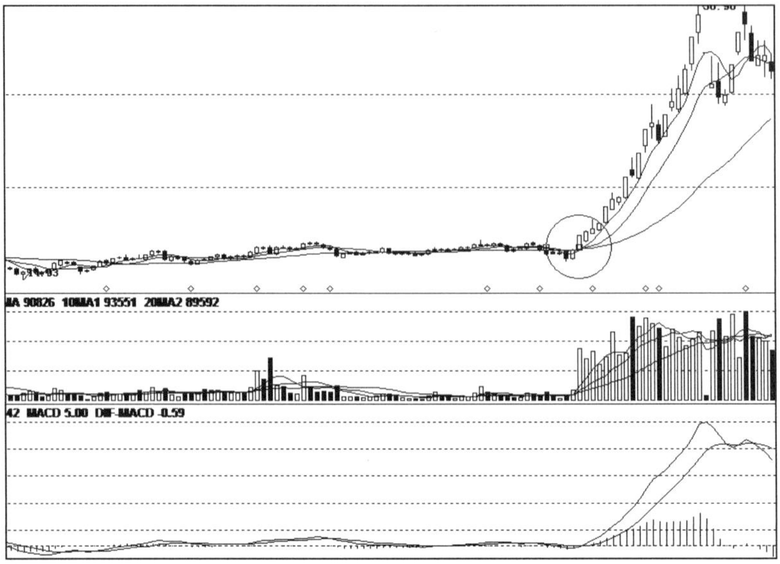

图 6-14

在实盘操作中，投资者关注阻力位的同时也要关注支撑位，这样可以抓住一段不错的行情。那么股价在哪些地方应有支撑呢？一般而言，庄家的持仓成本或者平均成本附近有支撑；股价原先突破一个较大的技术形态以后再回档时，这个形态的密集成交区域附近有支撑；股价回落到上行的移动平均线附近有一定的支撑；庄家正在出货和出货完毕之前，在庄家预定的出货区域附近有支撑。此外，从未炒作过的股票，如果市场定位合理，在成交密集区域附近股价也有较强的支撑。

在大多数情况下，股价在底部震荡区域是有一定支撑的。如果庄家需要击破包括技术派在内所有看多者的信心而凶狠地洗盘，各种形式的破位就在所难免，这时可以说股价几乎没有任何支撑，庄家正是借此完成吸货、洗盘、整理等一系列操作。另外，在熊市调整中，大部分情况下股价也缺少支撑，仅个股控盘程度较高的强庄股才有支撑。

图 6-15 是上海物贸（600822）的日 K 线图。该股股价成功探明底部后，快速脱离底部区域，然后回落洗盘调整。股价小幅回落到 30 日均线和前期高点（成交密集区）附近时获得双重技术支撑，这时一根光头光脚大阳线立即拉起，随后股价快速上涨。

该股的盘面技术特征与前面两个例子基本相似，不同之处是光头光脚大阳线出现之前曾经有过放量，这部分成交量说明主力资金介入较深，这一点投资者凭直觉就能发现。对于其他盘面技术特征，投资者可以参考上述思路分析研判。

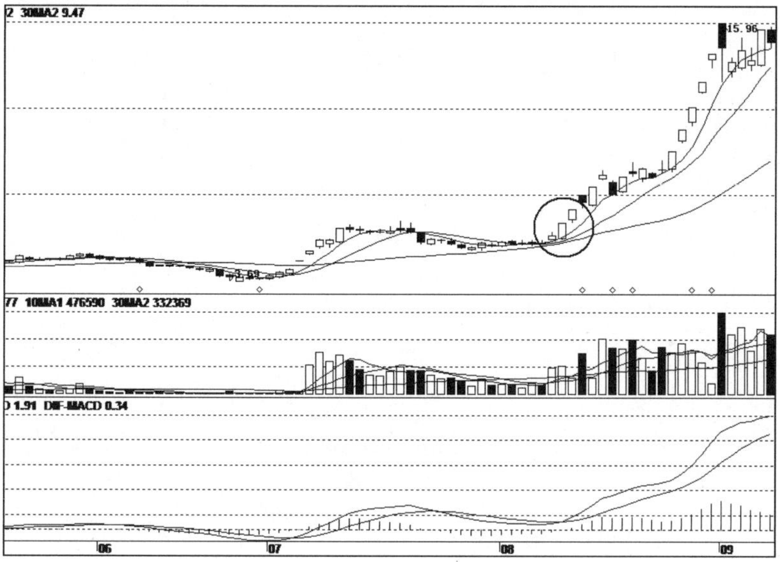

图 6–15

2. 操作技术要点

在市场中能够成为支撑位的位置有很多，比如均线、趋势线（通道）、技术整理形态、成交密集区域以及黄金分割线、整数点位和时间之窗等，在这些敏感位置出现光头光脚大阳线时，应注意下面五个方面的技术要素。

（1）股价处于强势上涨过程中，或者上涨趋势初步形成。如果处于下跌反弹过程中，即使在支撑位之上出现光头光脚大阳线，也要小心看待。

（2）均线系统呈现多头排列，30 日均线坚挺上行。如果 30 日均线平走或下行，即使股价在 30 日均线附近得到支撑而出现光头光脚大阳线，其上涨的力度可能也不强。

（3）股价处于涨幅不大的初涨期，对于涨幅较大的个股要小心。特别是阶段性涨幅超过 100% 的个股，即使在支撑位之上出现光头光脚大阳线，也应警惕。

（4）股价上涨速度适中，保持 45 度角上行最为理想。若大于 60 度角，说明上涨过急，面临回调可能；若小于 30 度角，说明市道不强，支撑力度较弱。

（5）盘面没有出现异常现象，如果出现股价大幅跳空开盘、盘中股价大幅波动、成交量瞬间放大、委买委卖挂单异常等异动情况，应高度警惕。

盘面符合上述技术要素时，激进的投资者可以在光头光脚大阳线出现当日买入，介入点可以选择在 30 日均线附近，或在尾市几分钟内追高买入。稳健的投资者可以待股价继续走强后在回调时逢低买入。

第七章 /
带上影线阳线

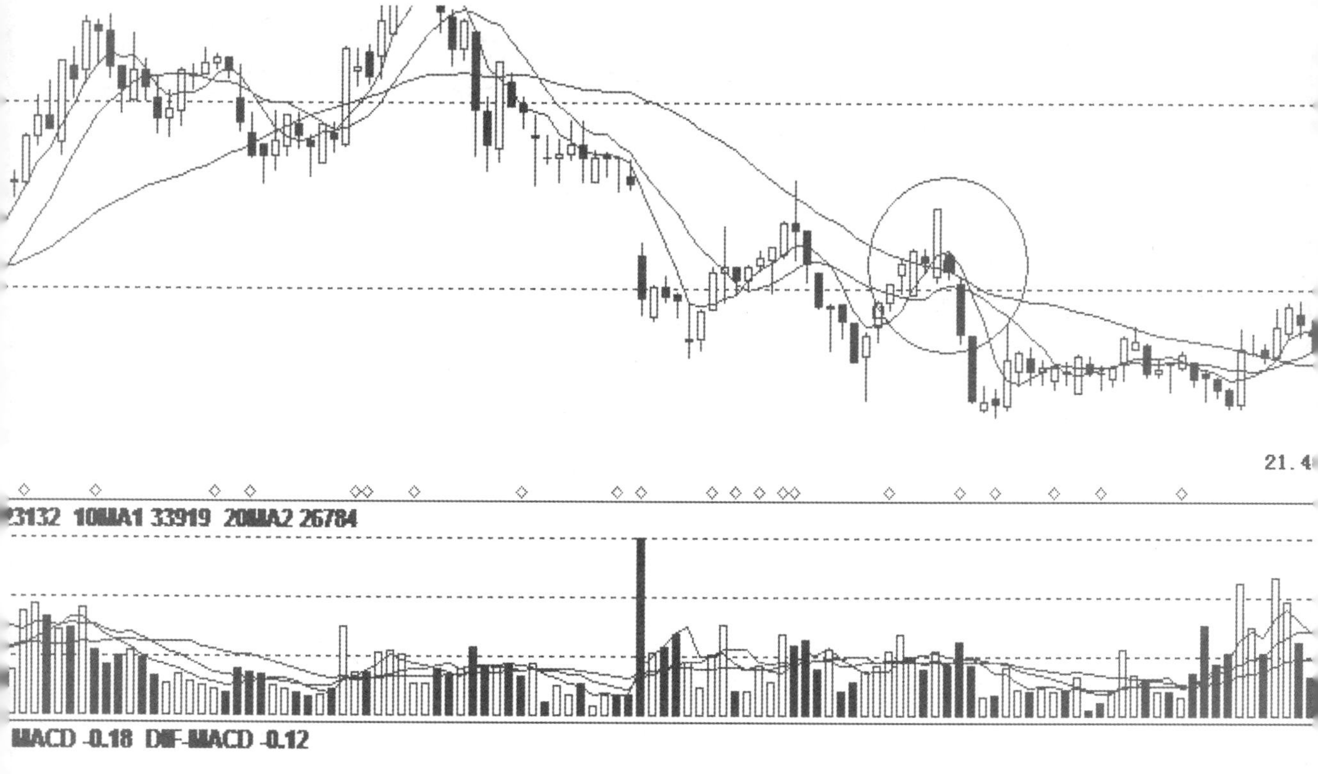

带上影线阳线指没有下影线、只有上影线的阳线，即除最高价和收盘价外，开盘价与最低价相同。开盘后，多方在盘中曾经拉高股价，但多头意志不坚定，收盘前股价回落，表明多头上攻势头有所减弱，但股价全天在开盘价之上运行，多头的攻击力依然存在。这种 K 线形态出现在不同时期、不同阶段时，其分析意义和操作手法也不尽相同。在实盘操作中，投资者应重点关注以下几个时段出现的带上影线阳线。

一、低价区域的带上影线阳线

股价经过充分的下跌调整，若底部区域出现带上影线的阳线，标志着做多力量明显转强。虽然在反弹过程中遭遇一定的阻力，但买方力量已经强于卖方力量，预示股价有可能出现反弹或反转行情。这种 K 线如同底部仙人指路和倒锤头线形态，是一个买入信号。出现这种阳线的原因主要有超跌反弹、拉高建仓、拉高试盘、市场抛压等。

1. 超跌反弹

股价大幅下跌或短期快速下跌后，市场往往出现超卖现象，短期股价远离均线。根据葛氏移动平均线八大买卖法则，股价有回归均线附近的要求，因而股价形成超跌反弹走势。但由于市场做空气氛未散，反弹过程中容易遇到抛压，所以出现带上影线阳线。

图 7–1 是迈克生物（300463）的日 K 线图。该股股价经过持续的下跌调整，在 2018 年 2 月 6 日出现一根带上影线阳线，疑似股价止跌企稳信号。那么这个形态能否作为买入信号呢？可以继续跟踪几个交易日。次日股价高开震荡，全天在前一日阳线的收盘价上方运行，虽然当日 K 线收阴，但股价实际是上涨的。第三天继续收出上涨阳线。从随后几个交易日看，带上影线阳线的看涨意义得到了有效验证，起码下跌动力不强，因此投资者可以逢低吸纳。

如果带上影线阳线出现在股价下跌一段时间后的低位，并且伴随成交量的放大，而且次日股价继续收出一根阳线，那么投资者可以在次日收盘前买入，但切勿重仓操作，上涨行情初期毕竟存在变数，待方向明朗后再加仓也不迟。

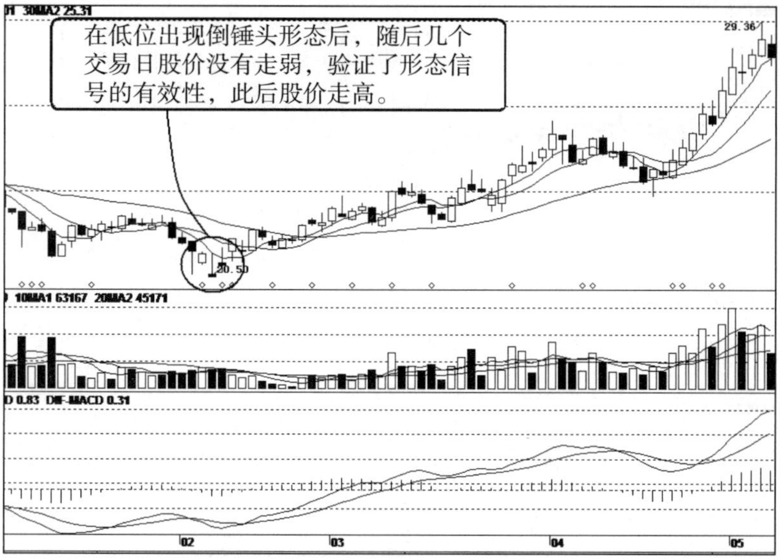

图 7-1

如图 7-1 所示，该股股价严重超跌是反弹行情的一个重要因素，虽然在反弹当日遭遇套牢盘的抛压，但多头力量悄然形成，市场开始向多头方向倾斜。出现带上影线阳线后，股价继续走强，并重返均线系统之上，说明有多头资金积极涌入，从而推动股价盘升。对于带上影线阳线，一旦涨势确立，可以积极跟进做多。

2. 拉高建仓

当庄家很难在低位顺利拿到筹码或坐庄时间紧迫时，就会采用拉高的方式建仓，让散户得到小恩小惠后抛出筹码，以实现快速建仓。

图 7-2 是西部创业（000557）的日 K 线图。该股股价大幅下跌后在底部企稳盘整，庄家埋伏在里面悄然吸货。为了加快建仓速度，庄家采用拉高建仓的手法。2018 年 7 月 13 日和 24 日，庄家先后两次将股价快速拉高到前期盘区下方，然后慢慢回落，故意让散户感觉到前期盘区有阻力，误导散户抛出手中的筹码，这样庄家就能快速吸到筹码，K 线图上就形成了带上影线阳线。再次经过短期震荡整理，股价快速上涨。

该股经过长期调整，做空能量释放殆尽，股价下跌空间有限，庄家也很难在低位吸纳到足够的低价筹码，所以庄家采用拉高手法建仓。将股价拉高到前期高点附近后，盘面出现震荡走势，制造股价上升乏力的假象。散户由于受熊市思维影响，担心股价再次下跌，往往采用高抛策略，庄家因此轻易地拿到了低价筹码。

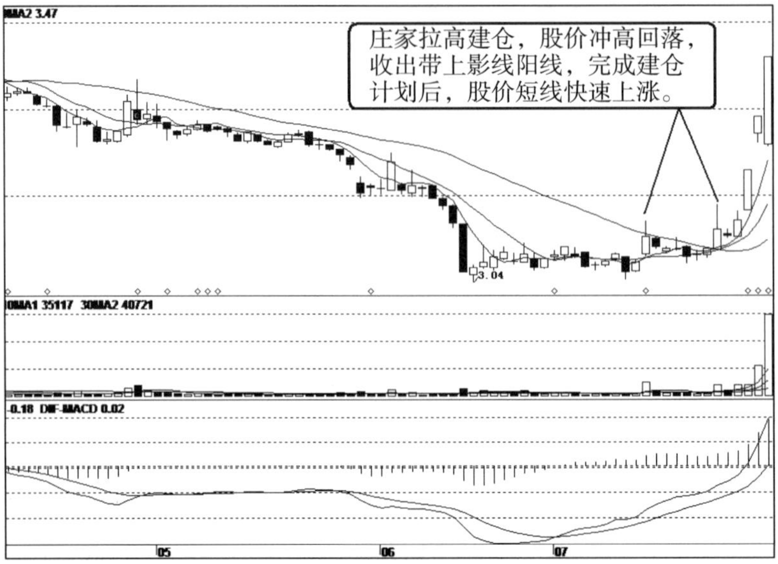

图 7-2

3. 拉高试盘

庄家吸货完毕之后并不一定马上进入拉升状态，虽然此时涨升的心情急切，但还要对盘口进行全面的测试和反馈，通过试盘获得一些盘面信息，然后认真地分析研究，为下一步坐庄提供参考，给自己一个准确的市场定义，因此这时经常出现带上影线的阳线。

图 7-3 是开元股份（300338）的日 K 线图。该股股价见底企稳后盘升，经过小幅反弹，股价遇到前期成交密集区的压力，形成平台整理走势，以进一步消化上方压力。经过一段时间的整理，庄家开始向上试盘，以检验上方的压力情况。股价开盘后立即拉起，股价创出了反弹新高，但盘中遭到一定的抛压，股价渐渐回落，当日收出一根带上影线阳线。之后经过短暂的整理，股价向上突破，短期股价涨幅较大。

如图 7-3 所示，该股处在市场底部区域，庄家并没有获利，出现这种带上影线阳线，只不过是庄家在试探上方的压力大小。如果上方阻力较大，便会在上涨途中洗盘整理，洗去浮动筹码以及不坚定的短线投资者，以便减轻后期拉升的压力。洗盘结束后，股价还会继续向上运行。遇到这种情形时，如果股价放量上涨突破上影线高点，投资者应及时跟进做多。

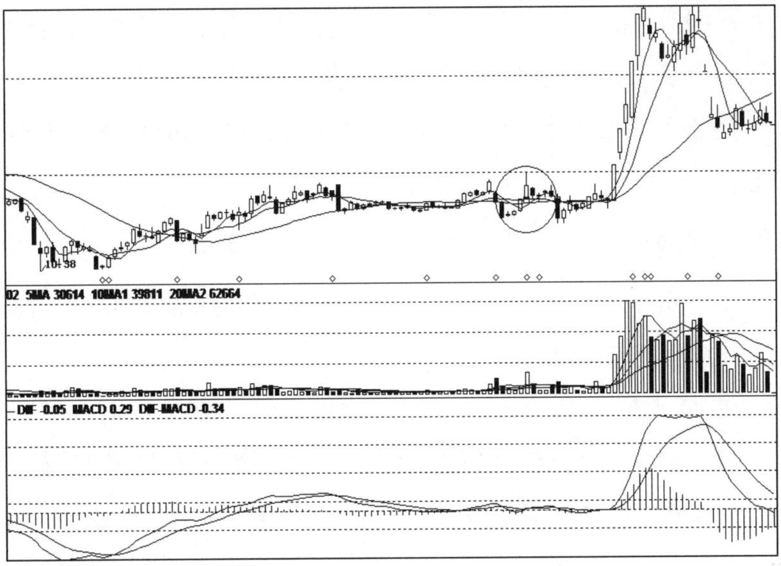

图 7-3

4. 市场抛压

在弱势市场中，股价每次反弹都是减仓的机会。在底部区域经常出现带上影线阳线，这大多是散户止损出局造成的。这部分筹码离场后，股价便开始上涨。

图 7-4 是重庆路桥（600106）的日 K 线图。该股股价长时间下跌后，在底部企稳震荡。2018 年 7 月 19 日开盘后，股价立即拉升。当股价到达 30 日均线附近时，遭到止损盘和低位获利盘的双重抛压，当日股价又回落到 30 日均线之下，

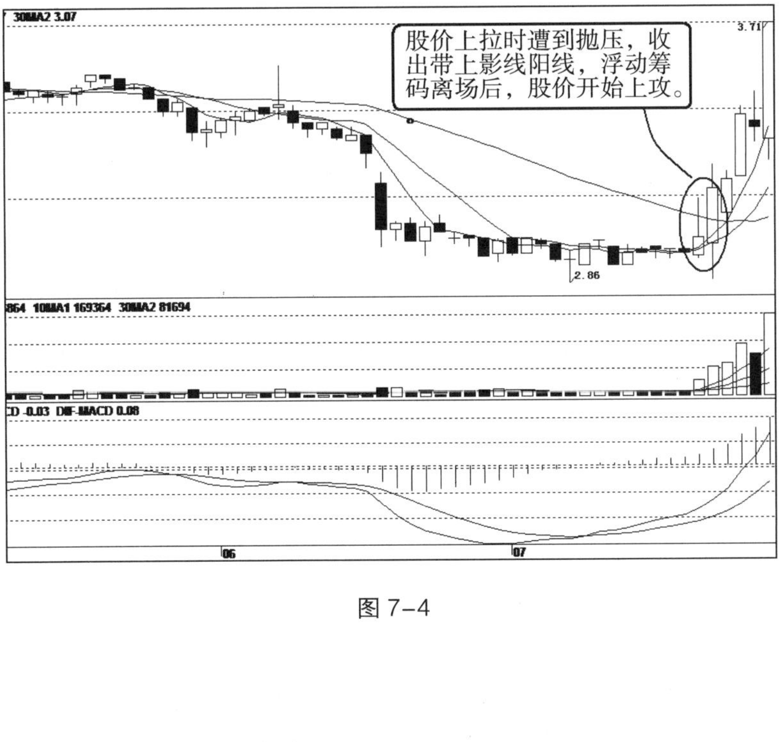

图 7-4

收出一根带上影线阳线。次日庄家借势再次向下打压，盘中浮动筹码基本抛出。当这部分抛盘消失后，股价就会出现上升走势。在此之后的几个交易日，股价继续强势上涨，验证了前面的带上影线阳线的看涨意义。成交量同步放大，说明市场具有上攻能量，短期应看多。

5. 操作技术要点

通过上述几个例子的分析，投资者在实盘操作中遇到低位带上影线阳线时，应注意下面五个方面的市场因素。

（1）股价前期大幅下跌或快速下跌。也就是说，常规行情中的带上影线阳线没有技术意义，只有出现在市场低位的带上影线阳线才有技术意义。在高位出现这种阳线时，说明抛压较大，庄家护盘不力，日后股价下跌居多。

（2）带上影线阳线的上影线长短与受阻力度大小有关，上影线越短，股价的抛压阻力越小；反之，上影线越长，股价的抛压阻力越大。对于带有较长上影线的阳线，要多注意上影线的长度。

（3）出现长上影线阳线时，要根据情况分别对待。在低位出现长上影线阳线，说明庄家在试盘或建仓，或因投资者受熊市思维影响止损出局所致，日后股价可能拉升。

（4）出现带上影线阳线后，必须得到成交量的积极配合。股价放量突破上影线高点时，表明上涨行情即将启动。

（5）低位带上影线阳线可以参照倒锤头线的有关法则分析。

二、上涨途中的带上影线阳线

在上涨途中出现带上影线阳线，标志着股价上涨遇阻，说明盘中一部分短线投资者获利回吐。如果次日盘中抛压仍较大，则预示股价短期将回落整理。如果次日盘中抛压逐步缩小，继续收出阳线，则预示后市股价将继续向上运行。

图 7–5 是亚星客车（600213）的日 K 线图。该股股价大幅下跌调整后企稳震荡。2017 年 9 月 11 日，股价跳空高开后快速拉起，成交量放大，成功脱离盘区。当日股价冲高回落，收出一根带上影线阳线，并留下一个当日没有回补的跳空缺口。次日股价继续高开高走，成交量持续放大，午后股价有所回落，再次收出一根带上影线阳线。第三天股价小幅低开略下探后拉升收阳，成功消化了上方的压力，短线股价快速拉涨。

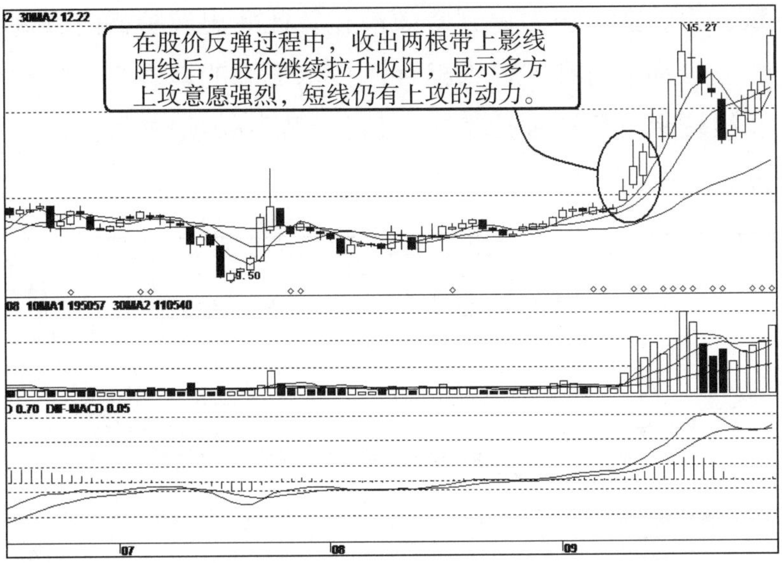

图 7–5

需要注意的是，如果 K 线收出带上影线阳线，成交量此时突然放出巨量，那么股价很可能出现短期调整。因为在股价冲高回落形成上影线时，成交量突然放出巨量，表明盘中的抛售筹码比较多，庄家很可能进行一次洗盘调整。

在股价上涨途中出现带上影线阳线时，投资者应注意当日股价的分时走势，以及当日的成交量。如果股价在分时图上冲高回落的过程中出现大量抛盘，导致成交量迅速放大，那么股价很有可能进入调整阶段，此时投资者不应急于介入，而应等待股价企稳之后再买入。如果在股价冲高回落过程中抛盘很少，并且阳线的上影线较短，那么激进的投资者可以在次日股价继续走强时买入。虽然股价上涨的趋势没有改变，但并不代表股价就会立刻上涨，因此投资者买进之后，在股价没有向下突破时应耐心持有。

在股价上涨过程中，经常出现一种“仙人指路”的 K 线形态。当股价处在中期底部、拉升初期或者上涨途中时，当日股价盘中高开高走放量上冲。但股价冲高后，盘中突然打压股价，使股价冲高回落，最终收出一根带较长上影线阳线，当日收盘时股价仍然保持一定的涨幅。这种 K 线结构出现在拉升阶段初期、上升阶段中期或者大调整阶段后的中期底部时，就是典型的“仙人指路”特征，是一个买入信号。

图 7–6 是广深铁路（601333）的日 K 线图。在该股股价上涨途中，庄家采用“仙人指路”K 线形态洗盘，目的是试探上档压力情况，同时洗去过重的获利盘，以减轻后期拉升的压力。在“仙人指路”这种 K 线形态出现后，股价

没有大幅下跌，表明上方压力得到有效消化。此后出现短暂的震荡整理，但在整理过程中，股价都运行在“仙人指路”技术形态的范围内。整理结束后，股价一路上行。投资者见到这种技术形态后，不要立即跟进做多，而应待洗盘结束后择机进入。

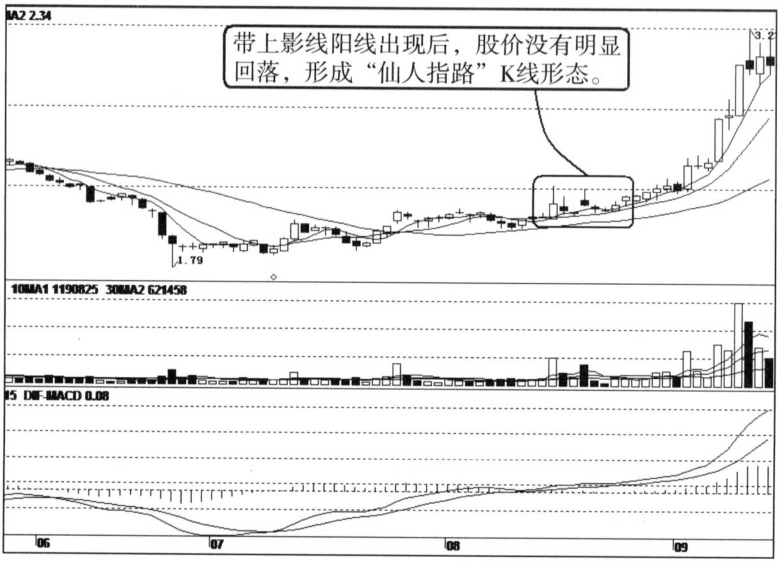

图 7-6

有四个方法识别真假“仙人指路”K 线形态。

（1）“仙人指路”K 线形态只出现在底部区域、上涨初期和上涨趋势中。若股价处在下跌趋势或反弹行情中，K 线图中出现的带上影线阳线就不属于“仙人指路”K 线形态。

（2）当日成交量应明显放大，换手率超过 10%（结合前期成交量大小，适当作弹性调整）。

（3）当日必须是阳线，涨幅应超过 3%。若是阴线，则不属于“仙人指路”K 线形态。

（4）“仙人指路”的最佳买入时机，对短线投资者来说，股价在上涨行情中出现“仙人指路”这种技术形态时，应在收盘前或次日果断介入。对长线投资者来说，当股价在阶段性底部区域出现“仙人指路”这种技术形态时，应在次日展开长线建仓计划。股价处在拉升初期时，要及时加仓。

三、下跌途中的带上影线阳线

带上影线阳线出现在下跌途中，特别是出现在股价下跌不久时，为典型的多头反弹受阻走势，后市股价继续看跌，因此是一个逢高卖出信号。

图 7–7 是海顺新材（300501）的日 K 线图。该股股价反弹结束后再次回落，成功击穿了前期低点的支撑后，出现绵绵阴跌之势。2017 年 12 月 1 日收出一根冲高回落的带上影线阳线，此后股价加速下跌，起到助跌作用。

如图 7–7 所示，有四个方面值得考虑：一是在股价冲高过程中，受到前期反弹盘区的压制；二是均线系统呈空头排列，下行的 30 日均线对股价构成明显反压；三是股价上行时得不到成交量的支持，说明市场跟风不积极；四是次日股价马上走弱，收回了阳线的全部涨幅，并吞没了前面的多根小 K 线。由此可见，出现在下跌途中的带上影线阳线大多是弱势反弹走势，后市不应盲目乐观，投资者应回避这种 K 线形态。

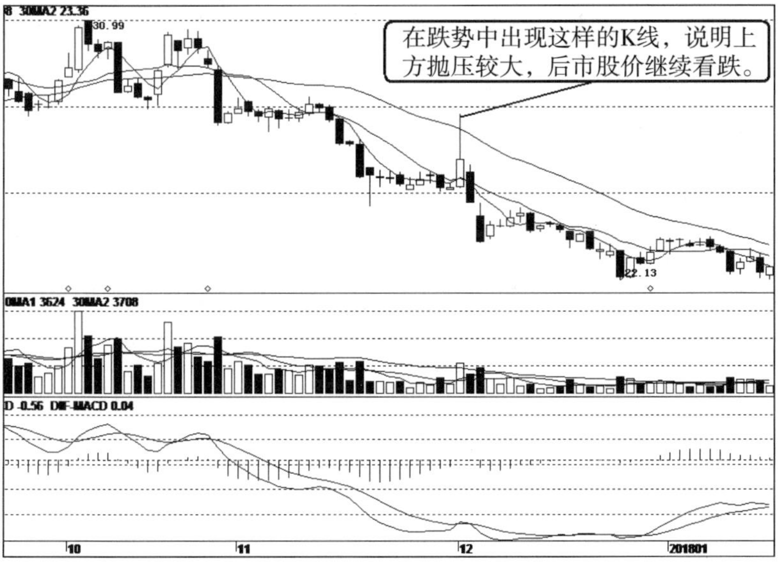

图 7–7

图 7–8 是浙江永强（002489）的日 K 线图。该股股价在见顶后的下跌过程中，2018 年 3 月 5 日和 4 月 12 日收出带上影线阳线，股价均没有持续升势，只是一次反弹回抽动作，短期难见乐观行情。随后盘面很快走弱，成为下跌趋势的推动力。遇到这类 K 线时，投资者可以结合前文提供的思路分析，在此不再细述。

通过上述两个实例分析，在下跌过程中出现带上影线阳线时，如果盘面存在下列技术特征，后市股价继续看跌。

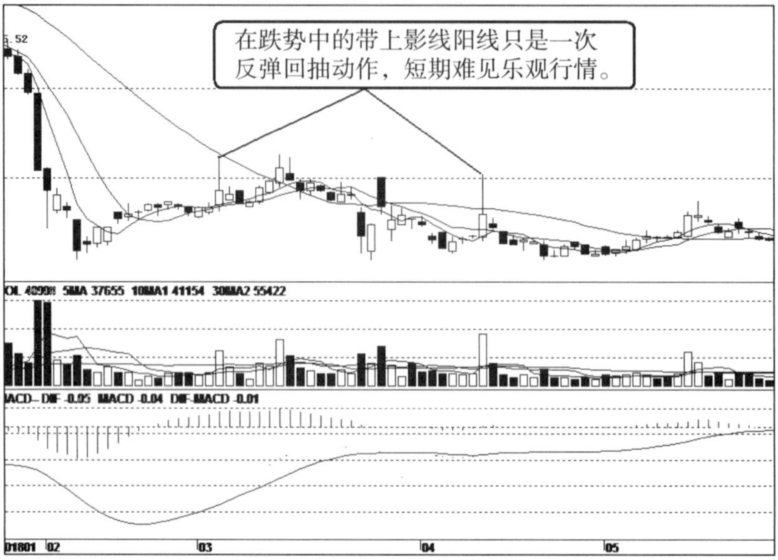

图 7–8

（1）股价刚刚脱离头部，市场处于持续跌势中，累计跌幅不大，或者股价下跌速度较快，并没有止跌放缓迹象，那么后市股价仍有一定的下跌空间，此时出现的带上影线阳线不可靠。

（2）出现带上影线阳线时，市场弱势特征明显，均线系统呈空头排列，30日均线对股价下压较重。

（3）出现带上影线阳线之前，成交量仍然保持较高水平，并没有明显萎缩，说明做空动能充足，后市仍有下跌力量。带上影线阳线出现当日或随后几个交易日，成交量没有明显放大，说明买盘积极性弱。

（4）出现带上影线阳线之后的几个交易日，股价回落，盘面明显弱势，说明这根带上影线阳线是跌势中的回抽反弹动作，后市继续看跌。

在实盘操作中，经常发现股价经过一轮急跌，收出一根止跌性的带上影线阳线，这样的 K 线只是短暂的修复性走势，后市股价仍有弱势盘跌行情。

图 7–9 是华昌达（300278）的日 K 线图。该股股价脱离顶部盘区后快速下跌，连续出现多个跌停一字线。2018 年 3 月 30 日，股价开板后冲高回落，收出一根带上影线阳线，成交量骤然放大。不少散户以为股价跌了这么多，有大资金介入，因而纷纷介入抄底。其实这是股价急跌后的一次“小憩”，空方经过休整，仍将有一段弱势盘跌行情，投资者切不可在这个位置介入。

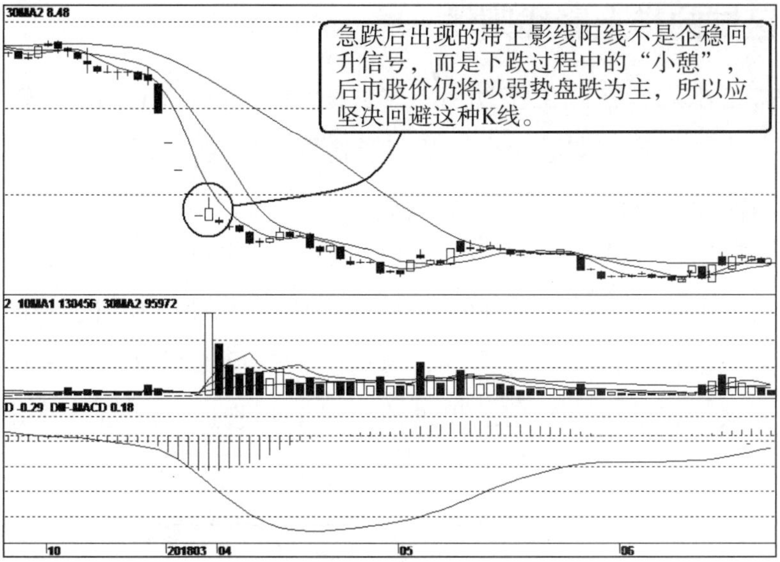

图 7-9

图 7-10 是勤上股份（002638）的日 K 线图。该股股价大幅跳水后，做空能量得到较好的释放，股价企稳盘整，逐渐反弹。当股价反弹到前期连续跌停一字线开板位置附近时，盘中遭到了明显的抛压，分别在 2018 年 3 月 1 日和 3 月 13 日冲高回落，形成较长的上影线，构成流星线形态。这种走势说明股价反弹受阻，此后股价盘弱。

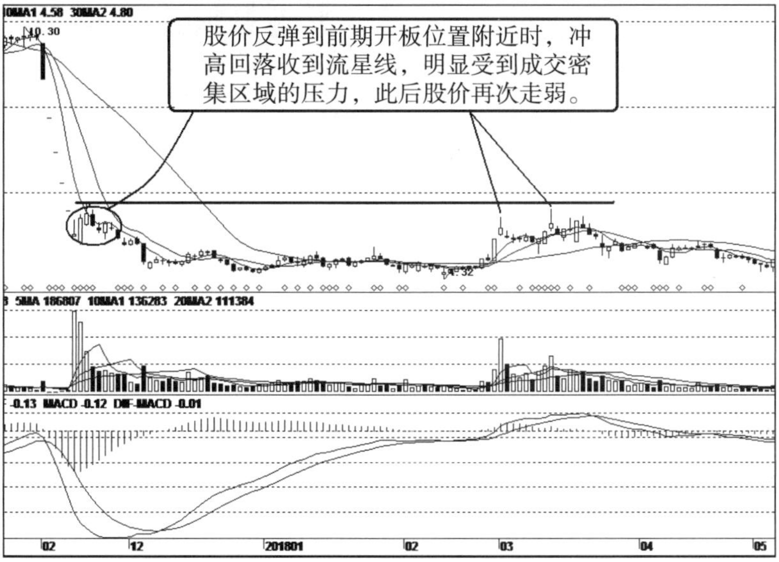

图 7-10

四、高价区域的带上影线阳线

股价大幅上涨后，在高位出现带上影线阳线，标志着上档压力较大，一旦后市股价走弱，此时不管成交量大小，都应逢高落袋为安。股价跌破 10 日均线时要无条件卖出，即使有亏损，也要斩仓出局。

图 7–11 是弘业股份（600128）的日 K 线图。该股股价经过快速拉升，盘中堆积了大量的获利筹码，随后在高位震荡。2018 年 11 月 19 日，股价冲高回落，形成流星线形态，说明做多力量衰竭，具有强烈的见顶意义。次日股价大幅低开 6.46% 后快速跌停，前一交易日的见顶流星线得到验证，之后股价进入中期调整阶段。

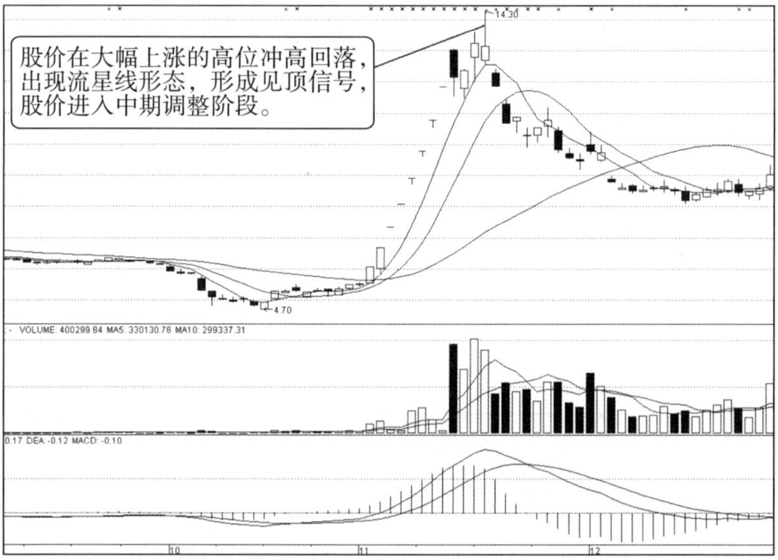

图 7–11

股价大幅上涨后，在高位出现带上影线阳线时要多加注意，因为此时庄家获利丰厚，经常利用这种阳线进行盘中出货。即便之后股价不会马上大跌，也离顶部不远了。实盘操作中见到股价在高位区域出现带上影线阳线时，可以先减仓，即使后面仍有若干小阳线，但如果股价无力再创新高，就要立即离场，因为这根上影线的最高点已经成为股价上行的压力。股价不能创新高，表明庄家由原来的做多开始转为做空，下跌在所难免。

图 7–12 是江丰电子（300666）的日 K 线图。该股上市后就有实力强大的庄家入驻，股价经历前快后慢两波主升浪行情后，累计涨幅巨大，盘中堆积了大量的获利筹码。2017 年 11 月 4 日，开盘后股价大幅冲高，但由于遭到获利的抛压，

股价回落，在高位收出一根带上影线阳线，说明多方渐渐放弃攻势，失去对盘面的控制，股价运行趋势发生微妙的变化，空方开始掌控市场，此后股价盘跌。

如图 7–12 所示，在第二轮上涨行情中，股价累计涨幅超过 200%。该位置处于历史最高点，且股价远离 30 日均线，乖离率偏大。根据葛氏移动平均线八大买卖法则，股价有回归均线附近的要求。即使后市股价继续上涨，短线也面临技术压力。特别是带上影线阳线出现后，连续两天股价大跌，加大了见顶回落的可能性，因此这根带上影线阳线是一个逢高减仓或退出的信号。

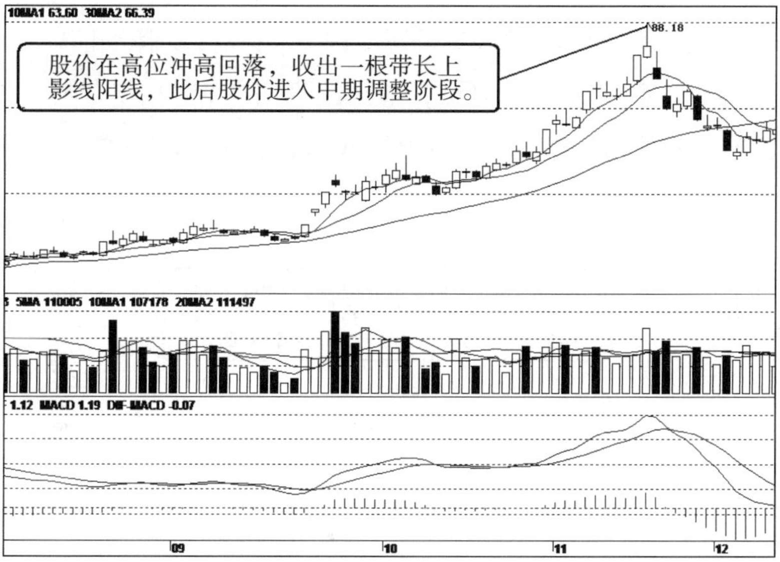

图 7–12

在分析高位出现的带上影线阳线时，应注意以下五个盘面因素。

（1）股价前期涨幅较大，特别是涨幅超过 100%，说明获利盘开始兑现，股价上行面临抛压，此时应谨慎操作。

（2）在高位出现带上影线阳线时，如果当日成交量巨大，说明庄家放量对倒拉高出货，此时更应警惕。也就是说，在高位出现缩量现象，反而说明庄家难以撤退，短期股价不会大跌。

（3）带上影线阳线的上影线长短与受阻力度的大小有关，上影线越短，抛压阻力越小；上影线越长，抛压阻力越大。对于带有较长上影线的阳线，投资者要多加关注。

（4）在带上影线阳线出现之后的几个交易日，股价继续回落，说明盘中抛压增大，后市继续看跌。

（5）高位带上影线阳线可以参照流星线的有关法则进行分析。

五、阻力位之下的带上影线阳线

1. 实盘技巧分析

当股价上涨到一个重要的阻力位附近时，经常出现带上影线阳线，表明股价上档遇到技术压力。若次日股价不能继续走强，并且没有突破这个重要的技术关口，投资者不要急于入场，应待股价突破阻力位后走强时买进。如果股价在阻力位之下遇到明显阻力，应及时逢高了结。

图 7–13 是勤上股份（002638）的日 K 线图。该股股价大幅跳水后，做空能量得到较好的释放，股价企稳盘整后渐渐反弹。当股价反弹到前期连续跌停一字线开板位置附近时，盘中遭到了明显的抛压，分别在 2018 年 3 月 1 日和 3 月 13 日冲高回落，形成较长的上影线，构成流星线形态。这种走势说明股价反弹受阻，此后股价盘弱。

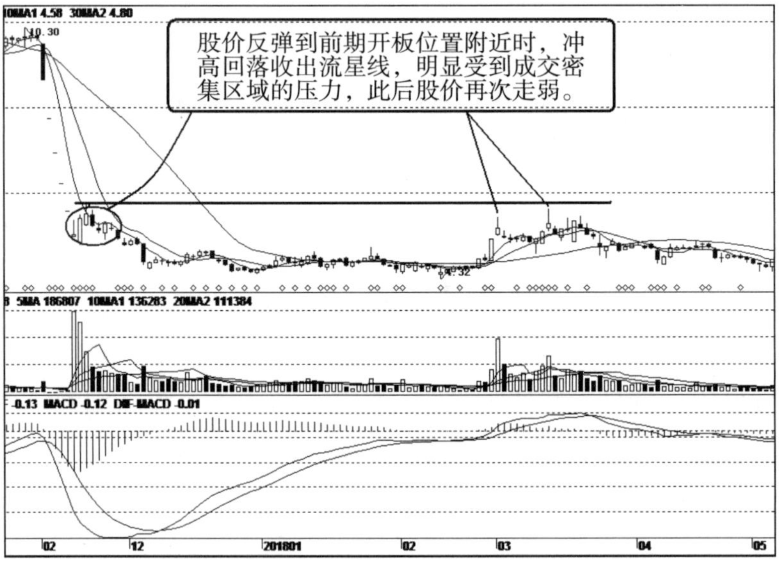

图 7–13

如图 7–13 所示，第一根带上影线阳线出现后，股价上涨遇到前期成交密集区域的压力，次日股价低开低走，收于前一日阳线的开盘价之下，弱势特征进一步显现。第二根带上影线阳线出现后，也遇到前期成交密集区域的压力，次日股价低开震荡。当日的成交量没有前一日大，说明市场弱势特征明显。即使后市股价继续上涨，短期也会面临技术性回调，因此这两根带上影线阳线均是卖出信号。

出现在重要技术关口附近的带上影线阳线，由于产生的内在原因不一样，所以导致后市股价运行情况截然不同。这就是很多投资者看到同样的带上影线阳线，并且同样出现在类似走势的个股中，后市的运行趋势却不一样的原因。

在实盘操作中，投资者一定要结合股价当时在分时走势图上的运行情况综合分析盘口动态，这样才能更准确地预测后市股价走势。仅仅凭借收盘后单根 K 线形态预测后市的股价走势，有时远远不够。

市场中能够成为阻力位的位置有很多，比如移动平均线、趋势线（通道）、技术整理形态、成交密集区域以及黄金分割线、整数点位和时间之窗等，遇到出现在这些敏感位置之前的带上影线阳线，投资者可以自行分析检验。

在阻力位之下出现的带上影线阳线，是否就一定会遇到阻力呢？有时这是一个上涨蓄势整理形态，市场成功消化上档压力后，股价将一举突破阻力位，从此出现新的上涨行情。

图 7–14 是建设银行（601939）的日 K 线图。经过一段时间的箱体整理，股价开始向上突破。2018 年 1 月 2 日开盘后，买方积极推动股价上涨。由于多头力量减弱，抛盘随之出现，股价冲高回落，形成一根上影线很长、实体短小的阳线，预示股价即将见顶，是一个卖出信号。可是此后股价并没有大幅下跌，短暂的小幅回调整理后，股价再次形成强劲的上攻走势。

如图 7–14 所示，虽然在相对高位出现了一根带上影线阳线，但并不是可靠的顶部信号，主要原因有以下四个。

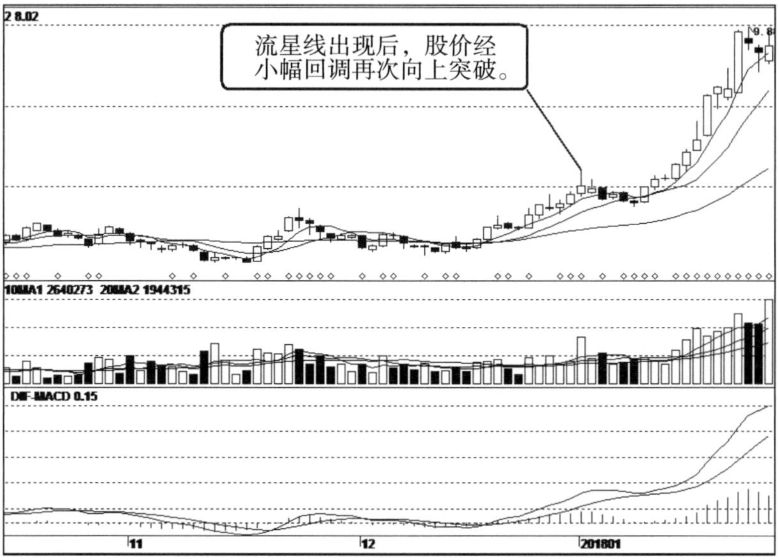

图 7–14

（1）股价突破后总体涨幅不大。

（2）从盘面观察，股价紧贴均线系统稳步上行，走势稳健，庄家坐庄手法老练，不像快速拉升那样大起大落，此时出现流星线，其见顶概率不大。当然需要注意的是，若在快速拉升的自救行情中，或是快速反弹行情中，或是游资介入的快速短炒行情中出现带上影线阳线，短期见顶的概率非常大。

（3）均线系统保持完好，继续呈多头排列，特别是30日均线对股价构成强大的技术支撑。

（4）股价调整时得到前期箱体上边线的支撑，回调幅度有限。另外，出现带上影线阳线后，股价仅小幅下跌，很快形成新的攻势。

由此可见，这根阳线是股价上涨过程中的正常调整走势，不是市场的真正顶部，投资者逢回调低点可以介入。

2. 操作技术要点

在实盘操作中，当股价运行到重要技术压力位置时，如果出现带上影线阳线，其操作方法如下。

（1）应密切关注股价在上冲过程中的动态。股价上冲到重要技术压力位时，如果盘中出现大量抛盘，股价在这些抛盘的压力下迅速回落，并且在回落后买方也没有明显地反击，此时投资者就不要入场。如果持有该股，反而应该在股价冲高受阻时卖出，待股价回落企稳后再考虑买入。

（2）应该关注次日的走势情况。如果次日股价收盘时没有突破前一日的最高价，即使收出一根阳线，也不要轻易买入，应该待股价成功突破这个技术阻力位后再考虑买入。

（3）应关注股价回落过程中的动态。如果股价在回落后成交量逐步萎缩，且在股价回落到下方的均线系统附近受到支撑而企稳回升，一旦股价再次走强，且成交量逐步放大，那么投资者就可以入场操作。

六、支撑位之上的带上影线阳线

1. 实盘技巧分析

在行情运行过程中，如果股价成功站上某个重要的支撑位，或者股价回调到某个支撑位附近时，一旦获得强大的支撑而回升，后市股价一般会有一波续升行情。因此在支撑位之上出现带上影线阳线，虽然表明上涨短线遭到一定的抛压，但后市仍以看多为主，是一个较好的买入或加仓信号。

图 7-15 是开山股份（300257）的日 K 线图。该股上市后逐波震荡走低，在股价下探到前期低点附近时企稳回升，初步形成双重底形态。随后股价渐渐走强，均线系统呈多头排列。股价多次回落到 30 日均线附近时均遇到较强的技术支撑而回升，收出带上影线阳线。虽然在盘中遇到零星抛压，但通常是前期解套盘和底部获利盘抛售所致，一般不会影响总体上升趋势。

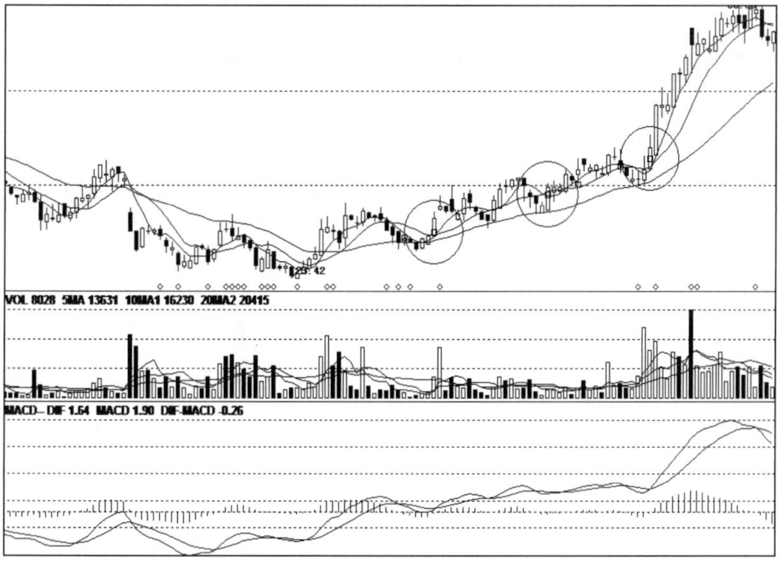

图 7-15

如图 7-15 所示，股价成功站在均线系统之上后，均线系统即由原先的压力作用转化为现在的支撑作用，看多氛围浓厚。30 日均线缓缓上行，支持股价继续走高，盘面走势坚挺。多方稍一拉升，就得到了市场的积极响应，因此投资者可以在 30 日均线附近介入做多。

图 7-16 是佳创视讯（300264）的日 K 线图。该股股价成功见底后企稳盘升，多次在 30 日均线上方收出带上影线阳线，之后股价均有不俗的表现。结合盘面走势特点，投资者可以自行分析。

2. 操作技术要点

在实盘操作中，投资者遇到类似情形时可以参考以下技术要点。

（1）股价处于强势上涨途中或初涨期。若处在下跌反弹过程中，即使在支撑位之上出现带上影线阳线，也要小心看待。

（2）均线系统呈多头排列，30 日均线坚挺上行，否则应谨慎操作。

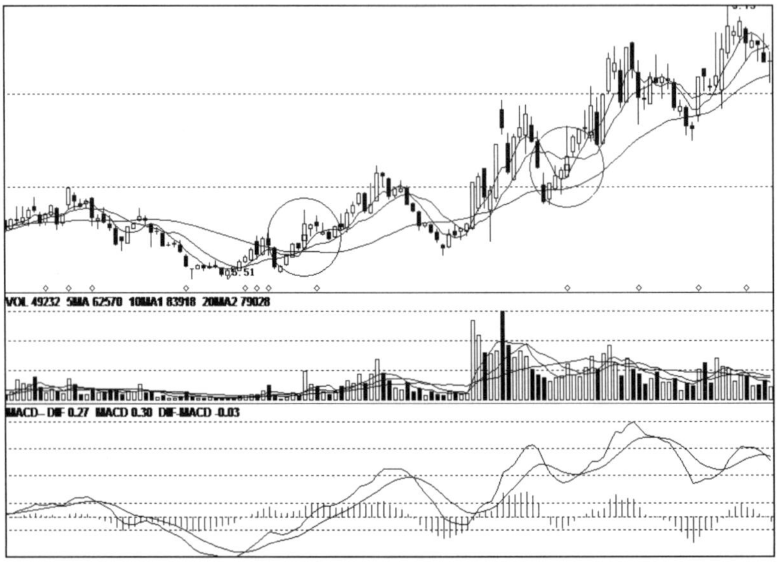

图 7-16

（3）股价处于涨幅不大的中低价位，要小心涨幅较大的个股。

（4）股价上涨不应太急，保持 45 度角上行最为理想。

（5）盘面没有出现异常现象。如果出现股价大幅跳空开盘、盘中股价大幅波动、成交量瞬间放大、委买委卖挂单异常等异动，应高度警惕。

在盘面上符合上述技术要素时，激进的投资者可以在带上影线阳线出现的当日买入，介入点可以选择在 30 日均线附近，或在尾市几分钟内追高买入；稳健的投资者可以待股价继续走强后回调时逢低买入。

第八章 / 带下影线阳线

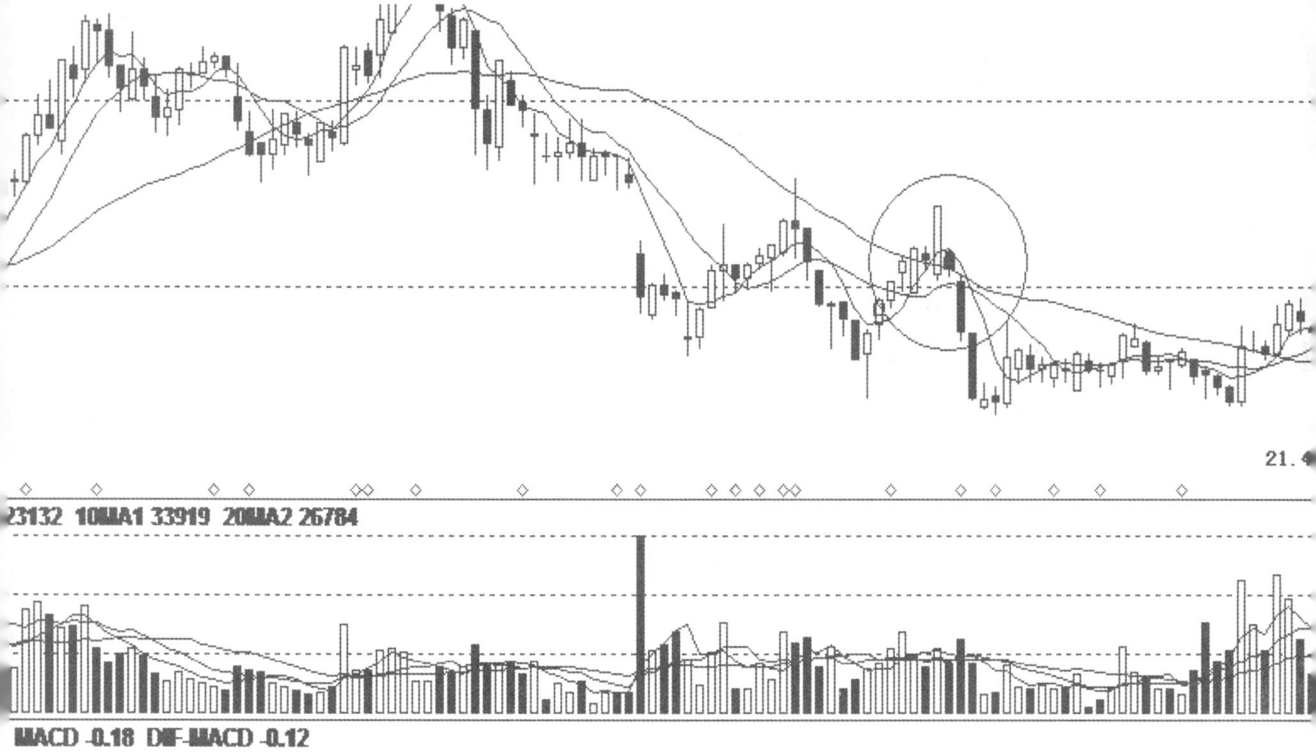

带下影线阳线指没有上影线、只有下影线的阳线，即除最低价和开盘价外，收盘价与最高价相同。股价开盘后，空方在盘中打压股价，但空头最终未能坚守阵地，收盘前股价重新被拉起，表明空头下跌势头有所减弱。虽然股价多在开盘价之下运行，但空头的攻击力度减弱，多方有发动反击的可能。这种 K 线形态出现在不同时期、不同阶段时，其分析意义和操作手法也不尽相同。在实盘操作中，应重点关注以下几个时段出现的带下影线阳线。

一、低价区域的带下影线阳线

股价经过充分的下跌调整，在底部区域出现带下影线阳线，标志着做多力量明显转强，预示股价有可能反弹或反转，因此是一个买入信号。出现这种阳线的主要原因有：超跌反弹、拉高建仓、拉高试盘。

股价大幅下跌或短期快速下跌后，市场常出现超卖现象，做空能量得到较好的宣泄，此时股价易形成超跌反弹走势，所以在 K 线图中出现带下影线阳线。

图 8-1 是国盛金控（002670）的日 K 线图。该股股价反弹结束后再次回落到前期低点附近。2019 年 1 月 31 日，开盘后股价被大幅砸低，抄底资金随即介入，股价渐渐回升。当日收出一根下影线较长的 K 线，形成底部锤头线。在前低位置附近出现这样的锤头线，通常是一个见底信号，表明空方的抛售力度渐渐减小，做空动能渐渐衰竭，失去对盘面的控制，多方在此积聚了大量的做多能量，随后形成有力的反弹回升行情。

在实盘操作中，如在上涨初期见到带下影线阳线，股价重心逐渐上移，可以判断该股后期将以上涨为主，此时宜跟进做多。

如图 8-1 所示，该股此前一直处于弱势下跌中，并且经历了恐慌性加速下跌过程。仔细观察不难发现，成交量在加速下跌时却没有放大。按常理来说，应有可观的恐慌性抛盘，才会导致股价加速下跌，这样一来必将导致成交量放大。该股并没有如此表现，因此这根带下影线阳线基本上可以确认前面的加速下跌只不过是庄家建仓之后故意打压股价所致，目的是吓跑持股不坚定的投资者。

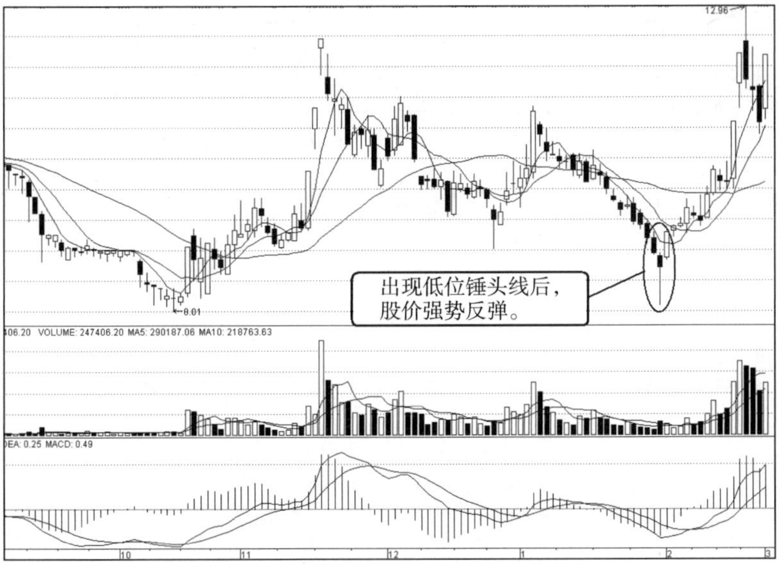

图 8-1

在分析这类阳线时，应深入研究股价的前期走势，而且要特别注意分析股价之前走势中的成交量。不要只看到在低位出现带下影线阳线，就贸然认为股价在下档受到了强大的支撑，后市一定会反弹，结果介入后被套其中。

股价经历一轮下跌后，带下影线阳线出现在低位区域，若当日股价涨幅不足5%，那么投资者当日最好不要急于入场，应该待股价明显企稳并再次上涨时买入。若当日股价涨幅超过5%，在分时图上可以看到股价回探后很快就被拉起，拉起时盘中的主动性买盘很积极，后市股价继续上涨的可能性较大，此时激进的投资者可以在当日谨慎买入。需要注意的是，若当天股价上涨过程中主动性买单很少，且长时间没有交易，就不要轻易买入。

图 8-2 是好太太（603848）的日 K 线图。经过一段时间的下跌调整，股价初步企稳回升。庄家为了进一步夯实底部根基，再次下探前低支撑。2018 年 3 月 26 日二次探底，在前期低点附近得到了强有力的技术支撑，股价再度回升，从而形成一根带下影线阳线。

这根阳线与前期低点构成了一个疑似双重底形态，因此阳线的可靠性大大增强，说明股价下跌的空间已经不大。随后股价渐渐走高，并成功突破双重底的颈线压力位，带下影线阳线与双重底遥相呼应，此时投资者可以考虑低吸，从此股价稳步走高。

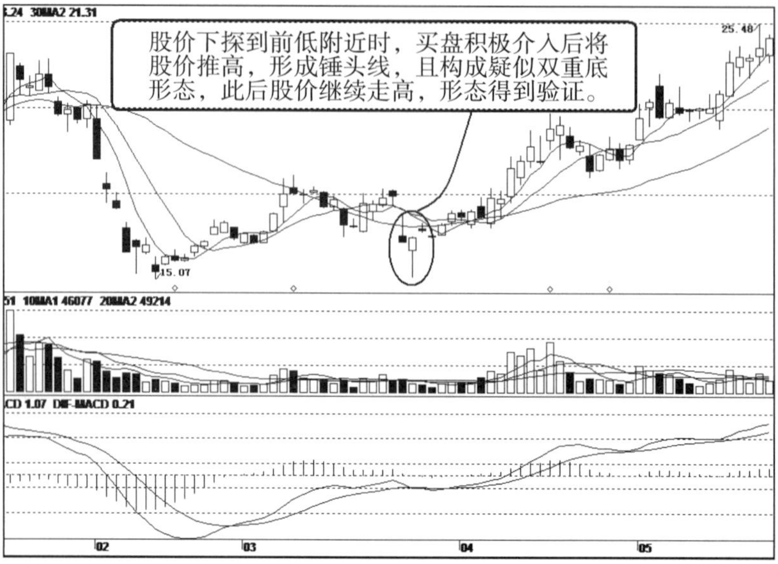

图 8-2

那么，这根带下影线大阳线有什么技术意义呢？

如图 8-2 所示，首先，在大阳线出现之前，股价经过长时间的下跌调整，盘中浮动筹码已经不多，股价基本到了历史底部区域，继续下跌的空间已经很小。其次，股价成功向上突破了 30 日均线的压制，随后在 30 日均线上方震荡整固。当 30 日均线渐渐转为水平移动时，股价开始盘高，均线系统呈多头发散形态，盘面渐渐形成强势。最后，股价回落时得到了前期调整低点的支撑，而前期低点是股价快速砸盘形成的低点，一般很难再次跌破，因此股价在此获得支撑而回升。

在低位出现这样的带下影线阳线时，投资者可以在 30 日均线附近逢低介入做多。

有时，这种带下影线阳线出现在下跌趋势中并不是止跌信号，只不过是多方一次无谓的反抗。

图 8-3 是东晶电子（002199）的日 K 线图。该股股价见顶后逐波下跌，盘面弱势特征明显。2018 年 2 月 2 日、2 月 9 日和 3 月 23 日分别收出带下影线阳线，每次股价开盘后都节节下滑。此时空方能量得到极大的释放，主动性买盘开始逢低介入，市场出现扭转乾坤之势。随后股价再次向上拉起，当日收出一根长长的下影线，形成带下影线阳线，显示价格已不能继续下跌，因而是一个买入信号。可是随后股价依然疲弱，继续出现下跌走势，因此这里带下影线阳线只是多头的一次抵抗性修复走势。

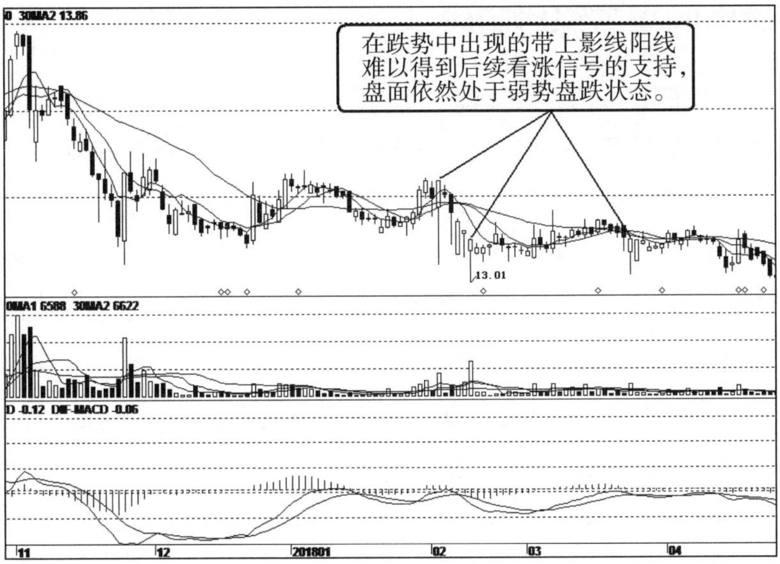

图 8–3

为什么该股出现带下影线阳线后并没有迎来上涨行情呢？

如图 8–3 所示，在带下影线阳线出现当日，成交量并没有明显放大，表明做多意愿不强，同时均线系统呈空头排列。特别是次日低开震荡，股价上方压制明显。虽然当日收出一根缩量小阳线，但当日股价仍然下跌。由此可以看出，股价上涨显然得不到成交量的积极配合，这种现象至少说明均线和盘区附近存在不小的压力。

股价要想反弹，必须放量突破均线和盘区的阻力。在接下来的走势中，并没有出现这种现象，因此之后股价受均线和盘区的阻力影响而继续走弱，成交量继续萎缩，股价渐行渐弱，最终未能企稳上涨。

识别这种盘面可以参考以下五个方面的盘面因素。

（1）市场处于下降趋势中，盘面弱势特征明显，股价没有转强的迹象。

（2）股价调整不够充分，累计跌幅不大，处于市场中高价位。

（3）均线系统呈空头排列，继续压制股价走低。

（4）在前期下跌时成交量依然较大，说明做空能量没有释放完毕。出现阳线时成交量反而不能持续放大，说明买盘积极性不足。

（5）出现带下影线阳线后，股价不能持续走强。

盘面如果存在上述因素，就可以认定为弱势反弹走势，反弹结束后股价将继续下跌，因此宜逢高退出。

二、上涨途中的带下影线阳线

在股价上涨途中出现带下影线阳线，特别是出现在股价刚启动时，预示着股价有加速上涨的征兆。股价开盘之后先抑后扬，最终收于当日最高价，并且收出一根涨幅超过 3% 的阳线，说明做多力量强劲，后市股价很有可能加速上涨。

图 8-4 是腾邦国际（300178）的日 K 线图。该股股价见顶后逐波盘跌，经过长时间的调整，股价企稳盘升。当股价回升到前期成交密集区域时，遭到低位获利盘和前期套牢盘的双重打压，庄家借机展开洗盘整理。股价回落到 30 日均线附近时企稳回升，陆续收出两根先抑后扬的带下影线阳线。随后股价成功突破了前期阻力位，出现一波加速上涨行情。

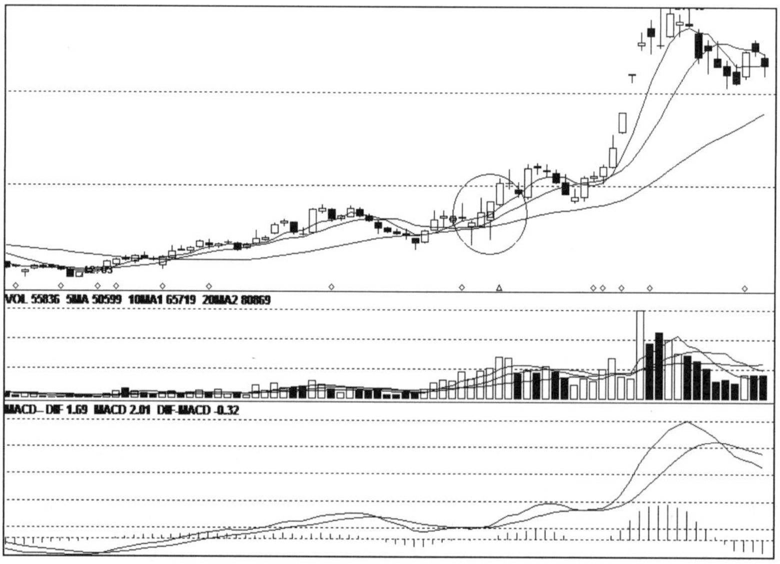

图 8-4

股价启动后不久出现带下影线阳线，只要在这之前股价上涨趋势流畅，没有遇到明显的阻力，或者股价距离重要技术关口比较远，当日股价收出带下影线阳线时，激进的投资者就可以入场，或者待股价成功突破这个技术关口后再买入。

如图 8-4 所示，该股企稳前经历了长时间的下跌调整，并且在下跌过程中成交量逐步萎缩，下跌速度不断放缓，说明股价的下跌空间已经不大。此后随着股价企稳回升，成交量温和放大，场外资金渐渐进入，因此底部基础构筑扎实。

当股价下探到 30 日均线附近时，得到强大的技术支撑。股价依托 30 日均线逐步上行，说明此处有强大的支撑，同时成交量进一步放大。洗盘整理结束后，股价回升到前期高点附近，出现多根带上下影线的 K 线，目的是继续消化上档压力，然后一举突破。出现在股价启动后不久的带下影线阳线，应结合当时的成交量以及股价之前的运行状况综合分析判断。

图 8–5 是西宁特钢（600117）的日 K 线图。该股股价见底后快速回升，然后进入洗盘整理阶段。股价回落到 30 日均线之下，在前期盘区低点附近获得技术支撑后，股价重返 30 日均线之上。2017 年 7 月 25 日，股价大幅高开后快速下探，然后多方立即向上拉起，当日收出一根带下影线的涨停阳线。这根阳线标志着股价将进入加速上涨阶段，因此是一个买入信号。

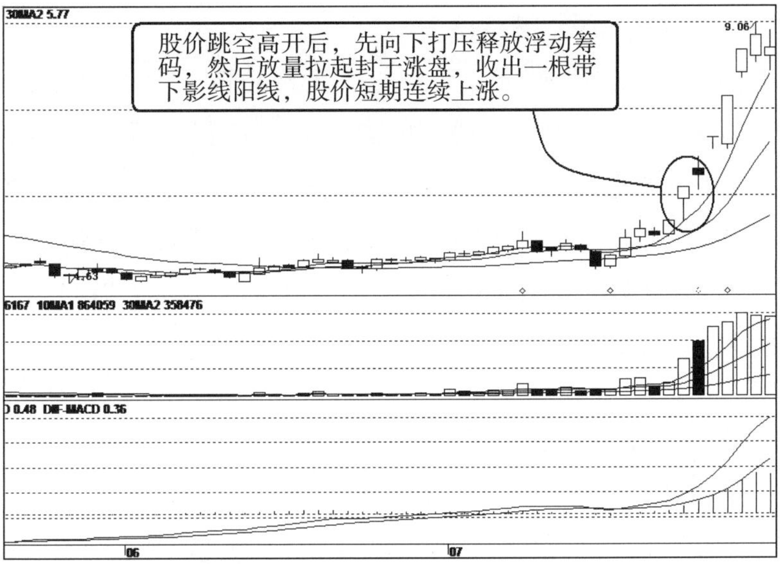

图 8–5

如图 8–5 所示，庄家在低位吸纳了大量的低价筹码后，股价渐渐攀高，但庄家在股价进入主升浪之前并没有马上拉升，而是进行洗盘并回抽确认底部走势，检验底部是否扎实有效，所以股价出现短暂的回落。

股价虽然回落到 30 日均线下方（该位置是前期成交密集区域，技术意义非常大），但没有形成有效突破，在底部获得强大的技术支撑，重返 30 日均线之上再做短暂的整理，然后以跳空高开的方式向上突破。这根带下影线阳线反映股价洗盘结束，回抽确认底部扎实有效，从而引发股价短期快速拉高。

有时在上涨过程中出现带下影线阳线后，股价不一定马上上涨，而是先形成一个小高点，然后进行一次洗盘调整，之后重新恢复上涨走势。

通过两个例子的分析，投资者在实际操作中应灵活运用，认真分析盘中的每个细节，正确解读盘面流露的市场信息，切忌用单根 K 线走势轻易断定后市股价的运行趋势。

三、下跌途中的带下影线阳线

在股价下跌过程中，特别是股价脱离头部后不久出现带下影线阳线时，大多为多头抵抗性反弹走势，后市股价继续看跌，因此是一个逢高卖出信号。

图 8–6 是京东方 A（000725）的日 K 线图。股价脱离头部区域后形成下跌趋势，反弹结束后再次下跌。股价击穿前期低点后连续下跌，空方能量出现一定的损耗，此时多方做出抵抗性反击。2018 年 4 月 23 日收出一根带下影线阳线，但次日股价并没有持续走强。成交量萎缩，说明买盘寥寥无几，因此股价未能就此止跌回升，反而起到助跌作用，随后股价继续盘跌。

如图 8–6 所示，股价处于下跌趋势中，盘面弱势特征明显；均线系统继续呈空头发散状态，30 日均线不断压低股价；成交量大幅萎缩，上涨动能明显不足；这根带下影线阳线遇到上方整理平台的压力，这个整理平台已由原先的支撑作用转变为现在的压力作用，对股价造成重大的压力。由此可见，出现在下跌途中的带下影线阳线大多是弱势反弹走势，后市不应盲目乐观，投资者应回避这种 K 线形态。

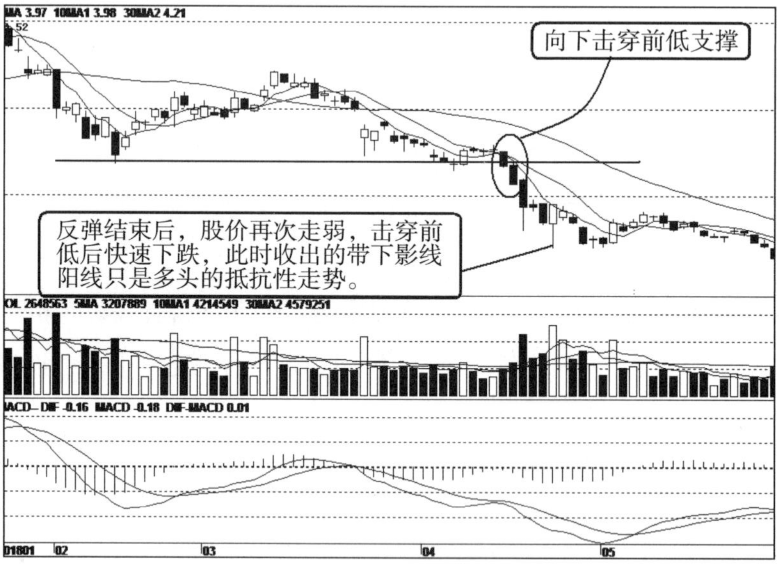

图 8–6

图 8–7 是 *ST 百特（002323）的日 K 线图。2018 年 6 月 15 日和 19 日，该股在持续下跌的过程中收出两根带下影线阳线，盘面弱势特征明显。均线系统呈空头发散形态，反弹得不到成交量的支持，显然不具备做多条件。

在实盘操作中，当盘面出现下列技术特征时，基本可以确认为下跌途中的带下影线阳线，后市继续看跌。

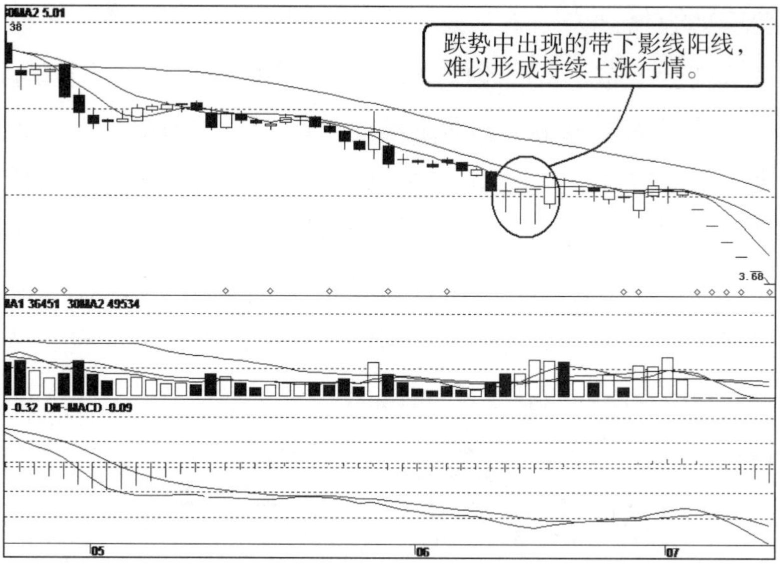

图 8-7

（1）股价刚刚脱离头部，市场处于持续的跌势中，股价累计跌幅不大，或者股价的下跌速度较快，并没有出现止跌放缓迹象，那么后市股价仍有一定的下跌空间，此时出现的带下影线阳线不可靠。

（2）出现带下影线阳线时，市场弱势特征明显，均线系统呈空头排列，30日均线对股价下压较重。

（3）出现带下影线阳线之前，成交量保持较高水平，并没有明显萎缩，说明做空动能仍然充足，后市仍有下跌力量。另外，带下影线阳线出现当日或随后几个交易日成交量没有明显放大，表明买盘积极性不强。

（4）出现带下影线阳线之后的几日股价继续回落，盘面显现弱势，说明这根带下影线阳线是跌势中的反弹回抽动作，后市继续看跌。

四、高价区域的带下影线阳线

股价经过大幅炒作，特别是股价加速上涨后，在高位出现带下影线阳线时，往往是庄家为出货故意玩弄的诱多手法，目的是吸引投资者入场接单，因此在高位看到带下影线阳线，投资者不应盲目乐观。

图 8-8 是万兴科技（300624）的日 K 线图。该股股价完成新股第一轮拉高后开板整理，经过短期的小幅回落整理，展开第二轮更猛烈的拉升，股价累计涨幅可观。由于盘中短线堆积了大量的获利盘，股价继续上涨面临不小的压力。2018 年 4 月 4 日和 9 日在高位收出两根带下影线阳线，看起来似乎有较强的上涨

劲头，但涨势已如强弩之末。第三天股价逐波回落，在高位收出一根大阴线，形成乌云盖顶 K 线组合形态。从此股价震荡下跌，市场进入中期调整阶段。

不少投资者看见这样的带下影线阳线时，认为多方力量强大，后市股价会继续上涨，介入后被套其中。从盘面走势可以看出，收出带下影线阳线之后，股价未能强势上涨。高开低走收跌，说明上方抛压较重，庄家已在暗中出货。另外，后面的大阴线包容了前面的阳线，又符合乌云盖顶 K 线组合形态，头部信号清晰。因此，在股价运行到市场高位出现带下影线阳线时，投资者一定要谨防庄家拉高出货，一旦股价后市走软，就要果断卖出。

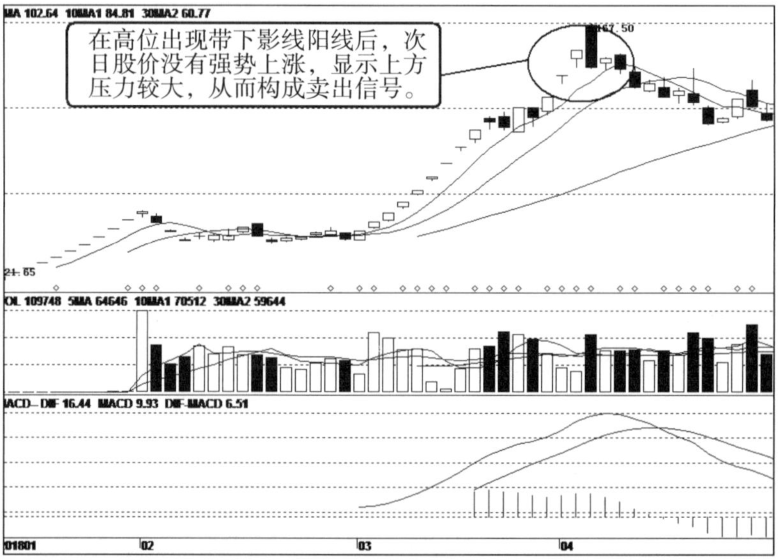

图 8-8

图 8-9 是天华超净（300390）的日 K 线图。该股经过短期的快速拉升，短线获利盘涌出，股价在高位震荡。2018 年 3 月 12 日、4 月 2 日和 7 月 13 日，先在高价区域各收出一根带下影线阳线，当日股价报收于涨停价位，但第二天或第三天股价冲高回落或高开低走，在高位收出一根阴线，这种走势往往就是短期股价见顶的征兆。

在高位遇到带下影线阳线时，操作策略上掌握一个原则就可以了，这个原则就是哪天出现回落收阴就在哪天出局。如图 8-9 所示，3 月 12 日收出带下影线阳线后，第三天高开低走收阴，这一天就可以离场；4 月 2 日收出带下影线阳线后，次日冲高回落收阴（长上影线时，无论阴阳，均是见顶信号），这一天就是卖出时机；7 月 13 日收出带下影线阳线后，次日高开低走收阴，这一天应立即退出。

有的投资者看见这种带下影线阳线，认为多头力量强大，后市股价还会持续上涨。出现带下影线阳线之前，如果股价已经经历几个交易日的回调整理，投资者更容易认为这是庄家在上涨过程中的一次洗盘动作：股价洗盘结束，再次向上拉升，就标志着庄家洗盘结束，后市股价将迎来一波新的上涨行情。如果投资者做出这样的判断，就会掉入庄家制造的多头陷阱。

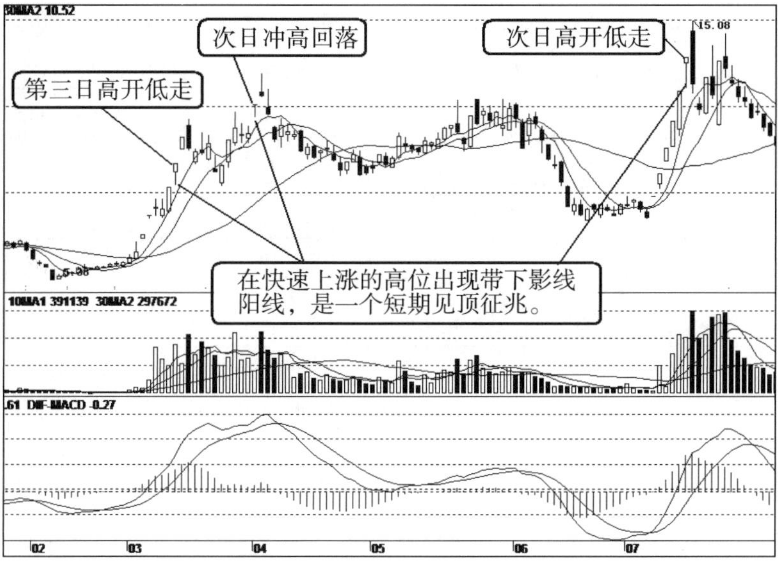

图 8-9

在实盘操作中，投资者识破这种陷阱的唯一方法是仔细观察当日股价在分时走势图上的动态。如果是庄家在出货，那么股价下探之后往往会在尾市收盘前几分钟快速拉起，因为庄家选择这个时间把股价拉起能够节省很多成本，在投资者来不及做出反应时就收盘了。

另外，在上涨过程中，股价上涨是因大量的大买单把股价拉了上去，在分时图上股价呈直线式上涨，这些大买单就是庄家的对倒单，庄家通过自己买自己的单子把股价拉上去，而不是真正由市场外部资金主动买入推动股价上涨。相反，在股价回落时，由于不断有卖单抛出，导致股价逐步回落，此时卖单中很少有大单，都是一些持续的小卖单。庄家采取小单分笔逐步卖出的方式，使很多投资者很难看出是庄家在出货，这就是庄家出货的高明之处。

实盘操作中，投资者遇到高位区域出现的带下影线阳线时，应掌握以上盘面细节，仔细分析股价在分时走势图上的变化。这样才能避免依靠单根 K 线形态来预测股价的后市走势，从而逐步提高综合分析能力。

五、阻力位之下的带下影线阳线

股价上涨到一个重要的阻力位附近时，庄家为了引诱投资者入场接单，经常将股价拉到最高价收盘。这种带下影线阳线在 K 线图上形成强烈的上攻之势，但股价随后并没有强劲上涨，反而渐渐走低，因此是一个逢高了结的信号。

图 8–10 是 *ST 双环（000707）的日 K 线图。股价突破整理平台后快速下跌，然后企稳走出一波反弹行情。反弹到前期整理平台附近时，股价出现了震荡走势。这时整理平台已由原先的支撑作用转化为现在的压力作用，对股价上涨构成强大的阻力。不久，在 K 线图上出现了两根带下影线阳线，试图突破前期的整理平台区域，但均遭上方抛压，随后股价回落。

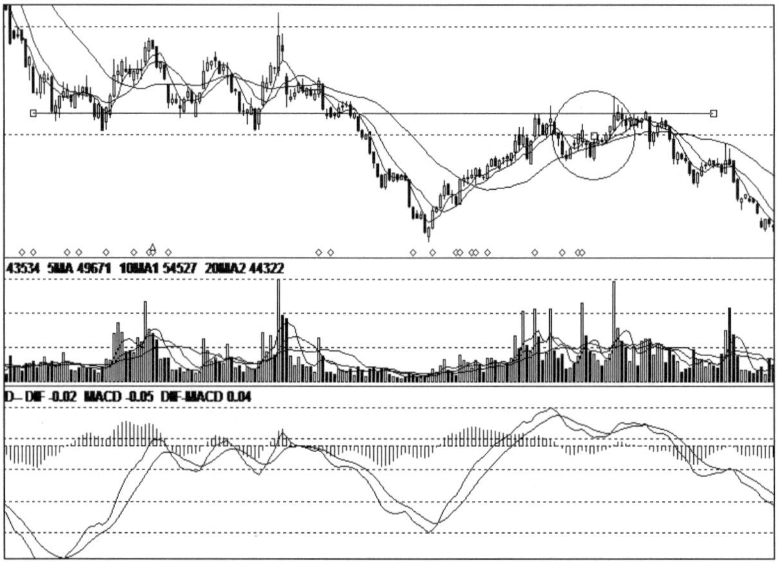

图 8–10

如图 8–10 所示，前期整理平台附近的压力非常大，庄家并无突破意愿，诱多动作明显。从成交量上可以发现庄家做盘的蛛丝马迹，表面上看，阳线放量，阴线缩量，价涨量增，量价配合默契，盘面走势富有韵律。实际上，这是庄家故意做盘所致。在股价上涨收阳线时，盘中出现大手笔的对倒动作，小幅拉高股价，制造股价放量上涨的假象，庄家暗中大肆出货。股价下跌收阴线时，庄家利用小卖单悄然出货，不少散户在不知不觉之中被其蒙骗。在阻力位之前出现带下影线阳线，能否成功向上突破，投资者应观察和分析盘面细节。

当然，阻力位总有被突破的时候。市场成功消化上档压力后，股价将一举突破阻力位，出现新的上涨行情。

图 8-11 是京新药业（002020）的日 K 线图。该股股价在一轮快速下跌后形成横盘震荡走势。那么这是下跌中继整理形态，还是股价的筑底走势呢？不久收出一根带下影线阳线，但这根阳线并没有突破盘整区域，随后经过几个交易日的整理，股价向上有效突破盘整区域，从此开启了一波牛市行情。

在实盘操作中，投资者一定要结合股价当时分时走势图上的运行情况综合分析盘口动态，才能准确地预测股价的走势。仅凭收盘后单根 K 线的形态预测后市，有时远远不够。

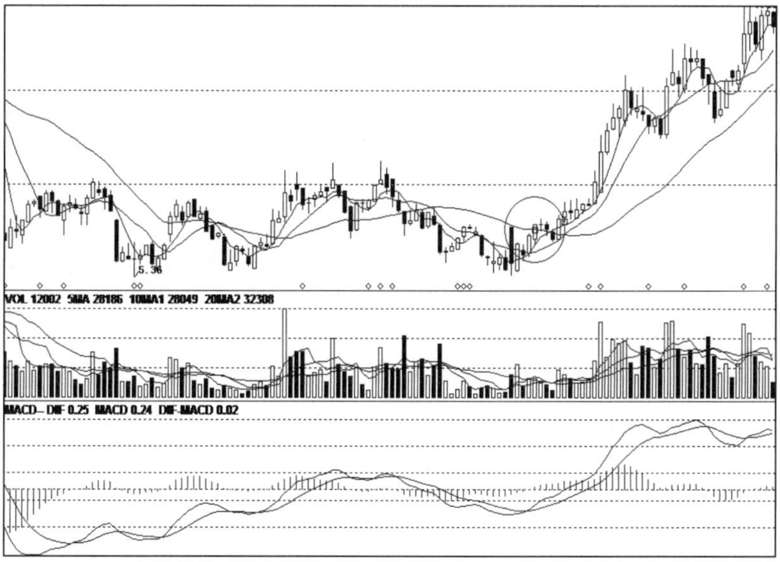

图 8-11

六、支撑位之上的带下影线阳线

股价在一个重要的支撑位之上出现带下影线阳线，预示后市股价会有一波升势行情，因此是一个较好的买入或加仓信号。

图 8-12 是易华录（300212）的日 K 线图。该股股价成功探明底部后出现一波较大的上涨行情，然后庄家展开洗盘整理，股价回落到 30 日均线之下。当股价回落到前期低位点附近时，获得技术支撑而回升，不久收出一根带下影线阳线。随后在短暂的整理过程中构成一个小双底形态，股价重返 30 日均线之上。在 30 日均线之上再次收出一根带下影线阳线，从此股价渐渐走高。

一般而言，在重要的技术位置上方出现带下影线阳线，表明技术支撑位发挥了重要作用，后市有一定的升势行情可期，投资者可以在支撑位附近做多。

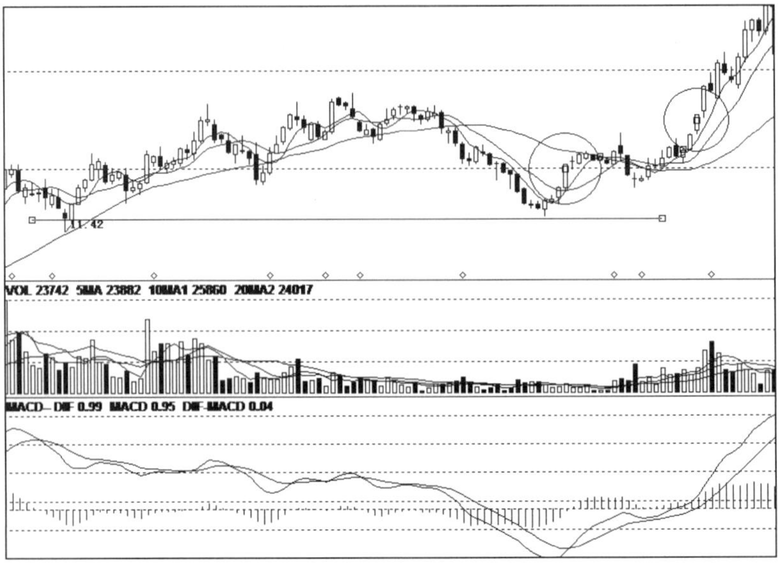

图 8–12

图 8–13 是聚飞光电（300303）的日 K 线图。该股的走势与易华录（300212）相似，均得到了 30 日均线支撑，收出带下影线阳线，后市也出现了强劲的上涨行情。结合盘面走势特点，投资者可以自行分析。

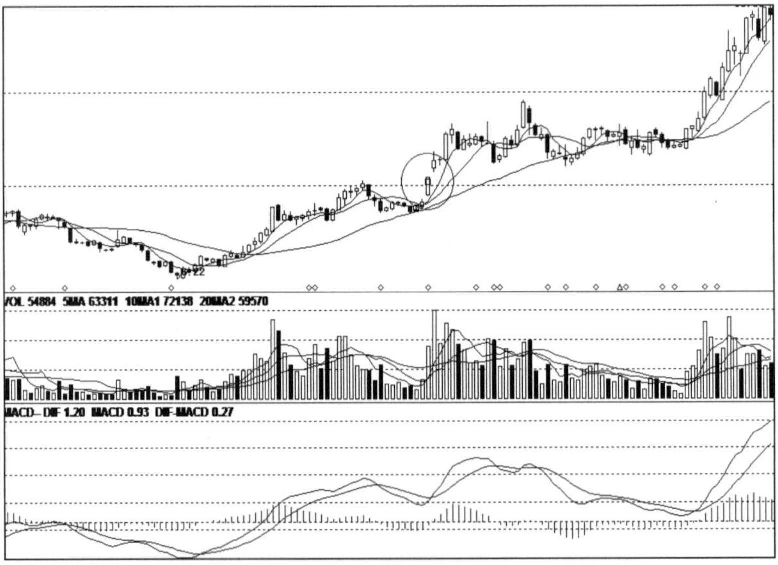

图 8–13

在实盘操作中，激进的投资者可以在出现带下影线阳线的当日买入，介入点可以选择在 30 日均线附近，或在尾市几分钟内追高买入；稳健的投资者可以待股价继续走强后，在回调时逢低买入。

第九章 /
长上下影线阳线

长上下影线阳线通常指上影线或下影线长度是实体部分的两倍以上的阳线。阳线可分为四种：实体长于上下影线的阳线（大阳线）、实体短于上下影线的阳线（螺旋线）、实体短于上影线而长于下影线的阳线（倒锤头线）和实体短于下影线而长于上影线的阳线（锤头线）。其中，实体同时短于上下影线的阳线，由于实体过于短小，近似于十字线或螺旋桨形态，所以被归于十字线类。

一、长上影线阳线

长上影线阳线即实体短于上影线、长于下影线的阳线，这种阳线出现在底部区域时为次要的单日底部反转征兆，但宜进一步确认形态。如果其出现在大幅上涨后的高位，意味着股价冲高乏力，为强烈的顶部转势信号。

长上影线阳线的形成过程是：在股价长期下跌的末期，多方积蓄已久的做多能量展开一次向上攻势，但空方防守反击，坚守空方阵地，向下力压股价，导致多方初战失利，股价未能在较高位置收盘，因而形成上影线较长的阳线。这种盘面表示多空力量已悄然发生变化，空方卖盘趋弱，做空动能衰竭，失去了对盘面的控制；多方蠢蠢欲动，蓄谋已久，战胜空方为期不远。一旦多头市场确立，其上涨力度惊人。长上影线阳线出现在下跌趋势的低位，属于潜在的底部转势形态，具有较强的看涨意义。长上影线阳线可以出现在市场的低位，也可以出现在市场的中高位。

（一）低价区域的长上影线阳线

1. 实盘技巧分析

股价经过长时间的大幅下跌调整，并且下跌速度出现了明显放缓的迹象，此时在低位出现长上影线阳线，表示多空双方的力量开始向多方倾斜，是多方即将发动行情的征兆，因此是一个做多信号。但同时空方也没有完全放弃抵抗，双方争斗可能有所反复。后市具体走势还需验证，关键在于多方能否在接下来的几个交易日继续做多。若多方力量依然坚挺，那么后市股价很可能反弹甚至反转，否则为疑似看涨信号，操作仍需谨慎。

图 9-1 是东土科技（300353）的日 K 线图。该股股价见顶后一路走跌，经

历一波快速下跌。2018 年 2 月 13 日，在低位收出一根长上影线阳线，表明股价将企稳回升，2 月 27 日股价放量突破后快速上涨。

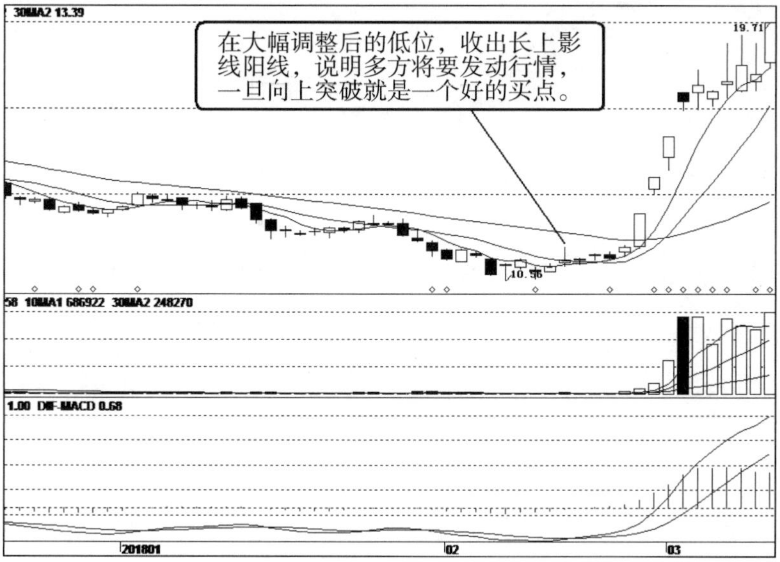

图 9–1

如图 9–1 所示，该股经历了一段时间的下跌调整，在低位出现了长上影线阳线，且在此前的下跌过程中成交量持续低迷，显示抛盘已经非常少，股价属于无量空跌状态。出现长上影线阳线后的几个交易日，股价没有再次走弱，而是维持在这根阳线的收盘价之上运行，随后以放量涨停的方式向上突破，表明此时多方力量开始掌握主动权，短期内股价将继续走强。对那些擅长短线操作的投资者来说，这是一次很好的介入机会。

一般而言，股价下跌趋势发展越长，越容易被确认为反转。也就是说，跌势越久，跌幅越大，在低位出现长上影线阳线的见底机会越大。要加强长上影线阳线的利多效力，重要的是看上影线的长度，至少应是实体长度的两倍。

图 9–2 是岳阳兴长（000819）的日 K 线图。该股股价反弹结束后再次回落，回探到前期低点附近时企稳，底部渐渐抬高。2018 年 7 月 25 日收出一根长上影线阳线，次日股价虽然出现调整，但没有对技术造成破坏。第三天股价再次收涨，然后股价向上突破，连拉三个涨停。如图 9–2 所示，股价回探时得到 30 日均线的有力支撑，可以在 30 日均线附近低吸，或者在第三天再次拉起时积极买入。

通常来说，后市股价要想跌破长上影线阳线的最低点，往往需要较大的做空力量，也需要较长的时间。因此产生这种形态后，投资者可以逢低介入，成功地搏一波反弹行情。

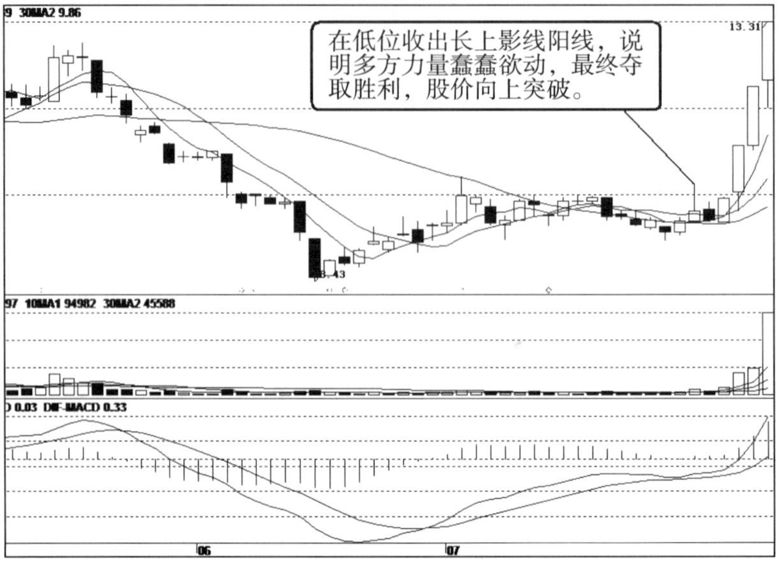

图 9-2

出现此类阳线，说明多空双方交战激烈，互不相让，但多方略占优势。股价探底之后稳步上涨，后市行情看涨，但次日或随后几个交易日仍将接受卖方的考验。如果股价不跌破阳线的中心值，后期股价将继续走上升趋势。若股价收盘在阳线中心值附近偏下，则说明短期回落整理的可能性较大，此后走势仍有待观察。若股价有效跌破阳线的最低点，则长上影线阳线就是一个反弹结束的信号，后市股价将重回跌势。

有时股价在次日或随后几个交易日盘中向下试探低点，但由于此时多方对空方发起进攻，致使空方无还手之力，因此尾盘仍以大阳线报收，或收回到阳线的中心值位置之上，在盘面上形成切入线状态，这根带下影线阳线也成为股价见底的信号。出现带下影线阳线，表明下跌能量已经充分释放，多方开始主导行情，后期股价震荡上行的可能性较大。在实盘操作中，见到这种具有止跌意义的阳线时，可以少量做多，上升行情确认后可以加码跟进。

通过这两个例子的分析，投资者遇见这种个股时，应注意次日或随后几个交易日的股价走势，以及在此前几日股价的下跌速度是否放缓。千万不要看到股价在一波下跌行情后出现了长上影线阳线就盲目追进，那样很容易被套。

下面就是一个典型的例子，出现长上影线阳线后，股价并没有如期上涨，经小幅弱势反弹，再次步入下跌走势，将买入者套牢其中。

图 9-3 是精确信息（300099）的日 K 线图。股价从最高点每股 24.95 元开始震荡下跌到每股 13.39 元，累计跌幅接近 50%，跌幅不可谓不大。不久，股价

跳空在每股 13.10 元低开，多方快速将股价拉起，但再次遇到空方的打压，股价快速回落，最终收出长上影线阳线。

这种形态通常表明股价已经跌到了尽头，后市将迎来升势行情。但是，庄家为了将手中的筹码卖个好价钱，在散户的帮助下，随后几个交易日将股价拉起。这时庄家继续大量抛售筹码，导致股价滞涨回落，提前结束上涨，从而使见底反转信号夭折，散户被套牢其中。

如图 9–3 所示，长上影线阳线在企稳后的上攻过程中得不到成交量的积极配合，随后几个交易日也没有出现补量，表明买盘不够积极，难以推动股价持续上涨。同时，股价受到均线非常明显的压制，在长上影线阳线出现的当日，股价就遇到 5 日均线的阻力，表明上方压力不可低估。另外，股价向下脱离平台整理区域后，盘面渐行渐弱，盘区构成新的压力，仅凭几根小阳线还不足以扭转弱势格局。因此当股价再次跌破长上影线阳线的低点或击穿前期股价调整低点时，应及时离场。

图 9–3

2. 操作技术要点

在实盘操作中，投资者遇到低位长上影线阳线时，应参考以下技术要点。

（1）在低位出现长上影线阳线后，需要进一步确认有效才可跟进买入。道理很简单，试想在形成此形态当日，股价虽反弹但仍被空方力压，所以次日或随后几个交易日的表现可以判断多空双方力量的强弱。如果次日以缺口的形式高开，高开幅度较大，并且一段时间维持在高水平，成交量也配合上升，可以确认为见底信号。假如次日开盘价高于长上影线阳线的实体，并维持一段时间，预计在前一日低位抛售的空方已踏空，急于买货补仓，补仓盘触发的涨势将大大改善市场气氛，激发更多买盘加入承接股票，从而出现强烈的低位转势信号。就算次日未能以跳空缺口高开，但只要当日收盘价高于前一日收盘价且收阳线，都可成功构成见底信号。

（2）长上影线阳线上攻过程中，要有成交量方面的支持。若在当日股价回升时成交量配合大增，更能反映买盘积极吸纳，见底上涨机会很大。此时可以逢低买入，否则为疑似多头信号。

（3）出现长上影线阳线，暗示多方已发力推升股价。但往往因市场积弱多时，仍会遭到空方的顽强抵抗，将股价力压打低，令股价回落，再次测试长上影线阳线的低点。只要此低点不破，成功守住，底部将更加坚固，更可看好后市。

（4）长上影线阳线与均线的关系。均线上升时出现长上影线阳线，经常是中途调整的最低位置，也是最佳买点。如果长上影线阳线出现在均线呈空头排列时，其看涨作用黯然失色。无论是上升趋势还是下跌趋势，形成长上影线阳线前，市场调整越充分，其反转作用越强，后市上涨或反弹力度越大。

（5）谨防下跌抵抗性走势，分析这方面因素应当从盘面细节入手。股价刚脱离头部不久，在下跌幅度不大的位置出现长上影线阳线时，往往是多方防守反击后形成的一种 K 线形态，出现抵抗性走势的概率更大。这时不能过分运用技术图形套盘面走势，否则容易套牢在半山腰。正确的做法是待股价充分调整后，或股价在跌势后期出现急跌时，或技术指标出现严重超卖时，依据长上影线阳线做多，这样操作成功率比较高。

（6）在市场底部出现长上影线阳线时，应该等待验证信号出现。只有出现了验证信号，才能进场操作。如果次日或随后几个交易日股价能够走强，且能够收出大阳线，则这根大阳线就是一个验证信号，此时可以逢低介入。如果次日或随后几个交易日股价走势仍然疲弱，甚至收出阴线，投资者就不必急于进场，应观察接下来几个交易日的市场表现。若在接下来几日股价重新走强，且能够收出大阳线，大阳线包容了前面的阴线，那么前面出现的长上影线阳线才可以看作有效的反转信号，此时投资者才可以进场操作。

（二）上涨途中的长上影线阳线

在股价上涨途中出现长上影线阳线，虽然反映上涨遇到了一定的阻力，预示股价即将回落，甚至会引发一波调整行情，但一般不会改变股价原来的上升趋势。因为股价步入上升趋势后，市场气氛逐渐活跃起来，个股很容易受到投资者的热情追捧，股价往往得以快速拉升。快速拉升一段距离后，由于场内堆积了大量的获利筹码，在获利盘的抛压下，股价难免出现一定幅度的回落。这种长上影线阳线通常是庄家快速洗盘的结果，后市股价仍将继续上涨，因此是一个较好的买入机会。

图 9–4 是东方明珠（600637）的日 K 线图。该股股价经过长时间的筑底，渐渐脱离底部区域。不久，在上涨途中出现了长上影线阳线。随后股价经过短暂的小幅回调继续走强，并且加快了股价的上涨步伐。

如图 9–4 所示，在股价收出这根长上影线阳线后，次日股价高开后震荡走低，收出一根大阴线，大阴线全部覆盖了长上影线阳线。但股价回探到 10 日均线附近时获得了强大的支撑，从而继续走强。

试想一下，此时股价处于刚开始上涨的途中，上涨幅度并不大，庄家不可能在这个位置出货，除非该股基本面突变。既然不是庄家出货，那么在股价快速下探到 10 日均线后又被拉起，就是实实在在有资金看好股价的后期走势而买进，这一点从温和放大的成交量上可以找到答案。即使是庄家采用对倒手法把股价拉起，那也是庄家洗盘结束后的回升走势，目的是把股价拉起，封住股价的下跌空间。因此，股价被快速拉起这一现象至少可以说明两个问题：一是 10 日均线附近有强大的支撑；二是股价回探后，场外资金进入积极。

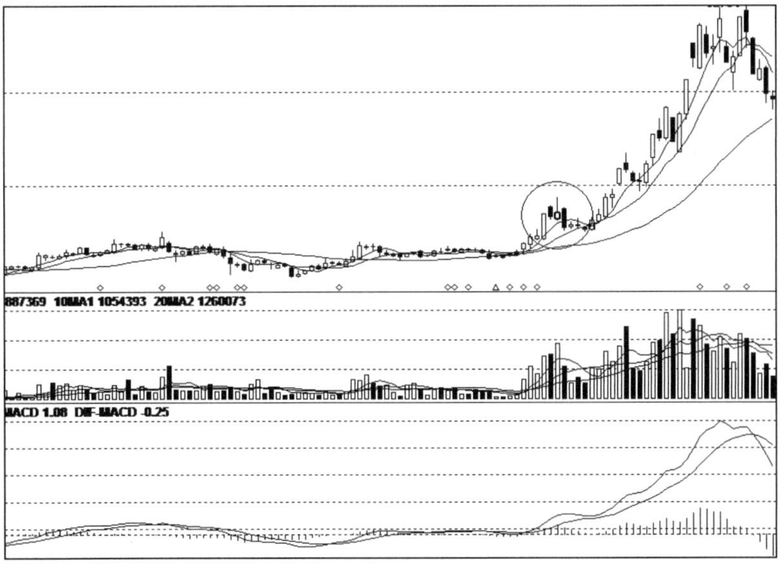

图 9–4

由此可见，空方的打压显得力不从心，多方仍然掌握主动权，并引导股价走高。在实盘操作中遇到类似的个股，如果股价下探到 10 日均线附近时出现大量的主动性买盘把股价快速拉起，那么后市股价加速上涨的可能性很大。一旦股价继续走强，投资者就可以果断买入，激进的投资者可以在 K 线收出长上影线阳线当日入场。

在实盘操作中，经常发现同样是长上影线阳线但后市走势截然不同的例子。这是股价小幅上涨后市场跟风不积极或庄家实力弱不敢拉高所致，或是由于庄家建仓或试盘形成的，所以出现长上影线阳线后，股价只是小幅上冲或横盘整理，甚至直接下跌。

图 9–5 是国投中鲁（600962）的日 K 线图。一波快速下跌后，该股股价企稳反弹，在反弹高点收出一根长上影线阳线，但随后股价进入盘跌走势。

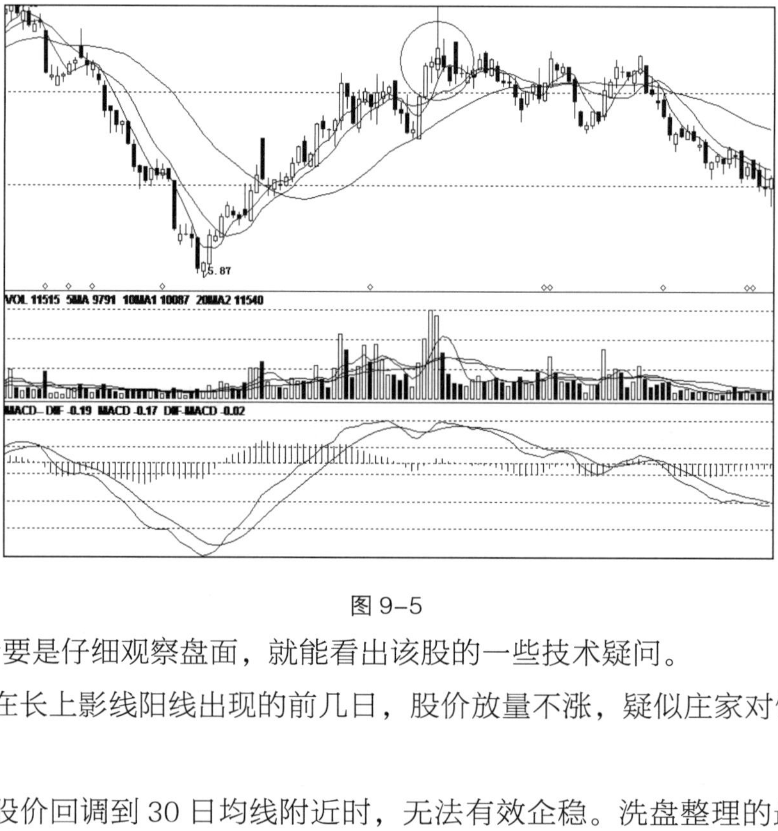

图 9–5

投资者要是仔细观察盘面，就能看出该股的一些技术疑问。

（1）在长上影线阳线出现的前几日，股价放量不涨，疑似庄家对倒出货行为所致。

（2）股价回调到 30 日均线附近时，无法有效企稳。洗盘整理的最大限度通常在 30 日均线附近。若 30 日均线失去支撑，就说明不是洗盘，而是下跌走势。

（3）在长上影线阳线之后，成交量快速大幅萎缩。这种现象如果是真正的回调洗盘，那倒是良好的盘面态势。问题在于股价下探到 30 日均线附近时，未出现放量企稳走势，这就让人怀疑后市走势。

（4）股价上涨遇到前期成交密集区域，该区域对股价上涨构成巨大的压力。

从这些盘面迹象可以看出，当日股价在上冲过程中承受相当大的压力，否则股价不可能出现如此大幅度的回落。在实盘操作中，投资者遇到类似的个股时要明白，只有在上档卖盘抛压沉重的情况下，才会收出长长的上影线。在这种现象之后，股价回落整理甚至下跌的可能性相当大，此时投资者应注意防范股价短期回落带来的风险。

通过上述两个例子的对比，在阶段性高位形成长上影线阳线时，要研究庄家是出货还是试盘或洗盘，股价上行是否遇到重要的阻力区。进而分析其上影线是在上攻时遇到阻力无功而返所致，还是庄家特意将图形制作成射击形的顶部形态。若是前者，后市下跌概率较大；若是后者，则是庄家虚晃一枪，后市将迎来新的上涨行情，投资者不必大惊小怪。

如果在股价上涨途中出现长上影线阳线，只要次日股价继续走强，那么后市股价将继续向上运行，此时持股者可以继续持股，场外投资者可以在次日适当地入场买进。如果收出的上影线很长且成交量巨大，就标志着股价在上涨过程中遭遇了比较大的阻力，后市股价很可能回落，此时投资者就不要轻易入场了。

（三）下跌途中的长上影线阳线

在股价下跌过程中，特别是股价刚脱离头部后不久出现长上影线阳线，往往是多方反弹受阻的表现，后市股价将面临调整或直接下跌，因此是一个逢高卖出信号。

图 9-6 是动力源（600405）的日 K 线图。该股股价见顶后逐波盘跌，在下跌过程中出现若干长上影线阳线，后市都是下跌走势。如图 9-6 所示，股价运行在下跌趋势中，市场弱势特征明显，均线系统呈空头发散形态，不断压制股价走低。这种市场环境中出现的长上影线阳线，是一次逢高减仓或出局的机会。

通过盘面分析，前面两根长上影线阳线是股价上冲到 30 日均线附近时，遇到强大抛压而回落，从而留下了长长的上影线，次日就出现了回落走势。试想一下，如果股价运行到 30 日均线附近时多方意志坚定，一鼓作气地拉起股价，成功突破 30 日均线的压制，那么后市走势或许会乐观一些。后面三根长上影线阳线出现在横盘区域，股价没有成功脱离盘区的约束，冲高回落反而强化了股价受盘区的困扰，同时削弱了多头的士气。股价上冲过程中得不到成交量的积极配合，因此下跌在所难免。投资者遇到这种情况时应回避股价短期内回落的风险，可在股价冲高受阻时卖出，待股价企稳走强后再介入。

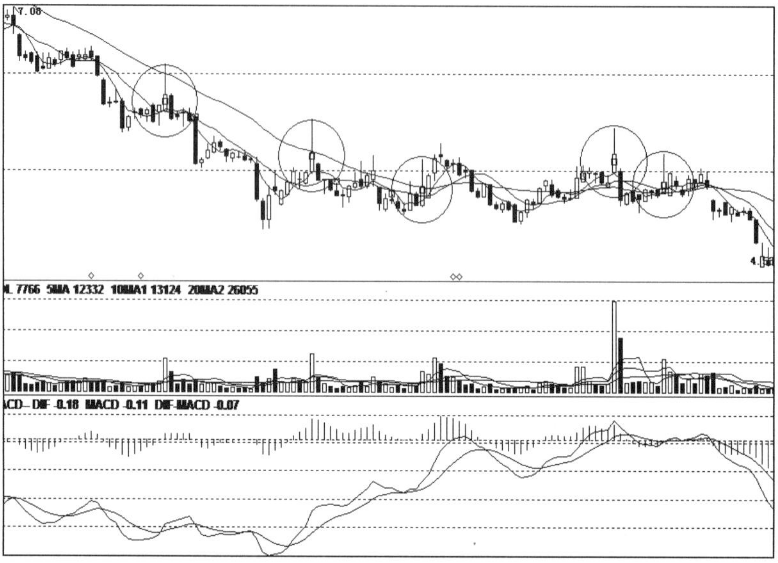

图 9-6

图 9-7 是精伦电子（600355）的日 K 线图。经过大幅下跌调整，该股股价企稳反弹，长期低迷的股性被成功激活。当反弹到每股 5 元上方时遇到较大的阻力，低位获利筹码和前期套牢筹码涌出，股价回落调整。此时在 K 线图中收出一根长上影线阳线，随后股价下跌，买入者被深套其中。

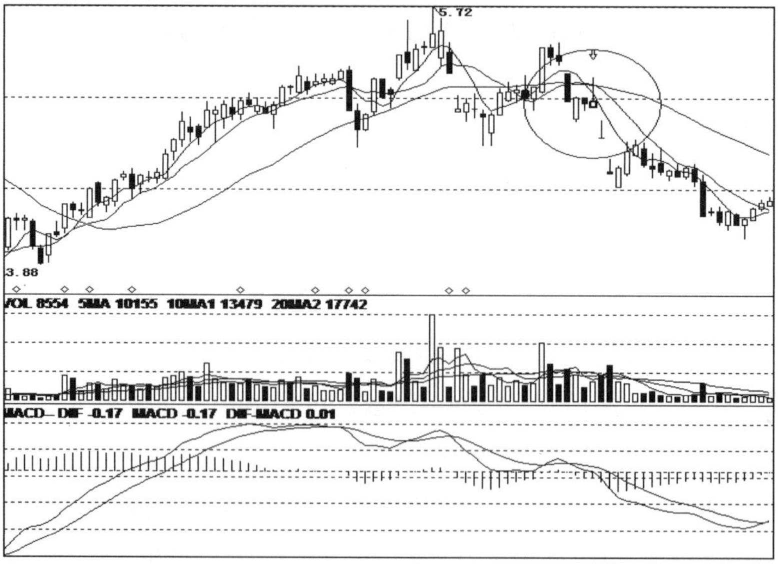

图 9-7

那么，如何解读这根长上影线阳线的技术含义呢？

（1）从成交量方面分析，长上影线阳线产生时，成交量没有明显放大，说明场外资金介入谨慎，有庄家用少量资金拉高出货的嫌疑。

（2）次日股价跌停，彻底否定了长上影线阳线的技术含义，也反映了庄家借长上影线阳线出货的真实意图。

（3）股价受均线压制非常明显，长上影线阳线当日以神针穿线式穿过三条均线，一度激发人气，鼓舞人心。遗憾的是股价未能在均线上方企稳收盘，最后回到均线系统之下收盘，均线系统进一步恶化。

（4）长上影线阳线形态失败后，疑似构筑头肩顶形态。在股价跌破头肩顶形态的颈线位时，投资者应迅速离场，以免被深套。

（四）高价区域的长上影线阳线

1. 实盘技巧分析

股价经过大幅上涨，在高位出现长上影线阳线，为次要的单日顶部反转征兆，但需要进一步确认。该 K 线反映当日股价在高位开盘后大幅拉升，但遇到套利盘的抛压，股价持续上涨时间不长，很快返回到开盘价附近，最终以长上影线阳线收盘。这种走势表明多方的买入力度渐渐减弱，失去对盘面的控制。由于在此区域空方积聚了大量的做空能量，一旦空头掌控盘面，就会形成有力的下跌行情，因此是一个做空信号。

图 9–8 是申达股份（600626）的日 K 线图。庄家成功建仓后，股价快速拉升，短短 11 个交易日涨幅超过 100%。盘中堆积了大量的获利筹码，股价面临回落调整走势。不久，连续两个交易日在高位收出长上影线阳线，股价上涨遭遇空方抛压，多头无力支撑盘面，预示上涨行情将告一段落。随后股价低开低走，出现一根大阴线，并且收盘价远远低于前面两根长上影线阳线的开盘价，后市向下调整已无悬念。

如图 9–8 所示，在长上影线阳线出现的前一日，收出一根放量强势涨停阳线。通常在这种阳线出现的次日应有强势上涨的表现，可是该股连续收出两根长上影线阳线，显示高位抛压非常大，兑现获利筹码已经成为盘中多数持股者的选择。特别是第二根带长上影线阳线出现之后，股价低开低走，直接击穿 5 日均线的支撑，当日股价收在 5 日均线之下。试想一下，如果此时做多动能充足，那么多方肯定不会让股价大幅下跌，也不会直接击穿 5 日均线的支撑。

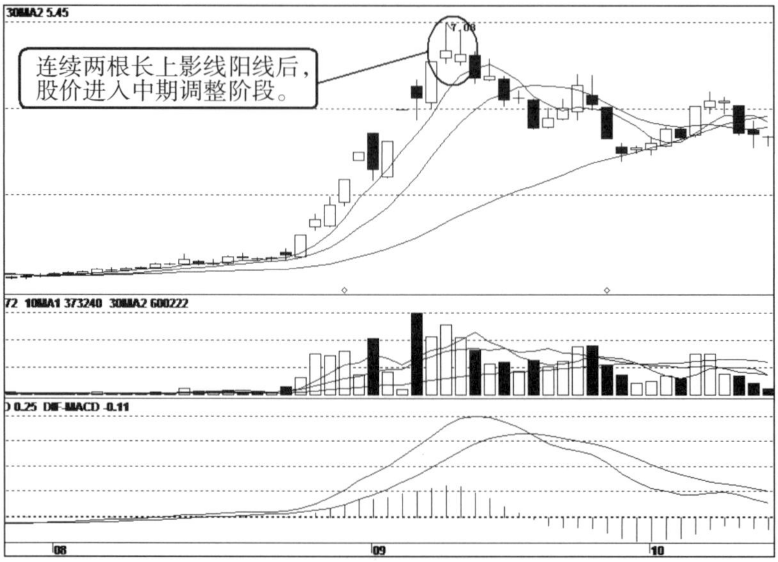

图 9-8

在上涨过程中，5 日均线是股价短期走势强弱的重要技术关口。股价击穿 5 日均线，就标志着短期的强势已经改变。当然有些投资者会认为，此时股价下跌只是上涨途中的一次洗盘。但他们忽视了一个关键因素，那就是此时股价处于大幅上涨后的高位，而不是刚启动不久的中低价位，因此即使庄家要洗盘，也很少会采用这种极端的大幅打压股价的方式，否则会形成恶性循环，引发恐慌性抛盘，这对庄家很不利。

投资者遇到这种情形时，次日股价一旦走弱就要果断卖出。若股价跌破 10 日均线，更要无条件卖出，哪怕是有所亏损也要斩仓出局。若股价在冲击前一日上影线的高点时遇阻回落，也要立刻卖出，不要对后市心存侥幸。即使是真正的洗盘，也要先落袋为安，待洗盘结束后重新介入，波段操作收益更丰。

图 9-9 是诺德股份（600110）的日 K 线图。该股股价经过一波快速拉升，在高位横盘震荡，庄家采用多种方式不断出货。不久，开盘后多方迅速拉起股价，但股价到达前期高点附近时遇到明显的抛压，股价渐渐回落，当日收出一根长上影线阳线，随后股价进入弱势调整。

仔细观察就会发现，此时出现的这根长上影线阳线是庄家的一次诱多行为。为什么这么说呢？

（1）前期出现过暴涨行情，股价处于高位，难以吸引更多的场外资金参与，除非庄家自拉自唱，否则短期难有作为。

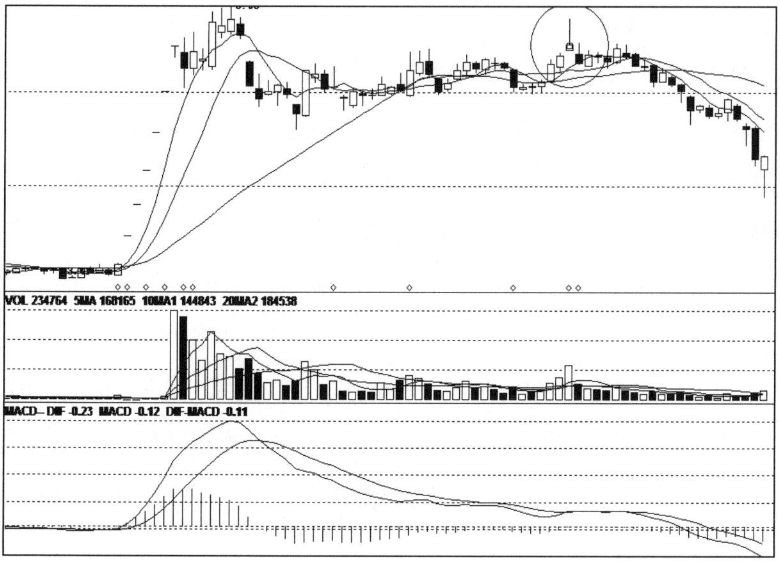

图 9-9

（2）如果是正常回调洗盘，通常洗盘的极限位置在 30 日均线附近，之后股价再次强势拉起。该股股价下探到 30 日均线附近时却没有回升之力，显然不是庄家在洗盘。既然如此，那就是庄家在出货。

（3）做空力量加强，看空气氛渐浓。在长上影线阳线出现后的次日，股价低开低走，收盘价远低于长上影线阳线的开盘价，表明多头气势荡然无存，甚至出现多翻空现象。

一般而言，在长期上涨后的高位出现长上影线阳线，通常是股价见顶下跌的征兆，后市要想突破这个高点，往往需要较大的做多力量，也需要较长的盘整时间。因此这种形态产生后，必须足够警觉，安全的做法是先退出观望，以免套牢在高位。

当然，实盘操作中有太多的意外。在高价位出现长上影线阳线后，股价可能只是小幅回档调整或者根本没有下跌动作，随后立即加速上涨，让崇尚技术形态分析的投资者踏空，从而形成长上影线阳线空头陷阱。

图 9-10 是中国软件（600536）的日 K 线图。该股股价经过长期的下跌调整后，在底部成功构筑了一个双重底形态，之后股价从每股 9.81 元上涨到每股 32.91 元，上冲到每股 36.00 元后回落，显示股价上涨遇到了抛盘压力。此时股价累计涨幅已经超过 200%，在如此高的价位出现长上影线阳线，令投资者不寒而栗，因此纷纷选择卖出。可是长上影线阳线出现后，股价并没有形成大幅下跌走势，股价下探到 30 日均线附近时，得到强大的技术支撑再次上涨，股价最高上涨到每股

51.98 元。

如图 9–10 所示，虽然该股在高位出现了一根长上影线阳线，但其并不是可靠的顶部信号，主要有以下几点原因。

（1）从盘面观察，股价走势稳健，庄家坐庄手法老练，不像快速拉升那样大起大落，此时出现长上影线阳线，其见顶概率不大。若是在快速自救行情中，或是快速反弹行情中，或是游资介入的快速短炒行情中出现长上影线阳线，短期见顶的概率非常大。

（2）股价虽然累计涨幅较大，但庄家介入程度深，这一点从前期持续放大的成交量上就能观察到。因此庄家一时难以顺利撤离，后市仍然有上涨潜力。

（3）中期均线保持完好，30 日均线继续坚挺上行，股价回调到 30 日均线附近时，得到强大的技术支撑。

（4）出现长上影线阳线后，股价回调幅度有限，没有出现大幅下跌走势，而且以小阴小阳的形式展开调整，说明这根长上影线阳线虚假性较强。

（5）从波浪形态分析，长上影线阳线出现在第 3 推动浪行情中，第 4 调整浪之后，后市仍然存在第 5 推动浪的可能。

由此可见，要辩证地分析股价的高价位，不能仅用价位高低衡量。该股的这根长上影线阳线只是上涨过程中的一次正常调整走势，不是真正的顶部信号，因此投资者可在回调低点介入。

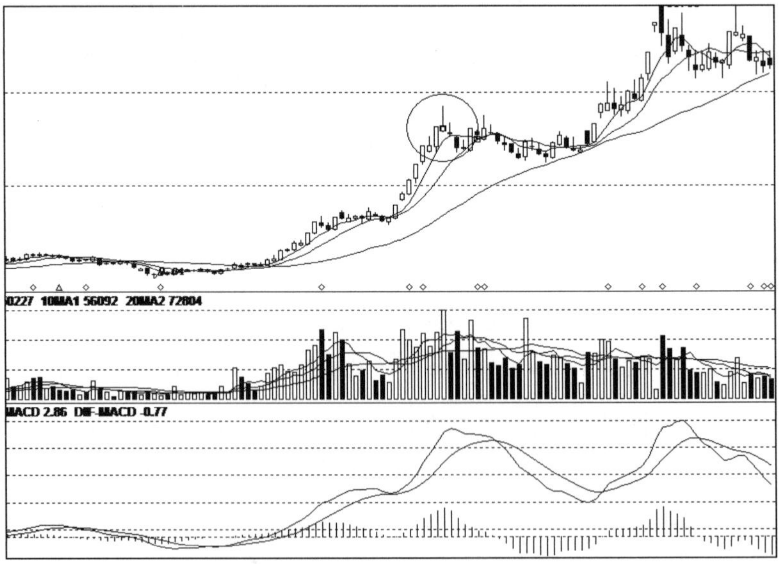

图 9–10

2. 操作技术要点

在实盘操作中，投资者遇到这种阳线时，应参考以下技术要点。

（1）通过次日开盘价和开盘后多空双方的交战区域（即对前一日 K 线的切入程度），可以简明快速地预判当日多空双方交战的结果，以便做出实时操盘决策。

如果次日开盘价和交战区域在上影线的上端，且空方毫无反攻之力，那么次日继续拉出中大阳线的概率较大。

如果次日开盘价和交战区域在阳线上影线部分，那么空方即使想反攻，因多方护盘能力较强，后市收阳线的机会较大。

如果次日开盘价和交战区域在阳线的实体部分，说明多空双方进入胶着状态，强弱胜负取决于双方力量的增减，以及收盘时对中心值的争夺。

如果次日开盘价和交战区域在阳线下影线部分，说明空方再度发力且力量较强，那么后市报收阴线的概率较大，股价上涨面临考验。

如果次日开盘价和交战区域在下影线的下端，说明空方借利空因素迅速打压，报收大阴线的可能性较大，显示多方已力不从心，股价面临下跌调整，此时及时离场是唯一的选择。

（2）出现长上影线阳线的次日如果收阴线，其阴线越长，跌幅越大，则长上影线阳线的看多意义越小，出现下跌走势的可能性越大。如果次日以缺口的形式跳空低开，跌幅较大，且维持在低水平一段时间，可确认为见顶信号。如果次日开盘价低于长上影线阳线的实体并维持一段时间，说明前一日的高位买盘已经套牢，此时可能出现一些止损盘，进一步加大做空力度。即使次日未能以跳空缺口低开，但只要当日收盘价低于前一日收盘价且收阴线，就可以认定为见顶信号。如果次日股价仍然向上运行，且收出一根与趋势同向的阳线，此时投资者应顺势而为，持续看多。

（3）在高位出现长上影线阳线的前后几个交易日，如果成交量创近期天量，说明盘中有庄家对倒出货，股价反转下跌的可能性较大，投资者可以据此做出离场决策。需要提醒的是，上影线越长，上档的压力越大。无论这根长上影线阳线出现在什么位置，只要上影线的长度是阳线实体的两倍以上，就预示着后市股价回落整理的可能性很大。

也应警惕缩量的长上影线阳线，但缩量后继续上涨往往意味着庄家已经完全控盘，这类个股成为超级大黑马的可能性很大。这时应验证长上影线阳线，耐心等待验证信号的出现。当然，同时也可以采取适当减仓的保护性措施。

（4）如果长上影线阳线远离均线，股价超过 10 日均线 15%，且股价累计涨幅较大，显示市场短期处于不理智的超买状态，则短线有回归均线的要求。如果股价紧贴均线上行，则看 30 日均线的支撑和压力程度，这样可以避免操作失误。在缓升行情中，K 线围绕均线上下波动，此时长上影线阳线的看跌意义不强，下跌幅度有限，均线具有较大的支撑作用。

（5）判断长上影线阳线的性质，要了解这种形态是庄家试盘整理所致，还是市场本身构成了强大的压力。如果是庄家试盘形成的，后市上涨的机会比较大，则形态的看跌意义大大减弱。如果股价下跌来自市场本身的压力，则看跌意义强烈，投资者应果断离场。

（6）分析长上影线阳线的位置。观察盘面是不是试图突破一个重要的阻力位、前期的成交密集区域、一个整数点位等。在这些关键位置出现流星线，也具有重要的市场分析意义。通常股价有一个短暂的回抽动作，然后恢复上涨。短线高手可以速战速决，成功做一波涨升行情。

（7）要谨防下跌抵抗性走势，分析这方面因素应当从盘面细节入手。股价刚脱离头部不久，下跌幅度太深的位置出现长上影线阳线时，往往是多方防守反击后形成的一种 K 线形态，出现抵抗性走势的概率更大。这时不能过度运用技术图形套盘面走势，否则容易套牢在高位。此时市场多头往往未退，股价下跌仍会遭到多方防守反击，竭力将股价推高，再次测试阳线的高点。只要股价没有突破此高点，成功构筑头部，顶部将更完整，更可确定后市跌势。

二、长下影线阳线

长下影线阳线即实体短于下影线而长于上影线的阳线，这种阳线出现在底部时为次要的单日底部反转征兆，但宜进一步确认形态的有效性。如果这种 K 线形态出现在大幅上涨后的高位，意味着股价冲高乏力，为强烈的顶部转势信号。一旦空头市场确立，其杀伤力惊人。

这种阳线的形成过程是：在股价大幅下跌后的末期，空方乘势打压股价，但多方发起猛烈的攻势，结果空方失利，多方初战告捷，股价当日收盘于较高的位置，形成下影线较长的阳线。这种盘面表示多空力量已悄然发生变化，空方卖盘渐渐趋弱，做空动能衰竭，失去了对盘面的控制，而蓄谋已久的多方蠢蠢欲动，力挽狂澜。一旦多头市场确立，其上涨力度往往是惊人的。出现在下跌趋势的低位，属于潜在的底部转势形态，具有较强的看涨意义。这种阳线可以出现在市场的低位，也可以出现在市场的中高位。

（一）低价区域的长下影线阳线

1. 实盘技巧分析

股价持续下跌一段时间后，在底部出现长下影线阳线，表示多空双方的力量开始向多方倾斜，是多方即将发动行情的征兆。此时空方能量消耗殆尽，主动性买盘逢低进入，在低价位斩仓割肉者越来越少，从而导致多空力量的平衡点不断转移。当日最终收出长下影线阳线，显示股价已不能继续下跌，因此是一个见底买入信号。但具体走势还需进一步验证，关键在于多方能否在接下来几个交易日继续做多。若多方力量依然坚挺，那么后市股价很可能出现反弹甚至反转行情，否则为疑似看涨信号，操作仍需谨慎。

图 9-11 是上海贝岭（600171）的日 K 线图。该股股价见顶后逐波下行到了低位，当股价再次回落到前期低点附近时，空方借机发威，开盘后节节下压。空方能量大量释放后，多方发起反击，主动性买盘积极介入，有力地拉起股价，收盘于当日次高价，形成一根长下影线阳线，显示价格已不能继续下跌，因而是一个买入信号。

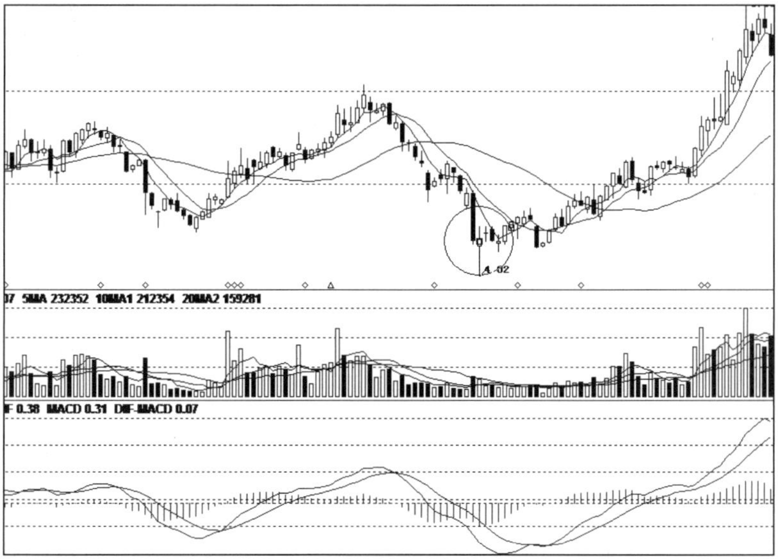

图 9-11

该股经过长时间的下跌调整，出现这种长下影线阳线，此后几个交易日股价保持在这根阳线的收盘价上方运行，股价盘稳后随之盘升。

图 9–12 是金力泰（300225）的日 K 线图。该股股价见顶后形成盘跌走势，在跌势末期出现连续几日的快速下探。股价在底部探底回升，收出一根长下影线阳线，此后股价盘升。

如图 9–12 所示，股价经过长期的下跌调整，下跌速度放缓。在跌势末期，庄家为了加剧恐慌气氛，刻意打压股价，进行最后一次扫盘动作，然后探底回升。在前期下跌过程中，成交量持续萎缩，说明抛盘明显减少，此时庄家只要一出手就能轻松拉起股价，唤起市场的做多气氛。特别是次日股价继续强势上涨，大部分时间运行在前一日阳线的收盘价之上，成交量温和放大，从而进一步巩固了前一日长下影线阳线的成果。

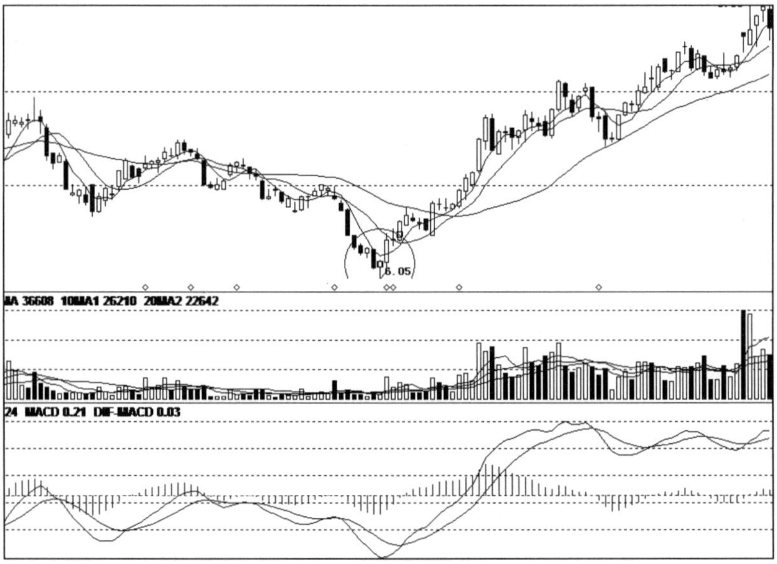

图 9–12

长下影线阳线虽然是一个潜在的底部转势信号，具有较强烈的看涨意义，但实盘操作中也经常出现一些虚假信号。根据这个信号买入后，并没有出现预期的上涨行情，而是进入调整或直接下跌阶段。

图 9–13 是康美药业（600518）的日 K 线图。该股股价大幅向下调整后，在前期低点附近收出了一根长下影线阳线，显示股价得到了下方的技术支撑，不会继续下跌，因而是一个买入信号。可是随后股价快速下跌，买入者被套牢。

该股出现长下影线阳线后，为什么股价没有企稳上涨呢？如图 9–13 所示，市场处于弱势下跌之中，均线系统进一步空头发散，股价在上涨过程中遇到的均线压力明显，连短期 5 日均线也未能突破。股价上涨得不到成交量的积极配合，继续萎缩，表明做多意愿不强。特别是次日股价低开低走，全天股价在前一交易日的阳线开盘价之下运行，且收出下跌阴线，说明市场做空气氛未退，最终出现了一波续跌行情。

图 9-13

2. 操作技术要点

在实盘操作中，投资者遇到低位长下影线阳线时，应参考以下技术要点。

（1）一般而言，在低位出现长下影线阳线，表示下档支撑很强。股价探底成功，显示股价已到近期底部，反弹在即，投资者应果断介入。在中位出现长下影线阳线，通常为庄家的洗盘行为，后市仍有升势行情。如果在下跌初始阶段出现长下影线阳线，则是顶部或继续下跌的信号，不应错当买入信号。如果在横向震荡过程中出现长下影线阳线，则后市发展趋势难以判断，不能作为买卖参考依据。

（2）出现长下影线阳线时，若股价远离均线系统，则反弹要求强烈。均线向上移动，表明洗盘整理结束，那么看涨信号更可靠，后市上涨空间较大；均线向下移动，那么长下影线阳线的看涨意义不强，后市上涨需要其他方面的支持；均线横向胶着的，长下影线阳线为疑似多头信号。

（3）在低位出现长下影线阳线时，要分析庄家是出货还是建仓。有时庄家将股价拉高后，很难在高位一次性完成出货任务，不得不将股价放下一个台阶，然后用少量的资金将股价再度拉起，在盘面上形成见底反转的形态。待散户介入减少后，庄家便不断地向外撤退，以致出现失败的低位长下影线阳线。当股价真正到了底部后，庄家害怕股价深跌造成筹码丢失，会很快地拉起股价，从而形成真正的长下影线阳线看涨信号。

（4）出现长下影线阳线后，要等待验证信号的形成，次日走势是长下影线阳线最好的验证方法。长下影线阳线之所以要有一个验证信号，是因为形成该形态时，股价运行走势是下跌的。也就是说，在该形态形成的当日，收盘价处于下跌趋势的较低位置，虽然盘中收复一定的失地，但多方并未掌控盘面，因此需要次日的走势进一步验证。

低位长下影线阳线出现次日若能收出上涨中阳线，则上涨信号确立。如果次日高开高走，留下当日不回补的跳空缺口，则看涨意义更强，为长下影线阳线的验证信号。缺口距离越大，阳线实体越长，后市看涨意义越强烈。相反，如果次日收阴线，则长下影线阳线形态值得怀疑，可以作为下跌抵抗形态对待，后市可能横盘整理或继续盘跌，投资者不必心存幻想。

（5）观察次日的盘面细节。在收出长下影线阳线的次日，投资者还应注意四点：一是次日若出现下跌走势，股价不能跌破前一日长下影线阳线的最低点，可以触及这个最低点，但必须在触及时立刻被大买单拉起；二是在次日的运行中，成交量不能明显萎缩，最好与前一交易日持平或小幅放量；三是次日收盘时，收盘价必须高于开盘价，最好能收在前一日的收盘价之上；四是若次日低开，股价必须呈现逐步回升走势，并且要收出阳线，如果次日收出一根阴线，那么后市股价继续下跌的可能性相当大。

（6）在底部出现长下影线阳线后，需要成交量的积极配合，量增价涨，量价齐升，形态的可靠性较强，否则为疑似多头信号。

（二）上涨途中的长下影线阳线

在上涨途中，特别是股价刚启动不久出现长下影线阳线，股价形成先抑后扬的走势，预示股价洗盘调整结束，后市将再次步入上涨行情，因此是一个短期买入信号。

图 9–14 是宋城演艺（300144）的日 K 线图。该股股价见顶后逐波盘跌，经过长时间的调整，股价渐渐企稳盘升。当股价回升到前期成交密集区域时，遭到低位获利盘和前期套牢盘的双重打压，庄家借机展开洗盘整理，股价一度回落到 30 日均线之下，但股价下跌幅度并不大。此时先后收出两根先抑后扬的长下影线

阳线，随后股价重返 30 日均线之上，在 K 线图中形成一个小双重底形态，随后股价再次启动上涨行情。

该股在企稳前经历了长时间的下跌调整，成交量在下跌过程中逐步萎缩，下跌速度不断放缓，说明股价下跌空间已经不大。此后随着股价的企稳回升，成交量温和放大，场外资金渐渐进入，因此基础构筑扎实。

股价跌破 30 日均线后并没有大幅下跌，说明庄家对筹码掌握得比较好，此时出逃的大多是胆小的散户。在第一根长下影线阳线出现的次日，股价继续强势上涨，并且收出一根光头光脚的阳线，显示回调基本到位。之后经过二次探底，收出第二根长下影线阳线，说明股价已经得到第一根长下影线阳线的支撑，因此洗盘调整非常成功，即使股价继续调整，其下跌幅度也不会很大。当股价重返 30 日均线之上时，成交量同步放大，表明洗盘整理结束，买盘渐渐入场，随后股价上涨。

图 9-14

图 9-15 是万达信息（300168）的日 K 线图。该股股价见底后盘升，庄家采用边拉高、边洗盘、边整理的方式稳步推高股价。在上涨过程中，股价一度回落到 30 日均线之下。经过快速打压，庄家迅速拉起股价，当日收出长下影线阳线。次日股价继续强势上涨，收出一根接近涨停的大阳线，股价重返 30 日均线之上，标志着股价洗盘调整结束。随后经过再次确认，股价出现新一轮涨升行情。

如图 9-15 所示，首先，股价运行在上行趋势中，盘面强势特征明显；其次，30 日均线坚挺上行，牵引股价走高；最后，量价配合得当，盘面走势稳健，庄家坐庄手法老练。因此这根长下影线阳线是一次快速洗盘过程，后市股价继续看高一线。

图 9-15

（三）下跌途中的长下影线阳线

在股价下跌过程中，特别是股价刚脱离头部不久出现的长下影线阳线，大多是多方抵抗性反弹走势，后市股价继续下跌或调整的可能性较大，因此是一个逢高卖出信号。

图 9-16 是方大炭素（600516）的日 K 线图。股价反弹结束后再次回落，在下跌过程中出现一根长下影线阳线，之后股价继续下跌。股价运行于下跌趋势中，市场弱势特征明显，均线系统呈空头发散状态，不断压制股价走低，这时出现的长下影线阳线只是多方的一次抵抗性反弹，后市股价继续看跌。

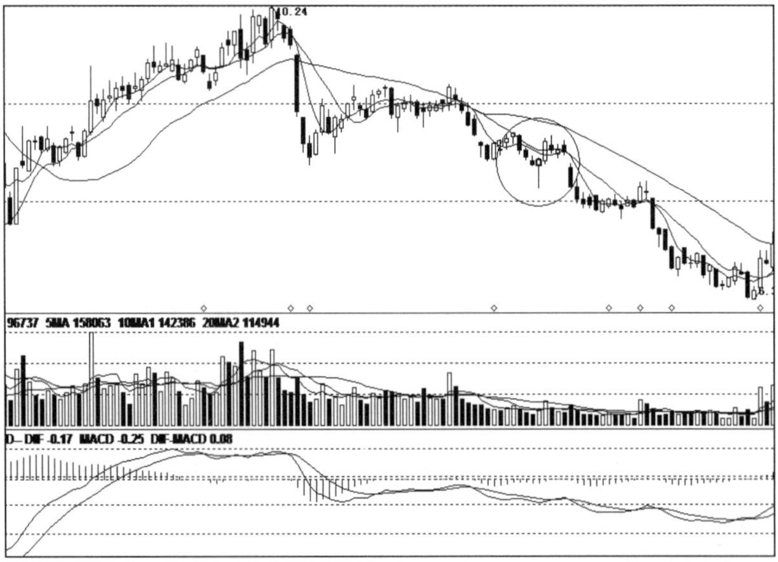

图 9-16

该股运行于下跌趋势中，均线系统继续呈空头发散形态。虽然长下影线阳线出现后，次日股价继续强势上涨，但股价受均线系统压制明显，无法突破 30 日均线。试想一下，当股价运行到 30 日均线附近时，如果多方意志坚定，就会一鼓作气地拉起股价，成功突破 30 日均线，那么后市可能企稳回升，但是该股并没有形成这种走势。另外，股价上涨也得不到成交量的积极配合，因此股价下跌在所难免。投资者遇到这种情况时应回避股价短期回落的风险，可在股价冲高受阻时先卖出，待股价真正见顶企稳走强后再介入。

图 9–17 是华东电脑（600850）的日 K 线图。该股的走势与上一个例子相似，不同之处在于下跌过程中收出长下影线阳线后，股价没有直接下跌，而是开启了横向震荡走势。

在下跌过程中出现长下影线阳线，投资者应注意以下四个市场因素。

（1）注意股价位置。如果股价刚刚脱离头部，累计跌幅不大，或者股价的下跌速度较快，后市仍有惯性下跌的可能。

（2）注意均线系统。出现长下影线阳线时，市场弱势特征明显，均线系统呈空头排列，30 日均线对股价下压较重。

（3）注意成交量。下跌过程中成交量仍然较大，说明做空动能没有释放完毕，后市仍有下跌力量。

（4）注意后市走势。在随后几个交易日的走势中股价不断回落，说明这根长下影线阳线是跌势中的回抽反弹动作，后市继续看跌。

图 9–17

（四）高价区域的长下影线阳线

1. 实盘技巧分析

长下影线阳线出现在股价已经上涨了一段时间之后，因为多方力量已经在持续的上涨中消耗殆尽，空方力量则随着股价的上涨渐渐聚集，因此在高位出现这种阳线，表明空方力量已经聚集到一定的规模，致使股价在开盘后短时间内大跌。虽然多头最终还是把股价拉了上来，但是出现长下影线阳线表明多空力量已经转变，筹码出现松动迹象，空方开始给多方造成压力，因此是一个见顶卖出信号。

图 9–18 是阳光电源（300274）的日 K 线图。该股股价见底后逐波上涨，经过成功的炒作，股价累计涨幅超过 400%。不久，在高位收出一根长下影线阳线，从此股价出现了长时间的调整走势。

从整个过程来看，该股累计上涨幅度较大，市场本身已经积聚较大的风险。股价在高位大幅震荡，表明多空意见出现分歧。从盘面观察，在长下影线阳线出现的前一个交易日，股价连续强劲上涨，当日报收于涨停价位并创出市场新高，按理说股价应有上涨动力。可是在长下影线阳线出现的当日，股价却出现惊心动魄的走势，平盘开出之后大幅下挫，一度到了跌停板位置，把前面的这根大阳线全部吞没。这时庄家为了吸引投资者参与，还是将股价大幅拉起，最终以红盘微涨报收，从而形成一根长下影线阳线。但次日股价低开低走，收出了一根跌幅超过 5% 的大阴线，从此股价陷入漫长的调整走势。

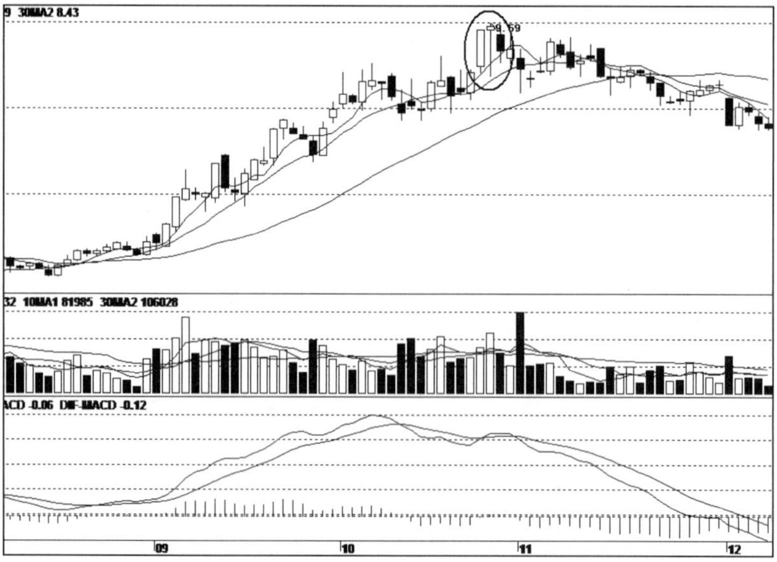

图 9–18

该股前后三个交易日的走势透露了三个重要的盘面信息。

（1）第一天股价强势涨停是庄家的一次诱多行为，使投资者产生股价加速上涨的错觉，庄家却暗中出货。

（2）股价当日开盘后大幅回落，一度达到跌停板位置，然后又大幅拉起。这种手法产生了两方面的效应：一是将第一天跟进的散户牢牢地拴在高位，二是给场外的散户一个逢低吸纳的机会。然后股价再次拉起，让散户看到了股价上涨的希望，使其安心持股，这样庄家就可以兑现不少获利筹码。

（3）第二天股价低开低走，以大阴线报收，令场内持股者措手不及。庄家通过这样大起大落的手法，可以将自己的获利筹码顺利转移给散户。

图 9–19 是光明地产（600708）的日 K 线图。该股庄家完成底部建仓计划后，出现一波快速拉升行情，短期股价涨幅较大。不久，在高位开盘后出现一轮快速下跌行情，然后又快速地将股价拉起，收出一根长下影线阳线，当日股价报收于涨停价位。这时有的投资者以为洗盘调整结束，股价将出现第二波拉升行情，因而纷纷追高介入。可是次日股价却平开低走，收出一根阴线，此后股价步入长时间的调整走势，将追板买入的散户全线套牢。

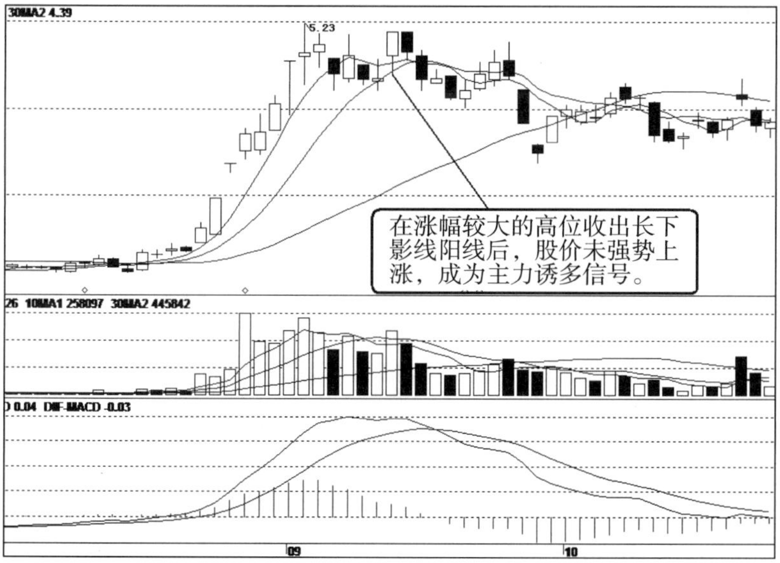

图 9–19

该股在长下影线阳线出现的前几个交易日连续出现若干带长上下影线的K线，成交量也处于放大状态，显示盘中筹码松动，股价调整在所难免。出现长下影线阳线的次日，按理说有一个起码的冲高动作，但股价开盘后立即下跌，表明持股者在高位迫不急待地兑现获利筹码。经过连续两日的下跌，全部覆盖了长下影线阳线，调整需求加剧。在实盘操作中，持股者遇到这种情形时应尽快退出，持币者应保持观望，不要被长下影线阳线诱惑。

在实盘操作中，股价大幅上涨后，多头优势得到充分的展示，盘内堆积了大量的获利筹码。在高位出现长下影线阳线，会使投资者惊魂不定，感到大势已去，因此胜利大逃亡是较好的选择。可是市场总是强者恒强，股价也是一涨再涨，经过大起大落，股价仍然坚挺地上涨，高位的长下影线阳线也演变为低位的长下影线阳线。

图 9–20 是神州泰岳（300002）的日 K 线图。庄家在底部长期震荡整理过程中吸纳了大量的低价筹码，然后股价渐渐上行，成功脱离底部区域。股价从最低价每股 7.27 元上涨到每股 19.36 元，累计涨幅超过 160%，继续上涨承受一定的压力。此时庄家借机展开洗盘调整，股价回落到 30 日均线附近。洗盘时庄家不免刻意打压，使股价一度击穿了 30 日均线，后又被快速拉起，当日收出一根长下影线阳线。这根长下影线阳线预示着股价洗盘调整结束，此后股价出现新一轮上涨行情，累计涨幅超过 400%。

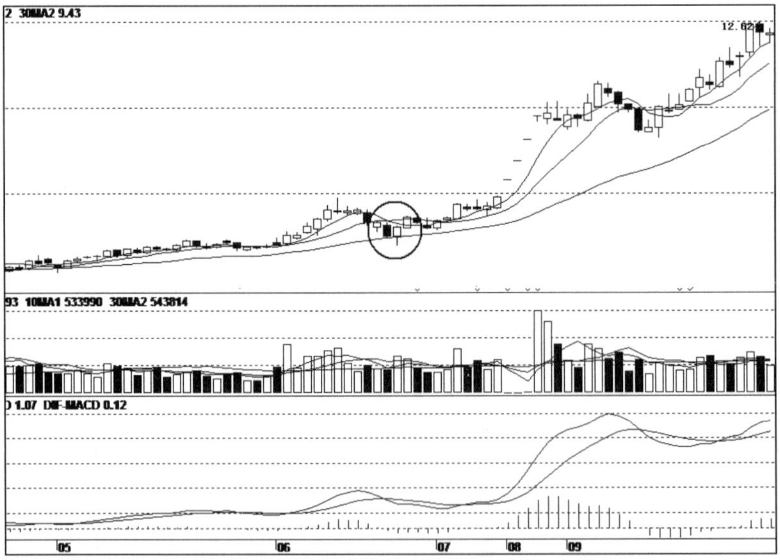

图 9–20

该股的长下影线阳线虽然出现在当时的高点，但上涨趋势持续时间不长，盘面走势稳健，这是庄家志在高远的坐庄手法。此时股价涨幅虽然超过 100%，但这个涨幅对庄家介入较深的个股来说还不够，庄家如果在这个价位撤退，几乎没有太多的盈利。同时，股价从底部上涨后，也没有进行很好的洗盘整理，盘面有洗盘整理的要求。

这根长下影线阳线不是出现在最高点，而是出现在股价经过几个交易日调整后的低点，表明空方能量在前几日的回调中已得到较好的释放，因此长下影线阳线具有企稳回升的意义。另外，在长下影线阳线出现后的几个交易日，股价一直在其收盘价上方运行，表明股价调整已经到位，市场将渐渐转强，因此后市股价上涨是主基调。

2. 操作技术要点

在实盘操作中，投资者遇到高位长下影线阳线时，应参考以下技术要点。

（1）应参考均线分析。长下影线阳线如果出现在均线向上发散角度大的情况下，其顶部反转信号更可信。因为在均线大角度向上发散时，股价上涨速度过快，短时间内多头力量消耗过大，获利盘急剧增加，变盘现象随时可能发生。此时收出长下影线阳线意味着空方能量聚集膨胀，顶部反转信号更强。

相反，如果长下影线阳线出现时，均线系统刚刚掉头向上，或是出现在庄家洗盘换手阶段，或出现在均线稳步上移的多头排列情况下，其顶部反转的信号会大大减弱，这时反而应趁长下影线阳线出现时逢低买入。

（2）在高位出现长下影线阳线后，也需要得到后面 K 线的证实。如果次日收阳线，则表明前一日的走势为庄家洗盘所致，市场仍然处于强势，股价上涨行情仍将延续一段时间。相反，如果次日收阴线，表明上行压力较大。若低开低走，留下一个当日没有回补的向下跳空缺口，则看跌意义更强烈。缺口距离越大或阴线越长，后市看跌意义越强。

（3）如果长下影线阳线出现在重要的阻力位，其顶部反转信号的可信度大增，实盘中不必等到后面的 K 线验证即可提前卖出。出现长下影线阳线的次日，股价放量下行跌破长下影线阳线的最低点时，投资者要果断卖出，后市股价大跌的可能性相当大。出现长下影线阳线后，如果股价跌破 5 日均线，短线应减仓；如果跌破 10 日均线，应清仓离场。

（4）出现长下影线阳线时，如果当日成交量放大，或近期出现明显的大成交量，其顶部反转信号更可信。同样，出现长下影线阳线时，当日或前几日的成交量略显萎缩，说明此时股价为无量空涨形态，可进一步印证涨势的不可持续性。但如果出现长下影线阳线的次日股价继续走强，投资者可以在次日轻仓买入，或在其后第三个交易日股价回调时适量买入。

（5）出现长下影线阳线的当日，股价震荡回落，在回落过程中成交量明显放大，但股价快速反弹回升，则是由大量的对倒盘促成，这种情况下投资者要高度警惕。一旦后市股价上冲无力，并且成交量放大，投资者要果断清仓出局。

（6）出现长下影线阳线的当日，如果股价大幅高开 3% 以上，开盘后股价一路下跌，最终形成长下影线阳线，大多是庄家拉高出货行为，那么投资者在当日收盘前几分钟应清仓出局。

（7）长下影线阳线出现在向上突破颈线后的回抽位置，通常为强势整理形态。整理形态中的长下影线阳线与顶部形态中的长下影线阳线有两个区别。

一是长下影线阳线的位置不同。如果前期涨幅很大，出现长下影线阳线后，即使未形成单日反转，也足以构成一个重要的警示信号。如果涨幅不大，股价刚刚脱离底部，则成为整理形态的可能性较大。

二是形成长下影线阳线当日的成交量。如果长下影线阳线伴随巨大的成交量，尤其是出现近期天量，要特别警惕单日反转。如果分时走势图上显示当日大幅下挫，尾盘缩量拉高，则几乎可以肯定是庄家出货。如果形成长下影线阳线时成交量大幅萎缩，则应等待下一个时间窗口，以免落入诱多陷阱。

（8）对什么是高价区要有一个理性的定义。高价区是对即时行情而言的，一旦后市大幅上扬，就会发现原来的高价区变成了现在的低价区，因此股价创出新高并不可怕，长下影线阳线也是如此。在盘面细节上，股价在高位快速回落，但之后股价又快速放量拉升，仍可看高一线。次日如果出现相似的震荡走势，股价跌幅不大，收出小阴小阳线，只要成交量保持与前几个交易日恒等，就不必惊恐，后市必有一段主升行情。记住：就短期走势而言，“会涨的股票是不会跌的，会跌的股票是不会涨的”。

三、长上下影线阳线

长上下影线阳线即实体同时短于上影线和下影线的阳线，呈螺旋形态。出现这种阳线说明多空双方交战激烈，互不相让。出现在不同阶段、不同位置的长上下影线阳线，其分析意义和操作手法也大不一样。下面详细分析不同阶段出现的长上下影线阳线。

1. 低价区域的长上下影线阳线

股价经过一段较大幅度的下跌调整，在低位出现长上下影线阳线，说明多方进场，与空方展开争夺战。虽然暂时还决不出胜负，但在下跌过程中空方能量损耗较大，多方又积聚了大量的做多能量，预示股价将止跌回升，因此是一个短线买入信号。

图 9-21 是北新路桥（002307）的日 K 线图。该股股价见顶后逐波走低，跌势末期再次快速杀跌，庄家完成建仓计划后，股价渐渐企稳。2018 年 7 月 20 日，在低位收出一根长上下影线阳线，显示股价有走强迹象。次日股价继续上攻，一度挑战 30 日均线的压力。第三天直接跳高到 30 日均线上方开盘，当日股价报收涨停，从而进一步强化了见底信号，随后股价盘升。

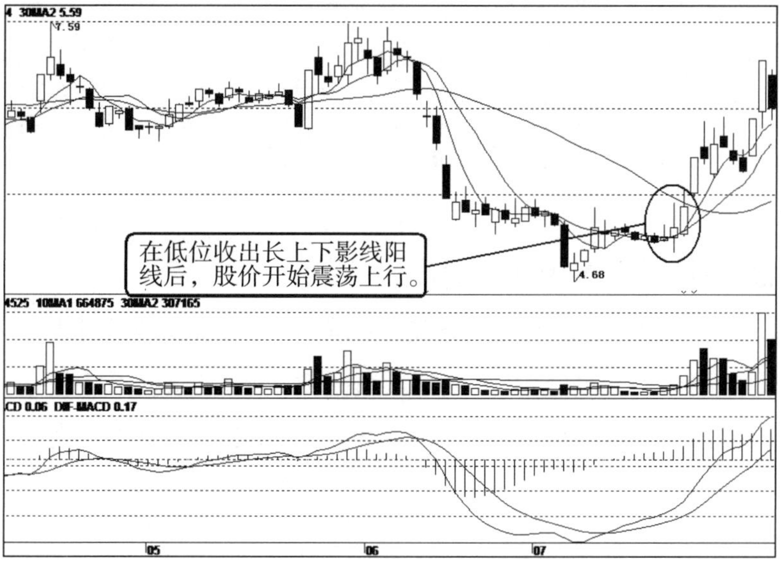

图 9-21

图 9-22 是精功科技（002006）的日 K 线图。该股股价见顶后逐波下跌，调整时间和幅度出乎意料。2018 年 7 月 6 日，在低位出现了一根长上下影线阳线，这根螺旋形态的阳线发挥了企稳止跌的作用。次日股价向 30 日均线发起挑战，股价冲高回落后形成盘整走势。在盘整期间，股价不破这根阳线的最低点，且重心渐渐上移。在拉升前，再次出现短暂的洗盘，8 月 1 日开始股价快速拉升。

并不是说只要底部出现长上下影线阳线，股价就会上涨。该 K 线能不能作为止跌回升信号，不仅要分析之前的走势，还要观察之后的盘面状况。在长上下影线阳线出现之前，该股股价累计跌幅较大，基本处于跌无可跌的价位，且成交量大幅萎缩，表明做空能量释放彻底，同时说明庄家吸纳了大量的低价筹码，因此见底的可能性非常大。在长上下影线阳线出现之后，底部渐渐抬高，股价返回 30 日均线之上。这种盘面虽然难以确定股价将立即上涨，但可以肯定的是股价下跌空间有限，因此投资者可以逢低介入做多。

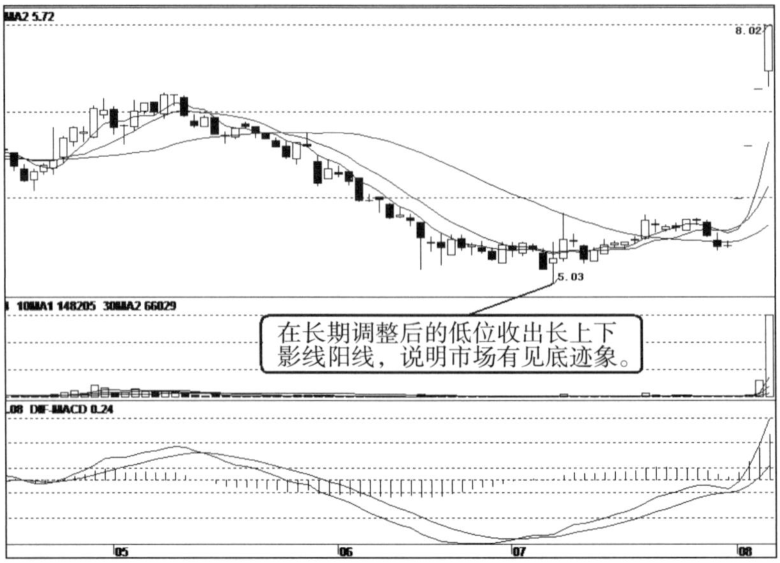

图 9-22

2. 上涨途中的长上下影线阳线

股价上涨途中出现长上下影线阳线，大多属于洗盘和试盘走势，后市股价仍有上涨潜力。上涨途中出现长上下影线阳线通常有两种技术含义：一是股价上涨遇到了一定的抛压，短期内可能出现洗盘整理，这是一个洗盘开始的信号；二是股价经过洗盘整理，市场重新走强，这是一个洗盘结束的信号。

图 9-23 是大烨智能（300670）的日 K 线图，这是一个开始洗盘的例子。该股股价成功见底后出现一波上涨行情，当股价上涨到前期高点附近时，遇到了低位获利盘和前期套牢盘的双重压力，股价呈上蹿下跳的震荡走势。2018 年 3 月 9 日收出一根长上下影线阳线，预示股价将开始洗盘整理，此后股价开启横向震荡整理走势。经过一段时间的调整，股价呈一波短线拉升行情。可见，长上下影线阳线在此充当了开始洗盘整理的信号，或者说是上当途中的休整信号。

如图 9-23 所示，股价经过短期快速上冲，堆积了大量的获利筹码，这些筹码对股价后市上涨构成了较大的威胁，因此必须将这部分筹码清洗出去，才有利于中长期上涨。这时有的投资者认为这是一个见顶出货形态，那么是不是出货呢？不可能是出货，因为股价累计涨幅并不大，只是小幅回升，完全可以排除庄家出货的可能。既然不是出货，那么就是洗盘，而洗盘的目的是后市股价有更好的表现，因此投资者可以积极做多，陪庄家走到最后，一定有惊喜。

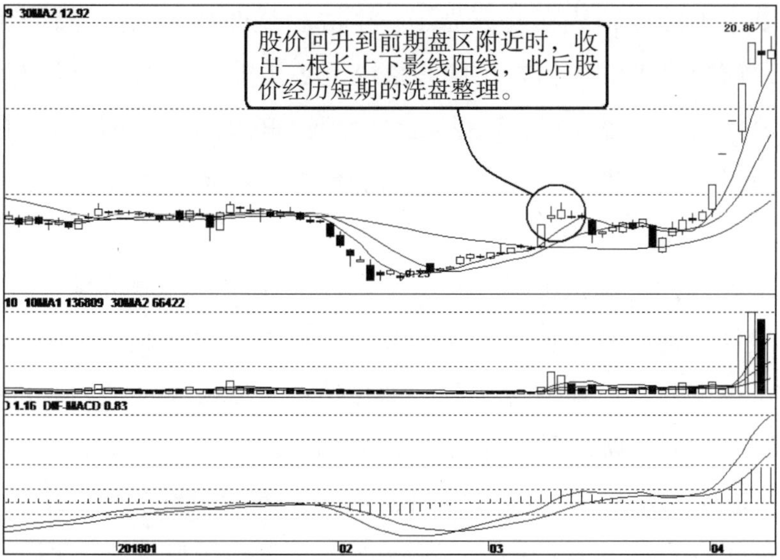

图 9-23

图 9-24 是生物股份（600201）的日 K 线图，这是一个洗盘结束的例子。股价在一波小幅上涨行情后，到达前期成交密集区域。该位置对股价上涨造成一定的影响，此时庄家为了减轻后市股价上涨的压力，主动启动洗盘整理。经过一段时间的横盘整理，在 30 日均线附近收出一根长上下影线阳线，该形态说明主力已经成功消化上方的压力。此后股价逐波上涨，累计涨幅较大。

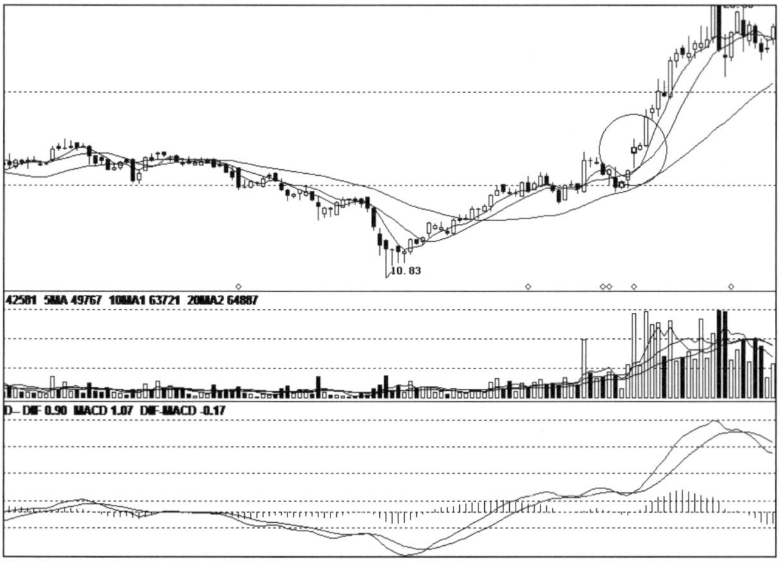

图 9-24

可见，长上下影线阳线在此充当了一个洗盘整理结束的信号。该股股价见底后渐渐走高，市场步入强势状态，均线系统呈多头排列，30日均线有力地支撑股价走高。股价回调时，在30日均线附近获得强大的支撑而回升，同时成交量温和放大，显示有场外资金悄然介入。在实盘操作中，投资者遇到这种走势时可以积极做多。

在实盘中还有一种现象就是，长上下影线阳线成为快速洗盘形态。这种情况大多出现在股价快速拉升过程中，因为股价一旦进入快速拉升阶段，已不允许出现长时间的洗盘整理，只能快速洗盘，速战速决，一鼓作气地将股价拉升到位，所以需要一两天结束洗盘，否则容易功亏一篑。

图9-25是安诺其（300067）的日K线图。该股股价反弹结束后，回落到前期低点附近时再次企稳回升，初步构筑一个大型的双重底形态。不久，两根大阳线快速向上突破双重底的颈线位，然后快速洗盘整理，以消化快速上涨时产生的获利筹码，同时也是突破后的一种回抽确认走势，当日在K线图中出现一根长上下影线阳线。次日，股价快速上涨。

可以想象，如果股价进行长时间的洗盘整理，就很容易削弱短期的上涨爆发力，庄家也很难将股价再次拉高。这种盘面现象在快速拉升的个股中经常出现，实盘操作中遇到这种情形，投资者在次日的拉高中应毫不犹豫地跟进，成功地做一次收益不错的短线行情。

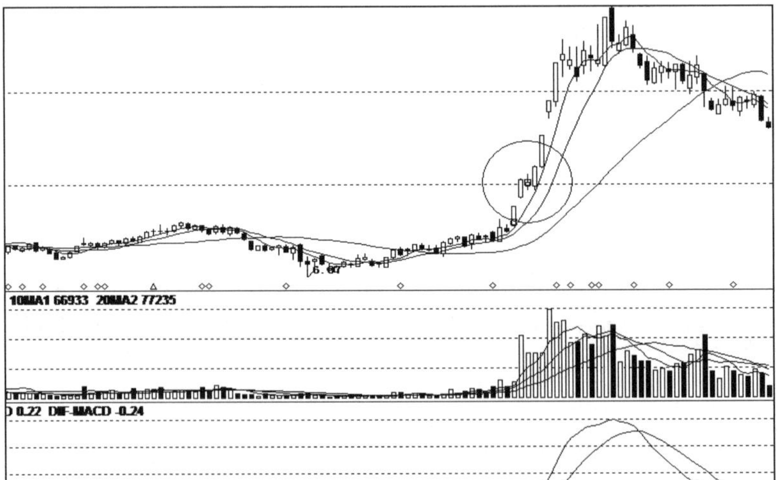

图9-25

3. 下跌途中的长上下影线阳线

在股价下跌途中出现长上下影线阳线，大多是多头抵抗性反弹走势，最终多方无功而返，股价将继续下跌，投资者不要被下跌途中的长上下影线阳线困扰。

图 9–26 是中直股份（600038）的日 K 线图。该股股价见顶后一路下跌，在下跌过程中出现两个长上下影线阳线，但股价并没有因此止跌或转势，后期股价仍继续向下运行。这表明下跌途中的这种阳线只不过是弱势反弹走势，庄家意在利用大阳线诱多，目的是引诱投资者在此接盘，以便顺利移交手中的筹码。

当长上下影线阳线出现在下跌趋势中，千万不要立即追进，要继续观察股价后期的走势变化。如果大阳线出现之后的 3~5 个交易日内成交量不能持续放大，而是呈缩量状态，股价重心也在慢慢下移，那么持股者应及时离场，持币者可以继续在场外观望。

图 9–26

图 9–27 是黑牡丹（600510）的日 K 线图。在一波报复性反弹后，该股股价渐渐回落。不久，在下跌过程中收出一根长上下影线阳线，随后股价小幅上涨。股价反弹到 30 日均线附近时受阻回落，此后股价再次下跌。

如图 9–27 所示，长上下影线阳线出现在股价下跌过程中，盘面弱势特征明显，均线系统继续呈空头排列，30 日均线不断压制股价走势。另外，出现这根长上下影线阳线时，股价已经成功突破高位平台整理区域，这根长上下影线阳线也是对突破的一次确认。

判断这种阳线的后市走势，可以观察之后股价的运行情况。如果之后股价在这根阳线的上影线之上运行，可能出现一波反弹行情，此时不要急于抛出筹码，可以继续持股观望，待反弹受阻时退出。如果之后股价在这根阳线实体或是下影线位置运行，那么股价很快将出现下跌走势，这时应坚决抛空出局。

图 9-27

4. 高价区域的长上下影线阳线

在股价大幅上涨后的高位出现长上下影线阳线，说明股价在高位大幅震荡，盘中筹码出现松动迹象，股价将面临下跌走势，因此是一个卖出信号。

图 9-28 是新华传媒（600825）的日 K 线图。庄家在该股股价下跌过程中吸纳了大量的低价筹码，然后股价渐渐回升，最后出现一波快速拉升行情，股价累计涨幅接近 200%。不久，在高位出现一根长上下影线阳线，次日股价低开低走，收出一根跌停大阴线，从此股价步入长时间的调整走势。

在股价大幅上涨后的高位，尤其是经过快速冲高后出现的长上下影线阳线，是典型的见顶信号。在判断长上下影线阳线出现后股价是否见顶时，应观察之后几个交易日股价的运行情况。只要后期股价一直运行在长上下影线阳线实体的下方，且股价重心下移，便可确定此 K 线为见顶信号，那么及早撤离才能免受损失。

如图 9-28 所示，股价前期出现最后的上涨冲刺过程，这就意味行情离结束已不远。特别是这根阳线出现后的次日，股价以跌停板报收，形成一个黄昏之星形态，说明抛盘压力不小，看空意义进一步加强。出现这根阳线时，股价距离移动平均线较远，乖离率偏大，无论后市发展方向如何，短期股价有回归移动平均线附近的要求。因此这是一个见顶信号，投资者应果断出局。

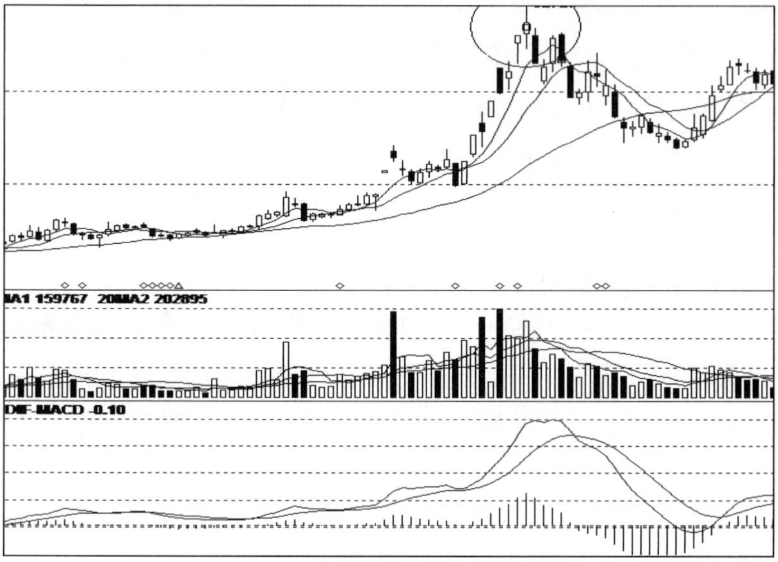

图 9-28

图 9-29 是鲁信创投（600783）的日 K 线图。该股股价经过一轮大幅上涨，2018 年 11 月 20 日在高位大幅震荡，成交量急剧放大，收出一根纺锤线。这种 K 线说明主力在暗中派发筹码，做多力量衰竭，空头力量悄然形成。次日股价下跌震荡，顶部信号得到验证，之后出现中期调整走势。

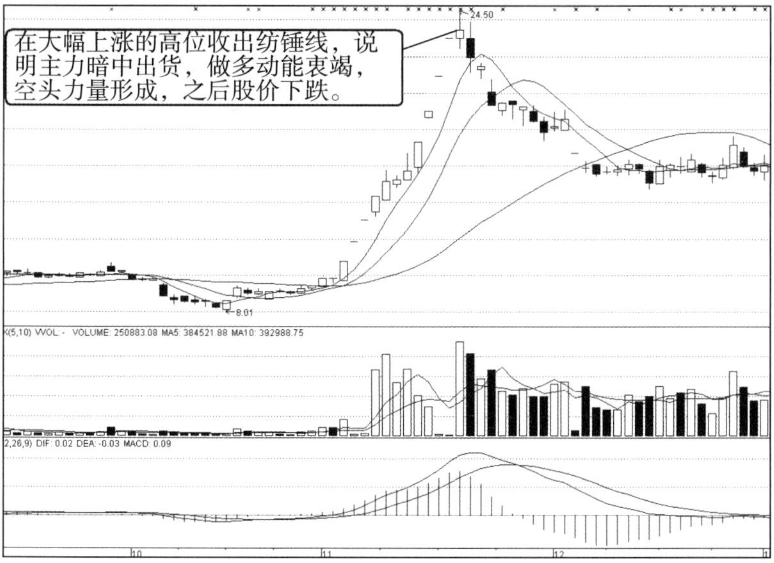

图 9-29

在实盘操作中，投资者遇到高价区域的长上下影线阳线时，应参考以下六个技术要点。

（1）股价涨幅巨大是导致下跌的根本原因，因此应高度警惕那些涨幅超过100% 的个股，特别是对未来严重透支的、价值被高估的个股，尽量不碰。

（2）股价出现最后快速冲刺走势的个股，一旦股价见顶回落，其下跌幅度惊人，投资者应回避这个阶段的炒作。

（3）出现长上下影线阳线的当日，如果成交量巨大，说明庄家对倒出货，次日极有可能低开低走，投资者应在收盘前清仓。

（4）出现长上下影线阳线后，一旦次日股价低开低走，那么见顶信号进一步明确。若股价跌破 5 日或 10 日均线，投资者应果断离场，否则损失更大。

（5）受利多消息影响出现的长上下影线阳线，当日坚决抛空。

（6）在上涨过程中，已经出现三个以上的向上跳空缺口，之后形成长上下影线阳线，应尽快逢高获利了结。

第十章 / 十字线

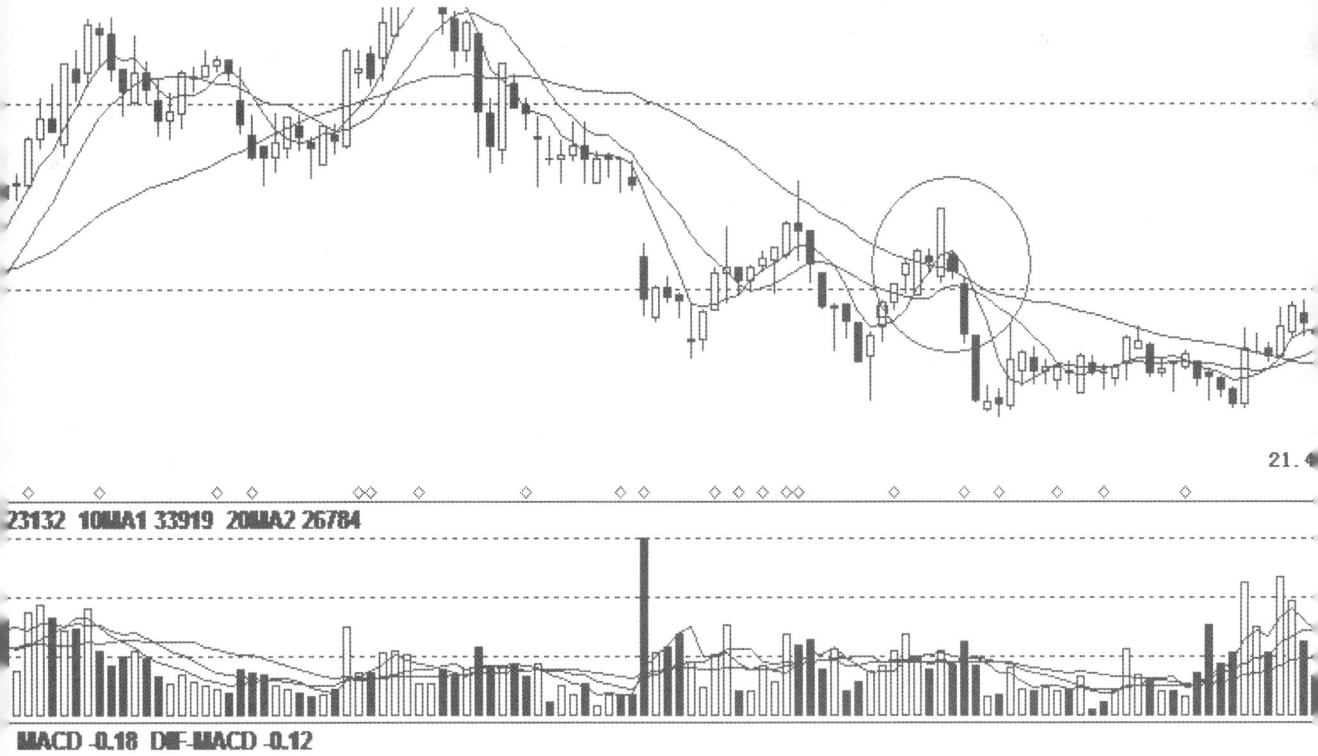

一、十字线的一般理论法则

1. 十字线的特征

在 K 线图中，开盘价到收盘价之间的价格段为实体，价格波动超出实体的部分称为影线，收盘价和开盘价在同一价位或者相近，没有实体或实体微小的特殊 K 线形态就是十字线，也称十字星。十字线虽然有阴阳之分，但实盘技术含义差别不大。

十字线含待变意味，必须进一步确认形态的有效性。在股市中除常规的阴阳 K 线外，十字线是出现频率最高的 K 线图形，研究十字线对实盘操作具有十分重要的指导意义。但实盘中，大多数十字线对行情的分析判断没有太大的意义，只有在特殊位置出现的特殊十字线才具有分析研判意义。当然，特殊的十字线是从普通十字线演变而来的，因此投资者必须掌握普通十字线的基本特征及十字线的种类和用法。

标准的十字线开盘价等于收盘价，并且上影线与下影线的长度大致相等，实盘中出现的多是变异形态。操作中并不刻意强调标准图形，只要接近标准图形即可，其分析结果大致相当。十字线通常出现在价格上升滞涨或价格下跌企稳阶段，也经常出现在盘整行情中。

2. 十字线的意义

十字线是一种不同凡响的趋势反转信号。如果市场正处于一个重要的转折点，或者正处在牛市或熊市末期，或者已经有其他技术信号发出了预警，那么此时出现的十字线就应当看作重要的转势信号。由于十字线蕴含多方面的技术意义，所以忽略十字线很可能招致重大风险。

十字线代表多空双方处于平衡的临界点，它既可以是顶部形态信号，也可以是底部形态信号。在许多组合 K 线形态中，十字线也扮演着重要的角色。十字线的核心技术意义是，出现在趋势行情的尽头才有判断价值，常态下的十字线没有分析意义，可以不予理睬。

（1）上涨初期的十字线。一只长期在底部盘整的个股突然跳空高开，小幅收高后不巧遇到大盘暴跌，但最后还是收了一个有跳空缺口的十字线，其市场意义重大。一只股票长期盘整，说明有资金在洗盘、吸筹，跳空向上说明有拉升之势，不巧遇上大盘暴跌，只好收一个十字线。跳空缺口并没有补上，代表了资金做多的决心。虽然后期可能多盘整几日，但行情会一路看好。这种跳空十字线又叫启明星，投资者可在后期逢低积极进入。判断个股后期走势的有效性，一要观察跳空缺口是否会被回补，二要看后期是放量上涨还是缩量整理。

（2）上涨中期的十字线。一只股票在正常上涨通道中，第一天拉出一根大阳线，投资者一致看好。谁知第二天平开，只是小幅震荡，并没有出现想象中的强势。第一天追涨的投资者又担心回调，会逢短期高点卖出。结果，第三天收一根大阳线，拉升就此展开，让第二天卖出的投资者痛心疾首。上涨中期的个股，第一天收大阳线，第二天收十字线，是庄家震荡洗盘的手法，伪装成上涨无力的样子，缩量收十字线是其要点。

（3）上涨末期的十字线。一只股票在上涨末期收出一根十字线，一般有见顶的嫌疑。因为长期大幅上涨后，参与的资金获利丰厚，报收十字线就意味着股价涨不动了，涨不动就意味着下跌调整开始，所以此时不要小视十字线的风险。

（4）盘整中的十字线。一只股票在箱体震荡时经常出现十字线，此时的意义不大，只是庄家在震荡洗盘，不过洗盘后如能放量拉升，可以积极参与。

十字线可以单独分析，也可以与前后 K 线组合在一起分析，这样得出的分析结果更可靠。目前市场上常见的组合星线有黄昏之星、早晨之星、弃子之星等。

3. 十字线的种类

根据十字线所处的位置不同，可以分为终结十字线、中继十字线、回抽十字线、普通十字线和跳空十字线等。根据十字线排列的数量多寡可以分为十字单线、十字双线和十字多线等。根据十字线形态的不同可以分为射击之线（也叫长腿十字线）、流星之线（也叫墓碑十字线）等。

（1）终结十字线。出现在一轮行情的末端，预示先前的行情即将结束，后市可能朝相反的方向运行。这个位置出现的十字线被称为终结十字线，黄昏之星、早晨之星等都属于这类形态。

（2）中继十字线。出现在一轮持续的行情中，预示原有行情仍在持续发展，后市可能向纵深发展。一般将这类十字线称为中继十字线，分上涨中继十字线和下跌中继十字线两种。

（3）回抽十字线。股价突破某个重要的技术位置后（前期成交密集区域、颈线位、趋势线、技术形态、整数关口等阻力位和支撑位），自行回抽确认这个位置的有效程度，从而形成的十字线。一般将这类十字线称为回抽十字线，分向上回抽十字线和向下回抽十字线两种。

（4）普通十字线。在股价盘整或持续状态出现最多的一种星线，经常出现一个或多个十字线图形。这类十字线对行情判断没有太大的实质意义，因此将这类十字线称为普通十字线。普通十字线的最高价或最低价与收盘价的距离均小于2.5%，这是所有十字线中最常见的一种。

（5）跳空十字线。星线与实体 K 线之间存在跳空缺口，具有非常强烈的反转意义，这类十字线被称为跳空十字线。在上升或下跌趋势中，如果十字线与前后的 K 线均发生跳空（包括上下影线也互不接触），就形成弃婴形态，是十分重要的转势信号。

（6）十字单线。只出现一个十字线图形的，叫十字单线。在盘面任一阶段都有可能出现，要结合所处的具体位置分析。

（7）十字双线。连续出现两个十字线图形的，叫十字双线。在盘面任一阶段都有可能出现，要结合所处的具体位置分析。

（8）十字多线。连续出现三个以上十字线图形的，叫十字多线。大多出现在阶段性底部或头部盘整阶段。

（9）射击之线。股价大幅跳空高开或低开后，有力地大幅向内回拉，最后向外有力射击，形成射击之线。这种形态可以出现在市场的顶部区域，也可以出现在底部区域。

（10）流星之线。该形态与射击之线相反，股价小幅高开或低开后，有力地向外大幅发散，然后很快返回到开盘价附近，其形态和走势如同流星，故得其名。经常出现在阶段性头部或底部区域。

4. 形态效力和操作要点

十字线是一种非常独特的线形，它的内涵丰富，能够揭示市场的内在信息，但是判断形态效力难以把握，使用时需要与前几日的线形比较，结合十字线所处的位置、其他技术信号以及即时市场行情等因素综合判断。

（1）底部十字线如果带有较长的下影线，可以加强见底信号；顶部十字线如果带有较长的上影线，可以加强见顶信号。反之降低十字线的可信度。

（2）如果十字线与前一交易日的 K 线之间存在跳空缺口，可加强后市反转信号。前一交易日的 K 线实体颜色反映市场趋势，十字线意味着先前的趋势即将发生变化。

（3）如果前几日的线形大多属于十字线，那么现在出现的十字线并不重要。这时的十字线只有放到更宏观的环境中观察，才可以得出更具价值的信息。

（4）从量能方面分析。出现十字线后，行情能否上行，并演变成具有一定动力的强势行情，成交量是决定性因素之一。收出十字线前后，量能始终能保持温和放大状态，十字线将会演化成阶段性底部形态；如果形成十字线走势时成交量不能持续放大，显示市场资金处于疑虑观望状态，则容易形成下降中继形态。

（5）从成交密集区方面分析。成交密集区是市场行情走向的重要参照物，可以据此判断十字线所处的位置。十字线离上档成交密集区核心地带越近，越容易形成下降中继形态；十字线离上档成交密集区核心地带越远，越容易形成阶段性底部形态。

（6）从行情热点方面分析。如果热点趋于集中，并且保持一定的持续性和号召力，热点板块有效形成聚焦化特征时，就会使增量资金的介入具有方向感，有利于聚拢市场人气和资金，使后市行情得以健康发展，则十字线必然向阶段性底部形态的方向发展。如果行情热点并不集中，而且持续性不强，热点呈现多方出击态势，则说明热点缺乏号召力和资金凝聚力，不能有效激发稳定上扬的市场人气。此时热点将逐渐大面积扩散，容易造成市场有限的做多能量迅速衰竭，从而使十字线最终演化为下降中继形态。

（7）从市场走势方面分析。如果股价处于反复震荡筑底走势中，形成的十字线大多属于阶段性底部形态，投资者可以适当参与。如果股价处于下降通道中，形成的十字线大多属于下降中继形态，投资者不能轻易买入。

需要注意的是：在一个不经常出现十字线的条件下，偶尔出现一个十字线，才具有重要的分析意义。如果在股票走势图上频繁出现十字线，那么出现新的相同类型的十字线就属于普通十字线。

二、低价区域的十字线

1. 实盘技巧分析

十字线虽然是特殊的 K 线形态，但出现的频率非常高，一般反映市场双方争夺战暂告一段落，多空双方势均力敌，市场趋向平稳。由此也表明原来占据市场优势的一方因受到对方力量的扼制而暂时放弃进攻，原来不占据市场优势的一方累积了一定的能量，借机发起攻击，阻挡了对方进攻的势头，预示市场向另一个方向运行。

（1）在一轮持续下跌的单边行情中，股价的下跌趋势因大阴线的出现而强化利淡气氛，次日股价再以低于大阴线的收盘价开盘并一度下挫，让空方更有信心和把握。但空方力量在持续的下跌中渐渐衰竭，这时多方借机拉抬股价，使当日收盘价回升到开盘价附近，反映低位出现承接力与空方抗衡，具有市场待变之意。意味着股价离底部已经不远，有可能产生反弹或反转行情，因而构成买入信号。

图 10–1 是双象股份（002395）的日 K 线图。该股股价经过长时间的调整，形成震荡盘整走势。经过一段时间的盘整，股价向下破位，快速下探。2018 年 2 月 6 日收出一根跌停大阴线，大有加速下跌之势。可是次日小幅高开后，全天股价震荡，收出一根十字线，随后股价震荡走高。

那么如何分析该股当时的这根十字线呢？如图 10–1 所示，在股价快速下跌过程中，成交量极速萎缩，尤其是股价击穿前期低点后，没有引发恐慌性抛盘，说明浮动筹码不多，短期做空动能衰竭。在这种情况下，次日股价收出企稳性质的十字线往往是报复性反弹行情的导火线。之后股价渐渐走高，成功穿过 30 日均线，验证了十字线探底成功，随后股价稳步走高。

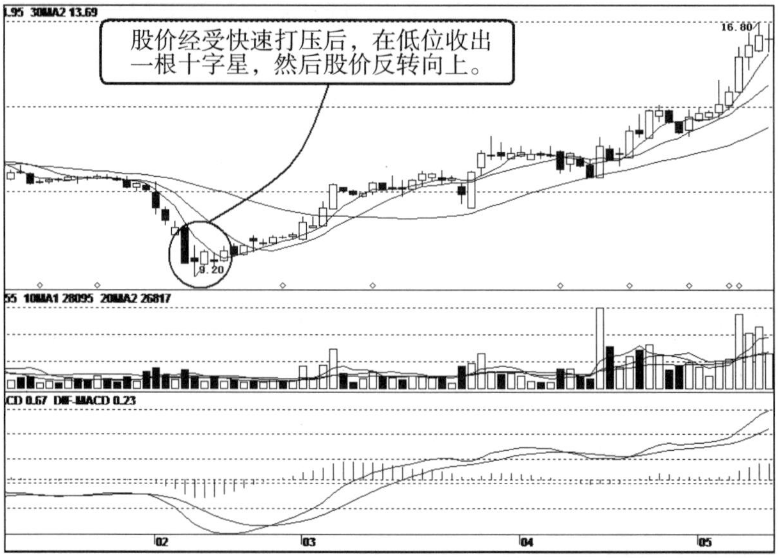

图 10–1

（2）有时股价经过一轮急促下跌，在低位收出十字线，往往是V形反弹或反转信号，投资者应逢低吸纳。

图10-2是山西焦化（600740）的日K线图。该股股价经过长时间的调整，形成震荡盘整走势。经过一段时间的盘整，股价快速下探，在低位收出一根十字线，随后股价出现V形反弹走势。

那么如何分析当时的这根十字线呢？如图10-2所示，在股价快速下跌过程中，成交量极速萎缩，尤其是股价击穿前期低点后，没有引发恐慌性抛盘，说明浮动筹码不多，短期做空动能衰竭。在这种情况下，股价一旦企稳，往往会出现报复性反弹行情。在十字线出现的次日，一根中阳线拔地而起，从而构成了早晨之星形态，验证了十字线探底成功，所以后市股价出现了V形反弹走势。

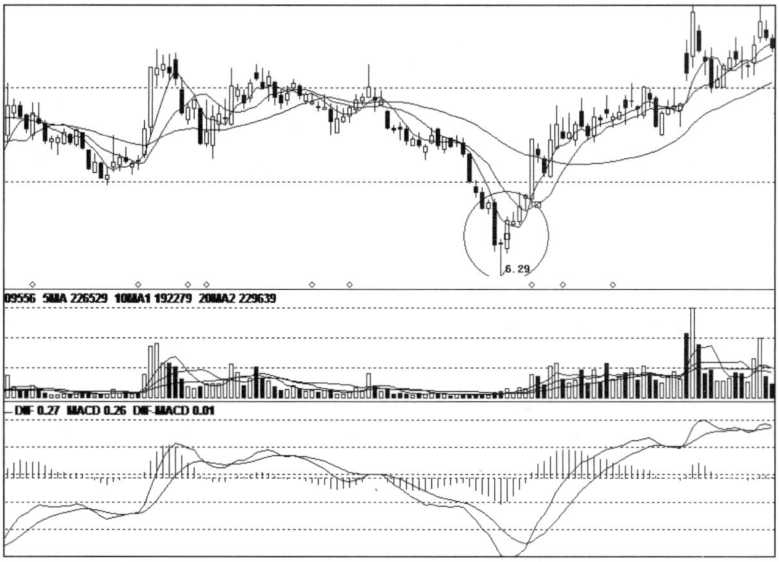

图10-2

（3）在实盘操作中，出现十字线后不见得股价就会立即上涨，有可能经过短期整理才慢慢形成强势上涨行情。此时投资者要有耐心，只要股价不跌破十字线的低点，就可以持股不动。

图10-3是物产中大（600704）的日K线图。该股股价见顶后不断走低，不久一根光头光脚的跌停大阴线向下突破了前期低点，空头气氛明显增强。次日股价小幅低开后快速下挫，但此时多头逢低介入，快速将股价拉回到开盘价附近，当日收出一根十字线。

那么这根十字线有什么技术含义呢？如图10-3所示，在股价下跌过程中，成交量不大，说明盘中抛压不大，特别是十字线出现前一交易日的这根光头光脚阴线，形态看起来十分吓人，但成交量并不大，因此有庄家故意打压嫌疑，这根十字线因而有见底企稳意义。

虽然股价没有立即走出上涨行情，但此后也未创新低，说明股价离底部已经不远。只要股价没有跌破十字线的低点，后市就不应过分看空。当股价向上突破30日均线，就是一个好的买入时机。

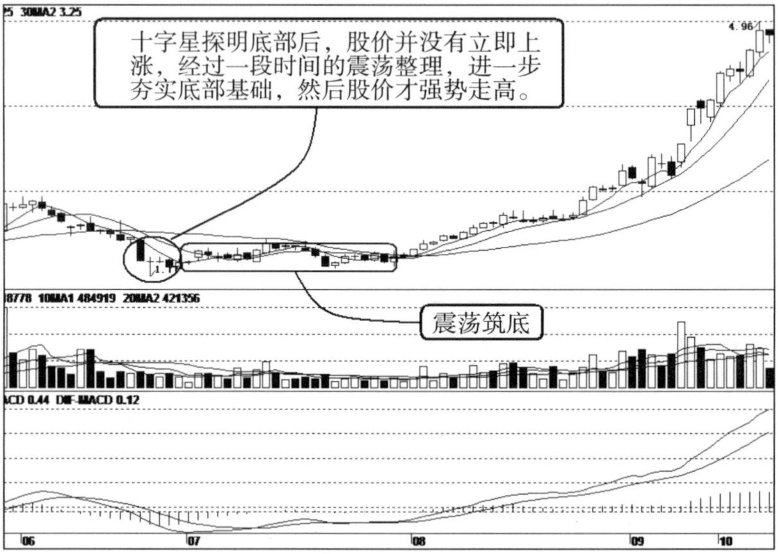

图 10–3

（4）股价经过长期下跌，在底部出现十字线，表明下跌动能衰竭，上攻能量已经悄然聚集，后市股价企稳反弹或反转的可能性比较大。但是，市场往往是底下有底，跌了还跌，十字线也经常发出虚假信号。

图 10–4 是绿茵生态（002887）的日 K 线图。庄家为了达到坐庄的目的，2018 年 5 月 31 日开始大幅打压股价，之后在低位连收三根十字线。这时相信技术形态的散户以为股价跌幅相对较大，市场已经没有续跌的力量，十字线是一个止跌信号，股价将要展开上涨行情。另外，这些十字线出现在前期的两个低点附近，此处对股价起支撑作用，有构筑多重底形态的可能，于是纷纷买入。可是，投资者买入后，股价只是小幅回抽，很快就转为下跌行情。

该股出现十字线形态后，为什么股价没有止跌呢？

（1）成交量没有持续放大，特别是回升反抽时得不到成交量的支持。缩量整理态势成为下跌中继十字线的可能性比较大。

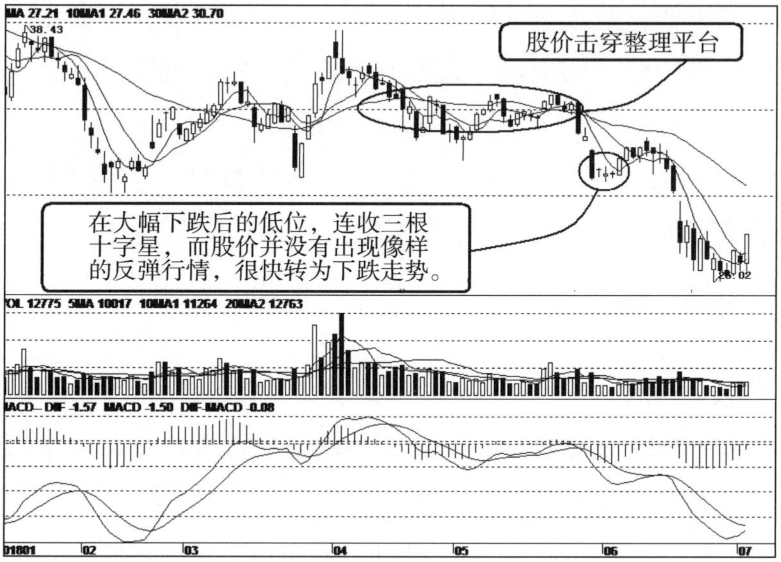

图 10-4

（2）均线系统持续走低，对股价上涨构成压制。短期股价受 10 日均线的压制明显，30 日均线持续走低，表明中短期市场偏弱。

（3）出现十字线后的次日，仅仅收出一根缩量小阳线，表明多头攻击力度有限，是一次短期技术性修复走势。

（4）出现十字线的前几日，股价快速向下击穿整理平台，当股价反弹到该整理平台附近时（遇 30 日均线压力），受到强大的压力转为下跌。

2. 操作技术要点

在实盘操作中，投资者遇到低位十字线时，应掌握以下四个技术要点。

（1）出现十字线之前，成交量随着股价的不断下跌呈缩量状态，说明抛压渐渐减少，这期间成交量萎缩得越快越好。出现十字线当日，成交量应当积极配合，且放大的成交量必须出现在探底回升过程中，而不是在股价冲高回落时放量。

（2）收出十字线当日，股价是由大量的对倒盘拉上去的，而在冲高回落时不断有卖单出现，这些卖单是陆陆续续的小单抛售。在股价探底回升时，也是由大量的对倒盘快速拉起，拉到一定幅度后，股价就呈现震荡走势，且震荡过程中不断有卖单出现。若出现这种现象，投资者千万不要买入，后市股价可能还会继续下跌，这往往是庄家为最后的出逃故意做出来的技术形态，目的在于让投资者接盘。

（3）出现十字线次日股价继续走强，收盘时能够超过前一日的最高点，则看涨信号确立。如果第二天股价向上突破 5 日或 10 日均线，则看涨信号更强。如果第二天收出一根阳线，但收盘价没有超过第一天的最高点，则要观察第三天的走势情况，再做买卖决策。如果第二天股价走弱且收出一根阴线，那么投资者最好不要碰它，特别是收在 5 日均线之下时，更要谨慎操作。

（4）出现十字线之后的走势中，如果股价有效跌破十字线的最低点，预示后市股价仍有下跌的可能，投资者应止损出局。

三、上涨途中的十字线

1. 实盘技巧分析

十字线出现在股价上涨途中，大多为洗盘或试盘走势，一般不会改变原有的上涨趋势。这种 K 线通常有两种技术意义。

（1）出现十字线标志着开始洗盘整理，股价进入短暂的整理走势。

图 10–5 是东方财富（300059）的日 K 线图，这根十字线是洗盘开始的信号。庄家在股价长时间的大幅下跌中吸纳了大量的低价筹码，然后见底企稳出现一波上涨行情。不久，在股价上涨途中收出一根十字线，意味着股价洗盘整理开始。此后股价横盘整理，经过一个多月的整理，股价再次上涨。

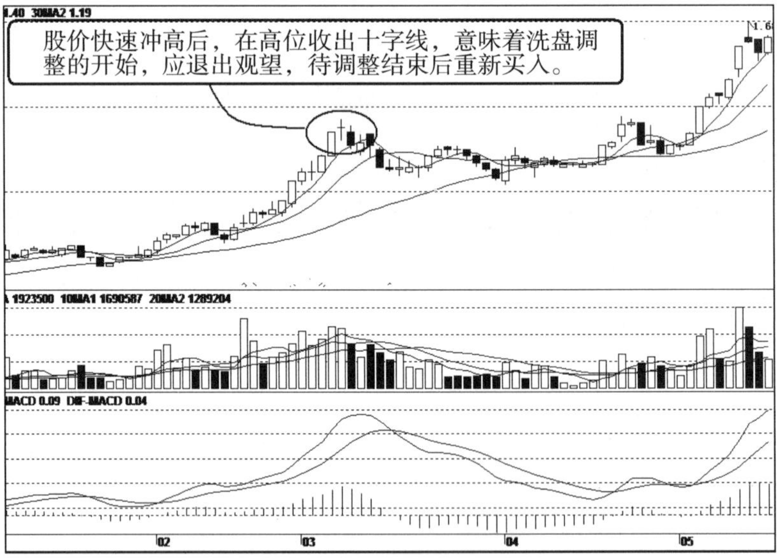

图 10–5

在该股出现十字线之前，股价经历了一波快速拉升，盘中堆积了大量的获利筹码。这些获利筹码对后市股价上涨构成重大阻力，因此有必要消化这部分筹码。这个十字线的出现至少反映出股价上涨受阻，盘中出现了一定的短线回吐盘，意味着洗盘调整的开始。出现十字线的次日，股价震荡走低，收出一根下跌大阴线，形成黄昏之星形态，从而确认了十字线的短期调整信号。可见，在十字线之后，出现回落整理是预料之中的，庄家只有将这些浮动筹码清洗出去，才会继续拉升股价。

实盘中遇到这种十字线，投资者不妨先退出观望，因为并不知道后市庄家会以什么样的方式洗盘。退出观望，待回调结束后择机买入，既可以回避短期的调整风险，又提高了资金的利用率。

（2）出现十字线标志着洗盘整理结束，股价将开启新一轮上涨。在下面这个例子中，十字线出现在股价洗盘整理结束之后，标志着股价启动新一轮上涨行情。

图 10-6 是天虹股份（002419）的日 K 线图，这根十字线是洗盘结束的信号。庄家在股价长时间的大幅下跌中吸纳了大量的低价筹码，然后见底企稳上涨，股价向上突破前期高点后小幅回落。2018 年 2 月 9 日，股价向下击穿了 30 日均线的支撑，在 30 日均线下方收出一根十字线，随后股价重回 30 日均线之上。这根十字线意味着股价洗盘整理结束，股价将迎来新一轮的上涨行情。

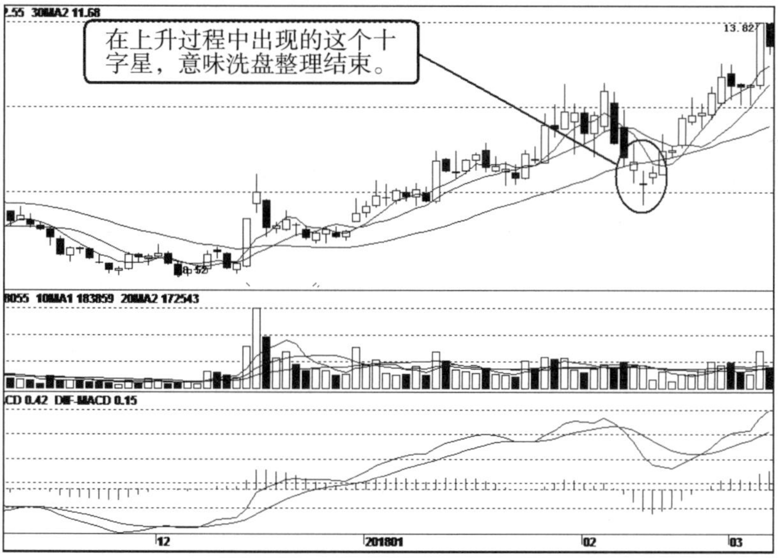

图 10-6

该股出现十字线之前，股价以小阴小阳的形式稳步攀升，但累计上涨幅度并不大。从股价的整个上涨过程来看，走势平稳，没有大起大落，说明庄家对上涨的节奏控制得比较好。这类个股在上涨过程中不会积累太多的短线获利盘，因此只要股价不加速拉升，即便庄家洗盘，也不会大幅打压股价。

如图 10-6 所示，股价创出新高后震荡整理，30 日均线一直维持上行状态。虽然股价盘中一度击穿 30 日均线，但未能形成有效突破，不具备突破的基本条件。另外，股价的上涨幅度并不大，因此完全可以排除庄家震荡出货的可能。在整理过程中成交量相比前几个交易日明显萎缩，说明在股价停滞不前的情况下，盘中很少有抛盘出现，反映投资者的持股信心比较坚定。

当股价回落到前期低点附近时，即有买盘介入，股价强势上涨，显示前期低点附近支撑力较强。另外，在收出十字线之后，股价出现强势回升走势，快速返回 30 日均线之上，对均线系统没有造成任何破坏。由此可见，这根十字线是一个洗盘整理结束的信号。

2. 操作技术要点

通过上述两个例子的对比分析，在股价上涨途中出现十字线，股价前期走势和次日走势相当关键，将决定后市股价的走势方向。在实盘操作中，应注意以下六个技术操作要点。

（1）分析十字线出现之前的走势。如果股价加速上涨且涨幅较大，则后市股价回落的可能性较大。

（2）关注十字线出现当日的盘面状况。若当日股价波动幅度较大且明显放量，则后市股价回落的可能性较大，且有可能快速回落。

（3）出现十字线的当日，如果股价下探时买盘积极，并且下探到一定程度后在买一或者买二处出现大手笔的买单，封住股价的下跌空间，随后股价逐步回升，在回升的过程中，卖盘上很少有大手笔的卖单，原先挂在上面的大卖单也不知不觉地撤掉了，此时投资者可以大胆买入，后市股价必将继续上涨。

（4）在收出十字线的当日，如果股价是以低于前一日的收盘价开盘，并且开盘时就跌破了 5 日均线的支撑，那么在出现十字线的当日就不要碰它，应该待后市股价走势明朗再买入。

（5）在收出十字线的当日，股价收盘于 5 日均线之上，而且成交量萎缩，那么一旦次日股价走强，收出一根大阳线，在股价收盘时是以最高价收盘，同时收盘价高于十字线的最高价，投资者可以在收盘瞬间直接挂单买入，或者在第三天开盘后直接买入。

（6）收出十字线之后，股价回落时，应关注 30 日均线的支撑力度。如果股价在此价位得不到有效支撑，则后市股价有可能下跌。

四、下跌途中的十字线

1. 实盘技巧分析

十字线出现在股价下跌途中，一般不会改变原有的下跌趋势，大多是助跌信号，股价继续下跌的可能性非常大。这种 K 线通常有三种意义。

（1）出现十字线意味着股价下跌遇到多头抵抗，经过“小憩”后，股价继续加速下跌。

图 10–7 是中核钛白（002145）的日 K 线图，这根十字线是加速下跌的信号。股价见顶后一路震荡走低，在下跌过程中，庄家不断派发筹码，股价累计下跌幅度也比较大。从 2018 年 4 月 19 日开始连续收出三根十字线，疑似空方打压力度不大，而多方能够进行一些反击。那么，这几根十字线是否意味着市场止跌企稳呢？投资者该如何操作？

如图 10–7 所示，首先，股价处于弱势下跌过程中，这时出现的任何看空信号都有助跌效果；其次，均线系统进一步呈空头发散形态，压制股价上涨，表明中短期市场向淡；再次，连续三根十字线击穿了前面低点的支撑，说明这几根十字线强化了股价向下突破的效果，因此股价很难返回盘整区域之上；最后，出现十字线后的几个交易日，股价重心向下移动，从而否定了十字线的止跌作用。因此，这根十字线不是见底企稳信号，而是下跌中继调整形态，投资者应尽快离场观望。

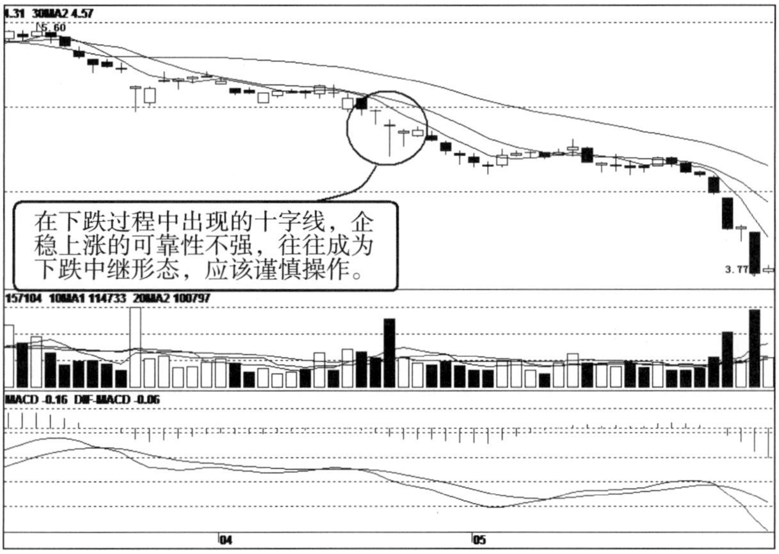

图 10–7

（2）出现十字线表示股价暂时企稳，是弱势反弹开始的信号，寓示股价将启动短期反弹行情。至于反弹力度大小，还要结合其他因素综合分析。

图 10-8 是海航基础（600515）的日 K 线图，这根十字线是弱势反弹信号。该股反弹结束后，股价重心缓缓下移，30 日均线不断下压，均线系统呈空头发散形态。2017 年 12 月 27 日，一根接近跌停的放量大阴线加剧了空头气氛。次日收出一根十字线，随后股价小幅弱势反弹。股价反弹到 30 日均线附近时（下降趋势线附近）遇到重大压力再次走低，因此一波弱势反弹行情匆匆收场，股价继续下跌，再次创出调整新低。

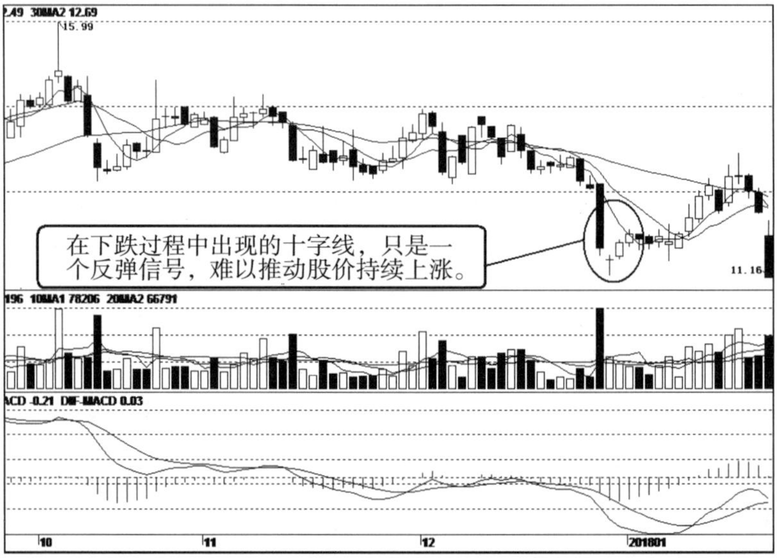

图 10-8

一般来说，庄家很难在高位一次性完成出货任务。由于庄家在高位没有完全派发筹码，所以在下跌过程中出现了一根形同底部的十字线，引诱投资者入场承接筹码。投资者纷纷介入后，庄家却反手做空，股价再次下跌。

如何看待该股这根十字线的技术含义呢？

首先，在反弹过程中没有持续放量，表明入场资金不够积极，股价难以持续上涨。这种情形下，十字线容易演变为下跌中继形态。

其次，均线系统持续呈空头发散形态，下行的 30 日均线压力较大，同时又遇到下降趋势线的反压，对股价上涨构成双重压制，表明中短期市场向淡。

最后，股价反弹时遇到前期盘区的压力，该位置已由原先的支撑作用转化为现在的压力作用。在弱势行情中，这种压力往往出现放大效果，其反压作用更明显。

因此，这根十字线只是弱势反弹信号，难以引发持续的强势反弹行情，投资者抢反弹时目标要求不应过高，在 30 日均线附近应逢高离场。

（3）出现十字线说明股价反弹结束，股价启动新的下跌行情。在下面这三个例子中，十字线出现在股价反弹结束后，预示着股价进入新一轮的下跌或调整。

图 10–9 是铜锋电子（600237）的日 K 线图，这根十字线是反弹结束的信号。该股股价见顶后逐波下跌，不断创出调整新低，出现严重超卖状态，随后股价向上反弹。2018 年 3 月 2 日，当股价反弹到下降趋势线附近和前期成交密集区域时，股价上涨遇到强大的阻力，收出了一根十字线。这根十字线成了反弹结束的信号，此后股价再次下跌。

从该股盘面分析，一是股价反弹得不到成交量的支持，表明入场资金谨慎，庄家做多意愿不够强烈；二是股价反弹时受到下降趋势线的压制，同时又遇到前期成交密集区域的压力；三是出现十字线之后的几个交易日，股价继续震荡走低，并跌破十字线的最低点，形成黄昏之星形态。因此，这时出现的十字线形态大多表示多头反弹行情结束，后市股价难见乐观。

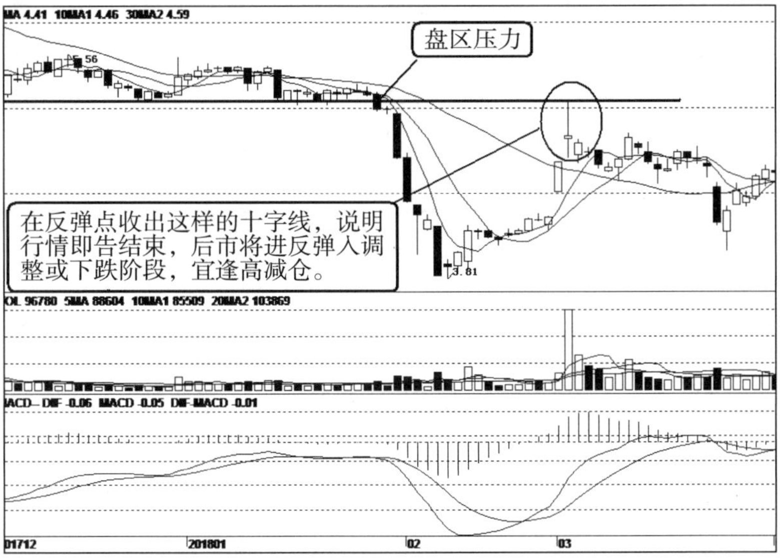

图 10–9

图 10–10 是华正新材（603186）的日 K 线图。该股股价大幅下跌后，在低位企稳反弹。2018 年 7 月 18 日，股价强势涨停。次日股价大幅跳空高开，在前期套牢盘和低位解套盘涌出的影响下，盘面出现震荡走势，当日在高位收出十字线。次日股价跳空低开震荡，形成顶部弃婴之星 K 线形态。这根十字线成了反弹结束的信号，此后股价下跌。

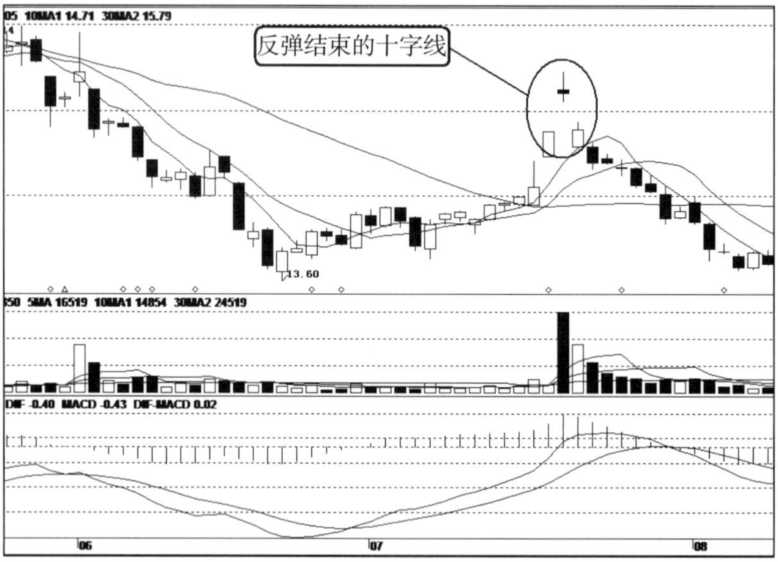

图 10–10

图 10–11 是高斯贝尔（002848）的日 K 线图。这是该股 2018 年 1~4 月的走势，十字线是反弹结束的信号。该股股价见顶后逐波下跌，不断创出调整新低，出现严重超卖现象，随后股价三次出现向上反弹走势。当股价反弹到下降趋势线附近时，上涨遭遇强大的阻力，从而收出了十字线。这些十字线成了反弹结束的信号，此后股价再次下跌。十字线一旦成为反弹结束信号，往往成为后市股价上涨的重要压力位，需要一股新的力量突破十字线，才能启动新的上涨行情。

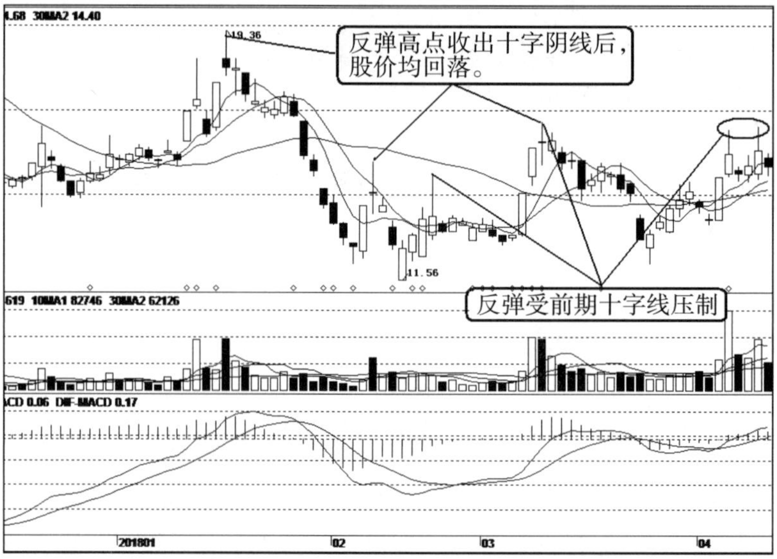

图 10–11

从该股盘面分析，一是股价反弹得不到成交量的支持，表明入场资金谨慎，庄家做多意愿不够强烈；二是股价反弹时受到下降趋势线的压制，同时又遇到前期成交密集区域的压力；三是出现十字线后的几个交易日，股价继续震荡走低，并跌破十字线的最低点，形成黄昏之星形态；四是前面的十字线成为后市股价上涨的新压力位。因此，这时出现的十字线形态大多表示多头反弹行情结束，后市股价难见乐观行情。

2. 操作技术要点

通过上述几个实例分析，对于十字线后股价反弹力度强弱，可以从以下八个方面分析。

（1）如果有政策面和消息面的潜在利好支持，那么反弹力度和空间较大。否则，反弹仅仅只是庄家的自救行为，反弹力度和空间都不会很大。

（2）如果是较长趋势、大周期趋势的扭转，则反弹力度较强，空间较大，否则应降低对反弹力度和空间的预期。

（3）如果前面的循环浪形已告终结，当前是新一轮循环的 1 浪推动或 3 浪推动初始阶段，则反弹力度较强，空间较大。如果市场运行在循环浪形的 A 浪或 C 浪延长之中，或者反弹已在第 5 浪上，那么反弹力度和空间都不会很大。

（4）如果成交量能持续有效放大，表明有场外新增资金介入，对行情的延续和纵深发展极为有利，反弹力度和反弹空间较大。如果量能持续减少，反弹力度就会受到限制。

（5）如果有带动市场人气的、具有较强影响力和号召力的持续性领涨板块涌现，反弹力度和空间则会大些。如果仅仅是短暂热点，那么对反弹力度和空间的分析要保守地预测。如果个股处于热点板块之中，甚至是领涨龙头股，则反弹力度和空间会大一些，如果不在热点板块之中，反弹的力度小得多。

（6）如果市场中有赚钱效应的龙头股品种，以此来激发市场人气，则反弹的力度和空间将增大。如果没有赚钱效应的龙头品种，反弹的力度和空间将受制约。

（7）如果热点板块比较集中，而且持续性较强，则反弹的力度和空间会大些。如果热点切换过快，板块轮动频繁，或后续热点不能及时跟上，反弹力度和空间就会大大受限。

（8）如果反弹是从大周期技术低点开始，反弹的力度和空间将大些，否则反弹力度和反弹空间较小。

五、高价区域的十字线

1. 实盘技巧分析

股价经过大幅上涨，盘面堆积了较多的获利筹码，此时在高位出现十字线，这根十字线会给多方造成极其负面的影响，暗示股价将见顶回落，因此是一个卖出信号。

图 10-12 是冠豪高新（600433）的日 K 线图。该股股价经过大幅炒作，累计涨幅超过 600%（复权价），庄家获利丰厚。不久，在高位收出一根十字线，之后股价反转下跌，这让很多投资者措手不及。

该股出现十字线之前，股价处于加速冲刺阶段，说明股价离顶部已经不远。出现十字线的前一交易日，股价收出了一根涨幅超过 7% 的大阳线，看涨信号强烈。其后却收出这根十字线，并且收盘价在前一日大阳线的实体之内，这时见顶信号初露端倪，理性的投资者应警觉。

次日收出了一根大阴线，形成黄昏之星形态，十字线的见顶信号加强。从十字线出现的次日开始，连续收出三根下跌阴线，形成黑三鸦 K 线组合形态，股价见顶信号确立，此时投资者应果断清仓出局。

在该股中，如果投资者能够理性分析，克服自己的贪念，就不会被套牢。其实在每只股票里，庄家都给了散户出逃的机会，只是因为散户没有把握住机会，结果被套牢。

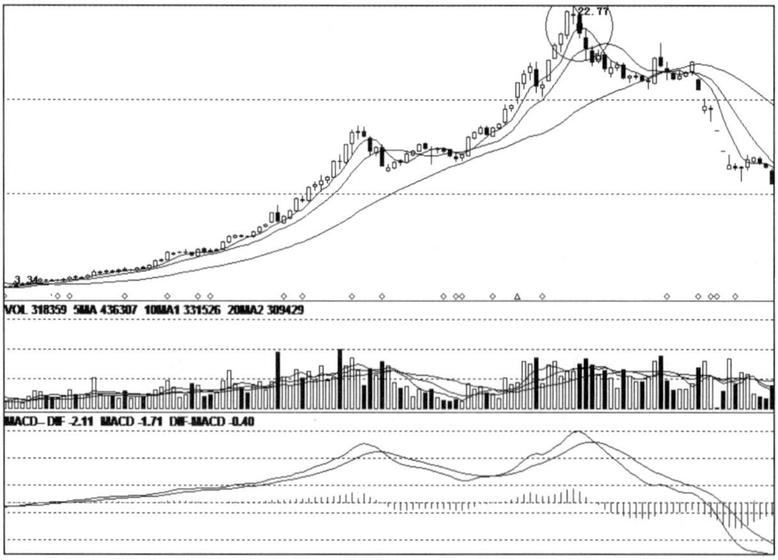

图 10-12

图 10–13 是上港集团（600018）的日 K 线图。庄家吸纳了大量的低价筹码后，出现一波飙升行情，短期股价涨幅巨大，盘中堆积了大量的获利筹码。在回吐盘的抛压下，股价回落。由于庄家未能在高位顺利派发获利筹码，短期回调后再次将股价拉起，但前期高点附近抛盘量很大，股价快速拉升创出新高后回落，在高位收出一根长上影线十字线。次日股价跳空低开低走，留下一个当日没有回补的向下跳空缺口，构成黄昏之星形态。此时顶部形态确立，随后股价长时间盘跌。

该股股价前期出现了狂飙走势，这是典型的强庄股行为，表明庄家实力强大，做多意志坚定。这类个股往往是上涨疯狂，一旦见顶也会快速下跌。投资者在享受股价快速拉升、获得丰厚收益的同时，也要时刻注意防范市场风险。

该股在出现十字线之前已经形成一个顶部，并且引发一段快速下跌走势。在前一高点附近出现多根带长上下影线的 K 线，说明盘中筹码已经松动。庄家在震荡过程中不断派发获利筹码，这时投资者就应考虑出局。事实上，大部分投资者并不是被套牢在前一高点，而是被接下来出现的快速反弹诱惑入场被套。

出现十字线的前一交易日，股价放量涨停。假如庄家真想再起一波行情，股价肯定会坚守在高位收盘，不可能回落到开盘价附近收盘，形成长上影线十字线。出现十字线的当日，成交量创出近期天量，说明庄家在放量对倒拉高出货。次日股价大幅跳空低开，以跌停收盘，收盘价在 10 日均线之下。当股价运行到这里时，已经很明确地给出结论，没有及时离场的投资者此时退出也不晚。

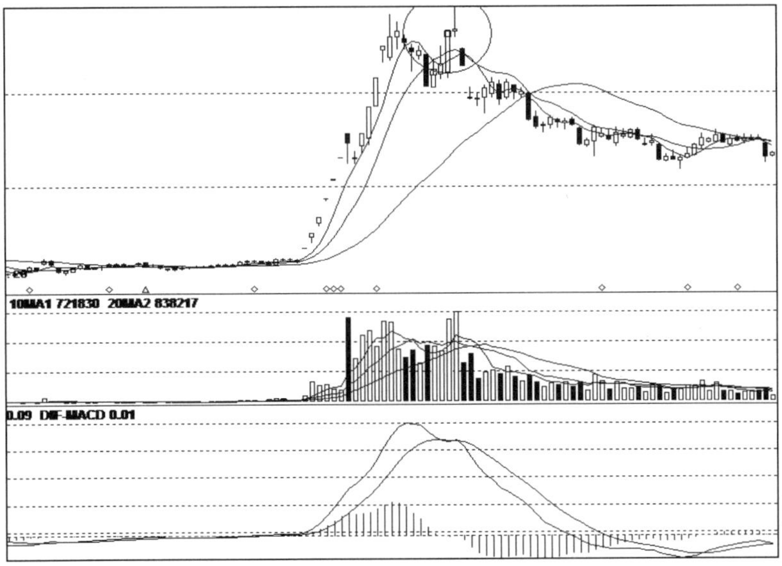

图 10–13

2. 操作技术要点

实盘操作中遇到高位十字线，投资者应参考以下四个操作技术要点。

（1）出现十字线之前，股价上涨乏力，且股价处在高位，成交量明显放大，投资者应该卖出。

（2）出现十字线的当日，股价冲高遇阻回落，成交量迅速放大，此时投资者应清仓出局，后市股价快速下跌的可能性较大。

（3）出现十字线的次日，如果股价继续走强，投资者可以持股观望。一旦股价在上涨过程中遇阻回落，特别是在冲击十字线的最高点时，或者是创出本轮上涨行情的新高之后，市场遇到了沉重的抛压，就应在第一时间卖出。如果次日股价走弱且收出一根阴线，特别是放量下跌的阴线，投资者应立刻清仓出局。

（4）出现这种十字线之后，无论股价如何运行，一旦股价跌破 10 日或 30 日均线，投资者应无条件退出，哪怕是有亏损也要止损出局。

六、阻力位之下的十字线

1. 实盘技巧分析

股价运行到某个重要的阻力位附近时经常会出现十字线，那么此时出现的十字线意味着什么呢？通常也会产生三种可能的走势。

（1）股价一鼓作气成功突破阻力位后持续上涨。

图 10–14 是万向钱潮（000559）的日 K 线图，这是一个十字线后股价直接突破阻力位的例子。该股股价见顶后大幅下跌，庄家吸纳了大量的低价筹码，然后股价渐渐回升。当股价上涨到前期成交密集区域时，遭到低位获利盘和前期套牢盘的双重打压，股价再次盘跌，从而产生新的压力区。然后股价再次企稳回升，并向上发起攻击。

股价到达前期反弹高点附近时，盘中出现放量震荡走势，收出一根长上影线十字线，股价上涨似乎遇到了巨大的抛压，短期向下调整也属情理之中。不少投资者因此担心股价不能突破阻力位，继而纷纷离场。可是股价并没有回调，次日收出企稳小阳线。之后几日股价没有调整，而是直接向上突破前期高点压力区，从此股价飙升。

在实盘操作中，庄家为了实现自己的坐庄目的，会在技术位置附近制造一些技术陷阱。比如建仓或拉升之前，为了达到洗盘的目的，会在压力位附近制造一些虚假的技术图表，制造上方压力极大的假象，以此误导散户离场。

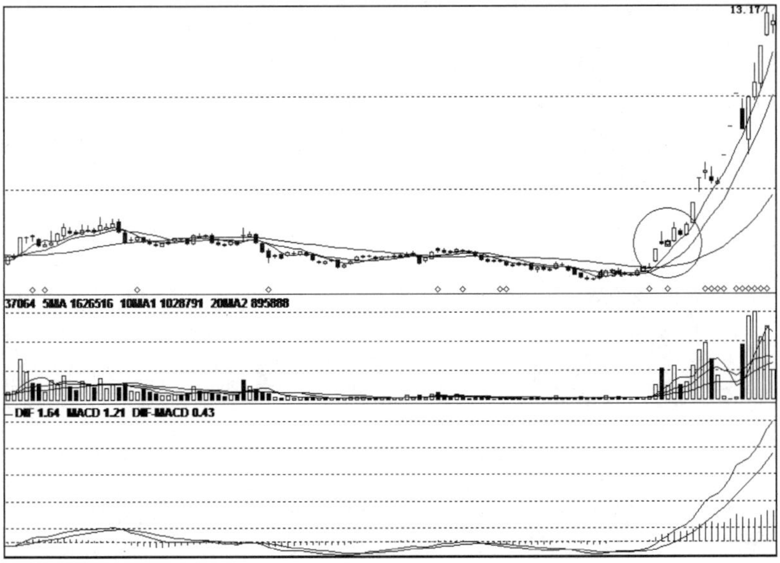

图 10-14

如图 10-14 所示，该股出现这根十字线之前，股价经过充分的调整，市场浮动筹码清洗得比较彻底，庄家控制了大量的流动筹码。股价再次上涨到前期高点附近时，庄家故意收出这根十字线，目的是制造股价上涨遇到重大压力的假象，通过盘中大幅震荡，让最后一批散户退出，因而当日引发了大量的抛盘，浮动筹码进一步释放。散户纷纷退出之后，股价上涨阻力明显减小，股价立即企稳并一举突破上涨阻力区，从而打开了股价继续上涨的空间，成交量也明显放大，从此股价上涨不回头。

在实盘中遇到这类个股时，投资者不要以为在阻力位之前出现这种十字线，股价短期一定会调整，这样容易错过上涨行情，投资者需结合盘面技术综合分析。

（2）股价短期不能突破阻力位，暂时回落蓄势整理，然后再次突破。

图 10-15 是中石科技（300684）的日 K 线图。该股股价遇到前高阻力位时收出十字线，经短期回调整理再次向上突破。该股从高位回落后企稳回升，股价反弹到前期高点附近时，庄家故意在前期阻力位附近收出一根十字线，显示上方压力较大，让股价主动选择回落整理。股价回落到前期低点附近时，主力买盘悄悄介入。股价构筑一个大型的双重底形态后，一举向上突破前期高点阻力区域，随后连续拉出 4 个涨停。

该股股价收出十字线后为什么会回落整理呢？

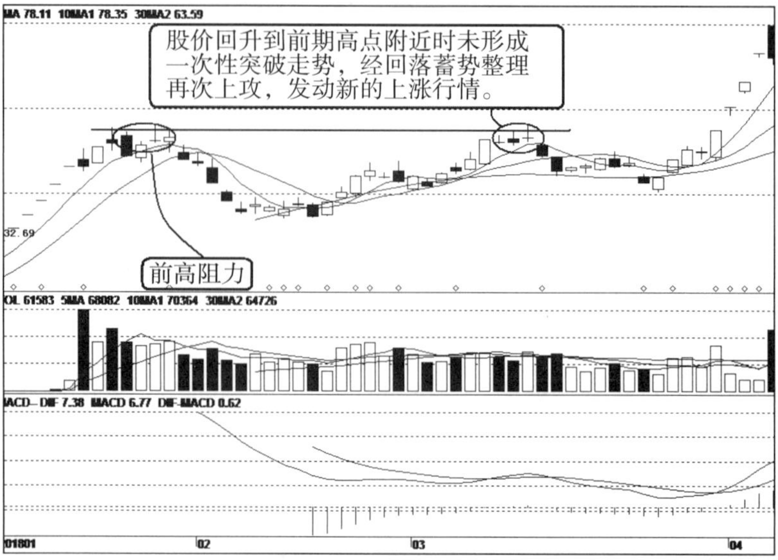

图 10–15

第一，股价在前期高位震荡行情中形成了一个成交密集区域，这个位置具有重要的技术意义和心理作用，市场本身需要一个调整过程，因此庄家在没有消化上方阻力之前，一般不会轻举妄动。

第二，前面的上涨行情是在股价下跌企稳之后形成的，并且股价上涨幅度不是很大，股价还没有完全摆脱底部区域，股价上涨仍有反复，因此遇阻回落是意料之中。

第三，股价上涨得不到成交量的积极配合，难以推动股价持续上涨。在这种情况下，后市股价回落整理并不意外。

投资者遇到这种情形时，可以在十字线出现当日退出观望，待股价再度企稳走强或突破前高时重新介入。

（3）股价始终不能突破阻力位，形成中长期（半年以上）调整走势。

图 10–16 是大西洋（600558）的日 K 线图，这是一个股价无法突破阻力位而出现弱势调整走势的例子。该股股价在高位构筑一个双重顶形态，然后破位下行，经回抽确认后再次下行，股价正式脱离顶部区域。2017 年 11 月 28 日股价反弹，收出涨停大阳线，次日股价高开后冲到双重顶颈线后遇阻回落，收出十字线。休整一天后，再次冲高回落收十字线，说明前期成交密集区有较大的压力，股价难以成功突破，从而导致股价回落，进入中期调整走势。

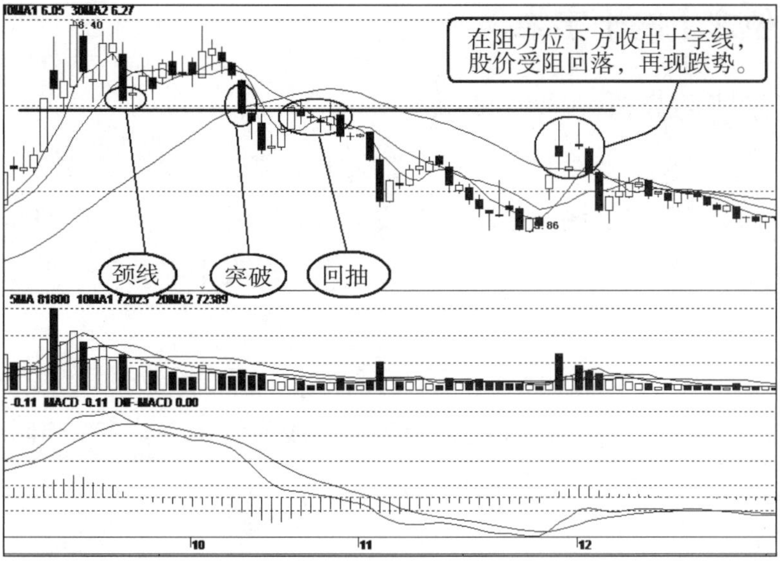

图 10–16

该股在前期成交密集区域收出这根十字线，说明上方压力非常大。如图 10–16 所示，该股盘中出现了放量滞涨现象，说明庄家也在暗中减仓。放量不涨应当引起投资者的注意，一旦不能形成突破，应在第一时间退出。

2. 操作技术要点

实盘操作中，遇到阻力之下的十字线时，投资者应考虑以下五个市场因素。

（1）在出现十字线之前，如果股价加速上涨，那么此时投资者要当心股价出现十字线后可能启动短期调整走势。如果当日成交量明显放大，持股者可以在股价冲击阻力位遇阻回落时卖出，待股价回落整理企稳走强后再考虑买入。

（2）十字线的最高价低于前一交易日的最高价，并且成交量放大，投资者最好不要碰它，后市股价回落整理的可能性较大。

（3）如果次日股价收出放量下跌的大阴线，特别是高开低走的光脚大阴线，后市股价很可能回落。这时投资者不要急于买入，持股者应果断卖出，待后市回落企稳走强后再考虑买入。

（4）如果次日股价继续走强且收出大阳线，收盘价收于阻力位之上，此时投资者可以适当买入，稳健的投资者应待股价连续三天站稳在阻力位之上时再买入。

（5）股价遇阻回落后，只要消化了上方的压力，当股价企稳再次回升时，投资者可以适当买入。在股价企稳之前，有一个明显的盘面特征，就是股价的回落速度逐步放缓，成交量逐步萎缩。

七、支撑位之上的十字线

1. 实盘技巧分析

股价在运行过程中一般会出现许多重要的支撑位，股价如果成功站上某个重要的支撑位，或者股价回调到某个支撑位附近获得强大的技术支撑而回升，后市股价一般会有一波续升行情，因此在支撑位之上出现十字线是一个较好的短线买入或加仓信号。

图 10-17 是长园集团（600525）的日 K 线图。该股股价见底企稳后渐渐走高，然后在均线附近震荡，呈现横向盘整走势，均线系统走平。2017 年 7 月 12 日，庄家刻意打压股价，当日收盘价位于 30 日均线下方，疑似再次探底，可是次日收出一根十字线。

这根十字线有什么含义呢？一般而言，前期低点对股价具有一定的支撑作用，特别是长期震荡过程中形成的阶段性低点，其支撑力度更强。该股下探到底部区域时，获得了强大的支撑后快速拉起，形成一根长脚十字线，只要股价没有成功跌破前期底部区域，后市就可以看多。

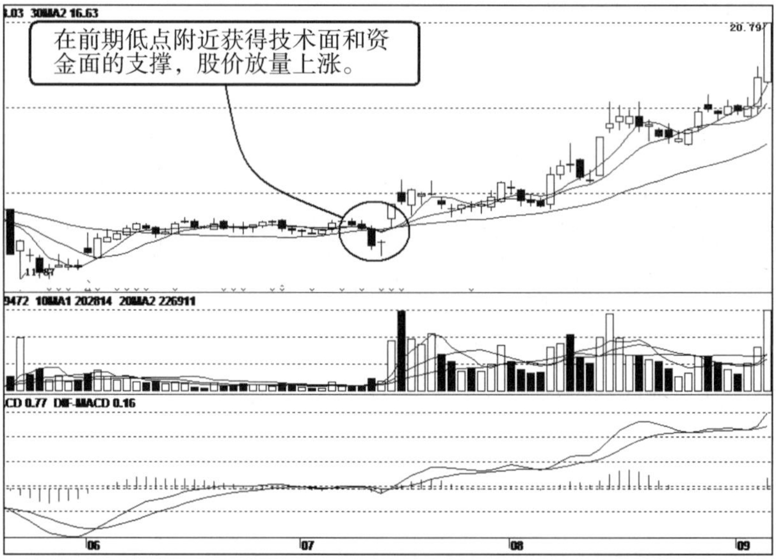

图 10-17

实盘操作中，庄家为了达到自己的坐庄目的，会在一些重要技术位置附近制造技术陷阱。比如在高位出货或下降过程中，经常利用支撑位做一些虚假的技术图形，形成有技术支撑的假十字线，以此欺骗散户入场。

图 10-18 是鼎捷软件（300378）的日 K 线图。该股股价经过长时间的大幅

调整，在低位出现一轮反弹行情。之后由于持股者不断抛售获利盘造成抛压，股价在高位震荡，上涨速度明显放缓，同时产生量价背离现象，30 日均线渐渐平走。2018 年 5 月 18 日和 21 日，股价下探到 30 日均线附近时，盘面出现止跌性震荡，收出两根十字线。看起来 30 日均线附近似乎有一定的买盘介入，预示股价将迎来反弹行情。但是事实恰恰相反，股价经过短暂的整理后很快回落，30 日均线也拐头向下，之后盘面渐渐走弱。

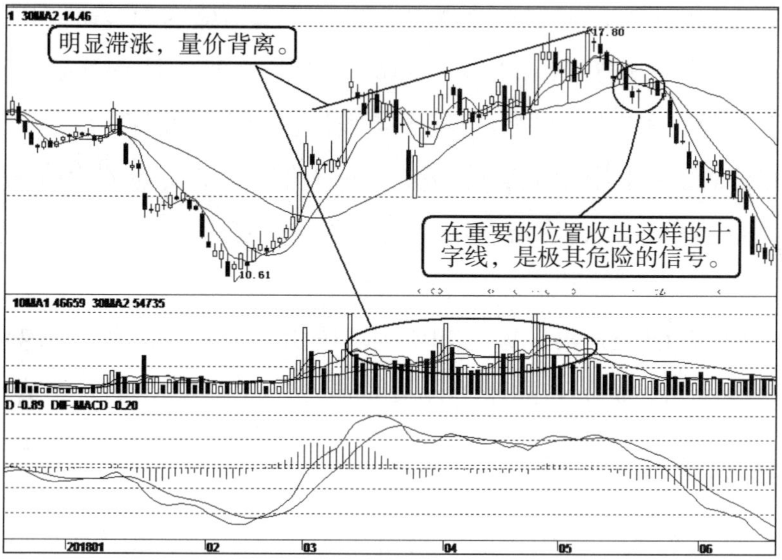

图 10–18

如图 10–18 所示，股价在 30 日均线附近收出两根十字线，本应具有一定的技术意义，但不足之处在于成交量经过前期放大后出现萎缩态势，表明 30 日均线虽有一定的心理支撑作用，但股价反弹过程中并没有新增资金入场，仅仅属于下跌抵抗性震荡。另外，股价在上方受到盘区的压力，这就形成了上有压力、下有支撑的尴尬局面。但此前毕竟已有一定的涨幅，无论后市怎么发展，短期上涨面临技术压力在所难免。所以，当股价再次回落到 30 日均线附近时，它的支撑力度已大不如前，股价很快滑落到 30 日均线之下，随后盘面渐行渐弱。从该股走势可以看出，这是庄家运用 30 日均线的支撑制造企稳十字线以方便出货的技术欺骗手段。

该股在 30 日均线附近形成虚假的十字线止跌信号，主要原因有三个：第一，股价遇到 30 日均线的支撑后止跌企稳，此时庄家暗中抛售筹码；第二，缩量震荡说明没有新资金入场，庄家只是以四两拨千斤，引诱散户入场接单；第三，30 日均线已由上行状态转变为平走状态，且有向下拐头的迹象，此时 30 日均线的助涨作用渐弱，所以只要 30 日均线下行，就容易引发一波跌势行情，投资者应及时离场观望。

2. 操作技术要点

在实盘操作中，遇到这种十字线，应注意以下五个方面的技术因素。

（1）股价处于强势上涨过程中，或者上涨趋势初步形成。

（2）均线系统呈多头排列，30 日均线坚挺上行。如果 30 日均线平走或下行，即使股价在 30 日均线附近得到支撑收出十字线，其上涨的力度可能也不大。

（3）股价涨幅不应过大。要小心涨幅过大的个股，特别是阶段性涨幅超过 100% 的个股，即使在支撑位之上出现十字线，也应保持警惕。

（4）在支撑位之上出现十字线的次日，股价应在成交量的积极配合下继续走强，形成的阳线实体越大，后市看涨意义越强。若次日股价收阴线，投资者应谨慎操作。

（5）盘面没有出现异常现象，如果出现股价大幅跳空开盘、盘中股价大幅波动、成交量瞬间放大、委买委卖挂单异常等异动，应高度警惕。

八、十字线实盘特别提示

十字线形态在 K 线理论中扮演着相当重要的角色，庄家经常利用散户对十字线的信赖在实盘中制造各种虚假信号或技术陷阱，诱使散户做出错误的买卖决策，以达到坐庄的目的。投资者除参考上述相关技术操作要点外，应特别注意以下九个方面的市场现象。

（1）估计目前股价所处的阶段和位置，判断股价是否正好接近阶段高点或低点。股价在上涨行情后期出现十字线时，暗示涨势接近尾声，为卖出信号。相反，股价在下跌行情后期出现十字线时，暗示跌势接近结束，为买入信号。如果在盘整阶段出现十字线，则表明多空双方力量相当，并未决出胜负，必须再次决斗方可定局，此时投资者可以放弃对 K 线的分析，改用其他技术分析方法进行研判。

（2）观察目前股价所处的技术位置。股价遇到技术形态的压力或支撑时，常会出现十字线形态，比如趋势线、前期成交密集区域、均线、整数点位等技术位置。股价在上涨或下跌过程中接近这些技术位置时，在 K 线上留下十字线的情况比较多，表示上档卖压沉重或下档买盘较强，这是实盘常见的技术形态，散户可以适当地做短多或短空。这种情况形成的股价回档或反弹，其幅度与时间都非常短暂，只能以行情暂时休整看待，不能当作波段行情结束的标志。

（3）结合波段的循环周期进行分析。通常庄家在制造虚假信号或技术陷阱时，收出的十字线与波段循环的高点或低点位置不符，细心的投资者用波浪理论进行分析研究，可以发现其中的破绽。

（4）出现十字线形态之后，无论该形态是在底部还是顶部，或者是在趋势行情的中途，散户都应该注意。若出现在股价下跌行情中，操作策略上应该注意股价次日的表现。如果次日股价能够收出阳线，并且收盘价高于十字线的最高价或收盘价，那么这根阳线就是一个确认信号。也就是说，这根阳线验证或确认了前一日收出的十字线形态是有效的，表明市场跌势已经接近尾声，此时可以入场做多。如果第二天没有产生这种确认信号，那么散户不要急于进场操作，应该先观察股价接下来几天的走势。若能企稳的话，方可进场操作，否则还是多看少动为好。

（5）如果这种十字线形态出现在市场行情的顶部，那么行情反转的可能性极大，操作策略上应该谨慎。出现十字线形态的次日，股价走势也相当重要。如果次日收出一根阴线，那么这根阴线就是对前面这根十字线的确认信号，也就是市场走势要反转的确认信号。这时散户应及时果断地卖出手中的筹码，获利了结，确保胜利果实。出现十字线的次日，如果股价能收出阳线，那么接下来的走势中，股价可能还会有一个上冲的过程。但此时散户也应该时刻谨慎，一旦股价上涨乏力，应坚决离场。

如果这种十字线形态出现在股价刚刚启动不久的中部，那么此时代表的市场含义是股价上涨会暂停，市场可能有一个短暂的调整过程，并不是行情反转的信号，后市有可能加速上涨。在具体操作上，关键是要把握好节奏。如果十字线后几日股价小幅震荡，下探回拉时就可以进场操作了。

（6）十字线通常表明多空双方旗鼓相当，不分胜负，这种形态预示股价将会进入转势或盘整阶段。如果十字线的上下影线比较长，说明多空双方的争夺比较激烈，盘面震荡幅度较大，后市有可能出现反转走势。如果其上下影线比较短，说明多空双方争斗并不激烈，盘面震荡幅度较小，后市有可能进入盘整状态。

（7）十字线需要其他技术形态做进一步确认。试想一下，在底部形成低位十字线时，市况已积弱多时，重建买盘信心不易。同理，在持续升势中，投资者买入意愿强烈，总是相信后市还会再升，此时出现顶部十字线，投资者信心仍强。因此，若在底部出现十字线后再呈大阳线反弹上升，可以确定升势。相反，若在顶部出现十字线后再呈大阴线下跌，可以确定跌势。

（8）可以采用加减还原法进一步理解十字线的信号效果。这种方法就将第一天的开盘价与十字线当日的收盘价进行加减，形成二线合一的虚拟线。所得的虚拟线越短，反映原来的趋势越有可能发生改变；所得的虚拟线越长，十字线就越会支持原有的趋势发展。

（9）虽然十字线在引发市场顶部反转方面有过人之处，但根据经验来看，在下跌趋势中，十字线往往会丧失预示反转作用的能力。其中的原因可能是这样的：十字线反映了买方与卖方在力量对比上处于相对平衡状态，由于市场参与者抱着观望的态度，市场往往因为自身的重力而下坠。因此，在上升趋势中出现十字线，市场可能向下反转，而在下跌趋势中出现十字线，市场可能继续下跌。也就是说，十字线在构成底部反转信号时，比作为顶部反转信号更需要时间的验证。

第十一章 / 一字阳线

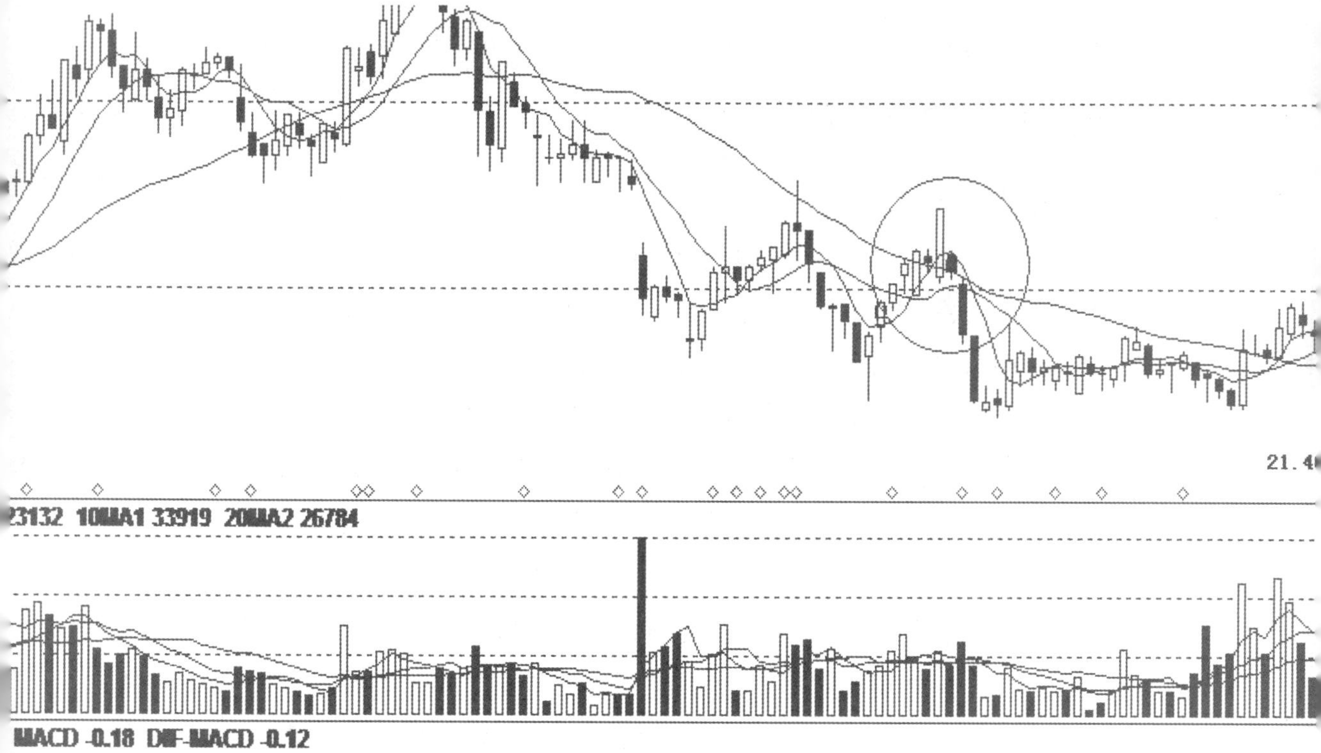

一字阳线是 K 线的一种特殊形态，其开盘价、收盘价、最高价、最低价四个价位完全相等。一字线一般出现在股价开盘即停板（涨停板和跌停板），且整个交易日都处于该价位，直到收盘封盘不动。一字线表示股价出现极端走势，具有特别重要的意义。非停板情形下很少出现这种情况，目前沪深两市除特别处理股票外，尚无这种先例。一字线分为一字阳线和一字阴线两种。

一字阳线的形成原理是：股价开盘即涨停，且全天封于涨停价位，从而形成了一字阳线。这种形态大多出现在极端上涨行情中，有时也出现在超跌反弹行情中，很少出现在盘整行情里，除非有重大利好消息刺激。出现这种线形是市场趋势非常强烈的表现。出现一字阳线时，说明多头力量强大，后市将继续上涨。

一、低价区域的一字阳线

1. 实盘技巧分析

一字阳线如果出现在股价长期下跌之后，并且在低位区域经过充分的蓄势整理，说明股价止跌回升或出现反转行情，是强烈的见底信号；如果出现在上涨初期，表明市场急于拉高股价，上涨动力强劲，后市有持续走高的动力。

图 11-1 是华菱钢铁（000932）的日 K 线图。该股受基本面消息的影响，股价见顶回落后一直处于盘整状态，庄家在低位企稳过程中成功完成建仓计划。2017 年 7 月 10 日，股价连续以涨停一字线的方式向上突破底部盘区。在开板洗盘时，股价也没有明显下跌。经过短暂的蓄势整理，股价展开新一轮上涨行情。

从整体走势上看，股价处于长期下跌后的底部区域，可以断定庄家在底部建仓充分。经过长时间的筑底，出现连续一字阳线，意味着股价下跌调整结束。连续拉升后，在开板震荡第一天涌出了大量的底部获利盘，此后横向震荡整理，成交量持续萎缩。这种现象说明主力资金没有出逃，只要主力还在，股价迟早会上涨。

图 11-2 是冀东装备（000856）的日 K 线图。该股股价长期下跌后开启蓄势整理走势。一段时间的整理后，2017 年 4 月 5 日，股价突然在涨停价位开盘，且全天封于涨停价位，当日收出一字阳线，随后股价飙升。

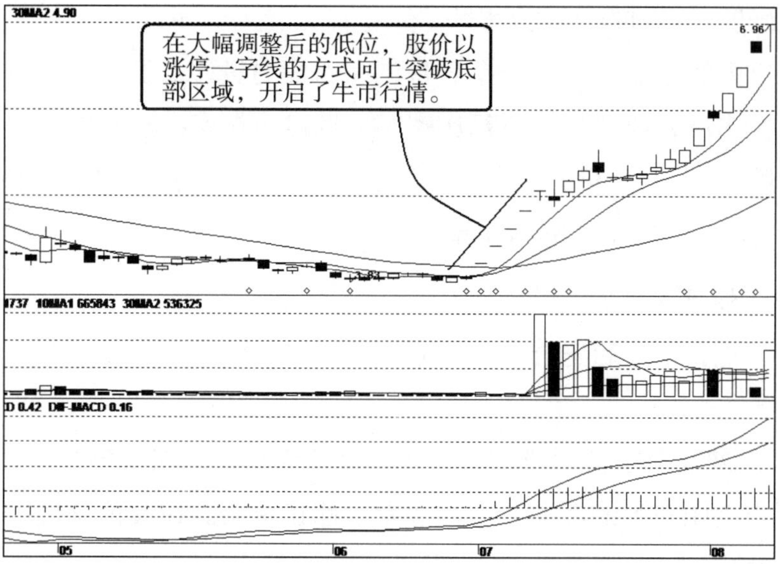

图 11-1

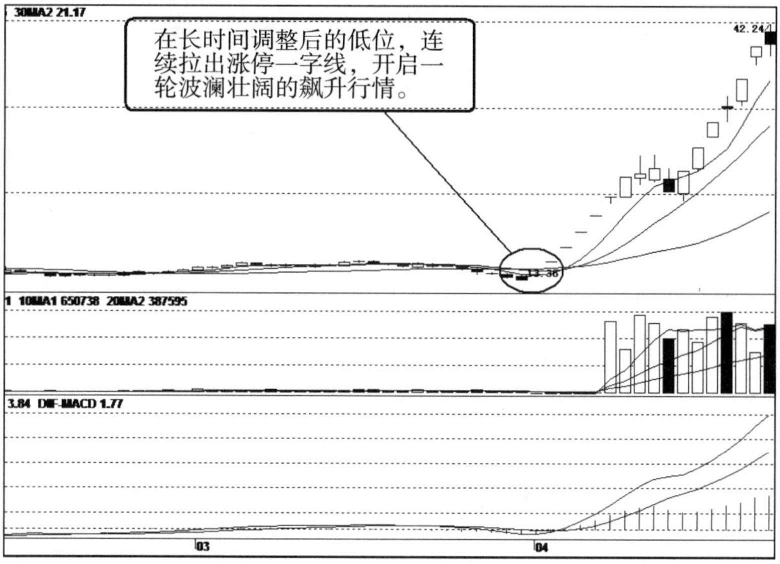

图 11-2

该股经过长时间的下跌调整，在低位反复震荡整理。从整体走势上看，在整理过程中成交量呈缩小状态。虽然这个过程中看不出过多的场外资金流入，但成交量缩小说明在股价震荡过程中并没有过多的抛盘出现。否则在股价长期震荡停滞不前的情况下，那些持股信心不坚定的投资者长时间无利可图，必然会抛售筹码，这样就会促使成交量放大。

出现一字阳线之前，股价曾经一度快速下跌，并呈缩量下跌态势，属于无量空跌走势。之后股价被快速拉起，重新回到低位区域。随后经过一段时间的蓄势整理，接连出现一字阳线，股价飙升。

出现一字阳线无非三种可能：一是庄家诱多出货；二是庄家测试场内持股者的心态，以及市场跟风情况；三是庄家高度控盘。在实盘操作中，遇见类似个股时要大胆地假设，根据盘面上的迹象综合分析，看看自己的假设是否有充分的理由，然后得出股价出现一字阳线的内在原因。

2. 操作技术要点

遇到底部充分整理后出现的一字阳线，投资者可以根据以下四个方面的市场因素分析判断。

（1）在底部区域，股价上下波动的幅度不会很大，涨跌幅度在 3% 左右。偶尔也会出现幅度比较大的波动，但很快就会修正过来。在股价整理时，成交量会呈现萎缩或者时大时小的状态，有时甚至极度萎缩。

（2）在盘面上委买委卖处经常会出现大单，但这些大单很少成交，只是用来压制股价上涨或者封住股价下跌的空间。比如，股价下跌到一定程度就会在委买处挂出大买单，随后股价回升。回升到一定程度后，又在委卖处挂出大卖单，这样股价就被控制在一定范围内运行。这种现象在整理过程中经常出现。

（3）在低位区域，有些个股会出现一段砸盘走势。在快速下跌过程中，股价是被大量的对倒盘打压下去的，在分时图上股价呈直线式下跌。在股价刚开始下跌以及下跌途中，委卖处有大卖单挂在上面；股价下跌到一定幅度后，这些大卖单就不见了，反而会在委买处挂出大买单。

（4）有时低位突然出现放量下跌走势，但股价整体跌幅不大，成交量多为庄家对倒所致。在分时图上，股价下跌一两个价位时，成交量明显放大。比如，在下跌一个价位时，盘面上出现成千上万手的成交单。这些成交单都是庄家自卖自买成交的，从而造成量增价不跌的现象。

当股价出现上述盘面特征时，可以断定一字阳线之后股价必将快速拉升，因为此时出现的一字阳线是庄家高度控盘的结果。

二、上涨途中的一字阳线

1. 实盘技巧分析

出现在上涨中段的一字阳线表明市场筹码锁定性很好，盘面气势高涨，随后可能步入主升段行情，或者出现加速上涨走势，甚至暴涨。

图 11-3 是华贸物流（603128）的日 K 线图。该股有实力强大的庄家入驻后，在一年多的震荡筑底过程中，庄家吸纳了大量的低价筹码，一旦时机成熟，股价将很快步入上涨行情。不久，连续出现两个一字阳线向上突破。之后经过几个交易日的洗盘换手，再次拉出涨停大阳线。次日又以涨停价位开盘，直到收盘全天封于涨停价位，从而再次形成涨停一字线。这种走势意味前几个交易日的洗盘换手非常成功，随后股价加速上涨，短期涨幅巨大。

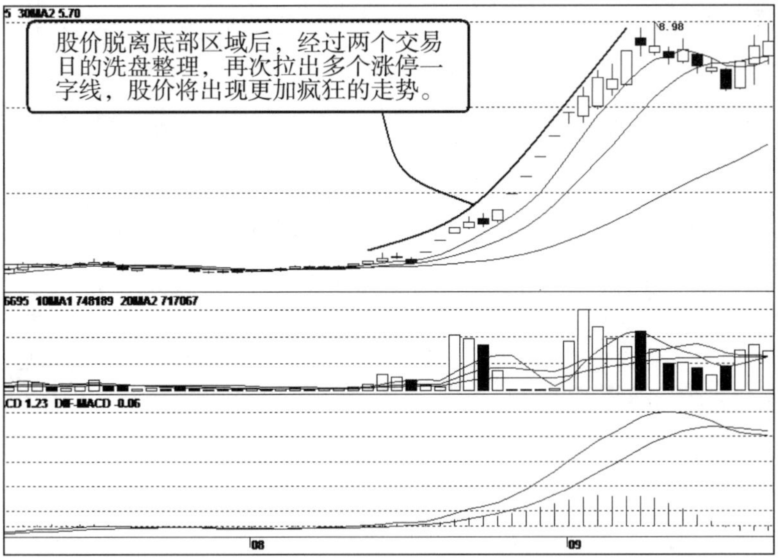

图 11-3

该股底部基础构筑扎实，前面两个一字阳线标志着市场底部构筑成功，这是股价启动的征兆。投资者只要观察盘面细节，就不难发现庄家的操作意图：股价连拉两个一字阳线后，在相对高位打开涨停板“放水”，给低位获利者和前期套牢者一个出局的机会，但股价并没有明显回调，这就让人摸不着头脑，难道庄家是白白送钱给投资者吗？显然不是。庄家只是进行一次洗盘换手，让那些浮动筹码离场，以实现日后顺利拉升。

试想一下，如果庄家无意做多，就不可能“解放”前面那么多的套牢盘，也不会给低位介入者获利出局的机会。庄家如此慷慨大方，后市定有好戏。收出缩量涨停大阳线后，次日再次出现一字阳线，成交量更是极度的萎缩，这可以看出庄家经过洗盘整理，已经实现高度控盘，只需很少的量就能把股价封在涨停价位。此时只要庄家不抛售筹码，涨停板是不可能被打开的，因为大部分筹码都已经被庄家锁定，所以成交量极度萎缩。

此后股价出现一轮快速上涨行情，短期涨幅巨大。投资者在实盘操作中遇到这种走势，可以在收盘前几分钟大胆跟进，或者在将要封涨停板时追进。

图 11–4 是济川药业（600566）的日 K 线图。该股股价见底后缓慢盘升，均线系统呈多头排列，K 线小阴小阳，量能张弛有序，盘面走势稳健，庄家坐庄手法老练。股价在涨停价位开盘后，全天封盘不动，从而形成一字阳线，股价创出上涨新高。此后继续拉出 4 个一字阳线，股价加速上涨。

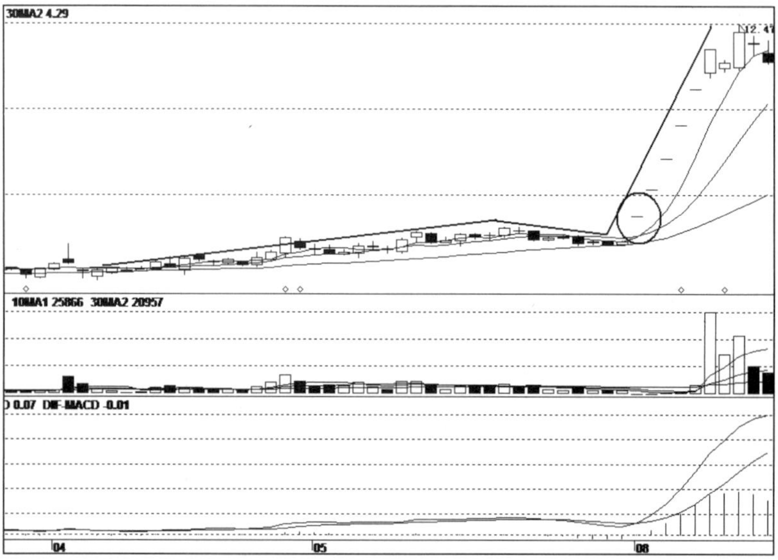

图 11–4

该股在出现一字阳线之前，股价慢牛爬升时间较长，但累计上涨幅度不大。这种坐庄方式，庄家很难在爬升过程中取得收益，只有依靠后面的加速上涨获得利润。投资者只要认真分析盘面细节，很容易抓住这波加速拉升的机会。

出现一字阳线之前，股价呈慢牛上涨态势，可以看出该股庄家控盘程度很高。成交量在爬升过程中温和放大，股价依托 30 日均线的支撑不断攀升，表明盘面在庄家的掌控之中。另外，股价处于初升阶段，盘中积累的获利盘不会很多。

在加速上涨之前，股价处于震荡爬升状态，盘中涨跌交替，股价涨跌波动幅度不大。在震荡过程中，股价一直围绕均线系统震荡。也就是说，这些均线有时起压制作用，有时起支撑作用。但股价重心不断上移，说明庄家正在有条不紊地推动股价上行，否则仅仅依靠散户的力量不可能把股价长期控制在这些均线附近震荡。在盘升期间，成交量没有异常表现。若持股者的信心不坚定，在长时间的震荡过程中无利可图，肯定会另觅他股，这样成交量就会出现异常情况。

出现一字阳线的当日，成交量极度萎缩，表明庄家没有撤离，否则股价不可能封盘不动，这就说明庄家已经高度控盘，否则仅凭散户的力量无法将股价封至涨停。由此可见，该股出现一字阳线是庄家充分蓄势且高度控盘的结果。在这种情况下，后市股价必将加速上涨。

2. 操作技术要点

在实盘操作中，投资者遇到上涨途中的一字阳线，应掌握以下五个技术要点。

（1）在加速上涨之前，股价涨幅越小，后市股价上涨空间越大。

（2）股价在底部区域整理的时间越长，后市股价上涨的动力越强。

（3）在低位区域震荡时，成交量极度萎缩，而在上涨时成交放量，一旦出现一字阳线，后市股价往往会加速上涨。投资者可以在一字阳线当日开盘后立即挂买单等候，如果当日没有成交，第二天可以继续挂单，如果还没有成交，第三天就不要挂单了。

（4）在低位震荡整理过程中，如果成交量放大，在一字阳线出现之前的上涨过程中，成交量也明显放大，此时应关注次日的走势情况。若次日盘中出现大量抛盘，投资者最好不要入场，后市股价往往会有一个回落的过程。

（5）出现一字阳线的当日，如果成交量放大，甚至出现巨量，那么即使当日股价涨停，如在买一位置有大手笔买单封盘，投资者也要引起注意，这表明盘中抛压较重，可能需要回调后再拉升股价。这时应观察次日股价的走势情况，再决定是否入场操作。

三、下跌途中的一字阳线

1. 实盘技巧分析

一字阳线如果出现在下跌走势的中段，表明市场出现超跌反弹，或多头进行防守反击。但反弹结束后，股价可能再次下跌，因此后市不宜过度乐观。

图 11–5 是凯盛科技（600552）的日 K 线图。该股股价见顶后逐波下跌，累计跌幅较大。2018 年 1 月 19 日，突然出现一字阳线，这种走势通常反映市场下跌已经结束，后市将迎来涨升行情，因此可以买入。可是，虽然第二天股价高开高走，收出一根放量大阳线，但从第三天开始股价走弱，随后盘面渐行渐弱，再次陷入调整行情，这种情况表明该一字阳线为多头陷阱。

如图 11–5 所示，庄家利用一字阳线制造多头技术陷阱，以达到顺利出货的目的。其实，从走势图分析也能发现一些技术疑点。

（1）在一字阳线出现之前，股价没有充分的筑底过程，底部根基不扎实，一字阳线属于超跌反弹性质。也就是说一字阳线来得太突然，不符合市场常规走势，疑似庄家故意为之。

（2）均线系统呈下降趋势，30日均线不断压制股价，对股价上涨造成重大压力，股价未能有效站稳于均线之上。

（3）盘中抛压明显。庄家运用一字阳线达到“四两拨千斤”的效果，然后逢高大肆出货，随后出现的这根放量大阴线就可以说明这一点。

（4）股价上涨遇到前期整理小平台的压力，未能形成有效突破，因此股价不可能持续升势行情。

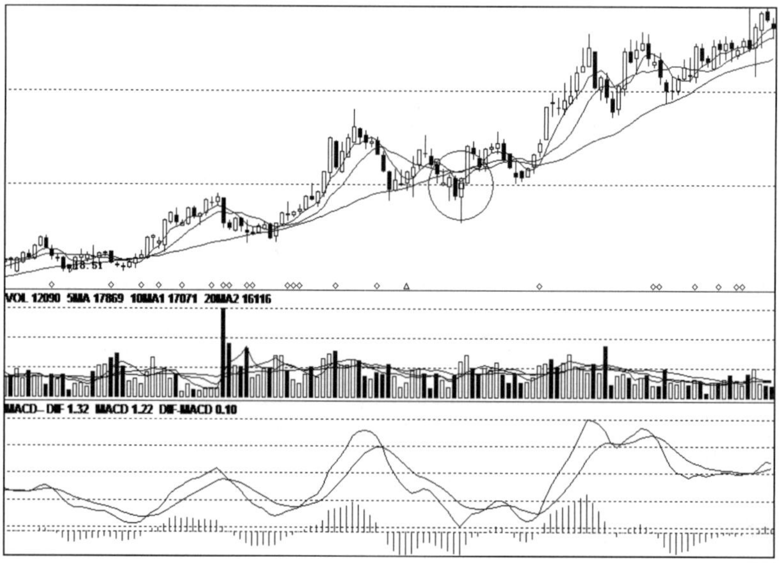

图 11–5

图 11–6 是祁连山（600720）的日 K 线图。该股股价大幅上涨后见顶回落，盘面出现逐波下跌走势。在下跌过程中收出两根一字阳线，股价反弹且形成了一个头肩底形态。股价上涨到前期成交密集区域时，遇到强大抛压而回落，随后股价再次下跌。

在出现一字阳线之前，股价从高位逐波下跌且下跌幅度较大，股价存在反弹的要求。从盘面走势情况看，这里出现的一字阳线只不过是纯技术性的反弹，或者说庄家是以这种手段吸引投资者入场接盘。

很多投资者并不理解，在反弹过程中，成交量一度萎缩，如果前面庄家已经在出货，那么此时成交量怎么会缩小且连续拉出一字阳线呢？道理很简单，股价运行到高位时，庄家已经卖出大部分筹码。股价大幅回落之后，很多散户也已经止损出局，坚持下来的投资者的持股信心大都很坚定，或者是迫于无奈，等待股价再次上涨时解套出局。在这种情况下，庄家只需在开盘时把股价拉至涨停价位，并且在涨停后用大手笔的买单把股价封死在涨停价位，此时盘中肯定很少有抛盘，因为场内持股者在股价没有大幅反弹时无法解套，而且由于庄家自己在买一处挂上大手笔的买单封死股价，场外的投资者很难入场抢反弹，因此成交量萎缩。在股价反弹过程中，庄家反复采用这种手法做盘，因而连续出现涨停一字线。

当庄家把股价拉到一定程度之后，就会打开涨停板，诱使投资者买入。此时庄家就会逐步卖出，因而成交量明显放大。这就是庄家通过一字阳线使成交量一度缩小，之后打开涨停来出货的真正原因。

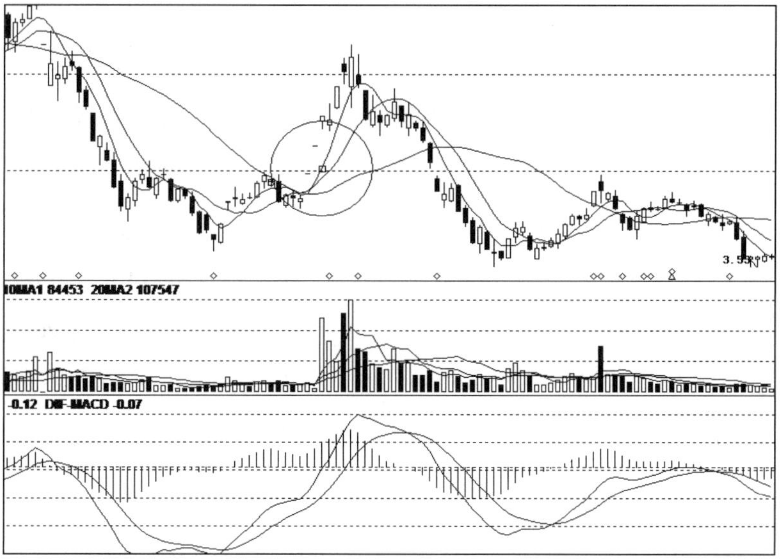

图 11–6

2. 技术操作要点

在下跌过程中出现反弹一字阳线时，投资者应保持清醒的头脑，不要被股价的快速拉升诱惑。在实盘操作中，应掌握以下五个技术要点。

（1）如果股价前期跌幅较大，此时出现的一字阳线为反弹性质，应谨慎操作。

（2）股价处于下跌趋势，没有出现明显的企稳迹象，此时出现的一字阳线为超跌后的技术性修复走势，后市走势不容乐观。

（3）在股价下跌过程中，委买位置有不少大单，但股价下跌到某一位置时，大单却消失了，之后股价连续下跌。当股价下跌一定幅度后，又出现了同样的现象。这种现象在整个下跌过程中反复出现，说明庄家在一路出货。随后出现的一字阳线是庄家为出货拉升股价形成的，目的是吸引投资者跟风介入。

（4）在一字阳线出现的当日，成交量不断放大，买一位置的大买单不断成交，这也反映出庄家在拉高出货。一旦后市股价走弱，投资者应立即卖出，随后往往会引发快速下跌行情。

（5）在一字阳线之后，如果成交量极度萎缩，投资者可以持股观望，关注后市盘面变化。一旦上涨乏力，应果断卖出。特别是当股价运行到前期高点附近，或者上涨到前一次反弹高点附近时，若上涨乏力，股价一旦掉头向下，应果断卖出。当股价跌破 5 日均线，应减仓操作。一旦放量跌破 10 日均线支撑，应无条件卖出。

四、高价区域的一字阳线

1. 实盘技巧分析

一字阳线如果出现在上涨行情的末期，表明庄家在刻意拉高并伺机出货。一旦封盘出现动摇，可能引来巨量抛盘，这时投资者应尽快获利了结。

图 11–7 是长信科技（300088）的日 K 线图。该股股价见底后经大幅炒作，从每股 5 元多上涨到每股 26 元多，累计涨幅巨大，庄家持有大量的获利筹码。为了能够在高位兑现获利筹码，庄家会想方设法制造各种技术形态，引诱投资者入场。为此在高位连续拉出三根一字阳线和一根 T 字阳线，庄家却暗中不断抛售筹码。股价见顶后渐渐回落，庄家此时仍一路出货。

该股的一字阳线出现在股价长期上涨之后的加速拉升阶段，这是庄家的诱多出货行为。经过几个交易日的快速拉升，股价陷入长时间的盘跌。如图 11–7 所示，在前期上涨过程中，股价呈现坚挺的上升趋势，成交保持活跃状态，似乎很少有抛盘。随后在高位收出一字阳线，并且在收出一字阳线的当日，成交量极度萎缩。结合前期走势情况来看，盘中抛售的筹码并不多，否则成交量必将放大。这很容易让投资者意识到这是庄家高度控盘的结果，可见庄家的欺骗手法非常高明。

那么庄家是不是在故意诱多出货呢？庄家先通过缩量连续三天拉出一字阳线吸引投资者，让投资者感觉这是庄家高度控盘所致。当庄家把投资者的看多意见调动起来之后，就在后期走势中不断地抛售筹码给投资者。在第四天出现 T 字阳线时，当日股价虽然仍封于涨停价位，但成交放巨量，换手率达到 16.69%。随后股价持续下跌，并且成交量比前期股价上涨时放大了许多。从这些现象可以看出，该位置出现了大量抛盘，充分说明庄家在高位对倒出货。

图 11-7

图 11-8 是神州信息（000555）的日 K 线图。该股股价大幅炒作后涨幅明显，庄家获利丰厚。为了达到出货的目的，庄家继续在高位拉出三根一字阳线，以此吸引投资者入场接单，庄家则不断在高位派发筹码，随后股价长时间盘整。

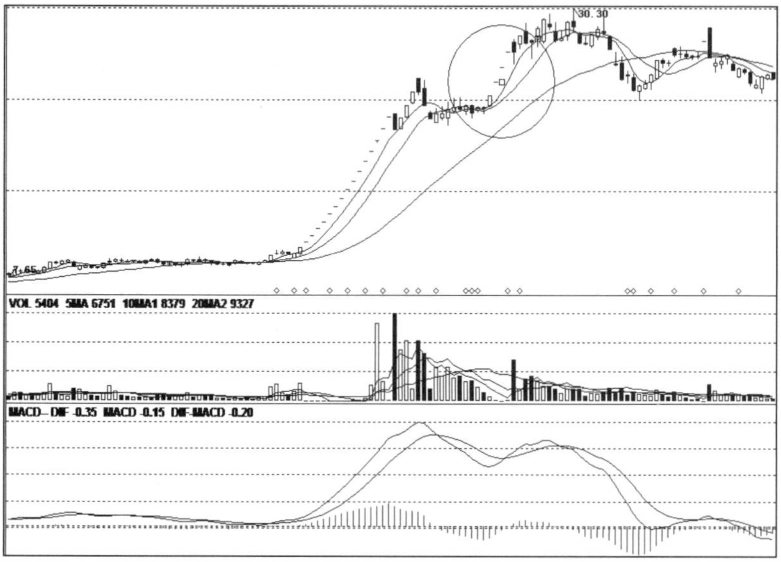

图 11-8

该股在大幅上涨后的高位出现一字阳线，明显是庄家的诱多行为所致。从盘面观察，在出现一字阳线之前，股价加速拉升，也就是说后市股价上涨空间有限。在一字阳线出现之后的几个交易日，成交量比较大，表明庄家在对倒中大量出货。当庄家筹码所剩无几时，股价连续缩量跌停。

2. 操作技术要点

投资者遇到这类走势的个股，不要被缩量拉升以及一字阳线误导，具体操作中应掌握以下四个技术要点。

（1）在出现一字阳线的当日，如果成交量萎缩，应密切关注股价后期的走势情况，以及成交量的变化情况。在接下来的走势中，如果股价继续强势上涨，但上涨动力逐步减弱，而且成交量持续放大，那么可以确定为庄家诱多出货，在股价冲高受阻时，投资者应果断卖出。

（2）在出现一字阳线的当日，如果成交放出巨量，挂在买一位置的大量买单成交，就说明盘中有大量的主动性卖盘。当买一位置的挂单成交得差不多时，又有大手笔的买单挂出，如此反复，可以制造买盘积极的假象，由此完全可以确定这是庄家在诱多出货。看到这种情况，投资者当日就应果断出局，后市股价必将下跌。

（3）股价一旦跌破 10 日均线，应果断卖出。特别是放量跌破 10 日均线时，应立即清仓出局，后市股价必将快速下跌。

（4）在高位出现一字阳线时不要追高，这往往是庄家的诱多行为，这类个股最容易让那些贪婪的投资者上当。不少被套的投资者就是因为没有把握好心态，看见股价不断拉升就迫不及待地杀进去，结果被套牢在高位。

五、连续涨停的一字阳线

无论股价处于低价位还是高价位，如果连续出现若干一字阳线，投资者要高度警惕，后市股价可能下跌调整，甚至大幅下跌。

图 11-9 是三六零（601360）的日 K 线图。在长时间的下跌回调过程中，庄家吸纳了大量的低价筹码。2017 年 11 月 7 日，该股启动一波井喷式上涨行情，股价连续出现 19 个一字阳线，短期涨幅惊人，这时庄家兑现获利筹码是当务之急。为了吸引散户入场接盘，庄家继续拉高股价，且不停地暗中出货。12 月 1 日，当股价打开涨停板后，获利回吐盘迅速增加。庄家顶住一切压力，使股价维持在高

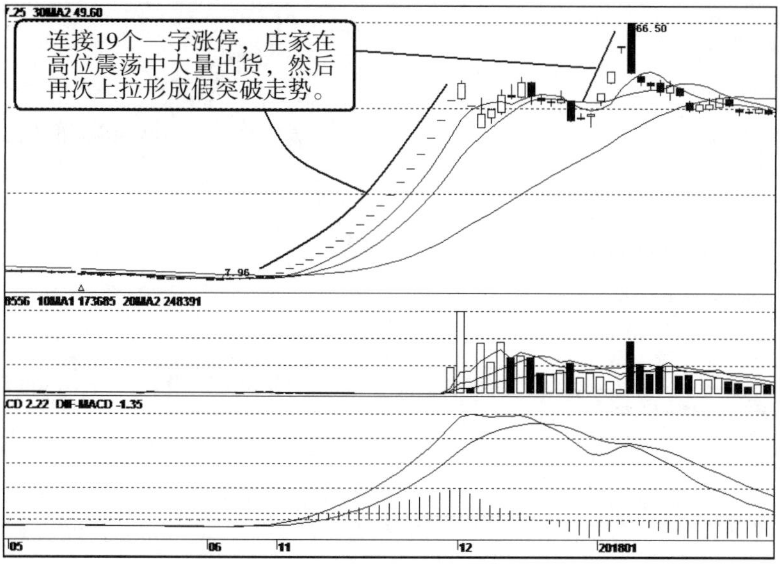

图 11-9

位震荡。为了吸引投资者积极参与，随后又从 2018 年 1 月 2 日开始连续在高位拉出 3 个涨停。有的投资者看见股价不停地上涨，受暴富思想的影响，忘了市场存在的风险，贸然追了进去，结果被套在市场的高位。

该股拉出一连串的一字阳线后，市场风险不断加大。一旦风险爆发，就会引发大幅下跌走势。从盘面观察，这是一只强庄股，庄家凭借雄厚的资金实力和蛮悍的坐庄风格，完全不讲操作章法，散户很难把握股价的上涨高点，最好的办法就是持币者回避这类个股，持股者密切关注盘面变化，一旦打开涨停板，迅速把筹码还给市场。

一般而言，在上涨初期拉出第一个一字阳线后，股价开始连续强势拉升，表明庄家做多意愿强烈，预示一轮上涨行情就此展开。根据多年的实盘经验，对连续出现的一字阳线走势，可以掌握一个量度问题，通常以连续 3 个以上一字阳线为风险防范区，散户应谨慎操作；连续 5 个以上一字阳线为高风险警戒区，散户应敬而远之；对于连续 3 个以下的一字阳线，可以用常规方法分析研判。

图 11-10 是外高桥（600648）的日 K 线图。在该股股价的长时间下跌调整过程中，庄家吸纳了大量的低价筹码。股价成功脱离底部后，经过一段时间的洗盘整理，出现一波井喷式上涨行情，连续收出 12 个一字阳线，短期涨幅惊人，这时庄家兑现获利筹码是当务之急。

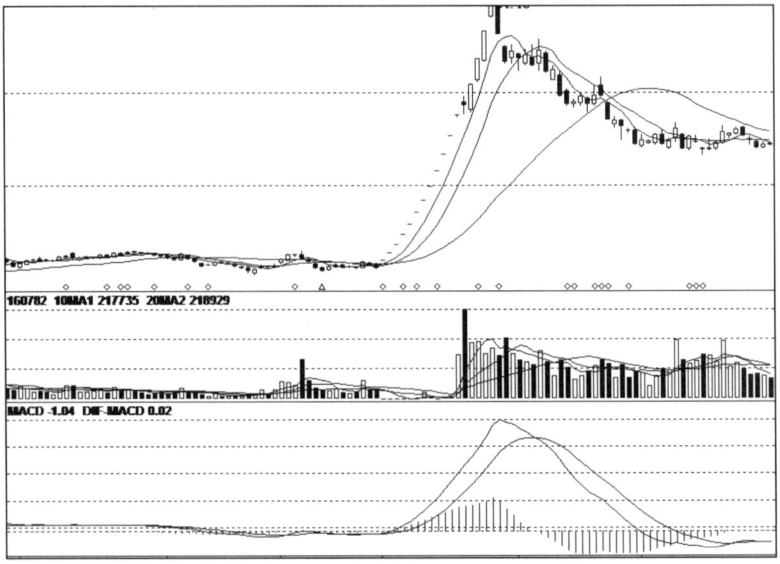

图 11–10

为了吸引散户入场接盘，庄家继续拉高股价，不停地暗中出货。股价打开涨停板后，获利回吐盘迅速加大，但庄家顶住一切压力，使股价维持在高位震荡。为了吸引投资者积极参与，随后又连续拉出 4 根大阳线。这时有的投资者看见股价不停地上涨，受暴富思想的影响，忘了市场存在的风险，贸然追了进去，结果被套在市场的高位。

该股拉出一连串的一字阳线后，市场风险不断加大。一旦风险爆发，就会引发大幅下跌。从盘面观察，这是一只强庄股，庄家凭借雄厚的资金实力和蛮悍的坐庄风格，完全不讲操作章法。散户也很难把握股价的上涨高点，最好的办法就是持币者回避这类个股，持股者密切关注盘面变化，一旦打开涨停板，应迅速把筹码还给市场。

六、突破阻力的一字阳线

股价在长期运行过程中可能形成某些重要的阻力位。当股价以一字阳线的形式向上跨越或脱离这些重要位置时，说明市场出现向上突破走势，后市股价可能出现升势行情，此时投资者可以积极做多。能够成为阻力位的技术位置很多，比如均线、趋势线（通道）、技术整理形态、成交密集区域以及黄金分割线、整数点位和时间之窗。

下面就其中一些常见的一字阳线突破信号进行分析，其他的突破信号投资者在实盘中自行总结分析。

1. 突破盘区

如果股价以一字阳线的形式成功向上突破盘整区域，并且得到成交量的积极配合，后市股价将持续上涨，此时可以积极做多。但在高位突破盘整区域时，要防止庄家拉高出货。

图 11-11 是四川双马（000935）的日 K 线图，这是一个中部盘整区域突破的例子。在底部震荡过程中，股价形成一个盘整区域，突破这个盘整区域具有重要的技术意义。如果向下突破，意味着这是中短期顶部区域，对后市股价上涨构成重大压力；如果向上突破，意味着这是中短期底部区域，对后市股价下跌起着重要的支撑作用。

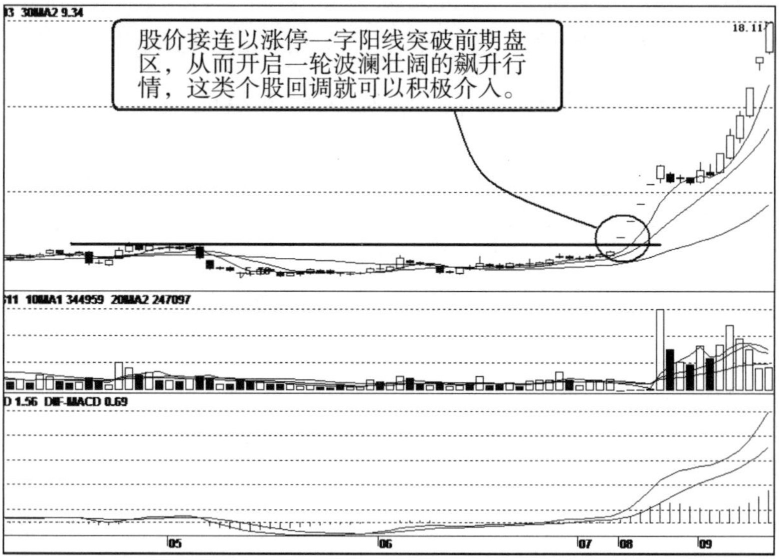

图 11-11

2017 年 8 月 22 日，股价在涨停价位开盘，封单不动直到收盘。这样，一根一字阳线突破了盘整区域，从而开启了一轮波澜壮阔的飙升行情，短时间内累计涨幅达到 500%，该股成为年度大牛股之一。

庄家在底部震荡过程中吸纳了大量的低价筹码，从而形成一个震荡盘整区域。经过一段时间的盘整，筹码得到较好的换手，于是以一根一字阳线向上突破。这根一字阳线的突破意义非常大，为后市股价上涨奠定了坚实的基础。投资者遇到这种盘面现象时，可以积极跟进做多。

2. 突破高点

一字阳线成功突破前期阶段性高点，意味着后市股价上涨空间被打开，具有强烈的看涨意义。但是，在大幅上涨后的末期或下跌反弹过程中，要小心假突破。

图 11-12 是荣盛发展（002146）的日 K 线图。长时间的大幅下跌后，该股股价企稳反弹。当股价反弹到前期高点附近时，后续能量不足，无法顺利突破这个阻力区域，因而股价滑落，从而形成一个双重顶形态，这个形态对股价上涨构成一定的压力。之后股价回落并蓄势整理，重新集聚做多能量。2017 年 4 月 5 日，该股以一字阳线的方式向上突破了双重顶形态的高点，随后股价出现了短期快速上涨行情。

该股出现阶段性高点后，对后市股价上涨构成较大的压力，庄家巧妙地利用这个位置建仓或洗盘整理。在出现一字阳线之前，股价经历了充分的蓄势调整，这时庄家再次吸纳低价筹码。其间成交量明显萎缩，既反映出上涨力度不足，又说明浮动筹码减少。在时机成熟后，庄家一鼓作气成功突破前面两个高点，成交量持续放大，股价继续强势涨停，符合股价突破的盘面基本特征，因此投资者可以积极做多。

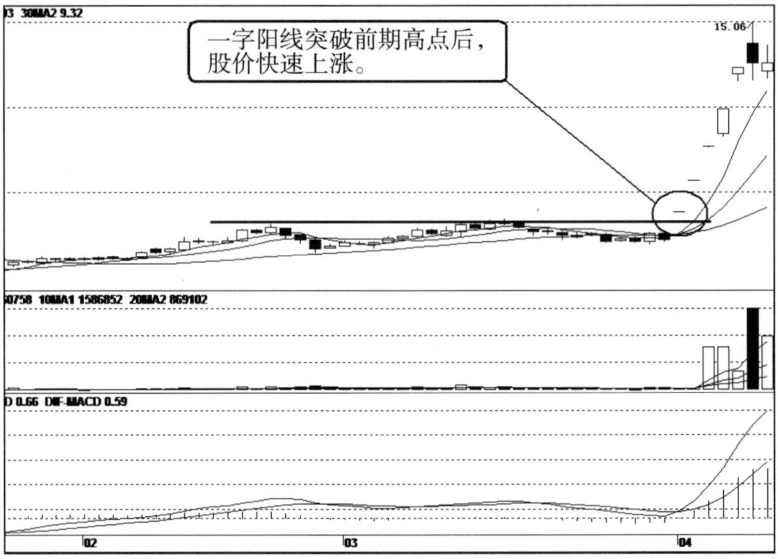

图 11-12

3. 突破均线

一字阳线由下向上突破移动平均线，预示股价下跌或调整结束，后市股价将上涨，因此是一个看涨信号。

突破均线通常有三种盘面走势：一是在下跌趋势的后期，一字阳线向上突破下行的均线；二是在上升趋势中，股价洗盘调整结束后，一字阳线向上突破上行的均线；三是在横盘整理过程中，一字阳线向上突破水平移动的均线。根据移动平均线周期长短，突破均线包括突破短期均线、中期均线和长期均线三种类型。在此仅以一字阳线向上突破 30 日均线为例进行分析，投资者可自行研判总结其他类型的突破走势。

图 11–13 是先河环保（300137）的日 K 线图。这个例子出现在盘整走势的后期，一字阳线向上突破了水平移动的均线。该股股价见顶后逐波下跌，均线系统呈空头排列。经过长时间的调整，做空能量得到较好的释放，盘面出现企稳回升迹象，多空双方的博弈趋于缓和。2017 年 4 月 5 日，庄家一举打破盘局，将股价直接高开于均线系统之上，全天股价封于涨停价位，从而形成一字阳线突破均线压制的走势，预示下跌行情将告一段落。股价以一字阳线突破均线压力后，表明上涨空间已成功打开，此后出现连续一字阳线拉升行情。

该股在一字阳线突破之前，股价调整比较充分，下跌幅度较大，股价基本处于历史底部区域。此时股价有企稳回升迹象，这时的一字阳线也起到巩固和加速上涨的作用。同时，在调整过程中，成交量大幅萎缩，说明做空动能减弱，此时一旦多头发动突破，容易启动暴涨行情。

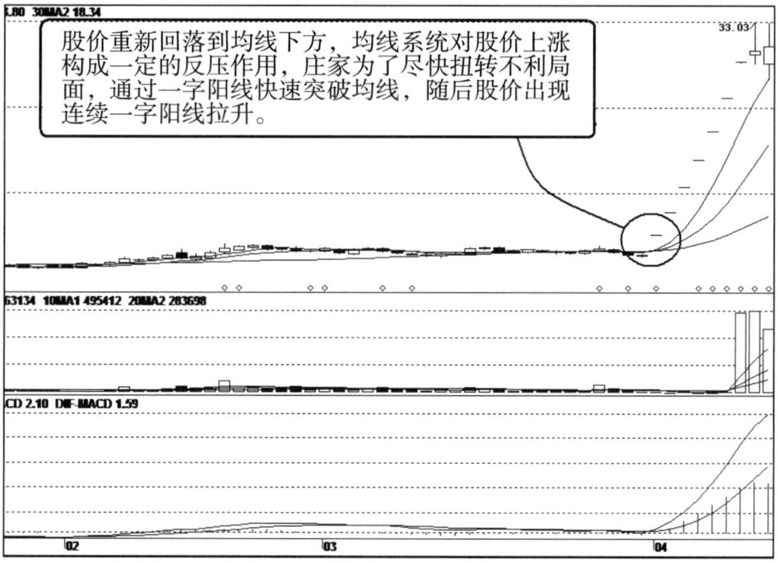

图 11–13

4. 操作技术要点

一字阳线是一种强烈的持续或转势信号，后市股价继续上涨的可能性很大。这种 K 线形态大多出现在市场的初涨期，有时也出现在调整或反弹阶段，甚至出现在高价区。当然，一字阳线后也存在一些变数。投资者除参考上述相关技术要点外，应特别注意以下八个方面的操作要点。

（1）分析股价涨停的内在原因。如果是由某种消息引起的市场震荡，应当认真分析消息的实质性作用大小、来源、真假和透明程度。若是一般消息，市场将很快归于平静，股价重新回归原来的市道；若是实质性重大题材，市场可能改变原来的发展趋势，股价可能一去不复返。如果股价下跌是因为庄家资金断链，后市将步入极端走势，散户千万不要碰它。

（2）从庄家坐庄流程中洞悉庄家行为，掌握当前行情的市场性质，继而判断当前市场处于哪个阶段，是建仓吸货阶段、试盘调整阶段还是拉高出货阶段，然后采取相应的投资策略。

（3）在跌势后期出现一字阳线之前，应有一个充分的整理过程，盘中抛盘减少，成交量极度萎缩，筹码基本锁定，股价维持在一个很小的范围内波动。一旦股价脱离盘区，往往产生市场大黑马。在初升期出现一字阳线时，散户应采取积极做多的策略。若当日无法买入，次日可以继续追进，股价继续上涨的可能性非常大。当股价连续出现多个一字阳线后，盘内打开涨停板时，尽量不要追涨，此时风险比率大于收益比率。

（4）在涨势后期出现一字阳线时，如果先前几个交易日有放量滞涨的情况，则说明庄家在高位已经成功套现大量的获利筹码，这时出现一字阳线，后市可能转涨为跌。如果先前几个交易日成交量缩小，则说明庄家仍在其中，后市应当还有重见天日的机会。

（5）在加速拉升阶段出现一字阳线时，如果盘中有大手笔的成交单，表明庄家在高位暗中出货。如果是缩量涨停，预示股价还将有一段升幅，持股者可以等到放量时出货，持币者冷静观望为宜。

（6）股价在底部经过充分盘整，如果出现向上突破的一字阳线，其可靠性比较强；如果股价处于中段，需要结合其他因素综合分析，如用技术指标、趋势、形态及波浪等相互验证，达到一致时其可靠性强。比如在均线或趋势线之下出现一字阳线，很可能成为失败形态，多数只是反弹行情，股价会再现跌势。相反，在均线或趋势线之上出现一字阳线，多数是加速上涨信号。

（7）观察盘面细节。一字阳线的重要特点不在于全天价格相同，而在于全天成交量的大小以及挂单、撤单的变化。如果当日成交量悄悄放大，说明市场暗流涌动，庄家在搞鬼，一字阳线的性质即将发生变化；如果盘中挂单很大，成交量却很小，庄家的真实意图需观察数日内的股价变化才能识破。挂单大小反映庄家的实力和意图，撤单再挂是庄家诱骗散户的常用手法。可以观察成交明细表的变化，如有大手笔交易，续涨的可能性值得怀疑。

（8）在底部出现缩量一字阳线时，后市可能还会出现多个一字阳线形态。遇到涨势中的一字阳线，持股者应坚定持股不动，稳健的做法是在打开涨停板时抛出。在顶部出现缩量一字阳线可能是庄家的诱多动作，投资者应高度警惕。

第十二章 / T 字阳线

T 字阳线也是 K 线的一种特殊形态，除最低价外，开盘价、收盘价、最高价三个价位完全相等或十分接近，通常出现在市场的转折点，也可以出现在持续行情中，是强烈的反转或持续信号。股价开盘后，在空方的打压下，股价滑落，跌幅较大，但随后买盘介入，股价止跌回升，重新拉起且不断走高，最后以最高价（也即开盘价）收盘，从而形成先抑后扬的走势。

T 字阳线出现在底部时，是典型的探底回升走势，意味着股价转势；T 字阳线出现在头部时，意味着上升遇阻，空方开始反扑。这种形态也经常出现在暴涨过程的连续涨停走势中，涨停板打开意味着多空双方力量发生了微妙的变化，股价运行趋势随时可能反转。这种图形出现在不同的位置时，具有不同的市场含义。

一、低价区域的 T 字阳线

1. 实盘技巧分析

T 字阳线出现在股价已经有一段下跌行情的低位时，表明下档有较强的买盘介入，股价离底部已经不远，很可能止跌回升或反转，因此是一个见底信号。此时投资者应密切关注其后的走势，若盘中买盘积极，放量上涨，则升势基本确立，可以积极介入做多。

图 12–1 是华东数控（002248）的日 K 线图。该股股价反弹结束后再次下跌，累计跌幅较大。从 2017 年 12 月 8 日开始，连续两个交易日股价在涨停价位开盘，经过快速的洗盘打压，股价重新封住涨停价位，从而形成两根 T 字阳线，此后股价进入上升通道。

该股在前期下跌过程中成交量极度萎缩，做空力量明显减弱，股价下跌趋势放缓，说明股价离底部已经不远。在出现 T 字阳线的当日，股价打开涨停板时也没有出现很大的成交量。可以想象一下，如果在打压过程中出现大量的恐慌性抛盘，那么当日成交量必将放大。因此从成交量方面分析，盘中抛压并不大。

此前股价经过长期下跌调整，大部分持股信心不坚定的投资者早已抛出手中的筹码，留下来的大多是意志比较坚定或等待反弹后解套的投资者。特别是在 T 字阳线出现的次日，股价继续强势上行，成功突破 30 日均线，成交量同步放大，表明市场受到越来越多的投资者关注，此后股价渐渐走强，上涨行情得以确立。

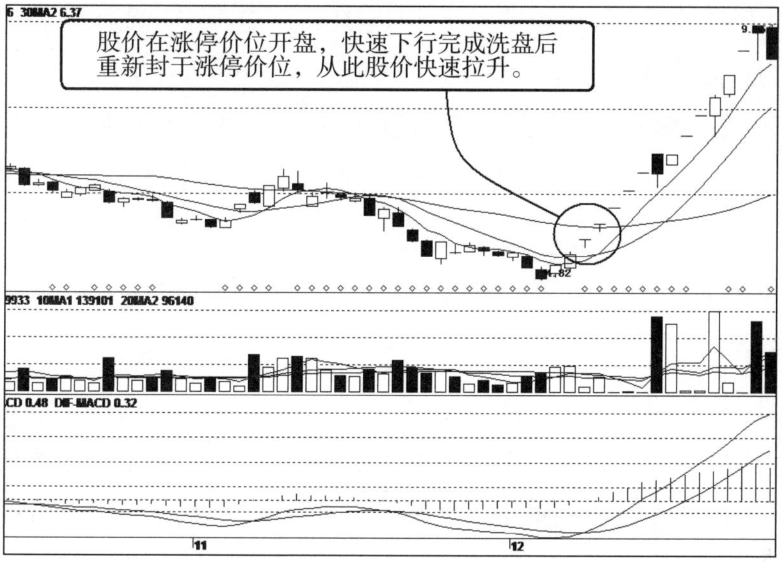

图 12–1

图 12–2 是金力泰（300225）的日 K 线图。该股股价反弹结束后再次下跌，股价回落到前期低点附近时，得到强大的技术支撑而企稳。突然，股价从涨停价位开盘，经过快速的洗盘打压，重新封住涨停价位，从而形成一根 T 字阳线，此后股价进入上升通道。

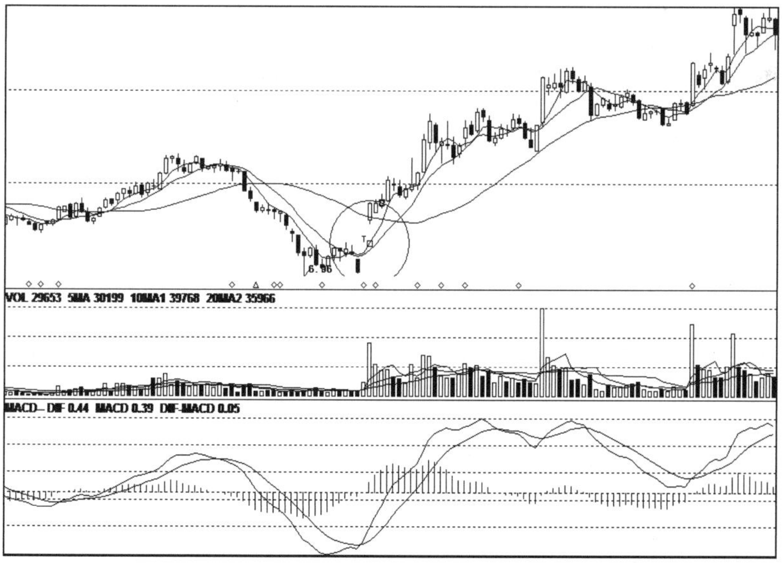

图 12–2

该股在前期下跌过程中成交量极度萎缩，做空力量明显减弱，股价下跌趋势放缓，说明股价离底部已经不远。出现 T 字阳线的当日，股价打开涨停板时，也没有出现很大的成交量。可以想象一下，如果在打压过程中出现大量的恐慌性抛盘，那么当日成交量必将放大。从成交量方面分析，盘中抛压并不大。

此前股价经过长期下跌调整，大部分持股信心不坚定的投资者早已抛出手中的筹码，留下来的大多是意志比较坚定或等待反弹后解套的投资者。在T字阳线出现的次日，股价继续强势上行，收出一根大阳线。同时股价突破了30日均线，成交量同步放大，表明市场受到越来越多的投资者关注。此后股价渐渐走强，上涨行情得以确立。

2. 操作技术要点

实盘操作中，遇到低位T字阳线时，投资者应掌握以下五个技术要点。

（1）股价必须经过长期的下跌调整。下跌幅度越大，低位调整时间越长，止跌企稳的可能性越大。

（2）出现T字阳线之前，成交极度低迷。成交量越小，说明抛盘越轻，股价见底的可能性越大。

（3）出现T字阳线的当日，如果成交放量，投资者应观察这部分成交量是不是在股价回升时放出的。若是回升时放出的，说明买盘大举介入，此时可以坚定做多；如果是股价下跌时放出的，说明盘中抛压较大，投资者应注意，一旦股价走弱，应离场观望。

（4）开盘后，股价先是遭到空方的打压，然后买盘介入，快速将股价拉回涨停价位收盘，此时下影线越长，见底信号越强烈，投资者可积极介入，次日大多会继续上涨。

（5）出现T字阳线的次日，股价继续走强。如果盘中出现下探，那么下探之后必须被大幅拉起，且收出阳线。如果股价放量突破5日或10日均线，投资者可跟进做多。如果次日股价下跌，且收于前一日最低点下方，那么投资者不要轻易买入。

二、上涨途中的T字阳线

1. 实盘技巧分析

T字阳线出现在股价上涨途中具有助涨作用，表明股价将继续上涨，因此是一个买入信号。T字阳线出现在上涨途中，可能是洗盘结束的信号，或者是持续上涨的信号。

图 12-3 是江苏阳光（600220）的日 K 线图。庄家顺利完成建仓任务后，股价盘升，然后在相对高位震荡整理。经过一段时间的整理，一根涨停大阳线拔地而起，成功脱离盘整区域。随后出现两根 T 字阳线，说明庄家在当日快速洗盘整理。此时有的投资者以为股价上涨遇阻，因而选择了落袋为安。出乎意料的是，之后股价仍然强势上行，短期股价大幅上涨。

这是庄家运用 T 字阳线洗盘换手的坐庄手法。判断这种盘面时，主要观察股价所处的阶段和庄家的建仓过程。如果庄家在底部积极建仓，并经过较长的整理过程，说明底部构筑扎实，股价一旦成功脱离底部区域，将有不俗的表现，这时出现 T 字阳线是一次难得的介入时机。对于那些盘面走势凌乱、股价又处于高价区域的个股，出现T字阳线不符合常规，应小心对待，说不定会撞上一个多头陷阱。

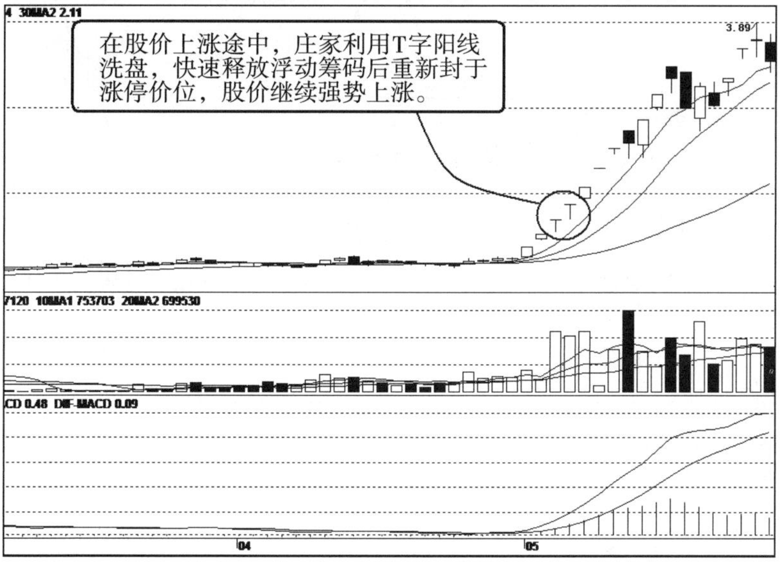

图 12-3

图 12-4 是海南橡胶（601118）的日 K 线图。该股股价经过长时间的大幅下跌调整，在底部出现企稳迹象且底部渐渐抬高。股价成功脱离底部区域后，又遇到前期高点的压力。突然，股价在涨停价位开盘，但遭遇了前期套牢盘和低位获利盘的抛压，庄家借此洗盘换手。股价下探一定幅度后，再次被拉回到涨停价位收盘，收出一根 T 字阳线。次日继续洗盘整理，股价小幅低开后震荡向上，收出一根大阳线。经过短期的洗盘整理，股价成功突破了前期高点，回抽确认有效后，股价再次上涨。

从该股 T 字阳线的形成过程看，开盘后空方抢占市场先机，压制股价形成下跌走势。但在股价下跌到一定程度后，庄家开始反击，拉升股价直至收盘。这种走势显示庄家在故意打压股价来试探下方的承接情况，并非盘中出现了抛盘。

从整体上看，这种图形大多出现在多方控制下的单边行情中，多方占据绝对的盘面优势。股价以涨停价位开盘，全天走势中虽有一波下探，但最终还是被多方有力地拉起，表明股价下档有较强的支撑，同时释放了大量的浮动筹码，市场依然处于强势之中，后市有一定的上行空间。T 字阳线出现在上涨途中，表明短暂的洗盘换手结束，股价将重拾升势且上涨势头猛烈，可能产生主升浪行情，此时投资者可以逢低介入做多。

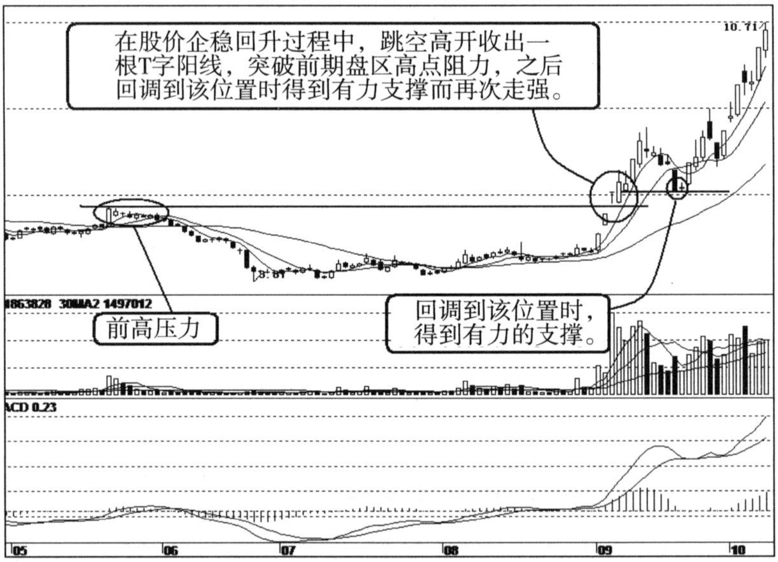

图 12-4

2. 操作技术要点

实盘操作中，投资者遇到上涨途中的 T 字阳线时，应掌握以下五个技术要点。

（1）在 T 字阳线出现之前，股价必须脱离底部盘整区域，市场已经进入强势，但总体上涨幅度不宜太大，一般涨幅在 50% 以内。

（2）在 T 字阳线出现之前，盘面有明显的上拉动作，股价已经突破中短期均线，成功站于均线系统之上。

（3）出现 T 字阳线当日成交放量，但这些成交量大多出现在股价回升期，不断有买盘涌入。如果放大的成交量来自盘中的卖盘，则后市不应过分乐观。

（4）在 T 字阳线之后，当股价出现震荡或回探走势时，只要成交量不大，且股价在 10 日均线附近运行，那么后市一旦股价再次放量上行，可积极买入。

（5）出现 T 字阳线时，股价突然快速下探，且击穿 5 日或 10 日均线，之后股价很快又被拉起，且收在 5 日均线之上，此时投资者可以待股价再次走强时买入。

三、下跌途中的 T 字阳线

1. 实盘技巧分析

T 字阳线出现在下跌途中，表明空方力量基本得到有效释放，买盘乘机发动反击，市场可能迎来短期反弹行情，此时短线高手可以适当参与抢反弹。一般投资者最好不要参与，因为在股价下跌过程中，T 字阳线成为下跌中继形态的可能性比较大。

图 12-5 是粤泰股份（600393）的日 K 线图。该股股价见顶后一路下跌，在下跌过程中收出一根 T 字阳线，但股价并没有因此止跌企稳，而是继续向下运行。可见在下跌趋势中 T 字阳线起到助跌作用，投资者跟随庄家抛空是唯一的选择。

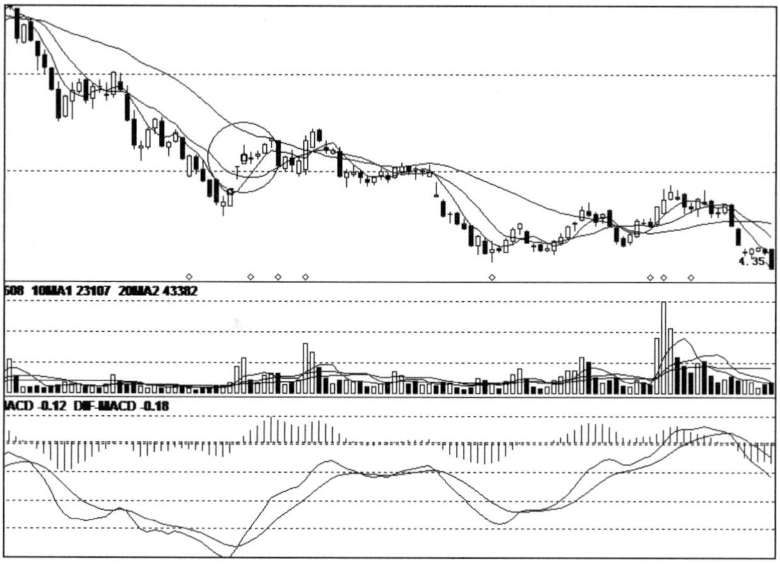

图 12-5

图 12-6 是宜宾纸业（600793）的日 K 线图。该股股价反弹结束后再次下跌，均线系统呈空方发散形态。经过几日的快速下跌，空方能量得到很好的释放，股价稍有企稳回升。2017 年 9 月 25 日，形成一根 T 字阳线。这时有的投资者以为市场底部已经产生，后市将迎来上涨，因此买入做多，可是股价仅在次日略做冲高动作后就转向下跌走势。

为什么说该股 T 字阳线之后股价仍将继续下跌呢？如图 12-6 所示，存在以下五个技术疑点。

（1）出现 T 字阳线之前，成交量较大，表明做空能量依然强大，而且当日成交量并非来自入场资金，而是抛盘。

（2）盘面弱势特征明显，反弹行情受下降趋势线压制，股价到达均线附近遇阻回落，不断下移的 30 日均线有牵引下行的作用。

（3）在 T 字阳线出现后的第二天股价冲高回落，收出一根长上影线阳线，给盘面蒙上一层阴影。第三天股价低开低走，显示多头力不从心，犹豫不决。

（4）股价总体涨幅较大，庄家获利丰厚，并已顺利完成坐庄任务，股价短期难有良好的表现。

（5）股价已进入 C 浪调整，而 C 浪调整时间长、下跌幅度大。由此可见，该股产生的 T 字阳线属于超跌反弹性质。投资者遇到这类个股时不宜过早介入，以免遭受套牢或盘整之苦。

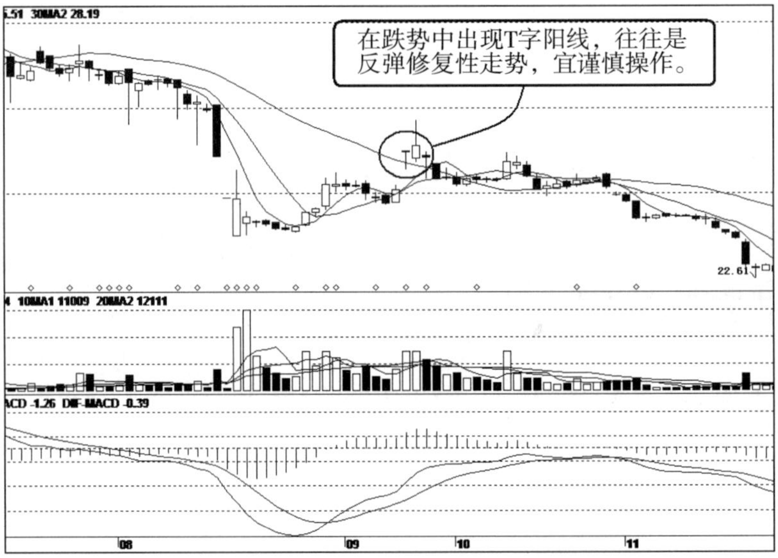

图 12-6

2. 操作技术要点

在下跌途中出现 T 字阳线时的技术操作要点，主要是掌握下跌途中的 T 字阳线与下跌底部的 T 字阳线的区别。

（1）看股价下跌幅度。如果前期股价跌幅已经很大，那么此时出现 T 字阳线为见底信号的概率较大；如果股价处于下跌初期，跌幅较小，那么此时出现的 T

字阳线多为助跌信号。

（2）T 字阳线出现之后，看股价重心是处于上移状态还是下降状态。出现 T 字阳线之后，如果股价重心开始上移，此时出现的 T 字阳线就是见底回升信号，投资者可以考虑买入；出现 T 字阳线之后，如果股价重心仍处于下降状态，那么这个 T 字阳线就是庄家为投资者设置的多头陷阱，是下跌中继信号，此后股价仍有较大的跌幅。此时投资者一定要耐心观望，绝不可盲目买入。

（3）看 T 字阳线之前的调整情况。若此前股价出现企稳迹象，下跌速度放缓，成交低迷，则 T 字阳线就是见底信号；若股价在毫无企稳征兆的情况下突然出现 T 字阳线，大多是超跌反弹性质，后市仍有一跌。

（4）出现 T 字阳线时，成交量配合放大，表明有多头资金介入，后市可以看高一线。如果得不到成交量的配合，后市仍将下跌。

四、高价区域的 T 字阳线

1. 实盘技巧分析

在股价大幅下跌之后的高位，特别是暴涨行情或连续一字阳线之后出现 T 字阳线，投资者应多加小心。因为股价在一定幅度的上涨后累积了较多的获利盘，随时有可能获利回吐。一旦买盘不继，获利回吐加重，很容易导致股价下跌，挫伤股价上攻势头。此时投资者应密切关注盘面变化，一旦股价上攻无力，就应坚决出局，获利了结。

图 12-7 是蓝晓科技（300487）的日 K 线图。该股经过一波快速上涨，成功完成了洗盘换手，然后出现第二轮快速拉升行情。从 2018 年 3 月 27 日开始连拉 5 个一字阳线，4 月 3 日继续在涨停价位开盘，受大量获利盘抛压影响，盘中开板后快速回落。庄家为了能够在高位顺利出货，又将股价拉回到涨停价位收盘，从而在高位区域出现了一根 T 字阳线。该 T 字阳线显示盘中筹码已经松动，次日股价冲高回落，收出放量跌停大阴线，此时头部确立。

该股在出现 T 字阳线之前经历了暴涨行情，这本身就孕育了巨大的市场风险，因此在 T 字阳线出现的当日出现大量的抛盘。如果这是庄家放量洗盘，那么次日股价将拉起收涨，但现实的走势并非如此，盘面震荡加剧，大量抛盘涌出，导致股价以跌停收盘，说明庄家已经无法继续掌控盘面。因此，当 T 字阳线出现在股价长期上涨的高位时，投资者要高度警惕，这往往是上涨行情即将结束的征兆。

如何识别是上升途中的 T 字阳线还是顶部的 T 字阳线呢？可以从下面三个方面判断。

（1）股价前期涨幅是否过大。如果上涨幅度已经很大，T 字阳线为出货信号的概率更大；如果股价处于刚刚启动阶段，或是股价涨幅很小，那么 T 字阳线多为庄家洗盘的信号。

（2）T 字阳线出现之后股价重心如何移动。如果股价重心上移，则是庄家利用 T 字阳线在上涨途中洗盘；如果股价重心下移，则是庄家利用 T 字阳线出货。

（3）从成交量上分析。在股价下探时缩量，或在股价回升时放量，为正常的涨势盘面，股价仍有上涨动力，否则应警惕后市走势。

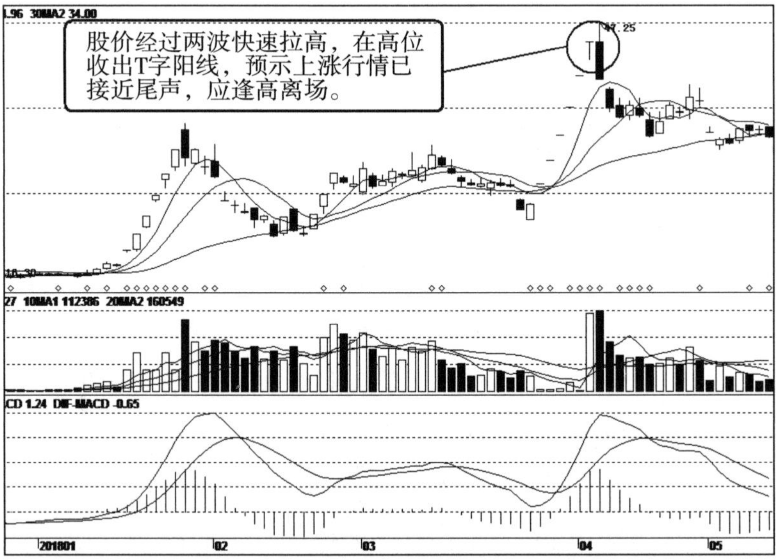

图 12–7

图 12–8 是大东海 A（000613）的日 K 线图。该股股价经过长期大幅下跌，在底部渐渐企稳，股价稳步走高。随着买盘的不断介入，股价上涨速度加快，最后出现快速拉高走势。受上涨惯性影响，股价在高位收出一根 T 字阳线，次日高开后一度冲高到涨停价位，但遭到空方的无情打压而回落，以长上影线阴线收盘，随后股价出现倒 V 形下跌走势。

如图 12–8 所示，这里出现的 T 字阳线为庄家故意诱多出货所致。庄家通过快速拉高吸引投资者参与，这是典型的最后拉高冲刺走势，股价将在疯狂中结束上涨行情。在实盘操作中，投资者遇到上涨速度越来越快、出现最后冲刺迹象的走势，哪怕错过一段上涨行情，也不要贸然介入，因为股价离顶部已经不远。

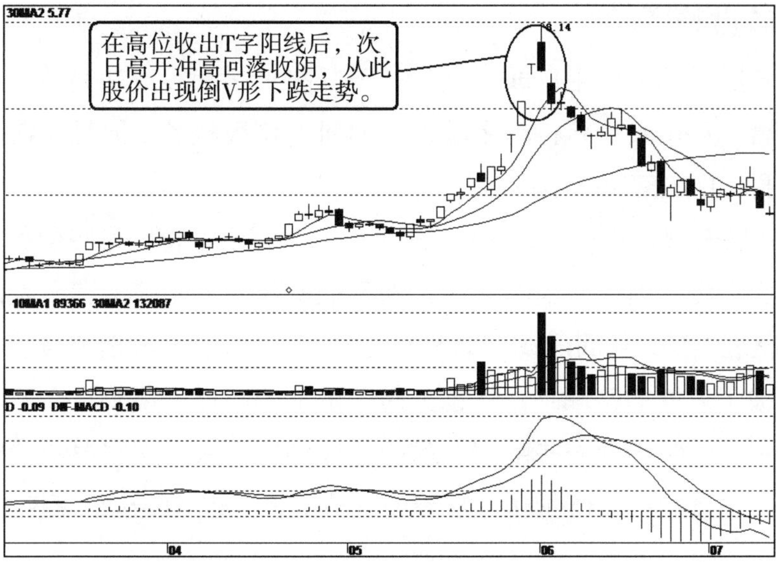

图 12-8

2. 操作技术要点

实盘操作中，若出现以下盘面现象，就可以判断为庄家诱多出货。

（1）出现 T 字阳线之前，股价加速上涨且涨幅较大，特别是连续封涨停后出现 T 字阳线。

（2）出现 T 字阳线时，成交量明显放大，有时甚至是巨量，而在回探后的拉升过程中，庄家通过对倒手法拉高股价。

（3）出现 T 字阳线之后，在股价冲高过程中遭遇强大的阻力而回落，股价跌破 5 日或 10 日均线时应无条件卖出。

（4）股价上涨过程中，在买一位置出现大买单，但这些大买单都没有成交，当股价上涨一个价位后又挂高一个价位。在盘面上出现这些迹象时，一旦这些大买单撤掉，股价可能立即回落，投资者应第一时间卖出。这些大买单是庄家故意挂在上面诱多的，其目的是让投资者看见有这么多的买单等待买入，迫使投资者以高一个价位直接买进庄家挂在上面的卖单。

五、突破阻力位的 T 字阳线

T 字阳线成功突破某一重要阻力位时，说明股价上涨势头猛烈，庄家做多意志坚决，后市股价可能继续走强，因此是一个做多信号。

1. 突破盘整区

股价在长期震荡过程中形成的盘区，一旦被 T 字阳线成功突破，且得到成交量的积极配合，后市股价将持续上涨，此时可以积极做多。但是，在高位突破盘整区域时，要防止庄家拉高出货。

图 12-9 是天润乳业（600419）的日 K 线图。该股股价见底企稳后步入盘升行情，当股价上涨到前期高点附近时，遇到低位获利盘和前期套牢盘的抛压，股价出现震荡整理走势，从而形成一个盘整区域。不久，收出一根突破性 T 字阳线，这个位置突破了近期的整理平台，也突破了前期的高点，技术意义不可忽视。当日分时走势中，曾经出现一些散户抛盘，总体抛压不大，庄家很快就把股价拉回到涨停价位且封单不动，直到收盘，从萎缩的成交量上也反映出庄家控盘程度较高。

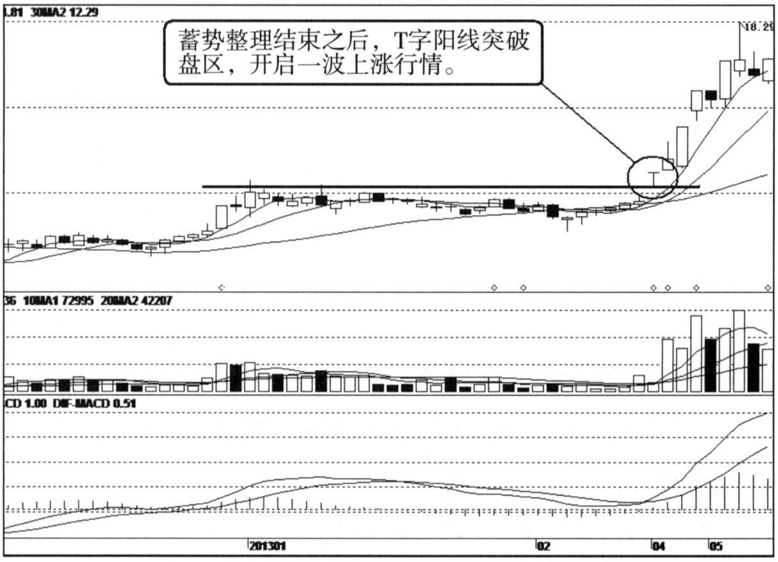

图 12-9

2. 突破高点

T 字阳线成功突破前期阶段性高点，意味着后市股价的上涨空间被打开，具有强烈的看涨意义。但是，在大幅上涨后的末期或下跌反弹过程中，要小心 T 字阳线的假突破。

图 12-10 是中航重机（600765）的日 K 线图。该股股价经过长时间的大幅下跌，在底部企稳回升，并成功站于均线系统之上，显示盘面渐渐转强。不久，股价放量涨停，但这个位置正好是前期高点附近，在投资者心里，它是阻力位，能否被成功突破，大家拭目以待。

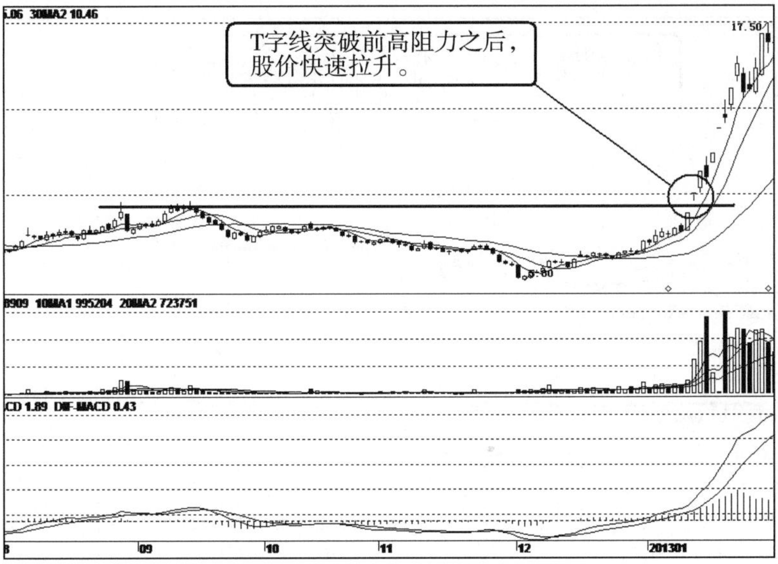

图 12-10

次日，股价直接以涨停价位跳空高开于阻力位之上。这时庄家为了减少上涨阻力，故意将涨停板的封单打开，剔除了大量持股不坚定的投资者，然后又快速拉回到涨停价位，并用大买单封住涨停直到收盘，从而使当日的成交量大幅放大。这说明买卖双方换手积极，庄家接下来就是一鼓作气地强势拉升，因而出现了短期的快速上涨行情。

该股的前期高点对后市股价上涨构成较大的压力，庄家采用直接突破的方式拉高股价，这样做的好处就是不给散户逢低吸纳的机会，使那些原先想等待回调低点介入的投资者改变想法，不得不追高买入，这样就等于协助庄家拉高股价。这与期货市场中的逼仓手法相似，从而导致股价越涨越凶，庄家却在高位悄无声息地出货。

3. 突破均线

T 字阳线向上突破均线系统，预示股价下跌或调整结束，后市股价将上涨，因此是一个较好的买入信号。

图 12-11 是士兰微（600460）的日 K 线图。该股股价经过大幅下跌调整，在底部渐渐企稳，底部慢慢抬高，股价围绕 30 日均线震荡整理，30 日均线转向水平移动。不久，股价又回落到 30 日均线之下，似乎有再次转弱的迹象。2017 年 8 月 15 日，庄家一改常态，股价大幅跳空高开于均线系统之上，并以涨停价位开盘。在盘中开板释放了浮动筹码后，股价继续封于涨停价位，从而形成 T 字阳线，

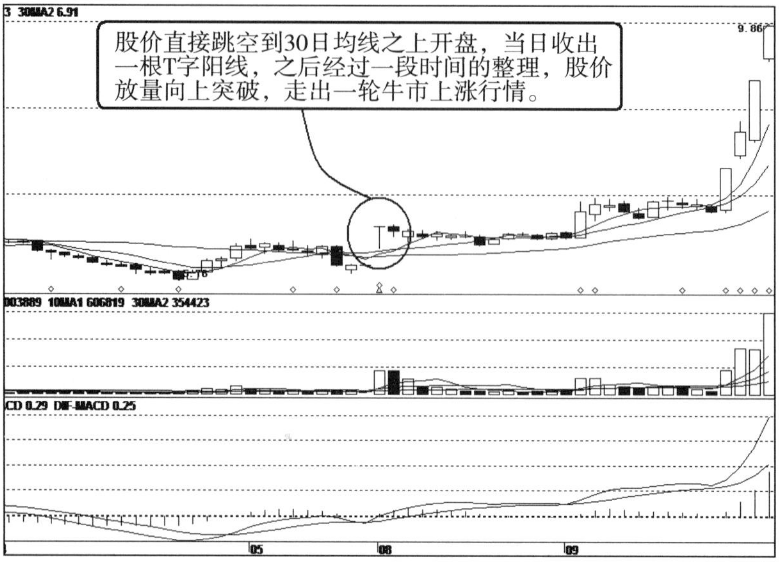

图 12-11

成功地扭转了股价的下跌势头，起到一线定乾坤的作用。之后经过一段时间的横向震荡整理，股价放量向上突破，走出一轮中级牛市上涨行情。

一般而言，股价突破均线系统时有三种情况：一是在下跌趋势后期，股价向上突破下行的均线；二是在上升趋势途中，股价洗盘调整结束后，股价向上突破上行的均线；三是在横盘整理过程中，股价向上突破水平移动的均线。根据均线周期长短，包括突破短期均线、中期均线和长期均线三种类型。

下面是一个股价反弹时遇到均线系统阻力后未能成功突破的例子。

图 12-12 是新华都（002264）的日 K 线图。该股股价脱离头部区域后快速下跌，之后企稳反弹。突然，在 30 日均线附近收出一根 T 字阳线，次日股价高开低走，形成一根吊颈线，从此股价步步走低。

该股反弹受制于 30 日均线的压力，T 字阳线未能有效向上突破。如图 12-12 所示，股价处于下跌趋势中，均线系统呈空头排列，盘面弱势特征明显。在 T 字阳线出现之后的几个交易日，止损盘抛压较大，导致反弹行情夭折，突然放大的成交量可以证明这一点。

通过上述两个例子的对比分析，T 字阳线突破下降均线系统的力度比突破上升均线系统的力度明显要弱得多，突破的成功率也小得多。在实盘操作中应把握这一点，不要错误地以为 T 字阳线站在均线系统之上就是突破信号，这样容易造成操作失误。

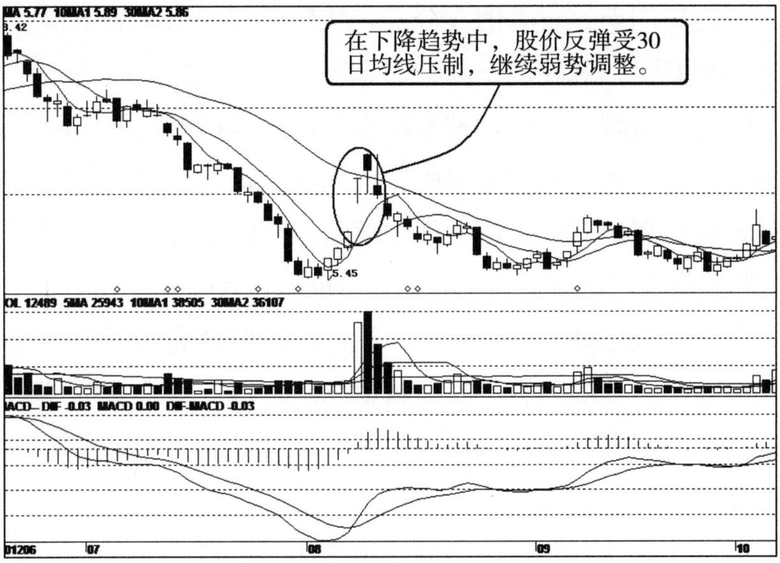

图 12-12

4. 操作技术要点

从 T 字线中可以看到庄家做盘的手脚，很多时候该 K 线形态是庄家操盘造成的，可以说是一条庄家线。这种 K 线图形都是以涨停板的形式出现，盘中震荡较为剧烈，后市存在一定的变数。遇到这种图形时，除掌握相关的技术要点外，可以结合下列因素具体分析。

（1）关注成交量变化。在升势中，成交量变化对判断行情走势非常重要。缩量肯定不行，但放出巨量或天量也要小心，孤零零的单日巨量更要谨慎。特别是 T 字阳线出现之前连续以一字阳线上涨的个股，一旦不能维持一字阳线形态，打开涨停板，很容易出现罕见的巨量。

这时应具体分析成交量情况，通常以 10% 的换手率作为鉴定标准。若换手率小于 10%，可以视为正常的波动；若换手率大于 15%，应引起警惕；若换手率超过 20%，就要小心形成头部。

在实盘中，这种形态之后大多还有一波冲高走势，散户一般有两次出局的机会，因此熟练应对盘面变化，操作中就能得心应手。在跌势结束后的回升过程中，成交量也非常重要，至少要大于下跌过程中的成交量，无量反弹肯定持续不了多久。

（2）分析 T 字阳线下影线形成的变化过程。在实盘中，形成 T 字阳线下影线的过程有三种情况。

第一种情况是一闪而过。有时在分时走势图中根本看不到下探迹象，但在K线图中留下一条下影线，这在成交明细表上可以看到明显的痕迹和记录。这是怎么形成的呢？它是庄家制造的一种技术图形，通常利用开盘的一瞬间，或者盘中打开涨停板的一瞬间，大手笔抛出筹码，快速地大幅下压股价，旋即反手将股价重新封于涨停价位。在分时图中不做任何停留，一闪而过，从而形成一个标准的T字阳线。这种情况表明庄家实力强大，后市仍有较大的上升空间。

第二种情况是庄家主动打开涨停板。股价以涨停开盘后主动打开涨停板，释放大量持股不坚定的浮动筹码，然后重新封于涨停板位置。从打开涨停板到重新封于涨停板的持续时间很短，下探幅度也不大，这种情况表明庄家已经完成洗盘换手，后市仍有一定的上升空间。

第三种情况是庄家被迫打开涨停板。盘内浮动筹码大量涌出，致使庄家无计可施，股价节节下滑，多空双方厮杀激烈。但庄家为了盘面的需要，最终还是勉强把股价重新拉到涨停价位。这种走势在K线图上看不出什么名堂，但庄家已遭受沉重的打击，元气大伤，后市行情值得怀疑。

（3）分析当日T字阳线形成的时间早晚。T字阳线形成的时间越早，后市上涨动力越大，越往后，盘面越弱。特别是临收盘前几分钟才再次封盘的T字阳线，后市操作要非常小心，很可能次日就出现低开震荡走势。

（4）分析当日涨停板被打开的次数多少。股价涨停以后，可能开板一次或多次。一般而言，打开涨停板的次数越多，后市变盘的可能性越大。在T字阳线中，打开一次就很快封盘到收市，其上攻力量最强，其后依次递减。

（5）在下探过程中，开板持续时间长短对后市判断具有重要的意义。若打开涨停板后下探时间短暂，随即恢复涨停，则后市上涨力量维持得更加长远；若打开涨停板后，股价震荡时间较长，说明多空双方争夺激烈，后市通常存在许多变数，介入需要加倍小心。

（6）当日下探幅度大小对后市分析也具有重要的意义。通常认为，形态强弱与其下影线长短成正比，但是在实盘中往往有另一方面的含义。当日股价下探幅度小，表明空方力量弱小，筹码锁定性较好，多方仍是主力，后市上涨是市场主基调。若下探幅度大，则后市变盘的可能性较大。在实盘中不乏从涨停价位下杀到跌停价位后再度拉回涨停价位的例子，这种走势虽然有强力深幅洗盘的可能，但应当注意到多空双方产生明显分歧的一面。投资者遇到开板后股价剧烈波动的情况，还是本着谨慎的态度为好。

（7）封盘后成交量的变化具有很大的参考价值。在实盘中，如果封盘后立即缩量，盘面平静，只有十位数成交，表明筹码控制得非常好，上涨势头健康良好。如果封盘后成交量依然很大，持续出现百位数或千位数成交，表明多空双方明争暗斗仍然十分激烈，这时应慎重决策。

（8）分析支撑位和压力位。产生 T 字阳线时，如果股价成功突破了一个重要的压力位，并有效地将压力位转化为支撑位，则上涨空间被打开。股价回调时不破支撑位，则升势仍将持续一段时间。如果股价不能成功突破压力位或者在回调时跌破支撑位，说明股价上行遇阻，可能出现滞涨回落，这意味着市道趋弱，实盘中应当小心操作。

后 记

股市涨跌难测，K线阴阳不定，谁敢说今天的“红三兵”就与过去的“红三兵”一样？谁又敢说这只股票上的“黄昏之星”就与那只股票上的形态没有区别？谁又敢肯定大阳线一定会涨、大阴线一定会跌？ K线技术形态有一定的运行规律，但没有固定的涨跌模式。

K线技术分析与其他技术分析工具一样，研究的都是一种概率，并且在不同的市况、不同的心理因素作用下，其分析结果也不相同。希望投资者在即时行情中灵活运用本书讲解的观点，切不可生搬硬套。在实践中不断积累经验，探索规律，感悟股性，会逐步形成一套适合自己的操作技法，这样才能笑傲股林，畅游股海。

对于本书的出版，要感谢太多给予帮助的人，有太多的人应该分享本书出版的荣誉。

首先要感谢读者朋友们！没有你们的认可，就没有本书的生存市场，更不会使这些技术得以推广。

其次要感谢出版社的大力支持，感谢本书的编辑发行人员在出版发行过程中付出的心血！

在成书过程中，得到了不少专家的悉心指导，使之有一个恰当的定位，能够更符合投资者的期望，也更贴近盘面实际。本书内容不仅体现了作者本人的观点和见解，也包含了他人的研究成果和实盘经验。这些材料在理论和实践中都具有很强的创造性，都是很珍贵的。如果没有大家分享的专业知识和操盘理念，就无法达到现在的研究水平。在此衷心感谢这些专业人士，感谢你们如此慷慨的分享！

同时，更希望投资者能结合中国资本市场的特性不断探索研究，改进或创造适合中国资本市场的技术分析方法，成为中国资本市场中的艾略特、葛兰碧、威廉、乔治·兰恩、查尔思·道。如是，则功莫大焉。

股市变幻莫测，涉及的内容也非常广泛。尽管笔者竭尽心力，尽量减少书中的错误，但百密一疏，敬请广大读者批评指正并提出宝贵意见，以便再版时改进和提高。

愿本书能为广大投资者提高实际操作水平带来一些启示，创造一份财富。如是，则深感欣慰。

盘面咨询：18057727970

技术交流：abc829906@126.com

麻道明

2019 年 4 月于中国楠溪江畔